Os Historiadores
CLÁSSICOS DA HISTÓRIA

Dados Internacionais de Catalogação na Publicação (CIP)
(Câmara Brasileira do Livro, SP, Brasil)

Os historiadores : clássicos da história, vol. 3 :
de Ricoeur a Chartier / Maurício Parada.
(org.). – Petrópolis, RJ : Vozes : PUC-Rio, 2014.

Vários autores.

Bibliografia

ISBN 978-85-326-4689-7

1. História 2. Historiadores I. Parada, Maurício.

13-10746   CDD-907

Índices para catálogo sistemático:
1. História dos clássicos da história   907

Maurício Parada
(org.)

Os Historiadores
CLÁSSICOS DA HISTÓRIA

Vol. 3
De Ricoeur a Chartier

Petrópolis

© 2014, Editora Vozes Ltda.
Rua Frei Luís, 100
25689-900 Petrópolis, RJ
Internet: http://www.vozes.com.br
Brasil

Todos os direitos reservados. Nenhuma parte desta obra poderá ser reproduzida ou transmitida por qualquer forma e/ou quaisquer meios (eletrônico ou mecânico, incluindo fotocópia e gravação) ou arquivada em qualquer sistema ou banco de dados sem permissão escrita da editora.

Diretor editorial
Frei Antônio Moser

Editores
Aline dos Santos Carneiro
José Maria da Silva
Lídio Peretti
Marilac Loraine Oleniki

Secretário executivo
João Batista Kreuch

Em coedição com
Editora PUC-Rio
Rua Marquês de S. Vicente, 225 – Casa da Editora PUC-Rio
Gávea
22451-900 Rio de Janeiro, RJ
Tel.: (21) 3527-1838/1760
edpucrio@puc-rio.br
www.puc-rio.br/editorapucrio

Reitor
Pe. Josafá Carlos de Siqueira, S.J.

Vice-reitor
Pe. Francisco Ivern Simó, S.J.

Vice-reitor para Assuntos Acadêmicos
Prof. José Ricardo Bergmann

Vice-reitor para Assuntos Administrativos
Prof. Luiz Carlos Scavarda do Carmo

Vice-reitor para Assuntos Comunitários
Prof. Augusto Luiz Duarte Lopes Sampaio

Vice-reitor para Assuntos de Desenvolvimento
Prof. Sergio Bruni

Decanos
Prof. Paulo Fernando Carneiro de Andrade (CTCH)
Prof. Luiz Roberto A. Cunha (CCS)
Prof. Luiz Alencar da Silva Mello (CTC)
Prof. Hilton Augusto Koch (CCBM)

Conselho editorial
Augusto Sampaio, Cesar Romero Jacob, Fernando Sá, Hilton Augusto Koch, José Ricardo Bergmann, Luiz Roberto A. Cunha, Miguel Pereira, Paulo Fernando Carneiro de Andrade e Luiz Alencar da Silva Mello.

Editoração: Maria da Conceição B. de Sousa
Projeto gráfico: Sheilandre Desenv. Gráfico
Capa: Felipe Souza|Aspectos

ISBN 978-85-326-4689-7 (Vozes)
ISBN 978-85-8006-114-7 (PUC-Rio)

Editado conforme o novo acordo ortográfico.

Este livro foi composto e impresso pela Editora Vozes Ltda.

Sumário

Apresentação, 7
   Maurício Parada

1 Paul Ricoeur (1913-2005), 9
   Fernando Nicolazzi

2 Jean-Pierre Vernant (1914-2007), 36
   Alfredo Julien

3 Eric J. Hobsbawm (1917-2012), 48
   Adriana Facina

4 Georges Duby (1919-1996), 69
   Celso Thompson

5 Reinhart Koselleck (1923-2006), 93
   Luciana Villas Bôas

6 Jacques Le Goff (1924-), 117
   Hilário Franco Júnior

7 Marc Ferro (1924-), 141
   Mônica Almeida Kornis

8 François Furet (1927-1997), 155
   Temístocles Américo Corrêa Cezar

9 Hayden White (1928-), 178
   Ricardo Marques de Mello

10 Pierre Nora (1931-), 202
   Margarida de Souza Neves

11 Peter Burke (1937-), 224
    José D'Assunção Barros

12 Carlo Ginzburg (1939-), 241
    Beatriz Vieira

13 Robert Darnton (1939-), 274
    Leonardo Affonso de Miranda Pereira

14 Roger Chartier (1945-), 291
    Giselle Martins Venancio

Apresentação

Maurício Parada★

Após a edição bem-sucedida da coleção *Os filósofos – Clássicos da filosofia*, a Editora PUC-Rio e a Editora Vozes decidiram que seria o momento de criar um projeto semelhante sobre historiadores. No entanto, a condição de conhecimento interpretativo deixa, para qualquer historiador, uma dúvida de como eleger os "clássicos".

Enquanto Kant ou Hobbes podem ser, com suas obras, incontestes formuladores de teses sobre o juízo humano ou sobre o Estado, as interpretações sobre a Revolução Francesa e sobre a Antiguidade estão sempre em constante debate. Nesse caso, a relevância da obra não deveria recair sobre os temas e as abordagens, como a história metódica, o marxismo, o historicismo ou a micro-história? Apesar do dilema, optamos por organizar a obra por autores, e não por temas, e acreditamos que esse formato é o mais adequado ao público leitor.

Se, como afirma Italo Calvino, um clássico é o livro ou autor que nunca terminou o que tinha para dizer, algumas escolhas podem se tornar sofridas. No nosso caso não foi diferente; a seleção de historiadores que apresentamos ao final deste projeto foi fruto de muitas dúvidas.

Como dissemos, é comum em outras Ciências Sociais o uso do autor clássico. Temos, portanto, uma série de coleções abrangendo os principais economistas, filósofos, os clássicos da política, além de livretos de divulgação científica (não menos importantes) sobre físicos, astrônomos etc.

No entanto, não é comum encontrarmos em livrarias ou bancas de jornais títulos genéricos como entender o *Historiador X em uma hora* ou uma obra introdutória ao grande projeto histórico de determinado autor. Ao que parece, os historiadores, importantes trabalhadores do pensamento social desde Heródoto, não se tornaram muito visíveis para o público. Apesar do impressionante interesse dos últimos anos com obras de cunho histórico, como romances, revistas, filmes, novelas, centros culturais dedicados a palestras etc., o consumo da memória parece ter subvalorizado os historiadores.

★ Doutor em História pela Universidade Federal do Rio de Janeiro (UFRJ) e professor da Pontifícia Universidade do Rio de Janeiro (PUC-Rio).

Pareceu-nos então conveniente o lançamento de uma coleção que contribua para que o público leitor tenha conhecimento sobre os intérpretes que "inventaram" o tempo e o passado que muitos hoje ansiosamente procuram encontrar.

A coleção *Os historiadores – Clássicos da história* foi concebida para atender a três públicos qualificados: 1) Segundo informes recentes da Capes (Coordenação de Aperfeiçoamento de Pessoal Superior), existem cerca de 60 cursos de pós-graduação em História no país e, provavelmente, quatro vezes mais de centros universitários e unidades isoladas com cursos de História por todo o Brasil. Em todos esses cursos existem disciplinas como Introdução ao Estudo da História, que tratam da obra dos "clássicos da história" e levam professores e alunos a recorrerem a estudos fragmentados, que muitas vezes deixam enormes lacunas. 2) Além do público universitário, existe o professor das escolas públicas e privadas que não dispõe de um auxílio pontual, mais consistente para a montagem de suas aulas. 3) Os fascinados e diletantes consumidores da informação histórica, que têm se revelado um público numeroso frente ao que se pode notar do sucesso dos chamados "romances históricos", que habitam cada dia com mais frequência a lista dos *best-sellers* ou de publicações periódicas de alta qualidade dedicadas à história.

A coleção *Os historiadores – Clássicos da história* será publicada em quatro volumes (sendo o volume 4 dedicado exclusivamente a historiadores brasileiros) e foi concebida com o propósito de expor e explicar o pensamento dos grandes historiadores mediante um ensaio escrito por um especialista, com uma linguagem *clara e acessível, mas ao mesmo tempo precisa e rigorosa*. Os ensaios obedecem à seguinte estrutura: 1) O historiador e seu tempo; 2) Percursos e influências; 3) Conceitos-chave; Notas e Bibliografia do e sobre o autor.

Por fim, gostaria de registrar que esse projeto seria impossível sem o engajamento dos diversos autores/especialistas que, com entusiasmo e competência, dispuseram-se a enfrentar esse desafio. A todos meu sincero agradecimento.

1
Paul Ricoeur (1913-2005)

Fernando Nicolazzi ★

1 O historiador e sua época

Autor de uma obra de vastas proporções e de repercussão em inúmeros campos de saber, "antes um monumento filosófico que um ser humano em carne e osso", como definiu sem meias palavras um de seus biógrafos[1], Paul Ricoeur ofereceu aos historiadores, desde meados do século XX, uma imponente reflexão em torno do seu ofício. Filósofo por formação que ao longo de pelo menos cinco décadas não cessou de pensar a história, enquanto filósofo, a partir de dentro da própria historiografia, ancorando-se em uma atenta e pertinente leitura dos trabalhos dos historiadores, Ricoeur talvez tenha sido um dos intelectuais contemporâneos que, como um *outsider* da disciplina, mais escreveu sobre seus aspectos práticos e epistemológicos.

Nascido em Valence no dia 27 de fevereiro de 1913, desde cedo a "sombra da morte"[2] marcou profundamente sua existência. Antes de ter três anos completos, tornou-se órfão de mãe, falecida meses após o parto, e de pai, morto em combate durante a Primeira Guerra Mundial. Sua única irmã morre em 1934, vítima de tuberculose. No ano seguinte, momento em que datam seus primeiros textos[3], já licenciado em filosofia e tendo passado pela *agrégation*[4], casa-se com Simone Lejas, de confissão protestante como o marido. É a ela que Ricoeur dedicará, dois anos após seu falecimento, a publicação da obra que condensa suas reflexões em torno da condição histórica humana, *A memória, a história, o esquecimento* (2000). As palavras são significativas: "na memória (*dans la mémoire*) de Simone Ricoeur", colocadas apenas algumas páginas antes da epígrafe emprestada do filósofo e musicólogo francês de origem russa Vladimir Jankélévitch: "aquele que foi já não pode mais não ter

---

★ Doutor em História pela Universidade Federal do Rio Grande do Sul; professor do Departamento de História dessa mesma universidade. Este texto retoma anotações e reflexões de cursos ministrados na graduação da Ufop e da UFRGS, bem como no mestrado em História da Ufop.

sido: doravante, esse fato misterioso, profundamente obscuro, de ter sido é o seu viático para a eternidade". Marcado, então, ao longo da vida pelo signo da perda, reflexão filosófica e experiência pessoal misturam-se, sem se confundir, no percurso intelectual de Ricoeur.

Já como professor, estabelece-se como docente no liceu em Colmar, leste da França e fronteira com a Alemanha, região historicamente disputada entre os dois países. Para François Dosse, a escolha geográfica reveste-se de uma "dimensão filosófica", pois denota o interesse de Ricoeur pela filosofia germânica. É deste momento, em que começa a aprender alemão, passando inclusive uma temporada em Munique para aperfeiçoar-se na língua estrangeira, que datam suas primeiras leituras sobre Edmund Husserl (1859-1938) e sobre Martin Heidegger (1889-1976), referências que o acompanharão ao longo da vida. Como oficial da reserva, é convocado a se juntar ao regimento bretão em 1939 e presencia de forma bastante particular a derrota do exército francês: "eu vivi o desmoronamento de 1940 sobre o fundo da culpabilidade pessoal"[5]. Entre 1940 e 1945 sobrevive como prisioneiro de guerra em um campo de prisioneiros na região da Pomerânia, entre Alemanha e Polônia. Enquanto cativos, as condições dos oficiais eram sensivelmente distintas daquelas que normalmente se imaginam para outras zonas concentracionárias criadas pelos alemães.

Apesar das situações de degradação e humilhação sofridas pelos prisioneiros, havia ainda certa possibilidade de manter atividades cotidianas que tornassem menos intolerável (o que não significa menos incerta) a vida aprisionada. Ricoeur, assim como muitos de seus colegas oficiais com pendores para a atividade intelectual, dispunham de condições mínimas para a prática do pensamento. Junto com seu companheiro, o filósofo Mikel Dufrenne (1910-1995), realiza um estudo sistemático da obra do alemão Karl Jaspers (1883-1969), importante nome do chamado existencialismo cristão, que resultará na publicação conjunta *Karl Jaspers e a filosofia da existência* (1947), apenas dois anos após o retorno da trágica experiência como prisioneiro. É ainda na experiência como cativo que inicia o arriscado trabalho de tradução das *Ideen I*, de Husserl, uma vez que a obra do filósofo era de leitura proibida pelos alemães. O estudo era-lhe também uma forma de refúgio diante das intempéries do momento: "os guardas finalmente não existiam, e eu vivia dentro dos livros, como em minha infância"[6].

É ainda no cativeiro que redige boa parte do que se tornará o texto principal da sua tese de doutorado, *O voluntário e o involuntário*, publicada em 1950 como primeiro volume de *Filosofia da vontade*[7]. Como sugere Domenico Jervolino, o interesse pelo tema da *vontade* situa Ricoeur no contexto das discussões sobre a fenomenologia existencial, encabeçadas na França por autores como Jean-Paul Sartre (1905-1980) e Maurice Merleau-Ponty (1908-1961)[8]. Isso lhe dará condições para, posteriormente, indagar a memória a partir da fenomenologia e, igualmente, pensar a história e a historicidade a partir de uma filosofia do agir humano.

A década de 1960 é marcada, desde o início, pelo interesse filosófico com relação à hermenêutica, o qual se fará presente no restante da obra de Ricoeur. Trata-se de um momento forte em que a questão dos símbolos e da linguagem, nas suas relações com o plano da experiência, passa a ocupar um lugar de destaque na reflexão do filósofo. A coletânea de artigos escritos ao longo da década e publicada em 1969, *O conflito das interpretações*, já trazia como subtítulo "Ensaios de hermenêutica" e o livro anterior, resultado de conferências dos anos 1961 e 1962, *Da interpretação – Ensaio sobre Freud* (1965) também assumia como problema pensar o que significa o trabalho da interpretação. Data deste momento, inclusive, um contato mais intenso com a obra de Hans-Georg Gadamer (1900-2002), que publica em 1960 a edição alemã de *Verdade e método*. Ricoeur, um dos encarregados da coleção "A ordem filosófica" da editora francesa Seuil, toma para si os cuidados para a tradução e posterior publicação do texto de Gadamer, que aparece apenas em 1976, em versão resumida por questões editoriais.

Os anos de 1960 na França são igualmente caracterizados pela ascensão das perspectivas estruturalistas nas ciências humanas, colocando em xeque o primado das humanidades clássicas fundadas na noção de um sujeito moderno historicamente definido. Segundo François Dosse, parte das consequências disso encontra-se no descrédito da reflexão filosófica como modalidade de pensamento: "numerosos são aqueles que abandonam o estudo da filosofia para adotar um saber mais operacional, ligado a uma efetividade da mudança, seja nos domínios da linguística, antropologia ou psicanálise"[9]. Paul Ricoeur assumiu o desafio estruturalista, mesmo sem ter incorporado todos os seus postulados, estabelecendo um fértil diálogo para as definições de sua postura hermenêutica. A consequência fundamental disso talvez tenha sido a aproximação possibilitada em sua obra entre a reflexão propriamente filosófica e os desenvolvimentos teóricos e metodológicos das ciências humanas. Mais do que um filósofo fechado em seu gabinete ou em sua disciplina, Ricoeur mostrou-se um pensador atento à pluralidade de saberes que, de tal ou qual maneira, assumem a condição humana como tema de investigação, mesmo que em muitos casos apenas indiretamente.

No que tange suas reflexões sobre a linguagem e sobre o sujeito que dela faz uso é notável a atenção dispensada para as análises linguísticas de Ferdinand de Saussure (1859-1913) e de Émile Benveniste (1902-1976), autores largamente mobilizados por diversas vertentes estruturalistas e recorrentes em diversos escritos do filósofo. Do mesmo modo, junto com a equipe da revista *Esprit*, dentro da qual Ricoeur era membro bastante ativo, em junho de 1963 é organizado um debate intelectual em torno da obra *O pensamento selvagem*, escrito por Claude Lévi-Strauss (1908-2009) e publicado um ano antes. Lévi-Strauss, como se sabe, arriscou-se a instituir para a antropologia procedimentos similares aos da linguística saussureana. O debate havia sido cuidadosamente preparado pela equipe por meio de sessões de estudo nas quais a obra foi esmiuçada. O fato demonstra a atenção e a importância que Ricoeur atribuía a vertentes do pensamento bastante distintas daquelas que ele próprio assumia, amplamente fundada em noções de sujeito e de sentido, categorias questionadas pelo estruturalismo e, em particular, por Lévi-Strauss na referida obra.

Após ter lecionado na Universidade de Estrasburgo e na Sorbonne, em 1965 ele assume o departamento de filosofia da ainda em construção Universidade de Nanterre (que será oficialmente instituída apenas em 1970, como Universidade Paris X-Nanterre). Três anos depois pôde presenciar no calor do momento os eventos de maio de 1968, com a demanda por parte dos alunos, entre outras coisas, de ter acesso às residências femininas do *campus* e também com a ascensão da figura emblemática de Daniel Cohn-Bendit, um dos principais expoentes do movimento estudantil francês que cursava sociologia em Nanterre. Com o acirramento das disputas e a tensão maior entre as reivindicações por parte dos estudantes e a posição assumida pela administração universitária francesa, Paul Ricoeur toma a decisão de se desligar das atividades de diretor do departamento de filosofia da universidade, ressaltando em carta ao decano (*doyen*) da instituição que "no grande enfrentamento que vejo se desenhar entre o poder e a revolução em curso, não penso em me enfileirar ao lado do poder e estarei ao lado dos estudantes, a despeito do que eu pense desta revolução, da justeza e da generosidade de suas ambições e das ilusões da anarquia"[10].

Não obstante a posição de discreto, mas decidido, apoio à causa estudantil, Ricoeur, ao assumir o decanato da universidade em 1969, tendo como assessor o historiador René Rémond (1918-2007), passa a sofrer uma série de hostilidades que questionam sua posição institucional e também a postura filosófica do autor, que jamais abandonou, sem misturá-las, suas convicções religiosas ao praticar e ensinar filosofia. A gravidade da situação o faz, ao final da década de 1960, abandonar a Universidade de Nanterre, pela qual nutria no início um verdadeiro otimismo quanto às possibilidades de renovação acadêmica que se lhe abriam. Para terminar este momento bastante difícil em sua vida, François Dosse sugere ainda a situação de "intriga" em que Paul Ricoeur teria sido envolvido por conta da sucessão do filósofo Jean Hyppolite (1907-1968) no Collège de France, centenária e prestigiosa instituição francesa que marca um momento de apogeu intelectual para quem ali ingressa. Dado que o ingresso se faz por eleição entre os pares e que o candidato deve realizar uma verdadeira campanha eleitoral para defender seu programa de ensino, os interessados são expostos a um jogo de cooptação e convencimento. Dosse acredita que Ricoeur foi manipulado nesta situação, tendo sido incentivado a se candidatar apenas para tornar mais legítima e respeitada, dado o peso de seu nome e de sua produção intelectual, a eleição daquele cuja vitória, para o biógrafo, já estava assegurada de antemão: o filósofo e historiador Michel Foucault (1926-1984)[11]. O desenrolar nada positivo dos acontecimentos na França encaminhou Paul Ricoeur para outros percursos que o deslocaram do ambiente intelectual francês. Após uma rápida atuação junto à Universidade Católica de Lovaina, na Bélgica, ele passa também a dividir seu tempo entre Europa e Estados Unidos, atuando como professor na Universidade de Chicago. A década de 1980, com os ânimos de 1968 já apaziguados e com o fracasso do estruturalismo em se constituir como teoria predominante, é caracterizada como momento de consagração intelectual do filósofo, momento em que é publicada a monumental, e extremamente importante para os historiadores, obra em três tomos *Tempo e narrativa* (1983-1985), a coletânea *Do texto à ação – Ensaios de hermenêutica II* (1986) e, na sequência de suas reflexões sobre narrativa, *O si-mesmo como um outro* (1990). Conciliando uma intensa reflexão filosófica com uma significativa tomada de posição na vida pública contemporânea, Paul Ricoeur coroa sua obra com a publicação, em 2000, de *A memória, a história, o esquecimento*, livro em que são discutidas, com erudição e densidade, além de certo hermetismo em algumas passagens, as maneiras pelas quais os homens lidam com seu passado e elaboram a partir dele diferentes formas de saber e distintas formas de uso, bem como a própria condição de historicidade que define a experiência humana de tempo. Tendo como pano de fundo a complexa questão da *Shoah* e da lembrança traumática deste tipo de situação-limite, a indagação do filósofo atravessa a prática historiográfica, passando pelo âmbito dos abusos da memória e dos usos viáveis do esquecimento, para chegar a uma reflexão cuidadosa sobre a possibilidade de um "perdão difícil".

Congraçando vivência cívica e experiência intelectual, Paul Ricoeur sucedeu estabelecer em suas reflexões sobre a historiografia uma ligação forte com as dimensões da ética e da política. Humanista irresoluto, o filósofo passou os últimos anos de sua vida lidando com uma questão existencial com a qual se viu confrontado em diversos momentos: "ser capaz de morrer"[12]. E foi na calma do sono, entre os dias 19 e 20 de maio de 2005, que sua vida encontrou termo. Como em poucos intelectuais, é possível notar aqui uma simbiose entre autor e obra, entre a obra de uma vida e a vida da obra. Trata-se também de "inacabamento", palavra que encerra seu último livro aqui mencionado.

2 Percursos e diálogos

Da vastidão dos escritos publicados pelo filósofo francês, que percorrem sete décadas entre 1935 e 2005, cabe aqui realizar um breve mapeamento daqueles que, de um modo ou de outro, oferecem considerações importantes para se pensar o saber historiográfico. Se é a partir dos anos de 1980 que sua obra parece despertar de forma mais intensa o interesse dos historiadores, notadamente após a publicação do primeiro tomo de *Tempo e narrativa* (1983)[13], uma série de escritos desde meados do século já denota o pendor do filósofo para refletir sobre a história[14].

A coletânea publicada em 1955, *História e verdade*, com textos datando entre 1949 e 1954, indica a atenção filosófica voltada para o "ofício do historiador no sentido estrito"[15]. A precisão é importante, uma vez que Ricoeur se reconhece em tal momento como um professor de História da Filosofia, colocando em dois campos distintos, ainda que em franca interlocução, a "história dos historiadores" e a "história da filosofia" sobre a qual leciona: "a história da filosofia se revela ser uma retomada da história dos historiadores, guiada por uma tomada de consciência filosófica; é por isso que ela releva da filosofia e não da história". A indagação a respeito da verdade na história, bem como de seus limites, impõe-se ao filósofo como condição para a tarefa de escrever uma "história filosófica da filosofia"[16]. Por outro lado, ela situa de forma evidente a relação que o autor manterá, ao longo de meio século de reflexão sobre a história, com a escrita dos historiadores, isto é, uma *relação de leitura*. Ricoeur foi, desde o início, um leitor filosófico da história, com todas as suas demandas e com todas as suas obrigações. Ao indagar sobre as relações entre objetividade e subjetividade na prática historiográfica, a expectativa da leitura já era manifesta: "nós esperamos que a história seja uma história dos homens e que esta história dos homens ajude o leitor, instruído pela história dos historiadores, a edificar uma subjetividade de alta classe (*haut rang*), a subjetividade não apenas do eu (*moi-même*), mas do homem. Mas este interesse, esta espera pela passagem – através da história – do eu ao homem, não é mais exatamente epistemológica, mas propriamente filosófica, pois é bem uma *subjetividade de reflexão* que nós esperamos da leitura e da meditação das obras do historiador"[17].

Coerentes com esta postura são os historiadores que o guiam em sua reflexão. Afinal, o saber histórico para ele não é uma abstração teórica, mas uma prática empírica "fiel a sua etimologia": uma *historìe*, que quer dizer investigação.

> Ela não é, logo, uma interrogação ansiosa sobre nossa desencorajadora historicidade, sobre nossa maneira de viver e de escorregar pelo tempo, mas uma *réplica* a esta condição "histórica": uma réplica pela *escolha da história*, pela escolha de um certo *conhecimento*, de uma vontade de compreender racionalmente, de edificar o que Fustel de Coulanges chamava "ciência das sociedades humanas" e que Marc Bloch chama um "empreendimento racional de análise"[18].

Além de Fustel e de Bloch, Fernand Braudel aparece igualmente no ensaio. Isso se torna significativo quando se considera que o texto em questão, "Objetividade e subjetividade na história", data de 1952, apenas três anos após a primeira publicação do extenso estudo sobre *O mediterrâneo e o mundo mediterrânico na época de Felipe II*, livro citado no texto. A mesma obra braudeliana lhe servirá de objeto de teste, como se verá a seguir, para suas indagações com relação à articulação da prática narrativa com a experiência do tempo e também como exemplo privilegiado nas considerações elaboradas sobre a epistemologia da história em *A memória, a história, o esquecimento*.

A história é, portanto, um ofício ou, como ele definirá mais tarde seguindo Michel de Certeau, uma *operação*[19]. Seus praticantes oferecem ao filósofo a matéria para seus questionamentos que são, nunca é demais repetir, questionamentos filosóficos. Nesse sentido, para além de uma forma de saber, a história remete ao campo da experiência e da vivência. A questão da verdade, portanto, toca esta dupla dimensão, a qual jamais abandonará o pensamento do filósofo: "a história, é a história acabada (*échue*) que o historiador *recobra em verdade*, quer dizer, em objetividade; mas é também a história em curso que nós suportamos e fazemos"[20]. Assim, para um filósofo que realiza uma "profissão de fé cristã"[21], pensar a história em sua dimensão epistemológica (na relação entre objetividade e subjetivismo) equivale também a se portar diante das questões existenciais colocadas pelo *estar-no-mundo*, isto é, a questão da historicidade humana no jogo tenso entre identidade e alteridade: "esta questão é aquela da verdade *da* história e *na* história, abordada a cada vez como dialética do Um e do Múltiplo"[22].

Essa leitura filosófica sobre a história encontra um momento fundamental em meados da década de 1980, com a publicação dos três tomos de *Tempo e narrativa*, obra dedicada a Henri-Irénée Marrou (1904-1977). Já no prefácio, Ricoeur estabelece o elo entre esta e outra obra sua publicada anteriormente, *A metáfora viva* (1975). Para o autor, seja no uso da metáfora, seja na elaboração narrativa, o que ocorre em última instância é o "fenômeno central de inovação semântica"[23]. O procedimento metafórico é caracterizado por uma "atribuição impertinente" de significado às palavras, na qual o significado literal cede espaço a uma nova pertinência predicativa, enriquecendo o processo de criação de sentido. Com isso, a metáfora permite uma *suspensão da referencialidade direta* do enunciado em proveito dessa inovação de sentido, ela mesma referencial, sendo definida menos por seu valor descritivo do que pela inteligibilidade poética que preside o trabalho de interpretação da metáfora[24].

A narrativa, por sua vez, possibilita a inovação do sentido por conta da "invenção de uma intriga que é, ela mesma, uma obra de síntese", ou seja, uma "síntese do heterogêneo" na qual as causas e os acasos de uma determinada ação passam a ser relacionados em proveito da definição do sentido próprio desta ação[25]. Dessa maneira, se a metáfora relaciona-se essencialmente com as potencialidades referenciais da linguagem, mesmo que à custa da referencialidade direta, no caso da narrativa o que o filósofo procura apreender é a possibilidade de ela articular, por meio da própria linguagem, a experiência humana do tempo. Como ele indica desde o início da obra, "o tempo torna-se tempo humano na medida em que está articulado de modo narrativo; em compensação, a narrativa é significativa na medida em que esboça os traços da experiência temporal"[26]. Cabe aqui indicar que uma das referências fundamentais de Paul Ricoeur para sua reflexão sobre o tempo histórico é a obra do historiador alemão Reinhart Koselleck, *Futuro passado – Contribuição à semântica dos tempos históricos*, publicada em alemão pela primeira vez em 1979[27].

A partir de uma leitura bastante particular do livro XI das *Confissões* de Santo Agostinho e do capítulo IX da *Poética* aristotélica, Paul Ricoeur elabora sua perspectiva com respeito às relações entre tempo e narrativa. A indagação teológica de Agostinho oferece como aporia da experiência de tempo o caráter problemático da mensuração temporal. Se o presente é considerado um tempo de passagem, sem extensão, se o passado *já* não tem existência e o futuro *ainda* é dela desprovido, como então medir o tempo? É na noção de *distentio animi* agostiniana (segundo a qual o tempo se desdobra como distensão da alma para o passado, na forma da memória; para o futuro, como expectativa; e no presente, enquanto atenção[28]), que Ricoeur localiza o caráter íntimo da experiência temporal como algo distinto do tempo natural e cosmológico. "O achado inestimável de Santo Agostinho, reduzindo a extensão do tempo à distensão da alma, é o de ter ligado essa distensão à falha que não cessa de se insinuar no coração do tríplice presente: entre o presente do futuro, o presente do passado e o presente do presente"[29]. O corolário desta perspectiva é uma experiência de tempo discordante em que a alma humana, colocada no jogo entre memória e expectativa, encontra-se em descompasso com a eternidade de Deus[30]. Nesse sentido, continua o filósofo, "é a esse enigma da especulação sobre o tempo que responde o ato poético da tessitura da intriga (*mise en intrigue*)"[31].

A concepção de tessitura da intriga que se articula com a perspectiva temporal de Agostinho é elaborada por Paul Ricoeur a partir de Aristóteles e sua noção de *muthos*, ciente de que esta articulação é um efeito da sua apropriação pessoal de ambos[32]. A noção é mobilizada pelo estagirita desde as primeiras frases da *Poética*[33]. Em consonância com o termo *mimèsis*, considerada a imitação ou a representação da ação, assumida por Ricoeur como o conceito englobante da *Poética*, a narrativa é pensada pelo filósofo através do par *mimèsis* e *muthos*, isto é, a representação da ação e o agenciamento dos fatos em uma intriga[34]. Assim, diante da discordância apontada na experiência de tempo agostiniana, Ricoeur coloca a atividade poética de produção narrativa como forma de dar sentido e coerência a tal aporia: "o *muthos* trágico eleva-se como a solução poética do paradoxo especulativo do tempo, na medida mesma em que a invenção da ordem é colocada com exclusão de qualquer característica temporal"[35]. É, portanto, o filósofo francês em sua análise própria quem estabelece a relação entre tempo (Agostinho) e narrativa (Aristóteles).

Assim, se a experiência temporal dos homens e mulheres é notadamente marcada pelo imprevisto e pelo imprevisível, pelo acaso irreversível e pelos acidentes de percurso, tal experiência é passível de assumir sentido e, com isso, ser representada de maneira inteligível desde que organizada em modo narrativo. A característica fundamental da intriga, para Ricoeur, é "fazer surgir o inteligível do acidental, o universal do singular, o necessário ou o verossímil do episódico"[36]. Enquanto atividade poética articulada em torno do par *muthos-mimèsis*, a narrativa não equivale simplesmente à transcrição de uma experiência anterior, como se a linguagem fosse pura e simplesmente da ordem da transparência. Para o autor, narrar significa uma atividade de "imitação criadora", não o "decalque de um real preexistente" ou a ideia de representação como "duplicação da presença"[37]. É justamente neste ponto que a referência cruzada entre história e ficção, tratada extensamente no terceiro tomo da obra, coloca-se como problema.

Ricoeur elabora uma concepção particular de atividade mimética. Para ele, trata-se de uma tríplice *mimèsis*. Definidos os pressupostos da relação complexa entre temporalidade e composição narrativa, sabendo que esta humaniza o tempo e que este, em retorno, dá a ela suas condições de inteligibilidade, Ricoeur trata efetivamente da operação de configuração da ação via narrativa. Em outras palavras, o relato narrativo, como *configuração da ação*, serve como mediação entre a *prefiguração do campo prático* e sua *refiguração pela recepção* ou leitura do texto. A tessitura da intriga ou, dito com outras palavras, a construção do texto, se encontra em uma posição intermediária entre duas experiências distintas, mas por ele relacionadas. Ao acompanhar uma narrativa, "seguimos, pois, o destino de um tempo prefigurado em um tempo refigurado, pela mediação de um tempo configurado"[38].

Decompondo esta tripla temporalidade narrativa, encontram-se as três mimèsis constituintes da atividade mimética. A mimèsis I trata do campo da pré-compreensão, da capacidade de identificar ações e suas mediações simbólicas e também da possibilidade de se narrar uma ação. É aqui que se encontram as questões relativas aos motivos que levaram determinados agentes a agir de maneira particular num momento específico e também os procedimentos próprios, no caso da historiografia, da pesquisa documental. O tempo prefigurado da mimèsis I está localizado no âmbito da compreensão prática, fornecendo à ação narrada um primeiro critério de entendimento ou "legibilidade". Portanto, "imitar ou representar a ação é, primeiro, pré-compreender o que ocorre com o agir humano: com sua semântica, com sua simbólica, com sua temporalidade. É sobre essa pré-compreensão, comum ao poeta e ao seu leitor, que se ergue a tessitura da intriga e, com ela, a mimética textual e literária"[39].

A *mimèsis* II, ou ato configurante, por sua vez, trata propriamente do agenciamento dos fatos que compreendem a ação; é nela que se localiza o eixo central da operação de configuração mimética. A função mediadora da intriga aparece aqui estabelecendo a relação do acontecimento isolado no interior de uma história narrada como um todo, servindo como ponto de encontro entre fatores díspares (agentes, fins, meios, interações, circunstâncias, acasos etc.), mas também realizando a chamada "síntese do heterogêneo", combinando dimensões temporais variadas, tanto cronológicas (tempo da ação), quanto não cronológicas (tempo cósmico). O tempo configurado em uma narrativa institui ainda a ponte que vai do autor para o leitor, tornando este apto para "seguir a história". A compreensão de uma história narrada depende, pois, da sua aptidão a ser seguida (*followability*). "Compreender a história é compreender como e por que os episódios sucessivos conduziram a essa conclusão, a qual, longe de ser previsível, deve finalmente ser aceitável, como congruente com os episódios reunidos"[40]. Para tanto, Ricoeur aponta a importância da "tradição" para o encadeamento da *mimèsis* III em seguida da *mimèsis* II e esta em seguida à *mimèsis* I. O tradicional, longe de algo similar ao império da permanência, é aqui entendido pelo jogo da sedimentação (espaço de experiência) e da inovação (horizonte de expectativa). Ele condiciona o entendimento, pois é nele que está contida a matéria da pré-compreensão, mas também permite a ampliação das possibilidades do entendimento, abrindo novos horizontes cognitivos[41].

Por fim, chega-se à *mimèsis* III, ponto de interseção entre o mundo do texto e o do leitor e prolongamento fundamental do círculo mimético e não vicioso que vai da ação ao texto e do texto à ação. É aqui que se privilegia a esfera do leitor e a prática da leitura. Assim, tal prática é encarada como uma atualização do texto narrativo, cujo sentido só é possível de se vislumbrar quando completada a tarefa mimética em três tempos: prefiguração (tempo do autor), configuração (tempo do texto) e refiguração (tempo do leitor). "Se a tessitura da intriga pode ser descrita como um ato do juízo e da imaginação produtora, é na medida em que esse ato é a obra conjunta do texto e de seu leitor, como Aristóteles dizia que a sensação é a obra comum do sentido e de quem sente"[42]. Portanto, o problema essencial da *mimèsis* III consiste em identificar o que está sendo narrado num texto, o que deve nele ser lido. Ricoeur salienta que "o que é comunicado, em última instância, é, para além do sentido de uma obra, o mundo que ela projeta e que constitui seu horizonte"[43]. O texto escrito e lido, na medida em que diz algo para além de si mesmo, permite o partilhar de uma experiência para além da linguagem. Com isso, é vital a distinção entre sentido e referência: "o que um leitor recebe é não somente o sentido da obra, mas, por meio de seu sentido, sua referência, ou seja, a experiência que ela faz chegar à linguagem e, em última análise, o mundo e sua temporalidade, que ela exibe diante de si"[44].

Munido de todos estes pressupostos teóricos, Ricoeur passa a discutir a dimensão narrativa do discurso historiográfico, uma vez que "se a história rompesse todo e qualquer laço com a *competência de base que temos de seguir uma história* e com as operações cognitivas da compreensão narrativa [...] ela perderia seu caráter distintivo no concerto das ciências sociais: cessaria de ser histórica"[45]. Assim, a despeito dos ataques de historiadores como Lucien Febvre e Fernand Braudel contra a chamada *histoire événementielle*, inclusive, no caso deste último, contra os princípios narrativos da escrita da história, considerados por ele não como parte integrante do método, mas sim como mera filosofia da história, Ricoeur argumenta que, jamais desaparecida, uma vez que não pode haver história inteligível sem uma estruturação narrativa dos fatos, a narrativa foi eclipsada, sobretudo por parte considerável da historiografia francesa ligada à revista *Annales*.

Discutindo a partir de autores externos à tradição intelectual francesa, tais como o canadense William Dray (1921-), o finlandês Georg Henrik von Wright (1916-2003), o norte-americano Arthur Danto (1924-) e o escocês Walter Bryce Gallie (1912-1998), Ricoeur inicia seu *plaidoyer* em defesa da narrativa. Com base em tais autores, elabora um duplo e correlato caminho: em primeiro lugar, estabelece a crítica ao modelo nomológico de explicação, por meio do qual a história apenas alcançaria um estatuto epistemológico forte desde que, abandonando a forma narrativa, explicasse o processo histórico por meio de leis gerais; em segundo lugar, defende que a narrativa é mais do que um simples modelo de exposição dos fatos, implicando, pelo contrário, um complexo procedimento de inteligibilidade e de produção de sentido. Ou seja, a explicação histórica é, para o filósofo francês, uma atividade concomitante ao modo de compreensão narrativa.

A partir disso, Ricoeur passa a testar suas formulações na escrita historiográfica, voltando seu olhar novamente para o ambiente francês e a escolha do objeto não poderia ser mais provocativa. Trata-se do já mencionado livro sobre o Mediterrâneo, de Fernand Braudel, encarado como "o verdadeiro manifesto da escola dos *Annales*"[46]. Indo de encontro ao que Braudel enuncia no prefácio à primeira edição da obra, datado de 1946, no qual recusa a noção de acontecimento e o procedimento narrativo, Ricoeur sugere que "Braudel, por seu método analítico e disjuntivo, inventou um *novo tipo de intriga*: se é verdade que a intriga é sempre, em algum grau, uma síntese do heterogêneo, a intriga virtual do livro de Braudel, conjugando temporalidades heterogêneas, cronologias contraditórias, ensina-nos a conjugar estruturas, ciclos e acontecimentos", isto é, a temporalidade tripartite elaborada pelo historiador[47].

É importante, contudo, deixar claro que a constatação da natureza essencialmente narrativa do discurso historiográfico não implica, por parte do filósofo, a assunção da inexistência de fronteiras entre narrativa historiográfica e narrativa ficcional. Quanto a isso, o terceiro tomo de *Tempo e narrativa* traz importantes páginas onde são discutidos o estatuto de realidade do passado histórico bem como aquilo que Ricoeur chama de "entrecruzamento da história e da ficção". Sem redundar na falsa questão de saber se a história é ou não um ramo da literatura, o filósofo investe sua atenção em se perguntar o que há de ficcional no discurso histórico e, por outro lado, o que existe de histórico no discurso da ficção. "Por entrecruzamento da história e da ficção, entendemos a estrutura fundamental, tanto ontológica quanto epistemológica, em virtude da qual a história e a ficção não concretizam, cada uma, sua intencionalidade respectiva senão ao tomar de empréstimo da intencionalidade da outra"[48]. Nesse jogo entre ficção e história, sem que ambas sejam confundidas, Ricoeur elabora uma via singular de reflexão. Tal a razão das suas sempre respeitosas reservas em relação à postura assumida por Hayden White no que diz respeito à dimensão literária do discurso historiográfico, para quem o texto do historiador seria o equivalente a um "artefato literário"[49]. O crítico norte-americano é presença recorrente nos escritos de Ricoeur, desde *Tempo e narrativa* até *A memória, a história, o esquecimento*[50].

As reflexões filosóficas sobre a narrativa serão complementadas em 1990, com a publicação de *O si-mesmo como um outro*, livro originado das *Gifford Lectures* ministradas quatro anos antes na Universidade de Edimburgo. Ali, Ricoeur articula a questão da narrativa com a questão da identidade, a partir da expressão "identidade narrativa". Todo seu argumento está amparado na distinção entre *mesmidade*, ou *identidade-idem*, na qual a "*permanência no tempo* constitui o grau mais elevado, ao qual se opõe o diferente no sentido de mutável, variável", e *ipseidade* ou *identidade-ipse*, caracterizada pela inexistência de qualquer "pretenso núcleo não mutante da personalidade"[51]. O que ele ressalta é o papel fundamental da temporalidade, em sua articulação narrativa, como constituinte da identidade e da subjetividade do homem. Ricoeur dialoga aqui diretamente com as chamadas filosofias do sujeito que definem parte importante do pensamento ocidental moderno, desde a noção fundante do *cogito* cartesiano até o momento no século XX em que tal noção se encontra fraturada e desacreditada. Diante de tal situação, é a hermenêutica como uma reflexão que considera fortemente o caráter temporal e histórico da experiência humana que lhe serve como perspectiva privilegiada.

O ponto culminante de tal reflexão será, 10 anos depois, a publicação de *A memória, a história, o esquecimento*. Ali, preocupações de diferentes ordens são elencadas: preocupação privada – no sentido de articular suas indagações feitas tanto em *Tempo e narrativa* quanto em *O si-mesmo como um outro* com as questões da memória e do esquecimento; preocupação profissional – com a intenção de reforçar laços já realizados com a comunidade de historiadores que se colocam diante das mesmas questões teóricas; preocupação pública – no intuito de tomar uma posição em relação ao tema dos excessos de memória e de esquecimento, correlatos à voga comemorativa e aos perigos do revisionismo histórico sobre os fatos pertinentes às atrocidades cometidas durante a Segunda Grande Guerra[52].

Tendo como preocupação fundamental as formas de relação com o passado, desde a memória até o esquecimento, passando pelo saber histórico, ali são colocadas à prova também as possibilidades de representação do passado, seja pelo registro mnemônico, seja pelo relato historiográfico. Nesse sentido, o livro é dividido em três grandes partes seguidas por um epílogo sobre a questão do "perdão difícil". Na primeira, a partir de uma fenomenologia da memória, Ricoeur traça os fundamentos que lhe servirão de base para as discussões posteriores. Considerando a indagação "*de que* há lembrança? *de quem* é a memória?", ele estabelece uma dupla valoração para o tema: de um lado, tem-se a *mnëmë*, a lembrança pura e simples como presença no espírito, naturalizada e ligada ao campo da afecção. Lembrar, portanto, é uma espécie de *evocação* dessa presença inscrita na alma de quem lembra. Por outro lado, há a *anamnësis*, produto direto de uma busca e fruto de um trabalho de intelecção. Assim, como foi também apresentado na conferência *A escrita da história e a representação do passado*, pronunciada no plano das *Conférences Marc Bloch* promovidas em 2000 pela École des Hautes Études en Sciences Sociales de Paris, bastião dos historiadores ligados à Revista *Annales*, para além da memória como mera lembrança ou, nas palavras do filósofo francês, como "simples presença de uma lembrança no espírito na sua evocação espontânea", há também a memória como esforço de reminiscência, ou seja, a "busca (*recherche*) mais ou menos laboriosa e frutuosa" da lembrança[53].

Seguindo esta dupla dimensão da memória, na fronteira entre o natural e o procurado, mas também entre a memória individual e a memória coletiva, Ricoeur discute ainda a questão dos usos e abusos da memória, justamente no momento em que temas como o da comemoração, dos usos do passado, das leis memoriais, sobretudo no contexto francês, despontavam como questão candente para os intelectuais[54]. Basta recordar a publicação, cerca de uma década antes, da obra coletiva dirigida por Pierre Nora *Os lugares da memória*, que vinha apresentada por um texto destinado a servir de objeto de reflexões e usos variados[55]. A própria noção de "lugar de memória" é largamente discutida por Ricoeur na terceira parte do livro, o que propiciou a ocasião para um debate com Nora, que tomou corpo na publicação *Le Débat*, em 2002.

Na segunda parte é tratada a epistemologia das ciências históricas. Valendo-se da noção de "operação historiográfica" de Michel de Certeau, mas dando a ela uma conotação bastante particular, Ricoeur sugere três "fases" epistemológicas (mas não cronológicas) para o saber histórico. Em primeiro lugar a fase documental, no caminho que segue do enunciado da testemunha até a definição da prova documental, passando pelo processo de arquivamento do testemunho. Em seguida, a fase da explicação/compreensão, onde sustenta, como já havia feito em textos desde a década de 1970 e rompendo com a hermenêutica de Wilhelm Dilthey (1833-1911), que ambas atividades (explicar e compreender) são concomitantes e constitutivas da interpretação historiadora. Por fim, a fase da "representação literária", onde se manifesta, de fato, a "intenção veritativa" dos historiadores ao narrarem histórias. Assim, por meio desta reelaborada noção de "operação historiográfica", Ricoeur defende, primeiro, que é por meio dela que a história mantém a distinção em relação à memória e, segundo, que a escrita é elemento incontornável do trabalho do historiador: "a escrita, com efeito, é o limiar (*seuil*) de linguagem que o conhecimento histórico desde sempre já atravessou, afastando-se da memória para correr a tripla aventura do arquivamento, da explicação e da representação. A história é, do começo ao fim, escrita"[56].

Enfim, o terceiro grande momento do livro é também o momento em que todo o projeto ricoeuriano de pensar a história e a historicidade humana encontra termo, na forma de uma hermenêutica da condição histórica. Distante das filosofias especulativas da história caras ao século XIX[57], mas notadamente próxima da noção kosselleckiana de "teoria da história"[58], tal hermenêutica se assume como "exame dos modos de compreensão engajados nos saberes de vocação objetiva" e, portanto, voltando-se para o discurso historiográfico, como "uma reflexão de segundo grau concernente às condições de possibilidade deste discurso"[59]. Nesta parte, Ricoeur retoma e avança discussões iniciadas em *Tempo e narrativa* sobre o tempo e a historicidade, investindo decididamente nas formas do esquecimento. Quanto a isso, salienta, relendo Nietzsche em sua segunda consideração intempestiva, a importância do esquecimento para a experiência humana. Opondo o "esquecimento por apagamento" (*oubli par effacement*), ocasionado tanto por traumas neurológicos quanto por estratégias políticas direcionadas ao aniquilamento dos vestígios, ao que define como "esquecimento de reserva" (*oubli de réserve*), confere a este o caráter de uma espécie de memória latente, disponível quando necessária, de forma que importantes fatos do passado possam ser resguardados do apagamento definitivo, mas colocados em uma região de onde não impeçam ou aprisionem a vivência no presente. Esta diferenciação teórica lhe permite, então, discutir eventos marcados como formas de esquecimento controlado, tais como a anistia em suas diferentes modalidades, encaminhando a atenção já para o epílogo do livro, onde a noção de perdão é discutida.

A questão do perdão abre a Paul Ricoeur a possibilidade de repensar outra questão importante para as sociedades contemporâneas: a punição de crimes cometidos no passado, sobretudo crimes contra a humanidade. Assumidos como imprescritíveis e, portanto, sempre contemporâneos aos criminosos que os praticaram (mas igualmente contemporâneos às vítimas e à sociedade que pretende render justiça a eles)[60], tais atos levantam o problema da maneira pela qual podem ou devem, do ponto de vista jurídico, ser tratados. Colocados em duas posições radicalmente assimétricas, o perdão no alto e o crime ou a falta cometida embaixo, o primeiro opera na forma de uma restituição da capacidade de agir do homem, paralisada pelo segundo. Encarado menos como uma instituição do que como um gesto ético, o ato do perdão funciona de forma similar ao da promessa, que encaminha o agir humano para o futuro (para não ficar preso ao passado), mas também, em uma posição confessamente humanista, como maneira de desligar o indivíduo do seu ato:

> [...] sob o signo do perdão, o culpado seria tido por capaz de outra coisa que não os seus delitos e suas faltas. Ele seria devolvido à sua capacidade de agir

e a ação devolvida à capacidade de continuar [...] É, enfim, dessa capacidade restaurada que se apoderaria a promessa que projeta a ação ao futuro. A fórmula desta palavra liberadora, abandonada à nudez de sua enunciação, seria: tu vales melhor que teus atos[61].

Eis, em linhas gerais, algumas das questões importantes com as quais lidou Paul Ricoeur ao longo de sua obra. Em uma reflexão que, ainda que a transcenda, não abdica de tomar a história como objeto de pensamento, diversas noções e categorias utilizadas e elaboradas pelo filósofo instigam os historiadores a repensarem os desígnios de seu próprio ofício.

3 Conceitos-chave

Ao longo de sua reflexão voltada para os campos e canteiros da história, Paul Ricoeur ofereceu uma série de categorias conceituais importantes para se pensar as condições do saber histórico, bem como para se problematizar a historicidade humana. A questão das palavras, para um filósofo notadamente preocupado com a linguagem e suas formas de interpretação, assume especial importância no plano de uma reflexão sobre a história. Afinal, se é próprio do conhecimento histórico estabelecer uma distância entre o âmbito da produção do saber e a instância sobre o qual ele é produzido, qual a natureza do discurso que pretende dar conta desta distância? Se, como indica o filósofo desde *História e verdade*, "a história tem por tarefa nomear o que mudou, o que está abolido, o que foi *outro*", resta ao historiador a questão fundamental: "como nomear e fazer compreender na linguagem contemporânea, na língua nacional atual, uma instituição, uma situação que estão abolidas, senão utilizando similitudes funcionais que serão corrigidas, em seguida, por diferenciação?"[62] Estas *similitudes funcionais* não deixam de implicar, por sua vez, o trabalho de elaboração de categorias conceituais voltadas para a apreensão do objeto histórico.

No universo amplo do vocabulário do filósofo, três elementos correlatos podem ser destacados como contribuições relevantes para o tema da escrita da história e que constituem elementos importantes na construção da legitimidade do conhecimento histórico[63]. Em primeiro lugar, uma compreensão abrangente e coerente sobre o *texto historiográfico*, ciente dos desafios colocados pela constatação de que os historiadores, mais do que simplesmente escreverem (ou transcreverem um conhecimento que se formularia em seu espírito), fazem uso da linguagem e que tal uso é parte constitutiva do seu *métier* (e não apenas uma "exigência de caráter prático"[64]); em segundo lugar, uma reflexão sobre o estatuto do objeto privilegiado da história, considerando-o como a *passadidade do passado*, o que permite romper com a evidência ontológica de um passado como um dado objetivo sobre o qual se erige um saber, oferecendo em troca a formulação do passado como qualidade daquilo que se passou e que deixou marcas no tempo, por meio das quais um conhecimento é tornado possível; por fim, em terceiro lugar, conciliando os dois elementos mencionados, a elaboração da noção de *representância* ou *lugar-tenência* como objetivo perseguido pelo historiador em seu ofício, caracterizado como uma tarefa em si mesma marcada pela incompletude, mas que não chega a comprometer sua legitimidade enquanto forma de saber.

3.1 O texto historiográfico

Desde o ensaio sobre Freud, para Ricoeur a hermenêutica equivale à "teoria das regras que presidem a uma exegese, quer dizer, à interpretação de um texto singular ou de um conjunto de signos suscetível de ser considerado como um texto"[65]. Encarada como uma "inteligência do duplo sentido", por meio da qual se desdobram as relações entre signo/significação e significação/coisa, a hermenêutica se presta a pensar as modalidades de compreensão dos símbolos e se projeta para o âmbito da linguagem: "há símbolo quando a linguagem produz signos de graus compostos onde o sentido, não contente em designar alguma coisa, designa um outro sentido que não saberia ser atingido senão na e pela sua visada". Assim, através dos símbolos ou dos signos linguísticos, é o campo da experiência que é assumido pela interpretação: "dizemos o real ao significá-lo; nesse sentido, nós o interpretamos"[66].

Essa compreensão prévia lhe permitirá desenvolver uma noção bastante elaborada do que vem a ser um texto em geral e que será aqui assumida tendo em vista as particularidades do texto historiográfico. Em primeiro lugar, é preciso ter em mente que a hermenêutica de Paul Ricoeur assume a linguagem como *obra*, e não como uma entidade autônoma pairando à margem da experiência humana como uma espécie de ser metafísico. Em segundo lugar, na caracterização tripartite dos estudos sobre a linguagem, para Ricoeur há o nível da palavra, da qual se ocupa a linguística; há o âmbito da frase, objeto da semântica; e, por fim, há o campo do discurso, o qual é investigado pela hermenêutica e tema privilegiado da atenção do filósofo. Em suas palavras, "o discurso é *o* evento da linguagem"[67]. Em outras palavras, diferente da palavra e da frase, no discurso o campo da ação prática é diretamente visado.

As bases para esta compreensão encontram-se na filosofia da linguagem de John Langshaw Austin (1911-1960) e sua teoria dos "atos de fala", a qual considera em primeiro plano o caráter performativo dos usos da linguagem. Seguindo os passos de Austin, Ricoeur pode então afirmar que "se todo discurso é atualizado como um evento, todo discurso é compreendido como significado (*meaning*)"[68]. Assim, entre o caráter de evento do discurso e os significados por ele engendrados ou, em outras palavras, entre o plano da experiência e o domínio da linguagem, a hermenêutica ricoeuriana ocupa-se tanto com os sentidos promovidos pelas performances linguísticas quanto com o teor referencial possibilitado pelo discurso. No encaminhamento de sua reflexão e, aqui, afastando-se das formulações de John Austin, cujos "atos de fala" são projetados para o campo da oralidade, Ricoeur centra suas análises no âmbito propriamente escrito. Neste ponto, a questão da referencialidade se torna problemática, uma vez que, diferentemente do discurso oral, onde os referentes podem ser mostrados e vistos pelos interlocutores, na escrita a "referência ostensiva" própria do discurso oral é elidida do contexto discursivo. Dessa maneira, a noção de texto para Ricoeur carrega em si as limitações e as potencialidades da escrita.

O que está implicado, por sua vez, no texto escrito? Em uma palavra: distância. Afinal, a escrita fixa não o *ato da fala* (suas expressões, seus gestos, a referência situacional etc.), mas o *dito da fala*. Tal distância se manifesta entre locutor e interlocutor, pois, no caso da escrita, autor e leitor não precisam necessariamente compartilhar o contexto em que o discurso é realizado (ou seja, trata-se de uma distância entre *intenção* – ato ilocucionário – e *efeito produzido* – ato perlocucionário, nos termos de Austin). Ela também aparece como distância entre o processo de *significação* e o *evento do enunciado*, uma vez que um texto escrito permanece potencialmente significativo e passível de outras leituras mesmo em contextos distintos daquele em que foi produzido. Finalmente, a dimensão textual mais problemática para o texto historiográfico, ocupado em representar uma realidade que se quer como efetivamente acontecida, a escrita implica uma distância entre *enunciado* e *referência*.

Mais do que uma limitação, Ricoeur enxerga nesta distância a possibilidade de se pensar como dimensões autônomas, ainda que imbricadas entre si, a dimensão do autor, a dimensão do texto, e a dimensão do leitor. E é justamente em função desta relativa autonomia entre os três elementos que a tarefa interpretativa pode encontrar espaço: interpretar, nesse sentido, não equivale apenas a encontrar ou reencontrar as intenções do autor por detrás do texto, tampouco desvelar neste algum sentido oculto por detrás das palavras. Para Ricoeur, "o direito do leitor e o direito do texto convergem numa importante luta, que gera a dinâmica total da interpretação. A hermenêutica começa onde o diálogo termina"[69]. Assim, antes de limitar a experiência, a linguagem escrita possibilita um enriquecimento dela: "o apagamento da referência ostensiva e descritiva liberta um poder de referência para aspectos do nosso ser-no-mundo que não se podem dizer de um modo descritivo direto, mas só por alusão, graças aos valores referenciais das expressões metafóricas e, em geral, simbólicas"[70].

O trabalho da interpretação enquanto tarefa primordial da hermenêutica voltada para os textos, portanto, é o de descortinar novas possibilidades de experiência.

> O texto fala de um mundo possível e de um modo possível de alguém nele se orientar. As dimensões deste mundo são propriamente abertas e descortinadas pelo texto. O discurso é, para a linguagem escrita, o equivalente da referência ostensiva para a linguagem falada. Vai além da mera função de apontar e mostrar o que já existe e, neste sentido, transcende a função da referência ostensiva, ligada à linguagem falada. Aqui, mostrar é ao mesmo tempo criar um novo modo de ser[71].

Se, então, *texto* equivale a "todo discurso fixado pela escrita"[72], e que abre o "mundo do texto" como uma forma da experiência, podemos considerar o texto historiográfico como o discurso escrito caracterizado pelo anseio de constituir, através da fixação pela escrita, uma experiência passada como sua referência não situacional. A contribuição de Ricoeur é justamente considerar, de forma nem simplesmente ingênua nem radicalmente cética, o caráter referencial do discurso historiográfico: nem pura transparência em relação ao "real", nem obscura opacidade. Além disso, se é diante do referente que a "intenção veritativa" do historiador se mantém, assegurando a legitimidade do seu discurso como um discurso sobre um real que "efetivamente se passou", tal legitimidade encontra-se não apenas no campo do autor ou do profissional que, respeitando os procedimentos metodológicos e as regras do ofício, se propôs a escrever história, nem somente no próprio texto, como se ele por si só contivesse todas as chaves para ser decifrado, mas também na prática da leitura, no espaço próprio do leitor: o texto "não é sem referência; a tarefa da leitura, enquanto interpretação, será precisamente a de efetuar a referência"[73].

É na leitura, portanto, que o texto historiográfico desvela todo seu potencial. É diante do leitor da história, também, que a questão da representação do passado se torna um problema, uma vez que "é uma expectativa do leitor do texto histórico que o autor lhe proponha um 'relato verdadeiro' e não uma ficção. A questão é assim colocada de saber se, como e até que ponto, este pacto tácito de leitura pode ser honrado pela escrita da história"[74]. Em relação a este pacto, a noção de representação do passado se transforma em duas outras noções importantes: *passadidade* e *representância*.

3.2 Passadidade do passado

Categoria fundamental do saber histórico, a noção de passado emerge ao mesmo tempo como uma evidência e como um impensado na prática dos historiadores. Interrogando-se sobre o estatuto, simultaneamente epistemológico e ontológico de um passado que "foi" e que "não é mais", Ricoeur assume a opção teórica de se falar em termos de "passadidade do passado" (*passéité du passé*). A expressão é recorrente em *A memória, a história, o esquecimento* e remonta pelo menos a *Tempo e narrativa*. No artigo "A marca do passado", publicado em 1998 na *Revue de Métaphysique et de Morale*, Ricoeur oferece um encaminhamento importante para a noção.

Situá-lo em termos de passadidade implica considerar o termo passado menos como um substantivo que remeteria a uma coisa estável e quase palpável do que como um adjetivo que qualifica um determinado dado. Para Ricoeur, "passado é um adjetivo substantivado: é o caráter, para um fato alegado, de ser/estar passado (*être passé*)"[75]. Dessa maneira, a reflexão é deslocada notadamente para o que o autor define como "o enigma do passado", ao mesmo tempo aquilo que foi (no sentido positivo da expressão) e aquilo que *não* é mais (com toda sua carga de negatividade). Nesse jogo semântico que remete diretamente à aporia fundamental da história, isto é, ao fato dos historiadores sempre trabalharem com o passado na tensão dinâmica da "presença do ausente", Ricoeur confere à noção toda sua amplitude: o passado é o que de fato ocorreu, mas também o que traz em si o signo da perda, sobre o que não se pode mais agir. "Nesse sentido – salienta o filósofo – eu diria que o ato de atribuir o 'real ao passado' [...], como, então, 'tendo sido', passa pela prova da perda e, pois, pelo não mais ser"[76].

A passadidade do passado aponta também para as marcas daquilo que passou. O conhecimento histórico, situado por Carlo Ginzburg, na esteira de Marc Bloch, no âmbito do que é por ele chamado de "paradigma indiciário", isto é, uma forma de saber fundamentada pela existência de indícios, vestígios ou rastros[77], depende plenamente das marcas do passado. Se o passado, encarado como um dado, não pode existir no presente, sua passadidade, ou seja, a qualidade daquilo que passou serve como garantia para um conhecimento que o toma como objeto. Assim funciona a metáfora da marca como inscrição material de um fato: "enquanto deixada, ela é/está presente"[78]. Há alguns anos o problema, ainda que sobre outros parâmetros, já ocupava a reflexão do autor. Em 1971, indagava-se ele "em que medida podemos declarar que o que é *fato/feito (fait)* é *inscrito*? Algumas metáforas podem nos ajudar neste ponto. Dizemos que tal e tal acontecimento *deixou a sua marca* no seu tempo. Falamos do acontecimento *marcante*. Estas marcas deixadas no tempo serão parentes da espécie de coisa que pede para ser lida, de preferência a ser entendida? O que é que é visado pela metáfora da marca impressa?"[79]

Outras considerações podem ainda ser aventadas: a característica principal da marca é a ideia de um rastro ou uma impressão (*trace*) deixados outrora[80]. A partir disso, a resposta ao enigma da presença do ausente pode ser trabalhada em duas etapas singulares que determinam as marcas do passado: em primeiro lugar, o rastro (*trace*) tem o caráter de *impressão* que funciona como "efeito-signo" da passagem (algo se passou deixando o vestígio de sua passagem); em segundo lugar, traz as características da *semelhança*, a relação entre a reprodução e o original (a analogia entre a passagem de algo e seu vestígio). Nesse sentido, o rastro, enquanto marca, abre seu potencial de referência, estabelecendo as estratégias de legitimação do discurso historiográfico.

A culminância dessa reflexão sobre o estatuto do passado que aparece como objeto de saber para os historiadores encontra-se na seção destinada à "fase documentária" da operação historiográfica, tratada na segunda parte de *La mémoire, l'histoire, l'oubli*. Nela, Ricoeur refaz o trajeto que conduz da memória proferida pela testemunha até a constituição da prova documental, passando pelos procedimentos de arquivamento do testemunho. Assim, da definição teórica das marcas do que passou, como aquilo que constitui e determina a passadidade do passado, chega-se à noção não menos complexa de *prova*, que em Paul Ricoeur não se confunde com a noção de documento histórico: para ele, a prova documental é o resultado mesmo do processo que define a operação historiográfica desde o momento do arquivo; ela é, portanto, um produto discursivo do conhecimento histórico que se define, como já visto, do começo ao fim enquanto uma escrita.

3.3 Representância/Lugar-tenência

Intimamente ligada à noção de texto e de passadidade, a noção de representância surge como corolário da própria atividade por meio da qual se intenta representar, através de um texto, não o passado em si, mas sua passadidade. Assumindo, distante de qualquer tipo de ingenuidade ontológica, a dimensão realista do discurso historiográfico, Ricoeur atribui à noção aqui tratada um papel importante: "daremos o nome de *representância* (ou de *lugar-tenência*) às relações entre as construções da história e seu *face a face*, a saber, um passado ao mesmo tempo abolido e preservado em seus rastros (*traces*)"[81].

Mobilizada com o intuito de assegurar à representação histórica seu caráter sempre incompleto e limitado, representância é a forma encontrada por Ricoeur para manter no registro histórico seus aspectos de contato e complementaridade com o discurso ficcional, sem que ambos sejam confundidos. Como foi indicado acima, o filósofo investe, em suas análises sobre tempo e narrativa, nos entrecruzamentos entre ficção e história. O pano de fundo da questão é justamente o estatuto do passado histórico, que se desdobra ao mesmo tempo, como já colocado, nas suas dimensões ontológicas e epistemológicas: o passado real é, "com efeito, sustentado por uma ontologia implícita, em virtude da qual as construções do historiador têm a ambição de ser *reconstruções* mais ou menos aproximadas do que um dia foi 'real'"[82].

A questão ocupa lugar considerável na seção voltada para a epistemologia da história em *A memória, a história, o esquecimento*[83]. Traçando o caminho que segue da representação como objeto para os historiadores até a "representação historiadora" propriamente dita, Ricoeur afirma com convicção que o termo representância lhe serve para sublinhar com força o fato de que "a representação no plano histórico não se limita a conferir roupagem verbal a um discurso do qual a coerência seria completa antes de sua entrada na literatura, mas que ela constitui uma operação de pleno direito que possui o privilégio de trazer à luz a visada referencial do discurso histórico"[84].

Assim, se é próprio do texto historiográfico possibilitar a abertura para o espaço da experiência, aquilo que o filósofo define como o "mundo do texto", garantindo com isso sua viabilidade enquanto representação de determinada realidade passada, o estatuto deste real passado pode e deve ser pensado enquanto passadidade, na tensão entre aquilo que foi e aquilo que não é mais. Tal representação, por sua vez, não significa a cópia pura e simples, transcrita em linguagem, dos fatos acontecidos. Ela traz em si, tal como seu objeto, o signo da perda, condensando na linguagem seus limites e a sua disponibilidade para se abrir para outra experiência. Falar em termos de representância, portanto, equivale a reconhecer que aquilo que o discurso histórico oferece ao leitor, em seu trabalho de refiguração da experiência vivida, é, ao mesmo tempo, um pouco menos e um pouco mais daquilo que "de fato sucedeu".

Não é despropositado o fato de que o sinônimo escolhido para a expressão é lugar-tenência (*lieutenance*), ou seja, alguma coisa que é colocada *no lugar* da outra, e não a coisa ela mesma. Por fim, como consequência desta reflexão e como resposta convicta às várias feições do negacionismo histórico, pode-se assumir as colocações do filósofo, segundo as quais "a representação historiadora é bem uma imagem presente de uma coisa ausente; mas a coisa ausente se desdobra ela mesma em desaparição e existência no passado. As coisas passadas são abolidas, mas ninguém pode fazer com que não tenham sido"[85].

4 Considerações finais

Em uma coletânea voltada para a apresentação de obras de historiadores relevantes para a compreensão dos caminhos da disciplina, qual a razão em apresentar a reflexão de um filósofo como Paul Ricoeur? Creio que a resposta é dada, logo nos anos de 1950, pelo próprio autor quando diz que "o filósofo possui uma maneira própria de rematar em si mesmo o trabalho do historiador; esta maneira própria consiste em fazer coincidir sua própria 'tomada' de consciência com uma 'retomada' da história"[86]. Assim, retomar a história como tomada de consciência é uma das sugestões oferecidas por uma obra imensa e importante para a historiografia contemporânea.

De uma ponta a outra deste percurso, da preocupação com as condições de objetividade do discurso histórico em *História e verdade* até a defesa, crítica, mas incondicional, da "intenção veritativa" dos historiadores diante das negações da história, em *A memória, a história, o esquecimento*, passando pelos estudos sobre tempo e narrativa que fazem pensar o texto historiográfico como um discurso metafórico sobre o passado, mantendo sempre em mente o "como se" da representação histórica, Paul Ricoeur, ao refletir sobre o trabalho dos historiadores, jamais perdeu de vista o pensamento sobre a legitimidade deste trabalho.

É, pois, enquanto leitor da história que intentou situar as condições desta legitimidade não apenas na intenção do historiador como autor ou nas determinações do texto como um todo, mas também no trabalho complexo de leitura da história. Ela, a leitura, sugere ele, atravessa todos os caminhos deste percurso:

> [...] os documentos tinham seu leitor, o historiador "de mangas arregaçadas". O livro de história tem seus leitores, potencialmente qualquer um que saiba ler, na verdade, o público esclarecido. Caindo assim no espaço público, o livro de história, coroamento do "fazer da história", reconduz seu autor ao âmago do "fazer a história"[87].

Ou seja, para Ricoeur toda a operação historiográfica, do trato com as testemunhas até a escrita do historiador, é pertinente ao espaço público em sua dimensão cultural e política. E se a história é, como ele costumava dizer, de ponta a ponta uma escrita, ela é também, de uma ponta a outra, um objeto de leitura. Aos leitores é, então, solicitada uma atitude diante do registro histórico, uma retomada da história como tomada de consciência, pois, como afirmou certa vez o filósofo, "os historiadores não procuram também colocar lucidez lá onde existe perplexidade"[88].

Notas

[1] DOSSE, F. *Paul Ricoeur – Les sens d'une vie (1913-2005)*. Édition revue et augmentée. Paris: La Découverte, 2008, p. 8.

[2] Ibid., p. 22. A expressão aparece também em JERVOLINO, D. *Paul Ricoeur – Une heméneutique de la condition humaine*. Paris: Ellipses, 2002, p. 6 [Edição brasileira: *Introdução a Ricoeur*. São Paulo: Paulus, 2011]. A maior parte das informações biográficas sobre Ricoeur são extraídas destas duas obras.

[3] Sobre sua imensa produção intelectual, cf. o levantamento bibliográfico de livros e artigos disponível no site *Fonds Ricoeur – Recherches et dialogues autour de Paul Ricœur* (www.fondsricoeur.fr). Agradeço ao amigo Mateus Henrique de Faria Pereira a indicação do site.

[4] Concurso pelo qual passam os aspirantes à carreira de professor no sistema educacional francês.

[5] Apud DOSSE, F. *Paul Ricoeur –Les sens d'une vie (1913-2005)*. Op. cit., p. 72.

[6] Ibid., p. 87.

[7] A tese secundária apresentada foi justamente a tradução das *Ideen I*, de Husserl.

[8] JERVOLINO, D. *Paul Ricoeur – Une heméneutique de la condition humaine*. Op. cit., p. 10ss.

[9] DOSSE, F. *Paul Ricoeur – Les sens d'une vie (1913-2005)*. Op. cit., p. 311.

[10] Ibid., p. 397.

[11] Ibid., p. 440-442.

[12] Ibid., p. 686.

[13] Ibid., p. 514ss.

[14] Para uma abordagem mais ampla sobre os demais temas filosóficos estudados por Paul Ricoeur, remeto, entre outros, ao breve, mas relevante livro de Domenico Jervolino, citado na nota 2.

[15] RICOEUR, P. *Histoire et vérité*. Paris: Du Seuil, 1955, p. 8 [Edição brasileira: *História e verdade*. Rio de Janeiro: Forense Universitária, 1968].

[16] Ibid., p. 11.

[17] Ibid., p. 26.

[18] Ibid., p. 30-31.

[19] CERTEAU, M. *L'écriture de l'histoire*. Paris: Gallimard, 1975 [Edição brasileira: *A escrita da história*. Rio de Janeiro: Forense Universitária, 1982].

[20] RICOEUR, P. *Histoire et vérité*. Op. cit., p. 15.

[21] Discorrendo sobre sua posição como filósofo e, ao mesmo tempo, como alguém que considera como essencial, do ponto de vista das crenças pessoais, a fé cristã, Ricoeur salienta a "contradição de viver filosoficamente a esperança cristã como razão reguladora da reflexão, pois a convicção da unidade final da verdade é o Espírito mesmo da Razão", acrescentando, não sem certa ironia: "aí, talvez, possuo a coragem de fazer a história da filosofia sem filosofia da história, de respeitar indefinidamente a verdade do outro sem me tornar esquizofrênico" (Ibid., p. 12-13).

[22] Ibid., p. 17.

[23] RICOEUR, P. *Temps et récit*. Tome I. Paris: Du Seuil, 1983, p. 11 [Edição brasileira: *Tempo e narrativa*. Tomo I. Campinas: Papirus, 1994].

[24] "Por sua estrutura própria, a obra literária só desvela um mundo sob a condição de que se suspenda a referência do discurso descritivo. Ou, para o dizer em outras palavras: na obra literária, o discurso

desvela sua denotação como uma denotação de segunda ordem, graças à suspensão da denotação de primeira ordem do discurso. [...] Se é verdade que é em uma interpretação que sentido literal e sentido metafórico se distinguem e se articulam, é também em uma interpretação que, graças à suspensão da denotação de primeira ordem, é liberada uma denotação de segunda ordem, propriamente a denotação metafórica" (RICOEUR, P. *La métaphore vive*. Paris: Du Seuil, 1975, p. 278-279 [Edição brasileira: *A metáfora viva*. São Paulo: Loyola, 2000]).

[25] RICOEUR, P. *Temps et récit*. Tome I. Op. cit., p. 11.

[26] Ibid., p. 17.

[27] Cf. a edição brasileira: KOSELLECK, R. *Futuro passado – Contribuição à semântica dos tempos históricos*. Rio de Janeiro: Contraponto/PUC-Rio, 2006.

[28] "Uma coisa é agora clara e transparente: não existem coisas futuras nem passadas; nem se pode dizer com propriedade: há três tempos, o passado, o presente e o futuro; mas talvez se pudesse dizer com propriedade: há três tempos, o presente respeitante às coisas passadas, o presente respeitante às coisas presentes, o presente respeitante às coisas futuras. Existem na minha alma três espécies de tempo e não as vejo em outro lugar: memória presente respeitante às coisas passadas, visão presente respeitante às coisas presentes, expectação presente respeitante às coisas futuras" (SANTO AGOSTINHO. *Confissões* – Livro XI (XX, 26). Lisboa: Centro de Literatura e Cultura Portuguesa e Brasileira/Imprensa Nacional/Casa da Moeda, 2001).

[29] RICOEUR, P. *Temps et récit*. Tome I. Op. cit., p. 41.

[30] "A *distentio animi* não designa mais somente a 'solução' das aporias de medida do tempo; exprime doravante o dilaceramento da alma privada da estabilidade do eterno presente" (Ibid., p. 50).

[31] Ibid., p. 41.

[32] "É evidente que sou eu, leitor de Agostinho e de Aristóteles, quem estabeleço essa relação entre uma experiência viva, em que a discordância dilacera a concordância, e uma atividade eminentemente verbal, em que a concordância repara a discordância" (Ibid., p. 55).

[33] O texto inicia com a seguinte formulação: "falaremos da arte poética em si e das suas espécies, do efeito que cada uma destas espécies tem; de como se devem estruturar os *enredos*, se se pretender que a composição poética seja bela" (ARISTÓTELES. *Poética*, 1447a 1-10. Lisboa: Fundação Calouste Gulbenkian, 2004). O termo em itálico é o equivalente ao grego *muthos*, traduzido em outras edições por fábula, tradução recusada por Ricoeur.

[34] Como sugere Aristóteles, entre os elementos da tragédia, "o mais importante é o agenciamento dos fatos, pois a tragédia não é a representação dos homens, mas de uma parte da ação" (ARISTÓTELES. *Poética*, 1450a).

[35] RICOEUR, P. *Temps et récit*. Tome I. Op. cit., p. 65.

[36] Ibid., p. 70.

[37] Ibid., p. 76.

[38] Ibid., p. 87.

[39] Ibid., p. 100.

[40] Ibid., p. 104. O termo *followability* é emprestado, como Paul Ricoeur informa, de GALLIE, W.B. *Philosophy and historical understanding* (1964).

[41] Tanto "espaço de experiência" como "horizonte de expectativa" são categorias caras a Koselleck. Cf. KOSELLECK, R. "Espaço de experiência e horizonte de expectativa: duas categorias históricas". In: *Futuro passado* – Contribuição à semântica dos tempos históricos. Op. cit., p. 305-329.

[42] Ibid., p. 116.

[43] Ibid., p. 117.

[44] Ibid., p. 119.

[45] Ibid., p. 133.

[46] Ibid., p. 146.

[47] Ibid., p. 302.

[48] RICOEUR, P. *Temps et récit*. Tome III. Paris: Du Seuil, 1985, p. 265 [Edição brasileira: *Tempo e narrativa*. Tomo III. Campinas: Papirus, 1997].

[49] WHITE, H. "The historical text as literary artifact". *Tropics of discourse – Essays in cultural criticism*. Baltimore: The John Hopkins University Press, 1986 [Artigo originariamente publicado em 1974. Edição brasileira: *Trópicos do discurso* – Ensaios sobre a crítica da cultura. São Paulo: Edusp, 1995]. Cf. tb. do mesmo autor: *Metahistory* – The historical imagination in nineteenth-century Europe. Baltimore: The John Hopkins University Press, 1975 [Edição brasileira: *Meta-história*: a imaginação histórica do século XIX. São Paulo: Edusp, 1995].

[50] Importante ressaltar ainda que Hayden White elabora uma longa resenha deste último livro de Ricoeur, publicada na revista *History and Theory* em 2007: WHITE, H. "Guilty of history? The *longue durée* of Paul Ricoeur". *History and Theory*, vol. 46, n. 2, 2007, p. 233-251.

[51] RICOEUR, P. *Le soi-même comme un autre*. Paris: Seuil, 1990, p. 12-13 [Edição brasileira: *O si-mesmo como um outro*. Campinas: Papirus, 1991].

[52] RICOEUR, P. *La mémoire, l'histoire, l'oubli*. Paris: Du Seuil, 2000, p. I [Edição brasileira: *A memória, a história, o esquecimento*. Campinas: Unicamp, 2007].

[53] RICOEUR, P. "L'écriture de l'histoire et la représentation du passé". *Annales H.S.S.*, n. 4, jul.-ago./2000, p. 732.

[54] François Hartog sugere tratar-se de um momento em que uma experiência de tempo singular toma corpo na cultura ocidental, caracterizada pela ênfase no tempo presente e por uma forma particular de se lidar com o passado, manifesta, entre outras coisas, pelo privilégio concedido à memória em suas inúmeras formas (comemorações, patrimônios, memoriais, arquivos etc.). HARTOG, F. *Régimes d'historicité* – Présentisme et expériences du temps. Paris: Du Seuil, 2003.

[55] NORA, P. "Entre mémoire et histoire – La problématique des lieux". In: *Les lieux de mémoire*. Tomo I. Paris: Gallimard, 1984. Espécie de história nacional da França escrita sob o signo da memória, a obra foi publicada em cinco volumes entre 1984 e 1993.

[56] RICOEUR, P. *La mémoire, l'histoire, l'oubli*. Op. cit., p. 171.

[57] Sobre elas cf. ARON, R. *Essai sur la théorie de l'histoire dans l'Allemagne contemporaine* – La philosophie critique de l'histoire. Paris: Vrin, 1938.

[58] Reinhart Koselleck define o escopo da teoria da história como uma reflexão sobre as condições de possibilidade da história. Ele admite ainda que "tendo uma disposição à compreensão, o homem não pode se impedir de dar um sentido à experiência da história; a fim de poder viver, ele não pode se impedir, por assim dizer, de assimilá-la ao plano hermenêutico". Não obstante, considera que a teoria da história não pode se justapor à hermenêutica, encarada por ele apenas em sua dimensão da linguagem: "se existe condições da história tais – que não se deixam nem esgotar na língua nem remetem aos textos –, a teoria da história deveria então possuir um estatuto epistemológico que não pode ser tratado como uma subdivisão da hermenêutica" (KOSELLECK, R. "Théorie de l'histoire et herméneutique". *L'expérience de l'histoire*. Paris: Gallimard/Le Seuil, 1997, p. 182-183.

[59] RICOEUR, P. *La mémoire, l'histoire, l'oubli*. Op. cit., p. 373.

[60] HARTOG, F. *Régimes d'historicité* – Présentisme et expériences du temps. Op. cit.

[61] RICOEUR, P. *La mémoire, l'histoire, l'oubli*. Op. cit., p. 642.

[62] RICOEUR, P. *Histoire et vérité*. Op. cit., p. 34.

[63] Para um vocabulário mais completo, remeto a ABEL, O. & PORÉE, J. *Le vocabulaire de Paul Ricoeur*. Paris: Ellipses, 2007. Cf. tb. a seção *"Key-ideas"*, em SIMMS, K. *Paul Ricoeur* – Routledge critical thinkers. Londres: Routledge, 2003, p. 7-126.

[64] "De fato, a história existe já, perfeitamente elaborada no pensamento do historiador antes mesmo de ele a ter escrito; quaisquer que possam ser as interferências dos dois tipos de atividade, elas são logicamente distintas" (MARROU, H.-I. *De la connaissance historique*. Paris: Du Seuil, 1954, p. 32 [Edição brasileira: *Do conhecimento histórico*. São Paulo: Martins Fontes, 1975]).

[65] RICOEUR, P. *De l'interprétation* – Essai sur Freud. Paris: Du Seuil, 1965, p. 18.

[66] Ibid., p. 25 e 31, respectivamente.

[67] RICOEUR, P. *Interpretation theory*: discourse and the surplus of meaning. [s.l.]: Texas Christian University Press, 1976, p. 9 [Edição em português: *Teoria da interpretação* – O discurso e o excesso de significação. Lisboa: Ed. 70, [s.d.]]. Trata-se de um conjunto de conferências pronunciadas na Universidade Cristã do Texas, em 1973.

[68] Ibid., p. 12.

[69] Ibid., p. 32.

[70] Ibid., p. 37.

[71] Ibid., p. 88.

[72] RICOEUR, P. "Qu'est-ce qu'un texte?". *Du texte à l'action* – Essais d'herméneutique II. Paris: Du Seuil, 1986, p. 193 [Originalmente publicado em 1970. Edição em português: *Do texto à acção* – Ensaios de hermenêutica II. Porto: Rés, 1990).

[73] Ibid., p. 141.

[74] RICOEUR, P. "L'écriture de l'histoire et la représentation du passé". Op. cit., p. 731.

[75] RICOEUR, P. "La marque du passé". *Revue de Métaphysique et de Morale*, n. 1, 1998, p. 8. O verbo francês être carrega em si um duplo sentido que se perde na tradução para o português: ao mesmo tempo ser e estar, o que, para a noção de passado, possui implicações teóricas importantes.

[76] Ibid., p. 11.

[77] GINZBURG, C. "Sinais – Raízes de um paradigma indiciário". *Mitos, emblemas, sinais* – Morfologia e história. São Paulo: Companhia das Letras, 1989.

[78] RICOEUR, P. "La marque du passé". Op. cit., p. 12.

[79] RICOEUR, P. "Le modèle du texte: l'action sensée considerée comme un texte". *Du texte à l'action* – Essais d'herméneutique II. Op. cit., p. 193. O artigo havia sido publicado originalmente em inglês, na revista *Social Research*, em 1971.

[80] Ricoeur utiliza um termo de difícil tradução para o português: *trace* tanto pode significar um vestígio, uma pegada como, em um sentido figurado, uma impressão. O termo já aparecia na *Apologia pela história* (1941-1943), de Marc Bloch, e foi recentemente retomado por Carlo Ginzburg em *O fio e os rastros: verdadeiro, falso, fictício* (2006).

[81] RICOEUR, P. *Temps et récit*. Tome III. Op. cit., p. 149.

[82] Ibid., p. 148.

[83] Ao final da seção, em uma longa nota de pé de página, Ricoeur discute os encaminhamentos que o levaram à formulação da noção. RICOEUR, P. *La mémoire, l'histoire, l'oubli*. Op. cit., n. 77, p. 367-369.

[84] Ibid., p. 304.

[85] Ibid., p. 367.

[86] RICOEUR, P. *Histoire et vérité*. Op. cit., p. 41.

[87] RICOEUR, P. *La mémoire, l'histoire, l'oubli*. Op. cit., p. 302.

[88] RICOEUR, P. *Temps et récit*. Tome I. Op. cit., p. 73.

Referências

Textos de Paul Ricoeur

RICOEUR, P. "L'écriture de l'histoire et la représentation du passé". *Annales HSS*, n. 4, jul.-ago., 2000a.

_____. *La mémoire, l'histoire, l'oubli*. Paris: Du Seuil, 2000b [Edição brasileira: *A memória, a história, o esquecimento*. Campinas: Unicamp, 2007].

_____. "La marque du passé". *Revue de Métaphysique et de Morale*, n. 1, 1998.

_____. *Le soi-même comme un autre*. Paris: Seuil, 1990 [Edição brasileira: *O si-mesmo como um outro*. Campinas: Papirus, 1991].

_____. *Du texte à l'action* – Essais d'herméneutique II. Paris: Du Seuil, 1986 [Edição em português: *Do texto à acção* – Ensaios de hermenêutica II. Porto: Rés, 1990].

_____. *Temps et récit*. Tome III. Paris: Du Seuil, 1985 [Edição brasileira: *Tempo e narrativa*. Tomo III. Campinas: Papirus, 1997].

_____. *Temps et récit*. Tome I. Paris: Du Seuil, 1983 [Edição brasileira: *Tempo e narrativa*. Tomo I. Campinas: Papirus, 1994].

_____. *Interpretation theory:* discourse and the surplus of meaning. [s.l.]: Texas Christian University Press, 1976 [Edição em português: *Teoria da interpretação* – O discurso e o excesso de significação. Lisboa: Ed. 70, [s.d.]].

_____. *La métaphore vive*. Paris: Du Seuil, 1975 [Edição brasileira: *A metáfora viva*. São Paulo: Loyola, 2000].

_____. *De l'interprétation* – Essai sur Freud. Paris: Du Seuil, 1965.

_____. *Histoire et vérité*. Paris: Du Seuil, 1955 [Edição brasileira: *História e verdade*. Rio de Janeiro: Forense Universitária, 1968].

Bibliografia geral

ABEL, O. & PORÉE, J. *Le vocabulaire de Paul Ricoeur*. Paris: Ellipses, 2007.

ARISTÓTELES. *Poética*. Lisboa: Fundação Calouste Gulbenkian, 2004.

ARON, R. *Essai sur la théorie de l'histoire dans l'Allemagne contemporaine* – La philosophie critique de l'histoire. Paris: Vrin, 1938.

CERTEAU, M. *L'écriture de l'histoire*. Paris: Gallimard, 1975 [Edição brasileira: *A escrita da história*. Rio de Janeiro: Forense Universitária, 1982].

DOSSE, F. *Paul Ricoeur* – Les sens d'une vie (1913-2005). Édition revue et augmentée. Paris: La Découverte, 2008.

_____. "Paul Ricoeur revoluciona a história". *A história à prova do tempo* – Da história em migalhas ao resgate do sentido. São Paulo: Unesp, 2001.

GADAMER, H.-G. *O problema da consciência histórica*. Rio de Janeiro: FGV, 1998 [Organizado por P. Fruchon].

_____. *Verdade e método* – Traços fundamentais de uma hermenêutica filosófica. Petrópolis: Vozes, 1997.

GINZBURG, C. "Sinais – Raízes de um paradigma indiciário". *Mitos, emblemas, sinais* – Morfologia e história. São Paulo: Companhia das Letras, 1989.

GRONDIN, J. *Introdução à hermenêutica filosófica*. São Leopoldo: Unisinos, 1999.

HARTOG, F. *Régimes d'historicité* – Présentisme et expériences du temps. Paris: Du Seuil, 2003.

JERVOLINO, D. *Paul Ricoeur* – Une heméneutique de la condition humaine. Paris. Ellipses, 2002 [Edição brasileira: *Introdução a Ricoeur*. São Paulo: Paulus, 2011].

KOSELLECK, R. *Futuro passado* – Contribuição à semântica dos tempos históricos. Rio de Janeiro: Contraponto/PUC-Rio, 2006.

_____. "Théorie de l'histoire et herméneutique". *L'expérience de l'histoire*. Paris: Gallimard/Le Seuil, 1997.

LEAL, I.A. *História e ação na teoria da narratividade de Paul Ricoeur*. Rio de Janeiro: Relume-Dumará, 2002.

MARROU, H.-I. *De la connaissance historique*. Paris: Du Seuil, 1954 [Edição brasileira: *Do conhecimento histórico*. São Paulo: Martins Fontes, 1975].

MUELLER-VOLLMER, K. (org.). *The hermeneutics reader*. Nova York: Continuum, 1998.

NORA, P. "Entre mémoire et histoire – La problématique des lieux". *Les lieux de mémoire*. Tomo I. Paris: Gallimard, 1984.

RIEDEL, D.C. (org.). *Narrativa: ficção e história*. Rio de Janeiro: Imago, 1988.

SANTO AGOSTINHO. *Confissões*. Lisboa: Centro de Literatura e Cultura Portuguesa e Brasileira/Imprensa Nacional/Casa da Moeda, 2001.

SIMMS, K. *Paul Ricoeur* – Routledge critical thinkers. Londres: Routledge, 2003.

VIGNE, E. "L'intrigue mode d'emploi". *Esprit*, n. 7-8, jul.-ago., 1988.

WHITE, H. "Guilty of history? – The *longue durée* of Paul Ricoeur". *History and Theory*, vol. 46, n. 2, 2007.

_____. *Tropics of discourse* – Essays in cultural criticism. Baltimore: The John Hopkins University Press, 1986.

_____. *Futuro passado* – Contribuição à semântica dos tempos históricos. Rio de Janeiro: Contraponto/PUC-Rio, 2006.

_____. *Metahistory* – The historical imagination in nineteenth-century Europe. Baltimore: The John Hopkins University Press, 1975.

2
Jean-Pierre Vernant (1914-2007)

*Alfredo Julien**

1 O historiador e seu tempo

Jean-Pierre Vernant foi um dos principais helenistas da contemporaneidade. Sua obra constitui-se instrumento valioso para os estudos sobre a Antiguidade Clássica, contribuindo, decisivamente, para a reflexão da natureza do pensamento mítico, da emergência da racionalidade grega antiga e para o próprio campo da pesquisa histórica em geral, ao propor questionamentos a respeito das interações entre os diversos campos de experiência que constituem uma cultura dada. Militante, compartilhou dos ideais revolucionários que agitaram a Europa no século XX e lutou na Resistência Francesa durante a Segunda Guerra Mundial. Intelectual, professor e pesquisador, ajudou a modificar as práticas tradicionais que ditavam as regras no âmbito dos estudos clássicos, inovando na formulação de problemas, objetos de estudos e procedimentos de pesquisas.

Vernant nasceu em 1914 e morreu em 2007, aos 93 anos de idade. Vida longa, quase centenária, durante a qual não se esquivou dos problemas políticos que marcaram sua época. O engajamento social foi uma das características que conformaram seu caráter. Seu envolvimento com os problemas de seu tempo era uma questão que ele mesmo gostava de trazer para a reflexão, quando versava a respeito de sua vida acadêmica e produção científica. Fazia questão de reconhecer sua posição de esquerdista e de participante da Resistência Francesa à ocupação nazista. E o fazia não como ingrediente pitoresco para adornar suas palestras ou textos, mas para, por meio deles, um pouco à maneira mítica, localizar o seu lugar no mundo acadêmico. "Quando tinha 15, 16 anos, lia Marx [...], mas um marxismo ligado à tradição do livre-pensamento e do espírito crítico". "Encontrei no marxismo um prolongamento do que eram as atitudes intelectuais de minha família"[1]. Aos 17 anos ade-

---

* Doutor em História Social pela Universidade de São Paulo e professor da Universidade Federal de Sergipe.

riu a uma organização revolucionária ateia, com sede em Moscou. Em 1932, entrou para o Partido Comunista Francês, do qual saiu somente em 1970, descontente com posturas que considerava antidemocráticas.

> Quando penso em meu engajamento político e, em particular, em minhas atividades como militante comunista durante quase cinquenta anos, entendo que meu comunismo enraizou-se no que sempre fui – e que continuei sendo: um antifascista. Então, quando e por que esse antifascismo profundo impediu-me de permanecer no PC? Não há uma data precisa, uma ruptura brusca [...] já antes da guerra, encontrei-me em desacordo com determinadas posições do partido[2].

Após a Guerra, em 1948, passou a integrar o Centro Nacional de Pesquisa Científica (*Centre National de la Recherche Scientifique* – CNRS). Em 1958, foi nomeado para a Escola Prática de Estudos Avançados em Ciências Sociais (*Ecole Pratique des Hautes Etudes* – Ehess). Em 1964, fundou seu próprio centro de pesquisas: o Centro de Pesquisas Comparadas sobre as Sociedades Antigas (*Centre des Recherches Comparées sur les Sociétés Anciennes*). De 1975 a 1984, integrou o corpo de professores do *Collège de France*, sendo responsável pela cadeira de História Comparada das Religiões Antigas.

2 Percursos e diálogos

Em seu percurso intelectual, absorveu influências das mais variadas correntes de pensamento que marcaram presença no século XX europeu. Podemos notar em seus livros a marca de sua militância, da influência do marxismo, da sociologia e antropologia francesa surgida em torno de Durkheim e Mauss, e do estruturalismo francês. Particularmente, deve-se sublinhar a importância de duas pessoas na sua formação. Dois mestres que lhe orientaram nos inícios de seu percurso acadêmico e que lhe serviram de modelo: Ignace Meyerson e Louis Gernet. A forma como se refere a eles e as qualidades com que os caracteriza é uma boa maneira de visualizar os modos de atuação com que procurou pautar sua vida acadêmica.

Polonês, Meyerson chegou à França em 1905, onde concluiu cursos de Medicina e Filosofia. Em 1907 entrou para o partido socialista e, na Primeira Guerra Mundial, esteve mobilizado no serviço de saúde. Após a Guerra, desenvolveu trabalhos na área de psicofisiologia, no recém-criado Instituto de Psicologia de Paris. Foi secretário da Sociedade Francesa de Psicologia e do Jornal de Psicologia Normal e Patológica (*Journal de Psychologie Normale et Pathologique*). Após a Segunda Guerra, na qual participou ativamente da Resistência Francesa, integrou o corpo da Escola Prática de Estudos Avançados em Ciências Sociais, quando sua atenção voltou-se exclusivamente para a psicologia histórica. A respeito de Meyerson, Vernant observa:

> Vivi todos os anos da guerra e da Ocupação em estreita relação com ele. Ele também havia entrado na Resistência na qual tinha um cargo de responsabi-

lidade. Acima de tudo, conversei indefinidamente com ele e, durante todos aqueles anos, ele de certa forma despejou sobre mim tudo o que ele podia saber e o modo como concebia o que havia criado: *a psicologia histórica* [grifo nosso][3].

A psicologia histórica, como formulada por Meyerson e seguida por Vernant, tem como objetivo o estudo da história interior do homem, de suas funções psicológicas e categorias mentais com as quais apreende o mundo. Em *mito e pensamento na Grécia Antiga, estudos de psicologia histórica*, publicado originalmente em 1965, Vernant reúne artigos destinados ao estudo de uma gama de atividades e funções psicológicas: a percepção do tempo, do espaço, a função da memória, a imaginação, a *persona*, a vontade, as práticas simbólicas e as formas de pensamento[4]. O objetivo era o de mostrar que, com o advento da *polis*, essas categorias psicológicas foram transformadas, integrando-se em um novo quadro sociocultural[5].

Seguindo os passos de Meyerson, Vernant não considerava mais ser possível aceitar o dogma da fixidez do espírito, da permanência das categorias e funções psicológicas. O homem não teria uma personalidade, uma vontade, uma memória, uma imaginação ou uma determinada forma de percepção como teria uma cabeça e um estômago. Tais funções psicológicas não seriam substâncias permanentes presentes em todas as culturas e tempos, mas sim criações da história concreta das coletividades humanas. E a esse respeito é ilustrativo seu comentário sobre o trabalho a respeito da noção de trabalho em Platão que pretendia desenvolver. Vernant observa que, ao iniciá-lo, estava abordando o "trabalho" como uma categoria psicológica perfeitamente delimitada e constante, porém levado pela sua pesquisa chegou à conclusão de que a verdadeira questão seria no fundo se, nas suas formas de pensar e sentir, os gregos comungariam conosco da nossa noção de trabalho. A categoria trabalho não poderia ser empregada de modo universal, pois se referiria à nossa forma de perceber o mundo e não à dos gregos antigos.

> A verdadeira questão, na verdade, era: existia o que nós chamamos de trabalho, ou seja, um comportamento, uma atitude geral oposta ao lazer, que possui valor econômico, que implica a ideia de que o homem é produtor e que, nessa atividade produtiva, ele estabelece relações sociais com os outros? Nada disso, a própria categoria era problemática [...] certamente o homem trabalha, mas não existe "o trabalho", existem diversos tipos de trabalho muito diferentes dependendo se são agrícolas, artesanais; e o homem está longe de ter vivido suas atividades de trabalho da mesma forma que nós[6].

Para Vernant, as formas de pensar e de sensibilidade dos gregos antigos eram distintas das nossas, portanto não poderíamos estudá-los a partir de categorias próprias de nosso mundo, tomando-as como se fossem universais. O papel do estudioso dessas sociedades seria assim o de pesquisar suas formas de comportamento dentro de seus próprios quadros mentais, deixando vir à tona as formas de sensibilidades que lhes foram peculiares. Assim, advoga que as categorias e funções psicológicas devem ser colocadas em uma perspectiva histórica, que possibilite a percepção de suas aparições e transformações posteriores.

Para chegar a esse resultado, os aspectos psicológicos do homem não devem ser buscados em ideias preconcebidas a respeito da natureza humana, mas nos fatos de suas vidas e em suas realizações práticas. Para Vernant, ainda seguindo Meyerson, uma das ideias centrais da psicologia histórica é que o homem deve ser estudado por meio daquilo que fabricou, construiu, instituiu, criou continuamente, pois o espírito humano, sua dimensão psicológica, interior, encontra-se apenas em suas obras concretas. São por meio das ferramentas, rituais, língua, mitos, artes, formas de sociabilidade e instituições que podemos estudá-lo. Como nos afirma Vernant: "Não existe realidade espiritual fora dos atos, das operações dos homens sobre a natureza e outros homens"[7]. Meyerson, segundo Vernant, teria contribuído decisivamente para colocar a psicologia histórica frente ao seu verdadeiro objeto: o homem tal como agiu, experimentou e construiu sua vida, abandonando a posição teórica e formal que até então predominava no campo da psicologia. O espírito do homem encontrar-se-ia nas suas obras. E suas formas de imaginação, mentalidades, funções psicológicas deveriam ser buscadas naquilo que foi produzido em seus atos culturais. A psicologia histórica, como adotada por Vernant, buscava compreender a psicologia do homem a partir de suas obras, inserindo-a em seus contextos socioculturais específicos e determinando suas transformações.

> O homem está nas obras que ergue para que durem, para que sejam comunicadas, transmitidas de geração em geração. O conjunto dessas obras é o que chamamos de feitos de civilização, que dependem de um estudo histórico. Nesse sentido, o psicólogo que pesquisa sobre o homem deve, necessariamente, tornar-se historiador[8].

Louis Gernet foi outro grande pesquisador a quem Vernant reconhecia a importância da influência que exercera em sua formação:

> Gernet era um especialista em todos os campos, um mestre em filologia, em ciência do direito, em história social e econômica. Era também um daqueles que entendeu de forma mais refinada e mais profunda as formas de religiosidade grega. Habituado tanto com debates filosóficos quanto com os dos tribunais. Conhecedor das obras dos poetas assim como as dos historiadores ou dos médicos, Gernet podia sempre considerar o *homem grego total*, respeitando contudo a especificidade dos diversos setores da experiência humana, sua língua e sua lógica própria (grifo nosso)[9].

Gernet foi um de seus exemplos de pesquisador. Considerava perfeito o seu conhecimento sobre os assuntos que o interessavam, porém, nos diz Vernant, nele não se podia encontrar nem sombra de pedantismo, pois sua erudição não estava a serviço da autopromoção e da busca de honrarias. Ela era usada apenas como instrumento pelo qual buscava colocar corretamente, e com clareza, as questões propostas por suas pesquisas. Quando jovem, Gernet esteve no centro da ebulição acadêmica caracterizada pela incorporação de contribuições da sociologia e antropologias nascentes associadas aos nomes de Durkheim e Marcel Mauss, e que levaria à renovação dos estudos em diversas áreas das humanidades. Com o sinólogo Marcel Granet e o medievalista Marc Bloch formou um trio de estudiosos, denominados por Le Goff de trio da "Fundação Thiers"[10]. De 1917 a 1948 atuou como professor na área de grego antigo na Universidade de Argel, o que lhe acarretou certo isolamento em relação ao efervescente cenário francês, que orbitava em torno de Paris, mas não lhe impediu de publicar frequentemente na *Annales d' histoire économique et sociale*. A *Annales* e seu ex-colega da "Thier", Marc Bloch, tornaram-se assim os principais divulgadores de seu trabalho no período entreguerras. Seu isolamento em relação ao cenário parisiense findou em 1948, quando passou a integrar a VI seção da Ehess, dirigida por Fernand Braudel. Por sinal foram suas relações com Braudel que contribuíram para a entrada de Meyerson nesta mesma instituição de pesquisa em 1951[11].

Louis Gernet trouxe para os estudos sobre a antiguidade clássica uma nova perspectiva. Com ele as contribuições da sociologia e da antropologia nascentes no cenário francês passam a ter papel importante na formulação das questões que orientavam os estudos sobre a Grécia Antiga. "Foi por ele", nos diz Vernant, "sem que seus contemporâneos helenistas tivessem consciência, que foi operada a passagem, com todas as suas implicações e consequências, do humanismo tradicional – o do milagre grego – para uma antropologia histórica"[12]. Até então a questão sobre a emergência do pensamento racional, no âmbito da cultura grega antiga, era colocada sobre o signo do "milagre grego", no qual a irrupção do pensamento racional era vista como manifestação da genialidade, sendo expressão do espírito, de uma capacidade completamente nova que não possuiria pontos de contato com a materialidade religiosa, mítica, pré-lógica que a teria antecedido. A ideia de milagre reforçava a concepção de mudança abrupta que não guardaria relações com as condições sociais, econômicas e políticas. Assim, o milagre grego não seria a contrapartida de condições sociais objetivas, mas um fenômeno vindo de fora das relações sociais concretas. Era a racionalidade grega vista como manifestação de um espírito absoluto, existente fora da história, fora das lutas reais e concretas da coletividade. Na perspectiva de Gernet, o humanismo grego deixa de ser considerado emanação da razão absoluta, existente fora dos homens, e passa a ser tomado como um fato social, uma criação humana, determinada pelas contingências de seu tempo. Com ele, a racionalidade grega é colocada historicamente em seu contexto, sendo vista como resultado da ação humana, e não mais encarnação de um espírito absoluto, da razão eterna[13].

3 Conceitos

Foi seguindo esta trilha que Vernant buscou reformular a questão da emergência do pensamento racional na Grécia Antiga, em seu trabalho *As origens do pensamento grego*, publicado originalmente em 1962. Vernant, acompanhando Gernet, considerava que a história do espírito humano tinha suas raízes na vida material e social dos homens. Ele excluía dos acontecimentos tanto o acaso como a predestinação. Para Vernant, a experiência do pensamento racional grego estava calcada na materialidade da vida concreta da coletividade e sua aparição era resultante do processo de transformações dadas pela sua história.

> Uma sociedade é um sistema de relações entre homens, atividades práticas que se organizam no plano da produção, da troca, do consumo, em primeiro lugar, e depois em todos os outros níveis e em todos os outros setores. E na concretude de sua existência, os homens também se definem pela rede de práticas que os ligam uns aos outros e da qual eles aparecem, em cada momento da história, ao mesmo tempo como autores e como produtos[14].

Segundo Vernant a racionalidade grega não poderia ser tomada como obra de um espírito metafísico, a-histórico, que existisse fora das relações sociais, mas sim como obra humana. Não seria o espírito que faria a história, mas sim os homens que, no processo concreto de suas vidas, moldavam suas formas e condutas, sendo o verdadeiro comportamento do homem o que ele faz como ser social em suas relações com os outros. Assim, as "origens" da racionalidade grega deveriam ser buscadas na esfera das relações sociais concretas e não em uma irrupção milagrosa de um espírito atemporal. Vernant busca elucidar as condições que tornaram possível o surgimento do pensamento racional grego, relacionando-o ao conjunto das transformações sociais e mentais ligadas ao advento da *polis*. Deste modo o surgimento da racionalidade grega vinculava-se às estruturas sociais e mentais próprias da cidade grega. A razão grega antiga era assim despojada do caráter de revelação absoluta, atribuída ao que ficou conhecido como "milagre grego"[15].

A relação estabelecida por Vernant entre a aparição da *polis* e o desenvolvimento do pensamento racional é expressão de um dos aspectos básicos de sua perspectiva. Para ele não existiriam entidades ou práticas sociais que não remetessem para formas determinadas de pensamento e vice-versa. Elas seriam interdependentes. O pensamento, a vida social, política e econômica existiriam em relação de correspondência.

> O espírito está engajado no social, em constante interação, a cada instante e ao mesmo tempo efeito e causa. [...] As estruturas sociais não permanecem para ele como formas vazias, não humanas. Existem apenas em função de seus comportamentos, porque as anima com suas representações, com seus sentimentos, com seus desejos. [...] A história social é uma obra humana que os homens elaboram com suas paixões, seus interesses e suas representações. Mas, reciprocamente, por meio dessa, os comportamentos humanos se transformam e o homem, por sua vez, elabora a si mesmo. [...] *A experiência social e o pensamento social transformam-se reciprocamente*[16].

A maneira como Vernant encadeia o pensamento à experiência social concreta nos leva a refletir sobre sua relação com o marxismo. "Minha pesquisa inscreve-se na linha de uma psicologia histórica cujos fundamentos foram estabelecidos na França por Meyerson e que se coloca sob o signo de Marx, escrevendo que toda história não passa de uma transformação contínua da natureza humana." "O verdadeiro comportamento do homem é o que ele faz e o que ele fez como ser social em relação com os outros e para os outros"[17]. Vernant não se furtava em reconhecer sua filiação ao marxismo, mas o interpretava de forma crítica e independente, sem nunca evitar expor suas discordâncias em relação ao que denominava de marxismo dogmático.

> Fui profundamente marcado pelo marxismo, no qual mergulhei desde minha adolescência [...] Falo do marxismo de Marx, não desse catecismo revisto e corrigido, às vezes até censurado, ao qual foi reduzido, primeiro para justificar determinada prática política, em seguida para justificar um sistema de Estado burocratizado e de governo autoritário[18].

Em seu modo de relacionar a experiência social concreta e o mental, Vernant não advoga a sobredeterminação estabelecendo a primazia do social sobre o mental, pois considera que, pelo menos no contexto grego antigo, que estas duas esferas estariam em situação de paralelismo, influenciando-se mutuamente: um ponto de vista que o distancia de uma das mais caras ideias de muitos marxistas, o da primazia das forças produtivas e relações sociais de produção sobre a superestrutura. Segundo Vernant, ao se estudar o mundo antigo, não seria adequado utilizar, sem as devidas precauções, o instrumental teórico elaborado por Marx para descrever a sociedade capitalista. Considerava um grave erro metodológico empregar de maneira mecânica categorias marxistas projetando-as em sociedades não capitalistas, como no caso da Grécia Antiga, que formava uma cultura na qual o econômico apresentava-se completamente mesclado às esferas do político e do religioso[19].

Vernant considerava que não se poderia falar dos homens fora de seus contextos sociais precisos, mas que também não existiriam contextos sociais sem uma dimensão mental envolvendo crenças, valores, sentimentos e todo tipo de representações simbólicas. "Não encontramos, de um lado, indivíduos isolados que poderiam ser submetidos a um estudo psicológico e, de outro, realidades sociais que seriam coisas inertes, submetidas em sua evolução a uma espécie de determinismo exterior, e que poderíamos estudar como objetos"[20]. O social e o mental estão imbricados, e um não pode ser compreendido sem o outro. Sua percepção de que o homem formava uma totalidade indissolúvel com todos os campos e esferas da organização da vida social levou-o a produzir explicações em que o mental, o social, o econômico, o político e o religioso não formassem compartimentos estanques, isolados uns dos outros. Para Vernant, o religioso era econômico e vice-versa. As esferas de organização do mundo humano viviam em relação de dependência umas com as outras. Tal perspectiva integradora das realidades humanas contribuiu para sua inclinação em direção à multidisciplinaridade, por meio da qual visava integrar diversos campos do saber com o propósito de buscar sempre novos caminhos que pudessem recortar seus objetos de estudos de forma a produzir questionamentos múltiplos e variados.

Sua preocupação com a racionalidade grega conduziu-o ao estudo da religiosidade grega e suas formas míticas de expressão. O estudo a respeito das origens do pensamento racional grego levara-o ao encontro do mito e da religião, pois como, para ele, o aparecimento do pensamento racional na Atenas antiga não poderia ser obra do acaso ou da predestinação, o pensamento racional somente poderia ter surgido das bases do pensamento mítico, caracterizando-se, ao mesmo tempo, por uma relação de continuidade e de ruptura em relação a ele[21]. Como Vernant mesmo apontou, tal trajetória poderia parecer paradoxal. De militante comunista, membro de uma associação revolucionária ateia, a especialista em história das religiões. Porém, para ele, o paradoxo residiria muito mais na nossa sensibilidade moderna do que na contradição em si que tal oposição encerraria, pois na antiguidade grega não encontraríamos a clara distinção que operamos, modernamente, entre a religião e as outras esferas constituintes da vida cultural do homem: "Seria necessário explicar que o religioso não constitui, na Grécia, uma esfera à parte, separada da vida social. Todos os atos, todos os momentos da existência pessoal e coletiva possuem uma dimensão religiosa"[22].

Para Vernant, a política, a organização social, o trabalho não eram sentidos como realidades autônomas e independentes, mas sim como elementos de forte conotação religiosa. A religião perpassava os diversos setores do mundo grego. Nesse sentido, em seus estudos sobre a religião grega antiga, os fatos religiosos – narrativas míticas, rituais ou imagens – não são analisados isoladamente, buscando somente a delimitação de suas estruturas internas, embora isso também seja feito. Mas são também, no esforço de compreendê-los em suas ligações com o todo social, comparados a fontes de naturezas diversas, relacionadas às mais variadas áreas do mundo social, procurando com isso detectar a forma de imbricação entre o religioso, o social e o mental[23]. No homem, segundo Vernant, tudo seria simbólico, tudo seria significativo e a religião seria a esfera de sua vida em que mais estaria presente esse caráter do pensamento humano. Para ele, o homem constrói sua vida produzindo um mundo cultural repleto de símbolos, cujas significações remetem às mais variadas experiências de seu ser, sendo a religião o aspecto da vida em que a dimensão simbólica estaria mais presente. "A religião", ele nos diz, "consiste em afirmar que, por trás de tudo que se vê, de tudo que se faz, de tudo que se diz, existe outro plano, um além"[24]. A religião seria o próprio símbolo em ação.

Seus estudos sobre a religião na Grécia Antiga pautaram-se principalmente na decifração de mitos e na análise das estruturas do panteão, com o objetivo de entender como essas estruturas modelavam o pensamento e as práticas institucionais[25]. Mas a relação que concebia haver entre o religioso e os demais campos do social era nuançada e o distanciava de uma visão simplificadora que transformasse a religião em uma esfera de atividade passiva completamente modelada por determinações econômicas e sociais dominantes. "Os homens criam os seus deuses, as sociedades produzem as religiões. Mas nenhuma religião é o reflexo simples de uma sociedade"[26]. Ao lado das crenças e dos ritos que visam consagrar um determinado modelo social existiriam tendências inversas que questionariam toda prática social de uma comunidade. Para Vernant, uma religião também poderia expressar o contrário do que é uma sociedade, a recusa do real em proveito de alguma outra coisa, que chamamos de sonho ou utopia.

4 Considerações finais

Vernant buscava abordar as religiões antigas dentro de seus próprios ambientes de significação. Para ele, as religiões antigas não seriam nem menos ricas espiritualmente nem menos complexas e organizadas intelectualmente do que as de hoje. Seriam apenas diferentes: do paganismo ao mundo contemporâneo, teria se modificado o próprio estatuto da religião, seu papel, suas funções, tanto quanto seu lugar dentro do indivíduo e do grupo. Entre o mundo antigo e o contemporâneo haveria mesmo uma mudança total do universo espiritual e psicológico do indivíduo, o que obrigaria o pesquisador a tomar muito cuidado ao estudar essas sociedades, para não conduzir suas pesquisas a partir de pressupostos próprios do mundo atual, abstendo-se assim de "cristianizar" a religião que ele estivesse estudando[27].

Além do cuidado para evitar anacronismos, projetando no mundo antigo relações e formas de sensibilidades contemporâneas, o que, de certa forma, o inscreve em uma postura historicista, no sentido de compreender cada fenômeno social dentro de seu próprio contexto histórico, Vernant emprega um variado instrumental metodológico na condução de suas pesquisas: "Como não creio que exista, para os fatos humanos, uma explicação única, uma 'chave universal', uso todos os instrumentos disponíveis, desde que me pareçam adaptados ao problema que tenho para resolver. Tento apenas entender"[28].

Porém, embora o instrumental metodológico presente em seus trabalhos seja variado, podemos notar a presença, por ele mesmo afirmada, de duas correntes de pensamento importantes: o marxismo e o estruturalismo.

> O importante não é escolher um rótulo, mas perceber que um problema, hoje, é entender que um sistema nasce (por exemplo, uma sociedade, no sentido em que Marx fala de um sistema de produção, com os subsistemas que são a língua, a religião, as instituições, os diversos tipos de arte e de ciência – todos ligados e solidários, mas relativamente autônomos porque obedecem a sua própria lógica) como se desenvolve, se organiza, vive, definha, se desfaz e desaparece para dar seu lugar a outro. Essa problemática, que procurei aplicar à Grécia Antiga, situa-se precisamente na junção do marxismo e do estruturalismo[29].

Segundo Vernant, o marxismo seria instrumento indispensável para colocar corretamente questões de história. O estruturalismo, por sua vez, proporcionaria um instrumental metodológico sem o qual sequer seria mais possível fazer história da religião. Mas, para ele, o bom resultado de uma pesquisa não residiria apenas na aplicação de métodos criteriosos de análise. Embora considerasse a metodologia sempre importante para o bom equacionamento de uma questão, entendia que ela possuía seus limites. O trabalho de compreensão do universo mental e psicológico dos antigos não poderia ser obtido somente pela aplicação de procedimentos analíticos como se fossem regras prontas para a condução da pesquisa. Além da aplicação de métodos precisos, seria necessário também "participar" do texto, aproximando-se dele por uma relação de simpatia. E, nesse sentido, escreve:

> O outro é sempre incompreensível. [...] Conhecer o outro é, em um dado momento, fazer uma espécie de aposta, simpatizar repentinamente com ele, procurar captá-lo por meio de todas as suas manifestações, seus signos, suas condutas, suas confidências [...] Essa é a condição humana, e não é muito diferente quando procuramos entender um texto. Agora que estou mais velho, sinto-me mais livre em relação à forma tradicional dos escritos científicos, dou mais de mim mesmo e procuro passar o que acreditei sentir em mim. Assim, no caso das *Bacantes*, tenho meu Dioniso que talvez não seja exatamente o dos outros, de forma que, em certo sentido, estou presente no que escrevo[30].

Assim, encontramos na obra de Vernant, marxismo, estruturalismo, crítica filológica precisa e simpatia para com o outro. Rigor científico e sensibilidade romântica. Uma mistura de elementos que para muitos poderia parecer contraditória, mas que em sua obra adquiriu a harmonia de uma grande sinfonia.

Notas

[1] VERNANT, J.-P. *Entre mito e política*. 2. ed. São Paulo. Edusp, 2002, p. 63.

[2] Ibid., p. 467.

[3] Ibid., p. 64.

[4] A respeito da psicologia histórica formulada por Meyerson, Roger Chartier observa no capítulo destinado à história intelectual: "Para além do projecto de reconstituição dos sentimentos e das sensibilidades próprios aos homens da época (que é, em traços gerais, o projecto de Febvre), são as categoria psicológicas essenciais – as que funcionam na construção do tempo e do espaço, na produção do imaginário, na percepção coletiva das actividades humanas – que são postas no centro da observação e apreendidas no que tem de diferente consoante as épocas históricas". Cf. CHATIER, R. *História cultural*: entre práticas e representações. Lisboa: Difel, 1988, p. 42.

[5] VERNANT, J.-P. *Entre mito e política*. 2. ed. São Paulo: Edusp, 2002, p. 42.

[6] Ibid., p. 65.

[7] Ibid., p. 141.

[8] Ibid., p. 54. Frequentemente Vernant aponta a importância da abordagem histórica em pesquisas, porém não se apresentava como historiador. Preferia identificar seu trabalho com o campo da antropologia ou psicologia histórica. A respeito das diferenças que marcariam sua perspectiva da dos historiadores observa: "Comportamentos humanos, fatos de civilização e conteúdos espirituais são três aspectos de uma realidade concreta. Entre a psicologia e as outras ciências dos homens não há uma diferença de objeto, e sim uma diferença de perspectiva. Nos fatos de civilização que o historiador, o historiador das religiões, do direito, da arte, o linguista estudam, o psicólogo, por sua vez, esforça-se em perceber o funcionamento do espírito". Cf. *Entre mito e política*, p. 140.

[9] Ibid., p. 158.

[10] Em sua introdução feita para o livro *Os reis taumaturgos*, Le Goff, após comentar a importância de Marcel Granet, para Mark Bloch observa sobre Gernet: "Louis Gernet, cujo ensinamento em seguida ficou restrito, por muito tempo, à Universidade de Argel (verdade é que ele acolheu ali um jovem

historiador chamado Fernand Braudel) e cuja obra foi escandalosamente marginalizada pelo helenismo universitário reinante, não está menos próximo de Marc Bloch por seu pensamento e por seu temperamento". Cf. MARK, B. *Os reis taumaturgos* – O caráter sobrenatural do poder régio, França e Inglaterra. São Paulo: Companhia das Letras, 1993, p. 11.

[11] Ibid., p. 135.

[12] Ibid., p. 165.

[13] Ibid., p. 158.

[14] Ibid., p. 54.

[15] Para uma posição crítica a respeito da vinculação entre a origem do pensamento filosófico na Grécia Antiga e a constituição da *polis*, cf. LAKS, A. "O problema das origens da racionalidade grega hoje: as contribuições de Max Webber e Jean-Pierre Vernant". *Phaos*, 6, 2006, p. 5-20.

[16] Ibid., p. 148.

[17] Ibid., p. 54.

[18] Ibid., p. 56.

[19] VERNANT, J.-P. *Mito e sociedade na Grécia Antiga*. 2. ed. Rio de Janeiro: José Olympio, 1999, p. 23.

[20] VERNANT, J.-P. *Entre mito e política*. 2. ed. São Paulo: Edusp, 2002, p. 54.

[21] Ibid., p. 55.

[22] Ibid., p. 42.

[23] Ibid., p. 44.

[24] Ibid., p. 64.

[25] Ibid., p. 44.

[26] Ibid., p. 56.

[27] VERNANT, J.-P. *Mito e religião*. São Paulo: WMF Martins Fontes, 2006, p. 1-11.

[28] VERNANT, J.-P. *Entre mito e política*. 2. ed. São Paulo: Edusp, 2002, p. 41.

[29] Ibid., p. 57. A respeito de sua abordagem estruturalista, Vernant também se apresentava de forma crítica: "Quanto ao estruturalismo, o termo não me parece menos ambíguo. Se o entendermos no sentido da moda que assolou por algum tempo o meio intelectual parisiense e que levou a expulsar a história do campo das ciências sociais, em proveito de modelos formais, de esquemas abstratos, não me sinto estruturalista. Mas, se levarmos em conta o que os estudos linguísticos trouxeram de novo nos cinquenta últimos anos com as noções de sistema e de sincronia, e o partido que os mitólogos tiraram dele para perceber os sistemas de oposições e homologias que constituem a armadura das narrativas míticas, direi apenas que não se pode mais fazer história das religiões sem ser, nesse sentido, estruturalista" (Ibid., p. 56).

[30] Ibid., p. 68.

Referências

Obras de Jean-Pierre Vernant publicadas por editoras brasileiras

VERNANT, J.-P. *Mito e religião na Grécia Antiga*. São Paulo: Martins Fontes, 2006.

_____. *Entre mito e política*. 2. ed. São Paulo: Edusp, 2002.

_____. *O universo, os deuses, os homens*. São Paulo: Cia. das Letras, 2000.

_____. *Mito e sociedade na Grécia Antiga*. 2. ed. Rio de Janeiro: José Olympio, 1999.

_____. *Mito e pensamento entre os gregos* – Estudos de psicologia histórica. Rio de Janeiro: Paz e Terra, 1990.

_____. *As origens do pensamento grego*. 6. ed. Rio de Janeiro: Bertrand Brasil, 1989.

VERNANT, J.-P. & VIDAL-NAQUET, P. *Mito e tragédia na Grécia Antiga*. São Paulo: Duas Cidades, 1977.

3
Eric J. Hobsbawm (1917-2012)[1]

*Adriana Facina**

1 O historiador e sua época

Eric Hobsbawm foi um dos maiores historiadores do século XX e sua trajetória se confunde com a história do século que foi um de seus temas de pesquisa. Nascido em 1917, o historiador foi testemunha ocular de eventos e processos importantes que marcaram o breve século XX. Podemos dizer, assim, que Hobsbawm, além de especialista em História Contemporânea, foi também um historiador de seu próprio tempo.

Apesar de ter nascido no Egito, Hobsbawm se considerava inglês. Sua mãe era uma judia vienense e seu pai um judeu inglês que foram morar em Alexandria fugindo da Grande Guerra que tornou inimigas suas pátrias de origem. Um modo de pensar o pertencimento a uma nação que só seria possível num mundo nascido da era dos impérios e da expansão do capitalismo que permitiu um fluxo inédito de massas populacionais em busca de melhores condições de vida em diversas regiões do globo.

Em sua biografia, intitulada *Tempos interessantes*[2], o historiador se dedicou a analisar a sua própria trajetória, com enfoque mais em questões públicas do que na vida privada, a partir de leituras de processos importantes que perpassaram o século XX. Para Hobsbawm, o século XX é um breve período de tempo demarcado entre a eclosão da Primeira Guerra Mundial (1914) e o colapso da União das Repúblicas Socialistas Soviéticas (1991). No centro da caracterização dessa era dos extremos, que se confundiu com sua própria vida, estava a transformação do comunismo de ideal político em devir histórico concreto a partir do marco que foi a Revolução Bolchevique de 1917. Do mesmo modo que é impossível enten-

---

* Doutora em Antropologia Social pelo Programa de Pós-Graduação em Antropologia Social/Museu Nacional/Universidade Federal do Rio de Janeiro, com pós-doutorado pela mesma instituição. É professora-associada do Departamento de História e do Programa de Pós-Graduação em História da Universidade Federal Fluminense.

der o século XX sem compreender a Revolução Bolchevique e seus desdobramentos, não se poderia compreender a formação de Hobsbawm como historiador e intelectual sem se levar em conta a sua opção pelo comunismo e, como decorrência, a sua filiação ao marxismo. Como ele afirma:

> Tornei-me comunista em 1932, embora somente tenha me filiado ao Partido quando fui para Cambridge, no outono de 1936. Nele fiquei durante cerca de cinquenta anos. O motivo pelo qual permaneci por tanto tempo é matéria para uma autobiografia, mas não tem interesse histórico geral. Por outro lado, a razão pela qual o comunismo atraiu tantos dos melhores homens e mulheres de minha geração e o que significava para nós ser comunista são sem dúvida temas centrais na história do século XX. Isso porque nada é mais característico desse século do que aquilo que meu amigo Antonio Polito chama de "um dos grandes demônios do século XX: a paixão política". A expressão quintessencial disso era o comunismo[3].

Parece estranha essa afirmação em tempos de suposto triunfo (sempre ameaçado por sucessivas crises) do capitalismo. No entanto, durante a maior parte do século XX, o comunismo inspirou revoluções políticas e intelectuais e nosso historiador é fruto disso. A geração de intelectuais britânicos a que ele pertenceu foi, de modos diversos, profundamente inspirada pela tradição marxista e muitos deles foram membros efetivos do Partido Comunista Britânico (PCGB). Eles combatiam o conservadorismo que predominava nas universidades britânicas e que vinha sendo desafiado pelas políticas de bem-estar social, implementadas já no final da Segunda Guerra Mundial. Também se confrontavam com o chamado marxismo vulgar, uma leitura simplista e mecânica dos escritos de Marx e Engels que era muito influente nos círculos políticos e intelectuais de esquerda até o Pós-guerra.

Em 1945, ainda durante a Segunda Guerra, o Partido Trabalhista conseguiu eleger o Primeiro-ministro Clement Attlee e iniciou uma era de reformas. Era a construção do Estado de Bem-estar Social (*Welfare State*), instituição que buscava ampliar o conceito de cidadania para a garantia de direitos como educação e saúde públicas, previdência social e outros que protegessem a classe trabalhadora dos efeitos perversos gerados pelo mercado e criassem uma sociedade menos injusta e desigual. Longe de ser uma concessão do capital, o Estado de Bem-estar Social representou a conquista de demandas históricas da classe trabalhadora. É preciso lembrar que a conjuntura era favorável a essas conquistas. No Pós-guerra, o capitalismo viveu uma era de expansão nunca vista, que fez com que muitos analistas chamassem os 30 anos após o conflito de "época de ouro". Além disso, a existência de uma alternativa política real ao capitalismo, representada pela URSS e pelos países a ela alinhados, identificados com o socialismo, também fortalecia a luta política por melhorias nas condições de vida dos trabalhadores.

A geração de intelectuais britânicos integrada por Hobsbawm fez parte dessas transformações. Uma das faces mais interessantes das reformas social-democratas é a da expansão do sistema de ensino e da ampliação da universidade, que passa a incluir, cada vez mais, estudantes oriundos da classe trabalhadora e de outros estratos sociais para os quais o ensino superior era, até então, inacessível. Havia projetos de universidade extramuros voltados para a educação da classe trabalhadora nos quais atuaram o historiador E.P. Thompson e o crítico literário Raymond Williams e que, segundo eles, foram fundamentais para a elaboração de suas obras e para as suas reflexões a partir do e sobre o marxismo.

Nessa conjuntura, existia uma grande efervescência cultural no Partido Comunista da Grã-Bretanha. E uma de suas expressões foi o surgimento de um grupo de historiadores "que iriam reescrever a história da Grã-Bretanha e projetar a historiografia como uma das mais instigantes contribuições desse país às ciências humanas"[4]. Pertenciam a esse grupo Christopher Hill, Victor Kiernan, John Saville, Rodney Hilton, E.P. Thompson, Raphael Samuel e, obviamente, Eric Hobsbawm. Entre 1946 e 1956 eles se reuniram regularmente e tinham como objetivos:

> [...] contribuir de forma criativa para a teoria marxista e buscar ligação de seus trabalhos de historiadores com a prática política. Parte do esforço do grupo era dirigida a escrever a história do ponto de vista do povo, revivendo as tradições de radicalismo que haviam, ao longo do tempo, desafiado a ordem estabelecida. Seu enfoque iria expandir a ênfase tradicional da historiografia marxista em história econômica para abarcar não só de que viviam as pessoas, mas também como viviam, seus hábitos, suas esperanças, sua cultura, abrindo espaço para um marxismo cultural riquíssimo que iria marcar as primeiras produções dos estudos culturais[5].

O grupo durou até 1956, quando a crise gerada pelo XX Congresso do Partido Comunista da União Soviética, no qual foram denunciados os crimes do stalinismo, levou ao rompimento de muitos intelectuais com o partido. Essa crise foi agravada pela invasão da Hungria por tropas soviéticas no mesmo ano, sufocando o levante húngaro. O PCGB perdeu um terço de seus membros. Foram os casos de E.P. Thompson e Raymond Williams. O fato é que a opção pelo marxismo e estabelecimento de vínculos com o Partido Comunista deixarão de ser sinônimos. Ainda assim, Eric Hobsbawm permaneceu filiado ao PCGB até os anos de 1980.

A crise de 1956 foi o estopim da formação de um movimento que se autointitulou Nova Esquerda (*New Left*). Várias forças sociais progressistas sentiam a necessidade de refundar o pensamento de esquerda, trazendo as premissas do marxismo para pensar um momento histórico visto como novo. Como movimento, a Nova Esquerda estava longe de ser homogênea e um de seus focos de investigação e debate será a cultura. Esta passa a ser vista como parte da "produção e reprodução material da vida", como dizia Raymond Williams, percebida como parte das questões políticas e econômicas, e não como universo separado e com regras próprias. Havia o interesse, sobretudo, na indústria cultural, tema colocado na ordem do dia por Theodor Adorno e pela Escola de Frankfurt e que demonstrava a dificuldade em se separar cultura de economia no mundo contemporâneo. Em suma, a cultura passava a ser entendida como campo de luta social. Desse modo, serão características da Nova Esquerda a centralidade da questão da cultura no debate intelectual e uma perspectiva totalizante que a vê como parte da história social.

Embora Hobsbawm, tendo permanecido no Partido Comunista, não fizesse propriamente parte do movimento da Nova Esquerda, sendo por vezes crítico em relação a ele, intelectualmente compartilhava de várias de suas premissas. Uma delas é a do diálogo com outras tradições do marxismo, como a obra do dirigente do Partido Comunista Italiano (PCI), morto sob o fascismo em 1937, Antonio Gramsci. Gramsci deixou boa parte de sua obra escrita em cadernos elaborados no tempo em que permaneceu nos cárceres fascistas, os chamados *Cadernos do cárcere*. Segundo Hobsbawm, a obra de Gramsci chegou à Inglaterra no Pós-guerra e, impulsionada pelos acontecimentos de 1956, passou a integrar debates em círculos de esquerda fora do PCGB. Na década de 1960, segundo ele, "sabia-se mais sobre Gramsci no mundo de língua inglesa do que em qualquer outro lugar fora da Itália, ainda que fosse pouco"[6].

Ainda de acordo com nosso historiador, a principal influência de Gramsci no mundo anglófono foi exercida sobre os historiadores marxistas, tendo importância fundamental para os ajudarem a se livrar do marxismo vulgar e a enfrentar os "inimigos da esquerda" que buscavam "descartar o marxismo como uma variante do positivismo determinista"[7].

No entanto, na visão de Hobsbawm, na verdade tais lições de Gramsci não seriam gramscianas e sim marxistas, pois ele recupera elementos da obra do próprio Marx obscurecidos pelo marxismo vulgar. Para ele, a principal contribuição gramsciana para os historiadores foi o estudo do mundo das classes subalternas, tema no qual ele se tornou referência obrigatória, dentro e fora do marxismo. No entanto, a força de suas ideias reside no fato de que elas não foram escritas por um acadêmico, mas sim por um militante disposto a contribuir para mudar o mundo a favor das classes subalternas. Na citação a seguir, tudo o que Hobsbawm diz sobre Gramsci também serve para pensarmos a obra do próprio Hobsbawm, intelectual cuja atuação jamais pode ser reduzida ao âmbito acadêmico. O texto foi escrito em 1996 e faz referência ao aniversário da morte do pensador italiano:

> Contudo, a força da atividade intelectual de Gramsci nesse campo, como em todos os outros sobre os quais refletiu e escreveu, está no fato de ele nunca ser puramente acadêmico. A práxis estimulou e fertilizou sua teoria, e foi a finalidade dela. A influência de Gramsci sobre os estudiosos da ideologia e da cultura tem sido tão acentuada porque, para todos aqueles envolvidos com a cultura popular, o interesse também não é puramente acadêmico. O objetivo de quase todos os que realizam esses estudos não é, basicamente, escrever teses e livros. Como Gramsci, eles estão profundamente interessados no futuro, tanto quanto no passado: no futuro das pessoas comuns que formam a maior parte da humanidade, inclusive a classe operária e seus movimentos, no futuro das nações e da civilização. Setenta anos depois da morte de Gramsci, somos gratos a ele não só pelo estímulo intelectual, como também por nos ensinar que o esforço de transformar o mundo não só é compatível com uma reflexão histórica original, sutil e vigilante, mas é impossível sem ele[8].

Há nessa citação um programa de atuação intelectual fundamental para compreendermos a obra de Eric Hobsbawm. A práxis política e a pesquisa acadêmica, ainda que vistas como campos específicos, jamais são entendidas como separadas. Ambas se retroalimentam e isso inclui não somente a opção pelo marxismo como fonte teórica, mas a escolha de temas, metodologias e até mesmo do público-alvo das publicações, quase sempre mais amplo do que o formado pelos especialistas acadêmicos. Esta preocupação em ampliar o público leitor, em fazer as ideias ganharem o mundo, também inspira a publicação de textos não acadêmicos (no sentido de que não nascem de pesquisas acadêmicas *stricto sensu*): ensaios, análises de conjuntura, entrevistas e ainda uma interessante *História social do* jazz, assinada na primeira edição por Francis Newton. Com textos escritos entre 1959 e 1961, Hobsbawm assinou como Francis Newton para homenagear Frankie Newton, o trompetista de esquerda que ele admirava. Em 1989, Hobsbawm republicou o livro, agora assinando como ele mesmo. É o retrato de um mundo que, no final dos anos de 1980, já havia morrido. No mesmo ano, outro mundo, muito significativo para nosso autor, também morria com a queda do Muro de Berlim. É como se, de modo não intencional, o livro mostrasse, por meio do *jazz*, as possibilidades de resistência e permanência na história daquilo que parece morto num determinado contexto.

Nas suas análises sobre o *jazz*, Hobsbawm definiu essa música como uma forma de protesto. Não um protesto organizado, militante, mas uma voz dissonante dos oprimidos, capaz de expressar dores, sofrimentos e esperanças de um mundo melhor de forma única, posto que realizada por aqueles que sofrem esta experiência na pele. Coerente com a sua ideia de que a classe trabalhadora, mais do que composta por indivíduos organizados politicamente, é formada, antes de mais nada, por "pessoas comuns", o historiador vê no *jazz* um aspecto fundamental da vida de camadas populares, sobretudo dos negros empobrecidos da sociedade estadunidense. Mas é também a forma musical da contemporaneidade, universalizando por meio da arte tal experiência racial (embora ele não veja o *jazz* como produto exclusivamente negro) e de classe. Assim,

> [...] o *jazz* não é simplesmente música comum, ligeira ou séria, mas também uma música de protesto e rebelião. Não necessariamente ou sempre uma música de protesto consciente e declaradamente político, e menos ainda um tipo especial de protesto político; [...] essa música se presta a qualquer tipo de protesto e rebelião, mais do que qualquer outra forma de arte[9].

Essa visão sobre o *jazz* nos ajuda a entender o posicionamento de Hobsbawm frente às transformações políticas e sociais da década de 1960. Nosso historiador não foi um grande entusiasta dos movimentos como o Maio de 1968 e nem das transformações nos costumes que marcaram essa década. No campo musical, seu posicionamento poderia ser sintetizado na oposição que ele estabelece entre o *jazz* e o *rock*, ainda que ele reconheça neste elementos de protesto nos anos de 1960. É como se o *rock* representasse o fim de um mundo, cuja trilha sonora era o *jazz*, com o qual o historiador se identificava e se reconhecia.

Ele define o *rock* como "a música que quase matou o *jazz*", ainda que divida com este as mesmas raízes e origem: o *blues* negro estadunidense[10]. Sendo música de massa, ao contrário do *jazz*, música de minoria, o *rock* privou o *jazz* de seus ouvintes mais jovens, estabelecendo um distanciamento geracional no que tange ao gosto musical. Musicalmente, Hobsbawm via o *rock* como estilo executado por músicos sem habilidade[11], ou, no caso dos Rolling Stones, como uma "boa imitação dos cantores negros de blues"[12]. O *rock* era parte de um novo mundo, transformado pela Revolução Cultural da década de 1960, e ao qual nosso historiador não se sentia integrado. Para ele, mais do que os levantes estudantis que marcaram a década, foi o avanço do *jeans* que mais deixou desdobramentos importantes para a história a partir de meados dos anos de 1960. É o mundo dos jovens que o historiador não via com simpatia e no qual se sentia mesmo deslocado. No seu balanço sobre a década de 1960, ele afirmava:

> Porém, infelizmente, eu não sou parte dessa história. Levis triunfou, assim como o *rock*, como distintivo da juventude, mas eu já não era mais jovem. Não tenho grande simpatia pelo equivalente contemporâneo de Peter Pan, o adulto que quer permanecer sempre adolescente, nem posso me ver desempenhar com credibilidade o papel de mais idoso entre os adolescentes. Por isso resolvi, quase como questão de princípio, jamais usar essa vestimenta, e nunca a usei. Isso me traz uma desvantagem como historiador dos anos de 1960: não participei deles. O que escrevi sobre a década de 1960 é o que pode escrever um autobiógrafo que jamais usou *jeans*[13].

Os anos de 1960 e, particularmente, o ano de 1968 marcaram o fim dos "anos de ouro" e apontaram para uma nova conjuntura. Os anos de 1970 foram anos de crise global do capitalismo e, como resultado, o fim da década assistiu à eleição, em 1979, de Margareth Thatcher, do Partido Conservador, como primeira-ministra britânica. Foi uma vitória política capital para o neoliberalismo, que pregava o fim do Estado de Bem-estar Social e a retirada de direitos da classe trabalhadora como soluções para o crescimento econômico. Foram inícios de tempos sombrios que perduram até hoje: desemprego, crises econômicas sucessivas, aumento da pobreza e das desigualdades sociais no mundo, desamparo social, consumismo desenfreado, estímulo ao individualismo egoísta. A fórmula neoliberal pode ser resumida na famosa frase de Thatcher: "não há sociedade, somente indivíduos". Na final desta década até o fim da década seguinte, Hobsbawm se envolveu em intensos debates políticos na Grã-Bretanha.

A derrota profunda do Partido Trabalhista, que perduraria nos 18 anos consecutivos à eleição da dama de ferro, e a sua consequente desorientação política levaram Hobsbawm a intervir no debate político por meio de artigos, quase todos publicados na revista *Marxism Today*, periódico ligado ao PCGB e que se transformou em referência no mundo político britânico naquele momento. Em linhas gerais, o debate girava em torno da novidade política que o thatcherismo representava. Nos termos de Hobsbawm, "A era Thatcher foi o mais próximo a uma revolução política, social e cultural no século XX, e não para melhor"[14].

Como enfrentar a nova configuração? Como resistir ao avanço truculento da busca pelo lucro contra direitos e conquistas da classe trabalhadora? A social-democracia, os socialistas, comunistas e a esquerda em geral estavam derrotados pelo capitalismo ultra *laissez-faire*. Nesse contexto, Hobsbawm apoiou reformas no Partido Trabalhista e alianças eleitorais táticas com vistas a derrubar os conservadores. E foi muito criticado na esquerda por isso, tendo inclusive sido denunciado em reuniões sindicais[15].

Em resumo, Hobsbawm acreditava que o thatcherismo era uma novidade histórica e que, para combatê-lo, era necessário recorrer a uma unidade política de amplos setores, na tradição da unidade antifascista e das frentes populares que resultaram do VII Congresso Mundial da Internacional Comunista (1935). Seus artigos, alguns deles reunidos no livro *Estratégias para uma esquerda racional*, se dirigiam contra uma "esquerda sectária ou fundamentalista", que ele considerava agir de forma emocional e não racional perante a conjuntura, e buscava "criticar a emoção da esquerda, utilizando a razão da esquerda"[16].

Quase duas décadas depois, analisando seu posicionamento naquele período, Hobsbawm disse que aqueles que compartilhavam das tentativas de reformar o Partido Trabalhista jamais poderiam imaginar a alternativa do "Novo Trabalhismo", a partir de 1994 sob a liderança de Tony Blair. Este era uma "Thatcher de calças" e representava a aceitação da lógica e dos resultados práticos do thatcherismo, abandonando não apenas o socialismo, mas tudo o que pudesse lembrar "operários, sindicatos, indústrias estatais, justiça social e igualdade", elementos que poderiam assustar eleitores de classe média[17].

O cenário dessa guinada à direita da social-democracia britânica foi o do fim do socialismo realmente existente. Em *Tempos interessantes*, Hobsbawm chegou a afirmar que "o comunismo está morto". Sua *Era dos extremos*, estudo sobre o século XX, se encerra em 1991, ano da desintegração final da URSS. Foi o fim da Guerra Fria que, longe de significar paz duradoura, criou, em sua visão, um mundo mais instável politicamente, mais violento e mais desfavorável à classe trabalhadora.

Para Hobsbawm, a queda do Muro de Berlim em 1989 e o fim dos regimes socialistas do Leste Europeu não foram resultado de revoluções ou movimentos populares, mas vieram do topo, das próprias camadas dirigentes[18]. A abertura ao mercado, além de piorar consideravelmente as condições materiais de vida dessas populações, reacendeu nacionalismos separatistas, xenofobias, desintegrando Estados e criando um mundo mais inseguro, onde o controle de armamentos nucleares, por exemplo, é muito mais difícil. O fim da Guerra Fria foi também o fim de uma relativa estabilidade política e militar no mundo, bem como representou a proliferação de armamentos nas mãos de grupos independentes, pequenos Estados e outros atores políticos pouco comprometidos com a paz global[19].

Apesar dessa visão pessimista sobre o início do século XXI, em livros e entrevistas Hobsbawm afirmava a esperança nas possibilidades de um mundo melhor. E, para ele, os historiadores são mais necessários do que nunca nesse novo século que se anuncia sombrio.

São eles que podem fornecer importantes armas para o combate a ser travado. Nas suas palavras, "[...] não nos desarmemos, mesmo em tempos insatisfatórios. A injustiça social ainda precisa ser denunciada e combatida. O mundo não vai melhorar sozinho"[20].

2 Percursos e diálogos

A geração de intelectuais à qual pertenceu Hobsbawm encarou o desafio de construir seu pensamento no campo do marxismo, se confrontando com o conservadorismo acadêmico e adotando uma postura política anticapitalista, e, ao mesmo tempo, criticando o marxismo vulgar e formas mecanicistas de ver a história e a sociedade que eram dominantes nos meios de esquerda.

Esses intelectuais vão buscar em autores como Antonio Gramsci, Walter Benjamin, Georg Lukács, Bertolt Brecht, além da Escola de Frankfurt, a inspiração para seus estudos. De modos diversos, todos esses autores buscam na obra de Marx a percepção de que os processos históricos devem ser vistos em sua totalidade, relativizando a dualidade base-superestrutura presente no economicismo típico do marxismo vulgar. Desse modo, recuperam a profundidade da dimensão dialética presente na interação social, com suas múltiplas determinações.

Nessa ótica se insere a história social tal como proposta por Eric Hobsbawm. Ainda que em muitos de seus trabalhos nosso autor priorizasse questões econômicas, nunca a economia é vista como esfera separada do todo social ou entendida como determinação em última instância. A economia não pode ser entendida sem a política e a cultura. É isso que permitia, por exemplo, que suas análises da Revolução Industrial inglesa fossem focadas mais nas novas formas de organizar o trabalho e a produção e menos nas invenções ou nas inovações nas técnicas de produzir bens. Tratava-se da formação de uma nova sociedade, com seus valores e modos de vida específicos, e isso não podia ser resumido nas quantificações típicas da história econômica *hard*. O próprio Hobsbawm explicou essa recusa à especialização presente na história social:

> A história social nunca pode ser mais uma especialização, como a história econômica ou outras histórias hifenizadas, porque seu tema não pode ser isolado. É possível definir certas atividades humanas como econômicas, pelo menos para fins analíticos, e depois estudá-las historicamente. Embora isso possa ser (exceto para certos propósitos definíveis) artificial ou irreal, não é impraticável. Quase do mesmo modo, embora em um nível teórico mais baixo, a velha modalidade de história das ideias, que isolava as ideias escritas de seu contexto humano e acompanhava sua adoção de um escritor para outro, também é possível, desde que se queira fazer esse tipo de coisa. Mas os aspectos sociais ou societais da essência do homem não podem ser separados dos outros aspectos de seu ser, exceto à custa da tautologia ou da extrema banalização. Não podem ser separados, mais que por um momento, dos modos pelos quais os homens

obtêm seu sustento e seu ambiente material. Nem por um só momento podem ser separados de suas ideias, já que suas mútuas relações são expressas e formuladas em linguagem que implica conceitos no momento mesmo em que abrem a boca. E assim por diante. O historiador das ideias pode (por sua conta e risco) não dar a mínima para a economia, e o historiador econômico pode não dar a mínima para Shakespeare, mas o historiador social que negligencia um dos dois não irá muito longe. Inversamente, conquanto seja extremamente improvável que uma monografia sobre poesia provençal seja história econômica, ou uma monografia sobre inflação no século XVI seja história das ideias, ambas podem ser tratadas de modo a torná-las história social[21].

A concepção da história social como totalizante estaria presente em suas obras mais conhecidas, as Eras. Trabalhos de síntese interpretativa da formação e desenvolvimento do mundo contemporâneo, *Era das revoluções* (1789-1848), *Era do capital* (1848-1875), *Era dos impérios* (1875-1914) e *Era dos extremos* (1914-1991) trazem em suas páginas análises que buscam combinar as dimensões econômicas, políticas e culturais dos processos históricos. Ainda que, reconhecidamente, os aspectos políticos e econômicos preponderem.

A visão totalizante contribui ainda para uma tarefa essencial que Hobsbawm enxergava no trabalho do historiador: o desmonte de mitos. Para o marxismo, a realidade instituída no modo de produção capitalista não é transparente. Ao contrário, os sujeitos históricos relacionam-se com ela de modo parcial e fragmentário, sem poder perceber de modo imediato seu todo. O fenômeno da alienação é uma das consequências dessa formação social. A reconstrução da totalidade da realidade é tarefa da crítica e passo primordial para sua transformação revolucionária. E essa reconstrução pode também ser entendida como a historicização radical dos processos sociais, demonstrando como o estado de coisas da atualidade é um resultado da história, ou seja, da ação humana, e não de um poder divino ou de desígnios imutáveis. Desconstruir ideologias, problematizar visões de mundo e o senso comum, desmontar mitos. Eis o programa da historiografia marxista, tal como Eric Hobsbawm a compreendia.

Enquanto disciplina, a história é indissociável da história do Estado-nação. Seu nascimento está ligado às suas demandas por legitimidade política e mesmo cultural. Portanto, é um dos mitos mais poderosos do mundo contemporâneo e sua ideologia, o nacionalismo, são questões sempre presentes no trabalho do historiador, sobretudo o que se volta para a história contemporânea. Por isso, Hobsbawm dedicou-se a investigar a história do nacionalismo ao mesmo tempo em que problematiza o mito da nação que ele cria.

A ideologia nacionalista tem o poder de naturalizar o pertencimento a uma nação de modo a obscurecer a própria história de sua formação. É como se a nação fosse algo imemorial e o pertencimento a ela algo dado "de nascença". No senso comum nacionalista, o Estado-nação aparece como um desdobramento natural da própria nação preexistente e que busca se expressar politicamente por meio dessa instituição que lhe representa e sintetiza. Ao analisar a história da construção do nacionalismo e da ideia de nação, Hobsbawm desmontou esse mito apontando para três coisas: 1) A novidade da nação e do nacionalismo, fenômenos bem mais recentes na história do que a sua ideologia faz crer. 2) As transformações nas concepções de nação e de pertencimento nacional do final do século XVIII ao final do século XX, demonstrando que, longe de ser algo espontâneo, a nação é uma construção histórica. 3) Enquanto novidade, a nação é inventada pelo próprio Estado-nação e não existe anteriormente a ele. É o processo de formação do Estado-nação que demanda a fabricação de uma história pregressa que o legitime[22]. Daí a necessidade de inventar tradições, por exemplo.

As tradições inventadas tentam estabelecer, por meios simbólicos ou ritualísticos, uma continuidade em relação ao passado que possa legitimar instituições e práticas do presente. Tal relação com o passado é artificial e apresenta coisas recentes como se tivessem origem imemorial, buscando inculcar valores, sentimentos de pertença, de patriotismo, lealdade à nação etc. Através da ritualização, da repetição, da formalização que não se dobram às transformações do presente, essas tradições inventadas constroem a imagem de durabilidade e perenidade importantes para fornecer material para a ideologia nacional[23]. Assim, ainda que o nacionalismo se apresente como expressão da ancestralidade de um povo-nação, com uma suposta uniformidade étnica e cultural capaz de legitimar a existência de um território e um Estado próprios, na verdade ele é um artefato contemporâneo. No dizer de Hobsbawm,

> [...] qualquer nacionalismo moderno não poderia ser concebido como retorno a um passado perdido, porque o tipo de Estados-nação territoriais, dotados do tipo de organização que ele visava, simplesmente não existiu até o século XIX. Teve de ser inovação revolucionária que se fantasiava de restauração. [...] A atividade profissional dos historiadores é desmantelar essas mitologias [...][24].

Uma outra maneira de exercer a tarefa de desmontar mitos é produzir a história de baixo para cima. Voltada para os movimentos populares, essa história se confronta com a história oficial produzida para a "glorificação" dos governantes e legitimação de sua atividade prática. Hobsbawm citava, a propósito disso, o conhecido poema de Bertolt Brecht, *Perguntas de um trabalhador que lê*, com sua questão "Quem construiu Tebas, a das sete portas?"[25] para resumir a proposta da história de baixo para cima. Fazer a história das pessoas comuns é um grande desafio para o historiador. Primeiramente, há a dificuldade das fontes, pois a maior parte delas foi produzida ou preservada pelas camadas dominantes. Identificar, analisar e garantir a preservação das fontes da história dos de baixo requer técnicas e metodologias próprias, bem como o desenvolvimento de reflexões teóricas adequadas.

Como não poderia deixar de ser, boa parte dessa história é produzida por historiadores assumidamente engajados nas lutas da classe trabalhadora. Isso também gera dificuldades. Hobsbawm defendeu o engajamento como parte da produção do conhecimento e se contrapõe à visão positivista de uma neutralidade epistemológica como parâmetro da validade científica da historiografia. No entanto, para nosso autor, produzir história como ciência é diferente de produzir panfletos políticos. Um dos efeitos da íntima relação entre a história vista de baixo e o movimento operário foi a supervalorização da classe organizada como representante do conjunto da classe, daqueles que poderíamos chamar de pessoas comuns. Ainda que seja ele mesmo um historiador do movimento operário, Hobsbawm problematiza essa historiografia, pois mesmo assumindo o ponto de vista da classe trabalhadora ela é capaz de produzir mitos que obscureçam a compreensão histórica. Nas suas palavras:

> Para os marxistas, ou para os socialistas em geral, o interesse pela história dos movimentos populares se desenvolveu com o crescimento do movimento operário. E embora isso propiciasse um incentivo muito poderoso ao estudo da história do homem comum – principalmente da classe trabalhadora – também propunha certos antolhos muito eficazes aos historiadores socialistas. Eles eram naturalmente seduzidos a estudarem não meramente pessoas comuns, mas as pessoas comuns que poderiam ser vistas como ancestrais do movimento: não operários como tais, mas principalmente chartistas, sindicalistas, militantes trabalhistas. E também eram tentados – de forma igualmente natural – a supor que a história dos movimentos e organizações que lideravam a luta dos trabalhadores e que, portanto, em um sentido real, "representavam" os trabalhadores, podia substituir a história das próprias pessoas comuns. Mas isto não é assim[26].

Estudar os modos de vida das pessoas comuns implica romper com modelos predeterminados sobre o que seria uma consciência de classe formada e compreender historicamente as contradições de suas visões de mundo como parte de um processo do fazer-se da própria classe. Assim, culturas, valores, formas de agir, sociabilidades do povo, em diferentes contextos históricos, podem ser analisados a partir de sua própria especificidade, evitando anacronismo ou teleologias que ocultam a sua importância para a história dos oprimidos.

No livro *Bandidos*, Hobsbawm apresentou uma análise do banditismo como um desses fenômenos que representam a revolta dos de baixo sem que necessariamente tal revolta signifique o compromisso com a transformação revolucionária da sociedade, o que, por sua vez, não invalida os aspectos de rebelião e de luta contra injustiças nela presentes. Publicado pela primeira vez em 1969 e centrado na análise do banditismo social, o livro provocou polêmicas e levou o autor a fazer revisões nas outras edições e a produzir respostas. Contra seus críticos, Hobsbawm sustentava a tese do banditismo social, apontando, inclusive, para sua atualidade no prefácio escrito em 1999[27].

A história do banditismo não pode ser separada da história do poder. Enquanto contrapontos ao poder oficial, os bandidos são potencialmente rebeldes. O diferencial dos bandidos sociais em relação aos criminosos comuns é que eles se constroem como mitos ao serem vistos como heróis pelas comunidades das quais surgem. Esse tipo de banditismo é um fenômeno presente em inúmeras sociedades em temporalidades diversas. Sua análise permite conhecer as tensões e disputas em torno da modernização em sociedades tradicionais, valores como justiça e legitimidade e as relativizações, na prática social, das leis que definem o que pode ou não ser considerado crime em determinada sociedade. O bandido social, ainda que contrarie a lei, não é visto como criminoso pela sua comunidade. Ao contrário, seu mito se funda na luta por justiça que, ainda que realizada de modo individual, expressa um sentimento de injustiça experimentado por toda uma coletividade. Por isso, o autor defende a ideia do "bandido social como um tipo especial de protesto e rebelião camponesa"[28].

O bandido social é principalmente um reformador que deseja restaurar a ordem das coisas tradicionais, consideradas justas e legítimas. Seu protesto não é, na maioria das vezes, contra a opressão em si ou contra a existência dos opressores, mas sim contra o abuso de poder por parte dos senhores. No entanto, ele pode se tornar parte importante de movimentos revolucionários. Nos termos de Hobsbawm,

> [...] dois fatores podem converter esse objetivo modesto, ainda que violento, dos bandidos – e do campesinato a que pertencem – em verdadeiros movimentos revolucionários. O primeiro se dá quando ele se torna o símbolo, ou mesmo a ponta de lança, da resistência por parte de toda a ordem tradicional contra as forças que a desagregam ou destroem. Uma revolução social não será menos revolucionária por ocorrer em nome daquilo que o mundo externo considera uma "reação" ao que ele considera "progresso"[29].

O segundo motivo pelo qual bandidos se tornam revolucionários tem a ver com momentos de colapso da estrutura social nos quais os sonhos de um mundo novo, sem opressão e submissão, parecem poder se tornar realidade. Assim como a "sua gente", os bandidos também se empolgam nessas situações e tendem a integrar os movimentos revolucionários.

Tal visão proposta por Hobsbawm foi vista pelos seus críticos como idealizadora do papel do banditismo social nas rebeliões camponesas. O que ele enxergava como potência rebelde do bandido social foi muitas vezes lida pelo marxismo vulgar como atuação política (ou pré-política) pautada pela falta de consciência de classe. A estes, ele respondeu: "A emancipação da humanidade não pode limitar-se exclusivamente às pessoas respeitáveis. As não respeitáveis também se rebelam, à sua maneira"[30].

O impacto dessa frase não é pequeno. Em especial se considerarmos o contexto histórico em que vivemos hoje, com a precarização do trabalho, a destruição da classe operária, a ampliação das desigualdades sociais, da violência armada e o crescimento do banditismo urbano, seja social ou apenas delinquente. Na sua ressignificação do crime e da justiça como valor moral e político em contextos de exclusão social massiva e de opressão em nome do progresso, o banditismo social parece mais vivo do que nunca, ainda que em novas bases sócio-históricas.

Essa historicização radical de movimentos populares anteriores ao pleno estabelecimento do capitalismo proposta por Hobsbawm, que se desdobra na recusa em avaliá-los em termos da presença/ausência de uma consciência de classe na sua condução, tem muitas semelhanças com a perspectiva defendida por E.P. Thompson em seu estudo clássico *A formação da classe operária inglesa* e em outros artigos reunidos no livro *Costumes em comum*. De modo similar a Hobsbawm, Thompson afirma que na Inglaterra do século XVIII a cultura plebeia era ao mesmo tempo tradicional e rebelde. Sua resistência à modernização se faz em nome da defesa dos costumes e nisso reside sua rebeldia. Como os bandidos sociais de Hobsbawm, os camponeses amotinados de Thompson agem segundo noções de justiça e legitimidade que não são intrinsecamente revolucionários, mas que podem vir a ser[31]. São, portanto, parte de um processo de formação da classe e da consciência de classe. Processo esse que só pode ser compreendido em sua historicidade e não a partir de uma visão teleológica da história que só poderá ler em suas contradições as lacunas dos elementos de uma consciência política cujas condições objetivas para existências não estavam dadas naquele momento.

Apesar dessas proximidades, existem importantes diferenças entre os dois historiadores britânicos. Como dito acima, a partir de 1956 suas trajetórias na política se afastaram um pouco, já que Thompson não somente rompeu com o PCGB como capitaneou um movimento de ruptura e denúncia do stalinismo no partido. Já Hobsbawm preferiu permanecer e manteve uma relação crítica com a Nova Esquerda, debatendo com o movimento e fazendo participações pontuais, sem se engajar abertamente nele. Suas diferenças se expressaram no campo da historiografia também. Um exemplo foi a crítica de Hobsbawm ao trabalho clássico de Thompson, *A formação da classe operária inglesa*, publicado em 1963.

No artigo "O fazer-se da classe operária, 1870-1914", o autor diz que prestará um tributo e ao mesmo tempo fará uma crítica ao livro de E.P. Thompson. Apesar de considerar o livro "extraordinário" e concordar com a periodização proposta por seu autor (o estudo se encerra em 1830), entendendo o início do século XIX como o momento em que a classe operária emerge na Inglaterra, Hobsbawm criticou a continuidade que Thompson teria identificado entre a classe trabalhadora de novo tipo e as classes trabalhadoras do período anterior ao cartismo. Segundo Hobsbawm,

> Apesar da continuidade surpreendente e, pelos padrões internacionais, bastante excepcional, do movimento sindical com seu passado artesanal pré-industrial, a maior parte das investigações desde o tempo de Thompson tem demonstrado como é perigoso projetar o proletariado, os movimentos operários e as ideologias do nosso século de volta para as décadas pós-napoleônicas. Na verdade, a falta de continuidade entre os movimentos operários pré e pós-cartismo, o abismo entre as gerações do socialismo de Owen e do renascimento socialista da década de 1880 são tão óbvios que os historiadores ainda continuam a tentar dar-lhes uma explicação. Algumas de nossas organizações podem ser muito antigas e um eventual bocado de folclore pode ter sobrevivido, mas a verdade é que a história contínua dos movimentos operários britânicos, incluindo sua memória histórica, só se inicia muito depois dos cartistas. Se a tradição viva do movimento remonta para antes desse período, isto acontece porque os historiadores do trabalho desenterraram o passado mais remoto e o introduziram no movimento, onde ele veio a tornar-se parte da bagagem intelectual dos ativistas. O owenismo, o cartismo e outros, e as classes trabalhadoras daquele período remoto são, sem dúvida, os ancestrais da classe operária britânica mais recente e de seus movimentos, mas são, sob aspectos cruciais, fenômenos diferentes. Neste sentido, a classe trabalhadora não estará "feita" até muito depois do final do livro de Thompson[32].

Em resumo, para Hobsbawm, perceber os movimentos de trabalhadores no período anterior ao da classe formada em sua historicidade não significava fazer o movimento contrário dos que veem nela apenas ausência de consciência de classe madura[33]. Se não devem ser lidos como lacuna, também não podem ser entendidos como possuindo relação de continuidade imediata com o movimento operário. Parece-me aqui que nosso autor mais uma vez afirma o papel do historiador como destruidor de mitos, desnudando processos de invenção de tradições e colocando limites/fronteiras entre o trabalho da historiografia e o engajamento político.

3 Conceito-chave

Escolher um conceito-chave na vasta obra de Eric Hobsbawm não é tarefa fácil. Escrevendo e publicando seus trabalhos há mais de meio século, com temáticas variadas, utilizando metodologias, fontes e mesmo discussões teóricas diversas, Eric Hobsbawm definitivamente não foi propriamente um historiador de tipo especialista. A sua recusa à especialização vai na contramão da hiperespecialização que hoje predomina no campo acadêmico. Para mim, a quadrilogia das Eras é a melhor expressão dessa recusa no conjunto de sua obra.

A quadrilogia da contemporaneidade é composta por quatro obras: *Era das revoluções* (1789-1848), *Era do capital* (1848-1875), *Era dos impérios* (1875-1914) e *Era dos extremos* (1914-1991). Em cada uma delas, os marcos cronológicos das Eras não são dados por datas redondas que marcam início ou final de séculos, mas sim por processos que ele define como fundamentais para caracterizar as principais questões e as principais linhas de força de uma temporalidade.

Além de serem seus livros mais conhecidos, as Eras são produto de um historiador que assumiu o risco de intencionar construir um sentido analítico para a história contemporânea. Mais do que manuais que narram eventos, as Eras são livros de análise e que pressupõem que o leitor tenha algum domínio dos principais fatos da contemporaneidade, principalmente da história europeia.

Ao tratar a história como totalidade com sentido e ao engendrar a análise historiográfica como síntese totalizante, Hobsbawm foi criticado por ser eurocêntrico, por deixar de fora ou tratar superficialmente de questões relevantes e mesmo, como ouvi recentemente, de ser "ultrapassado". Como o propósito aqui é desvendar seu modo de pensar a história e de produzir historiografia não focarei nessas críticas, mas sim em como ele constrói o conceito de era que informa sua quadrilogia.

O primeiro volume, *Era das revoluções* (1789-1848), foi encomendado a Hobsbawm por um editor comercial em 1958, fato que ele mesmo estranha, já que era época da Guerra Fria e suas ligações com o PCGB eram bastante conhecidas[34]. Publicado em 1962, o livro propõe uma periodicidade que inaugura o mundo contemporâneo que se caracteriza como de revoluções quase que ininterruptas. São essas revoluções: industrial, francesa, de 1830, de 1848 que dão sentido aos processos históricos do período e que permitem que eles sejam compreendidos como uma era. Para nosso historiador, a definição da temporalidade histórica não deve seguir a dos calendários, pois estes são convenções. Daí ele poder falar de um século XIX que se inicia em 1789 e termina em 1914, momento em que ele inicia o último dos livros da quadrilogia, no qual o breve século XX, chamado de era dos extremos, é demarcado como tendo seu fim em 1991.

Para Hobsbawm, o mundo contemporâneo é fruto da dupla revolução: a econômica, encarnada na Revolução Industrial, e a política, representada pela Revolução Francesa. Os processos revolucionários serão sempre parâmetros importantes para definição e caracterização das Eras. Daí a centralidade que o autor atribui à Revolução Francesa como inventora do vocabulário político contemporâneo, posição que Hobsbawm sustentará diante dos revisionismos que, décadas depois, marcará as comemorações do bicentenário da Revolução em 1989.

Para os marxistas, o principal período revolucionário é o da República Jacobina, pois, além da radicalização da participação popular, esse foi o momento histórico no qual o tema da igualdade trazido pela revolução foi traduzido em termos de igualdade social. Dizendo de outro modo, os jacobinos ressignificaram valor político da igualdade, reestruturando o lema revolucionário Liberdade, Igualdade, Fraternidade em outros termos. Com as contradições inerentes à posição social daqueles que a lideravam, pequenos proprietários, a República Jacobina foi um marco histórico fundamental para o sentido do termo revolução e para inspirar o socialismo como bandeira de lutas da classe trabalhadora em formação.

A historiografia da Revolução Francesa possui, portanto, um marco político claro e que corresponde ao posicionamento frente ao jacobinismo. Enquanto os historiadores liberais consideram a revolução encerrada ou distorcida com os jacobinos, os marxistas e socialistas em geral valorizam o período jacobino como o mais importante para o aprofundamento do processo revolucionário. Há ainda uma visão mais conservadora que, inspirada numa leitura precária da obra do clássico do pensamento liberal oitocentista Alexis de Tocqueville, defende a tese da inutilidade da revolução. De modo sucinto, tal tese alegaria que todos os processos históricos mais importantes da modernização francesa já estavam em curso antes da revolução de 1789 e que continuariam a ocorrer sem ela, com menos custos sociais, econômicos e políticos.

Esta última visão, chamada por Hobsbawm de revisionista, foi muito divulgada quando da comemoração do bicentenário da Revolução Francesa em 1989. No mesmo ano caía o Muro de Berlim, evento que foi lido pelos arautos do capitalismo como a morte definitiva do socialismo e no plano das teorias, do marxismo. Não é por acaso que o tom das comemorações oficiais do bicentenário foi conservador. Era o momento do triunfo neoliberal. Autores como François Furet publicam textos nos quais debatem a Revolução Francesa mirando o presente histórico e, com isso, buscando demonstrar a inatualidade da revolução e sua relativa desimportância para a história. Resumindo, para esses autores, a Revolução

Francesa não tinha mais nada a dizer ao presente, já que o seu principal desdobramento no século XX, a Revolução Russa, havia perecido.

Como não poderia deixar de ser, Hobsbawm debateu com os revisionistas e afirmou, em 1989, a importância da revolução em sua época e para o seu presente histórico:

> Felizmente, a Revolução Francesa ainda está viva. Pois Liberdade, Igualdade e Fraternidade e os valores da razão e do Iluminismo – os valores que construíram a civilização moderna desde os tempos da Revolução Americana – são mais necessários do que nunca, na medida em que o irracionalismo, a religião fundamentalista, o obscurantismo e a barbárie estão, mais uma vez, avançando sobre nós. É, portanto, uma boa coisa que, no ano de seu bicentenário, tenhamos a ocasião de pensar novamente sobre os acontecimentos históricos extraordinários que há dois séculos transformaram o mundo. Para melhor[35].

A revolução é vista como marco histórico que altera a percepção do tempo e o sentido da própria história. Trata-se de um evento totalizante. Por isso, o autor afirma que a Revolução Francesa não é apenas política, assim como a Revolução Industrial não é somente econômica. Elas não trazem apenas novas maneiras de se pensar e fazer política e novos modos de produzir riquezas. A dupla revolução instaura uma nova sociedade, novas formas de interação social, novos valores, novas culturas. Ainda que nosso autor aponte que a revolução vitoriosa de fato, em suas últimas consequências, foi a Revolução Industrial, já que as transformações mais radicais ensejadas pela Revolução Francesa, que apontavam para a superação da desigualdade social, foram interrompidas e permanecem ainda hoje como promessas históricas.

Nas eras seguintes, a do capital e a dos impérios, a expansão do capitalismo, mais do que questões políticas e culturais, estava no centro das análises de Hobsbawm. Para ele, são períodos de triunfo do capital e de seu domínio global. É somente no século XX que tal domínio será ameaçado. Em *Era dos extremos*[36], o historiador fala da Revolução Bolchevique como marco político que definirá o século e a crise de 1929 como marco econômico que porá fim ao liberalismo econômico por muitas décadas. O fim do século XX é também, para ele, o fim do espectro político do comunismo, que pairava sobre o capitalismo e, de certa forma, controlava-o, conferindo protagonismo à classe trabalhadora em algumas conquistas decisivas, como o Estado de Bem-estar Social. Com a derrocada da URSS em 1991, tal protagonismo é sufocado e o que se segue são tempos de retiradas de direitos e de pouca esperança para os trabalhadores. É também o retorno do liberalismo econômico triunfante sob a forma de neoliberalismo. São esses processos que dão sentido a cada uma das eras.

E após 1991? Teríamos uma nova era em formação ou seria o fim das Eras, ou seja, o fim da possibilidade de se identificar processos com sentido histórico definido? Em entrevista concedida em 1999 a Antonio Polito, Hobsbawm afirmou que, caso tivesse de reescrever *Era dos extremos*, teria sido "mais cauteloso ao prever uma rápida expansão global da economia capitalista no futuro próximo". Ele se pergunta mesmo se, naquele momento, já teríamos saído do "breve" século XX[37]. O que transparece é que *Era dos extremos* foi escrita num momento de grande pessimismo de nosso autor. Ainda assim, ele reafirmou que: "Em termos de políticas internacionais e de ideologias, é bastante claro que o desaparecimento dos regimes comunistas no Leste Europeu constituiu um efetivo corte histórico, e que atualmente o mundo sofre os efeitos desses acontecimentos"[38].

Daí ser possível afirmar que uma nova era se anunciava, ainda que não fosse possível para ele, naquele momento, arriscar uma análise sobre seu sentido histórico, dada a proximidade dos acontecimentos em relação ao presente do historiador.

Nessa mesma entrevista, Hobsbawm fez uma afirmação que resumia o seu pensamento sobre a temporalidade histórica, os processos que a definem e que nos ajuda a entender a opção pela percepção desses como eras:

> [...] a história que mais me interessa é a analítica, ou seja, aquela que procura analisar o que ocorreu em vez de simplesmente descobrir o que aconteceu. Isto não significa que possa ser usada para se compreender exatamente de que modo o mundo desenvolveu-se de certa maneira, mas ela pode nos dizer de que modo os vários elementos reunidos no interior de uma sociedade contribuem para a criação de um dinamismo histórico, ou, inversamente, não conseguem provocar tal dinamismo[39].

4 Considerações finais

A principal contribuição de Eric Hobsbawm para a historiografia, a meu ver, é fornecer uma chave para a interpretação do mundo contemporâneo. Mais do que uma coletânea de fatos, a contemporaneidade é percebida pelo nosso autor como um conjunto de processos históricos com um sentido. E esse sentido tem a ver com a história do capitalismo que não pode ser compreendida sem a luta para superá-lo historicamente, promovida por aqueles que são ao mesmo tempo suas vítimas e artífices: a classe trabalhadora.

Tal posicionamento é frontalmente oposto ao objetivismo cientificista que pretende instituir um olhar neutro como parâmetro da veracidade do observador. E essa oposição é sinônimo de uma prática historiográfica assumidamente engajada. Para Hobsbawm, o principal argumento a favor do engajamento do historiador é o de que ele faz a ciência avançar, estimulando novos debates e questões[40]. Engajamento gera diálogo e conflito, impulsionando a busca por respostas e, portanto, por metodologias, conceitos e novas questões.

É preciso que se diga ainda que, frequentemente, somente os historiadores que optam pelo marxismo e que são ativistas de esquerda são questionados e, por vezes deslegitimados, quanto à sua opção política. É como se tudo o que produzissem estivesse sob a suspeição de ser ideologia e não ciência ou conhecimento. Entretanto, Hobsbawm chama a atenção para a importância para a historiografia da explicitação dos ideais políticos que permeiam a produção do historiador, algo muito mais frequente entre historiadores assumidamente engajados do que entre aqueles que se imaginam distantes da política, imparciais, que, sem ter consciência disso, produzem ideologias e cujas ideias também têm consequências políticas.

No entanto, tal engajamento tem limites conferidos pelas especificidades do conhecimento científico, seu comprometimento com a busca de verdades que podem ou não atender a demandas das lutas políticas. Desse modo, ainda que nebulosa, as fronteiras entre atividade científica e proposição política devem ser explicitadas:

> Se os estudiosos e cientistas acreditam que seu compromisso político exige que submetam sua ciência a seu compromisso, e já que isto é perfeitamente legítimo em certas circunstâncias, deveriam admiti-lo, pelo menos para si mesmos. É muito menos perigoso para a ciência, e para uma análise política cientificamente fundamentada, saber que se está praticando *suppressio veri* ou mesmo *suggestio falsi*, que convencer a si mesmo que as mentiras são, em certo sentido complexo, verdade. Similarmente, se acreditam que seu compromisso político exige que renunciem de uma vez a sua atividade de estudiosos, o que também pode ser legítimo ou mesmo necessário em certas condições, também deveriam reconhecer o que estão fazendo. O historiador que se torna editor de um órgão de partido não escreve seus editoriais como historiador, mas como editorialista político, embora sua formação e interesses na história possam ali transparecer. Essa necessidade não o impede de continuar a praticar a história em outros momentos[41].

Tal perspectiva também se contrapõe à visão que genericamente podemos chamar de pós-moderna. Esta visão entende a história como algo fragmentado e considera que não há sentido histórico ou que a atribuição de sentido é aleatória. De modo misterioso, por vezes a visão pós-moderna se assemelha com a dos arautos do capitalismo, que traduzem na ideia do fim da história o seu triunfalismo neoliberal. Sem passado e nem futuro, o que resta é um presente reificado e, aparentemente, imutável. O engajamento, portanto, não teria razão de ser.

Nada mais distante do pensamento de Eric Hobsbawm do que essa ideia da história como imutável. Apesar de todo o pessimismo com que vê o mundo atual, resultado da derrota dos projetos políticos aos quais dedicou a sua vida, Eric Hobsbawm esteve longe de compreender a era em que vivemos como sendo feita de desesperança. Seu engajamento, mais do que posicionamento intelectual ou político, foi também existencial. Uma das lições que ele diz ter aprendido do marxismo é a de que o presente nunca é o destino final, pois a mudança está sempre no horizonte[42]. Como nosso historiador afirmou em entrevista concedida à *Folha de S. Paulo* em 25 de setembro de 2009, do alto dos seus 92 anos de idade: "Me recuso a perder a esperança".

Notas

[1] Dedico este trabalho aos meus alunos e alunas da graduação em História da Universidade Federal Fluminense que cursaram, no segundo semestre de 2011, uma disciplina ministrada por mim sobre o

pensamento político de Eric Hobsbawm. Obrigada pelos debates enriquecedores e por diversas vezes me mostrarem as ideias de Hobsbawm por ângulos que eu não conhecia.

[2] HOBSBAWM, E. *Tempos interessantes* – Uma vida no século XX. São Paulo: Cia. das Letras, 2002.

[3] Ibid., 2002, p. 148.

[4] CEVASCO, M.E. *Dez lições sobre estudos culturais*. São Paulo: Boitempo, 2003, p. 81.

[5] Ibid., p. 82.

[6] HOBSBAWM, E. "A recepção das ideias de Gramsci". *Como mudar o mundo* – Marx e o marxismo. São Paulo: Cia. das Letras, 2011, p. 307.

[7] Ibid., p. 308.

[8] Ibid., p. 310.

[9] HOBSBAWM, E. *História social do jazz*. Rio de Janeiro: Paz e Terra, 1990, p. 272-273.

[10] Ibid., p. 13.

[11] Ibid., p. 21.

[12] HOBSBAWM, E. *Tempos interessantes* – Uma vida no século XX. São Paulo: Cia. das Letras, 2002, p. 280.

[13] Ibid., p. 290-291.

[14] Ibid., p. 303.

[15] Ibid., capítulo "Um observador na política".

[16] HOBSBAWM, E. *Estratégias para uma esquerda racional* – Escritos políticos, 1977-1988, p. 12.

[17] HOBSBAWM, E. *Tempos interessantes* – Uma vida no século XX. Op. cit., p. 306.

[18] HOBSBAWM, E. *Era dos extremos* – O breve século XX: 1914-1991. São Paulo: Cia. das Letras, 1995, capítulo 16: "Fim do socialismo".

[19] HOBSBAWM, E. *O novo século* – Entrevista a Antonio Polito. São Paulo: Cia. das Letras, 2000.

[20] HOBSBAWM, E. *Tempos interessantes* – Uma vida no século XX. Op. cit., p. 455.

[21] HOBSBAWM, E. "Da história social à história da sociedade". *Sobre história*. São Paulo: Cia. das Letras, 1998, p. 87-88.

[22] HOBSBAWM, E. *Nações e nacionalismo desde 1780*. Rio de Janeiro: Paz e Terra, 1990.

[23] HOBSBAWM, E. & RANGER, T. *A invenção das tradições*. Rio de Janeiro: Paz e Terra, 1997.

[24] HOBSBAWM, E. "O que a história tem a dizer-nos sobre a sociedade contemporânea?" *Sobre história*. Op. cit., p. 38.

[25] Quem construiu Tebas, a das sete portas? / Nos livros vem o nome dos reis, / Mas foram os reis que transportaram as pedras? / Babilônia, tantas vezes destruída, / Quem outras tantas a reconstruiu? Em que casas / Da Lima Dourada moravam seus obreiros? / No dia em que ficou pronta a Muralha da China para onde / Foram os seus pedreiros? A grande Roma / Está cheia de arcos de triunfo. Quem os ergueu? Sobre quem / Triunfaram os Césares? A tão cantada Bizâncio / Só tinha palácios / Para os seus habitantes? Até a legendária Atlântida / Na noite em que o mar a engoliu / Viu afogados gritar por seus escravos. // O jovem Alexandre conquistou as Índias / Sozinho? / César venceu os gauleses. / Nem sequer tinha um cozinheiro ao seu serviço? / Quando a sua armada se afundou, Filipe de Espanha? Chorou. E ninguém mais? / Frederico II ganhou a Guerra dos Sete Anos / Quem mais a ganhou? // Em cada página uma vitória. / Quem cozinhava os festins? / Em cada década um grande homem. / Quem pagava as despesas? // Tantas histórias / Quantas perguntas

[26] HOBSBAWM, E. "A história de baixo para cima". *Sobre história*. Op. cit., p. 218-219.

[27] HOBSBAWM, E. *Bandidos*. São Paulo: Paz e Terra, 2010, p. 9-13.

[28] Ibid., p. 65.

[29] Ibid., p. 47.

[30] Ibid., p. 212.

[31] THOMPSON, E.P. *Costumes em comum* – Estudos sobre a cultura popular tradicional. São Paulo: Cia. das Letras, 1998.

[32] HOBSBAWM, E. "O fazer-se da classe operária, 1870-1914". *Mundos do trabalho*. Rio de Janeiro: Paz e Terra, 1987, p. 275.

[33] Dada as características e limites deste capítulo, não desenvolverei uma análise mais detalhada desse importante debate para a história do trabalho. Fiquei restrita à apresentação das ideias de Hobsbawm sobre o assunto, sem recorrer à obra de Thompson para estabelecer o confronto de ideias.

[34] HOBSBAWM, E. *Tempos interessantes* – Uma vida no século XX. São Paulo: Cia. das Letras, 2002, p. 209.

[35] HOBSBAWM, E. *Ecos da Marselhesa*. São Paulo: Cia. das Letras, 1996, p. 127.

[36] A caracterização do século XX como "breve" suscitou a crítica do economista Giovanni Arrighi que, em resposta, escreveu o livro *O longo século XX*, publicado em 1994, mesmo ano da primeira edição de *Era dos extremos*. Arrighi argumenta que a compreensão da crise econômica da década de 1970 só pode ser compreendida na longa duração, remontando a ciclos econômicos desde o século XV. A meu ver, apesar da polêmica do título, se trata de um trabalho com propósitos e natureza totalmente diferentes aos de Hobsbawm em seu livro.

[37] HOBSBAWM, E. *O novo século* – Entrevista a Antonio Polito. Op. cit., p. 11.

[38] Ibid.

[39] Ibid., p. 13.

[40] HOBSBAWM, E. "Engajamento". *Sobre história*. Op. cit., 1998, p. 152.

[41] Ibid., p. 145.

[42] HOBSBAWM, E. *O novo século* – Entrevista a Antonio Polito. Op. cit., p. 13.

Referências

CEVASCO, M.E. *Dez lições sobre estudos culturais*. São Paulo: Boitempo, 2003.

HOBSBAWM, E. *Como mudar o mundo* – Marx e o marxismo, 1840-2011. São Paulo: Cia. das Letras, 2011.

_____. *Bandidos*. São Paulo: Paz e Terra, 2010.

_____. *Globalização, democracia e terrorismo*. São Paulo: Cia. das Letras, 2007.

_____. *Tempos interessantes* – Uma vida no século XX. São Paulo: Cia. das Letras, 2002.

_____. *O novo século* – Entrevista a Antonio Polito. São Paulo: Cia. das Letras, 2000.

_____. *Pessoas extraordinárias* – Resistência, rebelião e *jazz*. São Paulo: Paz e Terra, 1999.

_____. *Sobre história*. São Paulo: Cia. das Letras, 1998.

_____. *Ecos da Marselhesa* – Dois séculos reveem a Revolução Francesa. São Paulo: Cia. das Letras, 1996.

_____. *Era dos extremos* – O breve século XX: 1914-1991. São Paulo: Cia. das Letras, 1995.

_____. *Estratégias para uma esquerda racional*. São Paulo: Paz e Terra, 1991.

_____. *História social do* jazz. São Paulo: Paz e Terra, 1990.

_____. *Nações e nacionalismo desde 1780*. Rio de Janeiro: Paz e Terra, 1990.

_____. *A era dos impérios*: 1875-1914. Rio de Janeiro: Paz e Terra, 1988.

_____. *Mundos do trabalho* – Novos estudos sobre história operária. São Paulo: Paz e Terra, 1987.

_____. *A era do capital*: 1848-1875. Rio de Janeiro: Paz e Terra, 1982.

_____. *A era das revoluções*: 1789-1848. Rio de Janeiro: Paz e Terra, 1977.

HOBSBAWM, E. & RANGER, T. (orgs.). *A invenção das tradições*. São Paulo: Paz e Terra, 1997.

THOMPSON, E.P. *Costumes em comum* – Estudos sobre a cultura popular tradicional. São Paulo: Cia. das Letras, 1998.

_____. *A formação da classe operária inglesa*. 3 vols. Rio de Janeiro: Paz e Terra, 1987.

4
Georges Duby (1919-1996)

*Celso Thompson**

> *Pode ser até que Georges Duby tenha ido longe demais ao afirmar que, até Jean de Chelles, a Europa exibira os aspectos externos da Cristandade que só incluía as elites pouco numerosas. Depois [...] surgiu o cristianismo, a religião do povo* (SENNET, 2008: 139).

1 O historiador e seu tempo

A referência de Duby a Jean de Chelles (1200-1265), citada por Richard Sennet, mostra o quanto Duby era capaz de perceber na atuação de um indivíduo elementos passíveis de sintetizar o sentimento de uma época, em que o construtor da Catedral de Notre Dame concluía um esforço de praticamente um século para uma afirmação da fé dos cristãos das várias classes. A ótica de Duby faz com que a erudição se associe à sensibilidade, permitindo abordar questões como o sentido da religiosidade ou o papel das mulheres na história, vistos como campo permanente de estudos e debates para além dos modismos intelectuais.

Escrever sobre Georges Duby, além do reconhecimento da importância do conjunto de seus trabalhos, obra de um dos maiores medievalistas franceses, obriga a levar em conta as profundas transformações verificadas no estudo da história no século XX. Nascido em 1919, Duby teve sua formação intelectual fortemente influenciada pelos anos entreguerras, em que o papel da civilização de matriz europeia sofria questionamentos e os historiadores tendiam a se mostrar insatisfeitos quanto às limitações da abordagem tradicional da história, mesmo reconhecendo-lhe o rigor documental e a seriedade de métodos.

---

* Doutorando no PPGH da Universidade do Estado do Rio de Janeiro. Professor do Colégio Pedro II, da Universidade do Estado do Rio de Janeiro e da Universidade Gama Filho.

Duby terá seu nome, mais tarde, vinculado à Escola dos *Annales*[1], na condição de prolífico integrante da terceira geração da escola, sendo, com frequência, associado à história das mentalidades, rótulo por si muito abrangente para definir a natureza das preocupações do historiador. Jacques Le Goff, outro dos grandes nomes da historiografia do medievo, a propósito do estudo das mentalidades afirmou ser um conceito amplo, relativamente novo e no cerne de muitas discussões acadêmicas nos anos de 1970, apresentando problemas para sua operacionalização. O campo das mentalidades abriria novos horizontes ao pesquisador de história, aumentando o contato com outras áreas das humanidades. A hagiografia[2] tradicional, por exemplo, buscava o conhecimento do santo e os modernos especialistas se concentram na santidade, promovendo alteração radical na visão da história recorrendo à antropologia religiosa. A Revista dos *Annales* tinha a intenção de problematizar a demografia, a economia num empreendimento que desconsiderava o estudo de fatos e personagens isolados. Tratava-se de uma crítica dirigida ao predomínio das análises históricas voltadas aos eventos de natureza política no sentido da abordagem tradicional, envolvendo a evolução das dinastias e os feitos essencialmente militares a elas atribuídos com o fito de ter na construção das nações o fio condutor da história.

A produção histórica de Duby combinava com uma construção literária elegante cujo reconhecimento pela sociedade materializou-se na sua eleição para a academia francesa, honraria que no passado distinguiu poucos historiadores como Michelet (1798-1874) e Fernand Braudel (1902-1985), conciliando estilo e precisão documental. Considerando os limites desse ensaio, optamos por comentar alguns dos aspectos da obra de Georges Duby, mostrando que mais do que a originalidade dos temas ganha relevo a forma, a um só tempo fruto de discussão erudita e acessível a quem se disponha a desenvolver visão ampla das sociedades em foco.

2 Percursos

Comecemos pelo *Tempo das catedrais*.
> Às proximidades do ano 1200, a Igreja romana é uma fortaleza cercada. De todas as forças hostis que a rodeiam que já assaltaram seus bastiões e que minam as suas últimas defesas, as mais ardentes e as mais visíveis vêm da heresia. [...] Instaladas sobre um ideal monástico de retiro, construídas noutro tempo para uma sociedade estagnada de camponeses e guerreiros, as estruturas da Igreja, com toda a evidência, não se adaptam já ao mundo presente e aos movimentos que a arrastavam. Era urgente rejuvenescê-la e reconquistar a unidade. A Igreja endureceu, tomou decididamente forma monárquica, totalitária, em redor da cadeira de São Pedro e de um papa, Inocêncio III[3].

A necessidade de mostrar força além do plano espiritual foi condensada pelo título de idade da razão atribuído ao período de 1190 a 1250, no qual a Igreja e os imperadores alemães disputariam a primazia no Sacro Império Romano-Germânico[4], pretextando liderar o mundo cristão. Duby situa a Igreja e a civilização medieval num período de grandes transformações, a exemplo do surto demográfico, argumentando que o aperfeiçoamento das técnicas agrárias aumentou a oferta de alimentos e o alargamento das superfícies cultivadas removeu os obstáculos ao crescimento da população, o que, logicamente, não se verifica de maneira uniforme no conjunto da Europa Ocidental, lembrando que o território da Inglaterra, com registros precisos contidos no Domesday Book[5], representa exceção e não a regra geral. Uma das características marcantes da escrita de Duby é a capacidade de identificar um conjunto de atitudes situando os homens de acordo com a mentalidade de seu tempo. Diga-se, a bem da verdade, que as fronteiras entre as diversas escolas não são tão rígidas e, a partir da década de 1980, algumas temáticas das mentalidades começaram a ser objeto da história cultural[6]. A moderna historiografia tem na fragmentação uma das suas características mais evidenciáveis, ainda que não devamos considerar as diferentes escolas como uma camisa de força.

O uso do imaginário[7] contribui para as conexões de imagens, símbolos trabalhando em prol da compreensão da vida social e seus reflexos nos campos da economia, política, religião etc. A história consiste muito mais no significado do que no real, de difícil identificação. Jacques Le Goff recorre a Duby para quem "a história é acima de tudo uma arte, uma arte essencialmente literária". E a busca de um *status* científico para a história não pode ignorar alguns juízos de historiadores levantando questões polêmicas.

> Nossa história se preocupa e posso acrescentar, corretamente, a meu ver – não com o que foi importante, mas com o que achamos que foi importante[8].

A trajetória acadêmica de Georges Duby começa em fins da década de 1940. Seu primeiro trabalho de vulto é a tese sobre o Mâconnais[9], de 1953, região de viticultura, área fronteiriça entre o Reino da França e os domínios do Sacro Império Romano-Germânico. Sob vários aspectos Duby fora influenciado pela obra de Marc Bloch (1886-1944) *Les caractéres originaux de L' Histoire Rurale Française*, sua tese de doutoramento.

> A respeito da comunidade de Tecelões do século XII, a Reforma apresentada, em termos gerais, como evento de história econômica, desconsiderando suas ramificações, temos de explicá-las, visto que uma de suas características fundamentais não foi fazer coexistir o religioso com o econômico, mas entrelaçá-los[10].

Duby trabalhou pela renovação dos estudos medievais quer em termos metodológicos quer pela ampliação do âmbito do objeto de estudo. Recorreu a métodos de outras ciências humanas, como a antropologia social, e valorizou fontes de origem variada como documentos escritos e iconográficos, ampliando o campo do historiador. Um exemplo interessante nos é fornecido pela fotografia do busto do Imperador Frederico II Hohenstaufen[11] (1194-1250), à semelhança de um César, demonstrando cabalmente a força do imaginário político ao longo de séculos, emprestando uma aura de respeitabilidade ao poder, vinculando-o a uma tradição política muito forte no Ocidente. A ideia imperial continuava a exercer poder de sedução, como podemos depreender das palavras do historiador Hans Kohn: "Quando o Império Romano foi destruído pelas invasões bárbaras, a concepção deste Império como parte necessária da ordem mundial não desapareceu". A despeito das diferenças culturais o legado romano, ainda que assinalado por forte influência grega, continuou no Oriente, convivendo com a formação social e política do Ocidente, que em vastas áreas caracterizou-se pelo sistema feudal.

Não podemos esquecer que o monacato no Ocidente ganhou corpo na condição de reação contra o desregramento moral. São irmandades que vivem dentro de normas estabelecidas por uma regra, onde o esforço laboral se une à devoção e oração, integrando esse grupo na vida econômica da Europa Medieval. A organização do Estado, como existe hoje, demonstra a capacidade do Ocidente de responder ao desafio de organizar um mundo privado da unidade política e cultural romana. "O estado moderno, tal como o conhecemos atualmente, tem sempre por base o modelo surgido na Europa, no período que vai de 1100 a 1600"[12].

A ideia de valorizar as permanências, tanto quanto se enfatizaram as mudanças, mostra o quanto a concepção da longa duração influenciou estas gerações de estudiosos ligados ao movimento dos *Annales*. Duby num trabalho pioneiro sobre economia rural e vida no campo no Ocidente medieval mostra a necessidade de superação dos limites dos quadros nacionais para avançar a produção do conhecimento, por considerar que a história comparada ampliava muito a perspectiva de entendimento das questões medievas. Sua "dívida" com Marc Bloch é assumida mais uma vez pelo caráter pioneiro de seu estudo sobre a história rural francesa. Seu engajamento nas posições da Revista dos *Annales* faz com que ultrapasse o domínio do texto como alimentador da investigação histórica e aceite o contributo de diversas ciências afins, reconhecendo que alguns campos tiveram maior êxito que outros na busca pelo conhecimento. Assim, reconhece a contribuição dos geógrafos ao conhecimento da vida rural no tempo de Carlos Magno ou de São Luís, sem deixar de registrar com satisfação a maior oferta de documentação para o século XIII.

Duby trabalha o conjunto do que é descrito com frequência como Europa Ocidental sem, no entanto, ceder ao facilitário da generalização, reconhecendo por vezes as limitações dos dados à disposição para períodos recuados, o que o faz trabalhar com a hipótese plausível de uma distribuição muito irregular da população, coexistindo áreas superficialmente exploradas com vastos espaços e regiões com adensamento demográfico elevado e uma população beirando a penúria face ao crescimento biológico sem os recursos necessários ao abastecimento. A tarefa de reconstruir a trajetória das migrações foi levada adiante por traços identificadores dos deslocamentos, como aldeões residindo fora das aldeias dos seus antepassados. Ameaças sazonais como as grandes fomes, não de todo debeladas, são afastadas mediante, sobretudo, a incorporação de novas áreas agrícolas que passaram a suprir as áreas mais tradicionais da Germânia, em boa parte ocupadas desde a época romana. Ainda assim as altas taxas de mortalidade, e as vicissitudes sofridas pelos medievos, agravadas pelo grande conflito da Guerra dos Cem Anos, demonstram a precariedade envolvendo a sobrevivência dos menos favorecidos. Nem tudo é privação nesse contexto. Duby analisa a evolução dos hábitos de consumo no meio rural e no que denomina "arqueologia" da vida material detecta o aumento da demanda por vinhos de qualidade superior e da boa lã. A prática tornou-se tão comum que príncipes do século XIII lançaram mão de ordenação insólita visando restringir o consumo de pano de qualidade com o fito de impedir o excessivo endividamento dos vassalos.

A descrição de Duby consegue, a um só tempo, nos fornecer uma ideia expressiva da cidade medieval na Europa Ocidental, assim como situar Córdoba, sob o domínio muçulmano, e Constantinopla, onde triunfa um cristianismo afastado de Roma, como os grandes centros intelectuais e de circulação de riqueza da bacia do Mediterrâneo.

> Pouquíssimos homens – solidões que para o Ocidente, para o Norte, para o Leste se estendem, se tornam imensas e acabam por cobrir tudo – maninhos, brejos, rios vagabundos, e as charnecas, as matas de corte, os pastos e todas as formas degradadas da floresta que os fogos das brenhas e as semeaduras furtivas dos queimadores de bosques deixam atrás de si de longe em longe, uma cidade, mas que é apenas, penetrado pela natureza rural, o esqueleto embranquecido duma cidade romana, bairros de ruínas que as charruas contornam, uma cerca nem bem nem mal reparada, edifícios de pedra que datam do império, convertidos em igrejas ou cidadelas; perto deles algumas dezenas de cabanas onde vivem vinhateiros, tecelões, ferreiros, os artesãos domésticos que fabricam, para a guarnição e para o senhor bispo, adornos e armas; duas ou três famílias de judeus enfim que emprestam algum dinheiro sobre penhores-pistas, as longas filas das corveias de transporte, flotilhas de barcas em todos os cursos de água: tal é o Ocidente do ano mil. Rústico, aparece, diante de Bizâncio, diante de Córdova, pobríssimo e desamparado. Um mundo selvagem. Um mundo cercado pela fome[13].

Nesse mundo a própria noção de pertencimento, de identificação com uma determinada região não contribui para disseminar o sentido de segurança. Sair de casa, tomar o rumo da estrada já configura uma aventura associada a graves riscos, o que não impediu a continuação de atividades mercantis. A Europa no século XI se apresentava vulnerável e é forçoso lembrar que a tendência de destacar o contencioso medieval entre cristãos e muçulmanos permite, por vezes, que a convivência cotidiana entre eles, quer se trate de príncipes muçulmanos sujeitos a Aragão ou comunidades cristãs sob autoridade islâmica, seja relegada a um plano de menor importância, sem, contudo, obstar as atividades mercantis. No ano mil registramos o surgimento das chamadas seitas quiliásticas[14] envolvidas pela certeza da volta de Cristo no milenário de seu nascimento, a Parusia[15]. Ainda que a esperada vinda de Cristo não tenha se materializado, isso não impediu que as reivindicações sociais, num mundo muito marcado pelas diferenças de nascimento e fortuna, se apresentassem revestidas de forte componente religioso.

As transformações verificadas, mesmo em áreas remotas ou de cristianização mais recente, não passam despercebidas ao historiador. Das províncias alemãs a Saxônia era a mais selvagem, mas o cristianismo, mais jovem, mostrava-se aí mais vigoroso. Os saqueadores que corriam a Europa contornavam-na: era muito pobre. A Saxônia foi uma das regiões da Europa que mais se transformou, sendo decisiva para isso a ascensão dos seus monarcas ao título imperial, pelo qual puderam exercer o mecenato em relação a artistas e escritores não apenas germânicos, mas de seus vizinhos da Europa Oriental, com destaque para a Hungria[16].

> O homem do século XI vê o seu rei como um cavaleiro que, de espada na mão, assegura ao povo a justiça e a paz. Mas vê-o também como um sábio e quer que ele saiba ler nos livros. Desde que no Ocidente se passou a considerar a monarquia como uma *renovatio*, como um renascimento do poder imperial, não mais foi permitido aos soberanos serem iletrados, como o haviam sido os seus antepassados bárbaros[17].

Com adaptações foi ressuscitada a imagem do bom imperador que, sem descurar do mister das armas, busca o conhecimento nos livros, fonte tradicional do saber. A imagem de Carlos Magno, patrono de cultura, inspirava os soberanos do século XI. A sagração efetuou a união entre a monarquia e a cultura escrita. A dimensão mítica de um Carlos Magno tornou-se emblemática no Ocidente, tornando-se seu nome sinônimo de realeza e suas façanhas, reais ou lendárias, são a matéria-prima nutriz das canções de gesta do século XII concebidas como se Carlos Magno, morto em 814, tivesse recentemente desaparecido. A aparência de um rei deve refletir a singularidade de sua relação com o divino. Trata-se do contato dos súditos com a face exterior de algo muito profundo. O rei tem proeminência na aliança de seu povo com Deus.

Aos olhos de Deus, na leitura dos prelados do século IX, os homens formam um só povo, ainda que os distingam o sexo, o nascimento ou a função na sociedade. No entanto, como o arcebispo de Lyon, Agobardo, escreve no tempo do Imperador Luís o Piedoso, "todos querem um só reino"[18]. Um elemento-chave apontado pelo historiador consiste na obsessão medieval pela unidade que, como exemplificamos acima, se impõe às divisões sociais. À época das incursões dos normandos, sarracenos e magiares se constatou que a segurança das diferentes áreas do reino ameaçadas dependia muito mais da reação localizada dos senhores feudais do que da mobilização das forças reais, lentas em seu deslocamento. A segurança já não tinha que ver com o rei, mas com os senhores. A autoridade real ganhou ar de mito. Duby registra ainda sobre a rudeza do tratamento dispensado às mulheres no período: "Todos rapazes. A alta cultura do século XI ignora a mulher. A sua arte não lhe dá um lugar, ou quase"[19].

Duby aponta o elemento de convergência entre o espírito guerreiro e a religiosidade do mundo medieval: "Que é a cruzada senão o resultado final das longas pressões do espírito feudal sobre o cristianismo?"[20] O confronto entre cristãos e pagãos e gentios, a que se reduzia a visão do outro pelos cristãos, era agravado pela condição de Jerusalém, mantida em poder do inimigo, caracterizando o alocentrismo, isto é, o centro de gravidade da Cristandade se localizava fora do seu controle, estimulando a libertação da cidade como objetivo da vida de numerosos cavaleiros.

A Igreja, lutando contra reis e imperadores, buscava afirmar seu lugar no contexto da Cristandade[21]. Consideramos que a realeza, tal como a concebemos hoje, tem forte vínculo com o período medieval. Muito embora a realeza exista desde passado remoto é no medievo que encontramos as bases das monarquias de nosso tempo, identificadas com as práticas parlamentares, constituindo as monarquias absolutas exceção. A tendência a ver no começo da Idade Média a permanência dos valores herdados do mundo romano não permite ignorar que a língua latina foi abandonada ou teve seu uso reduzido aos clérigos, muitos dos quais se expressavam num latim macarrônico. No Oriente a cultura grega afirmava sua proeminência no Império Bizantino.

As exigências de caráter e qualidades tidas como imprescindíveis ao soberano medieval eram quase inatingíveis para um homem, colaborando para que as lendas sobrepujassem as condições reais. Além do que o modelo bíblico da realeza pautava a conduta dos governantes, ao menos em tese. O imperador assumiu a representação de um Saul ou de um Davi. Em sua pessoa convergiam o céu e a terra, buscando na figura do monarca, o ungido do senhor, a estabilidade e a harmonia necessárias aos desígnios de Deus. Duby mostra que na Germânia se mantiveram valores próprios de uma fronteira em marcha e, nesse sentido, o Sacro império se encontrava mais perto de Roma do que o de Carlos Magno.

O rei deveria ser guerreiro, podendo ser brutal, mas mantendo-se à frente de seu povo nos momentos de grande infortúnio, particularmente marcados pelas epidemias. A majestade se converte no símbolo da unidade do povo. Forçoso se torna lembrar que na sociedade medieval, construída numa hierarquia de ordens separadas, cada segmento tinha sua idealização do papel a ser desempenhado pelo monarca, o que contribuía para concepções diferenciadas da realeza, de convívio nem sempre harmonioso.

> A evolução que fazia transformar-se lentamente na França a ideia da realeza levava naturalmente, no meado do século XIII, a exprimir com mais vigor, por tais palavras e por tais gestos – como em muitos outros lugares –, notadamente na decoração das catedrais – o valor intemporal e supremo da dignidade monárquica[22].

3 Conceitos-chave

Guilherme Marechal, o indivíduo conduzindo a leitura da história

Por seu turno os progressos da realeza não se faziam apagando traços das relações feudovassálicas. Exemplo notável desse tipo foi Guilherme o Marechal, cujas oscilações de lealdade ao tempo dos Plantagenetas podem parecer estranhas no nosso contexto, mas eram perfeitamente coerentes com os laços de fidelidade recíproca explicitados pelo juramento.

A leitura de *Guilherme Marechal* permite entender como Duby conciliou o trato de questões históricas e o desenvolvimento de uma narrativa fluida e agradável. Desde as primeiras linhas somos confrontados com situações diretamente ligadas ao cotidiano medieval, como a falta de conhecimento de dados hoje rotineiros para grande parcela da população. Naquela época poucos foram capazes de precisar a própria idade e, mais significativo, o autor nos dá pista preciosa acerca da condição social do personagem central do livro. "O Marechal saiu de um meio muito inferior para adiante fuçar nos arquivos"[23], o que é coerente com um conceito amplo do que constitui um documento. Os costumes estão presentes na narrativa, na medida em que a vida naquele período exigia a integração num grupo, especialmente nos momentos solenes, dos quais a morte constitui exemplo dos melhores. O passamento de Guilherme mobiliza a sociedade inglesa, fazendo com que todos os indivíduos de alguma forma ligados ao Estado testemunhem sua despedida biológica e social da vida. A ascendência moral do Marechal era de tal ordem que, moribundo, recebe a visita do jovem Rei Henrique III, a quem aconselha, advertindo-o com severas punições caso não tenha a dignidade que se espera do monarca.

Duby transita do historiador ao antropólogo, reconhecendo as especificidades de cada área não por barreiras privativas, mas pela diferença de abordagem, sem maiores problemas. A análise das atitudes finais do Marechal revela uma série de procedimentos indicadores de uma época, como a necessidade, por um lado, do desprendimento dos bens materiais, objeto de cobiça nessa existência, e por outro a generosidade como marca registrada de um cavaleiro, garantindo que após o funeral será fornecido, às expensas da família, um banquete para 100 pobres que, além disto, receberão roupas perpetuando uma imagem de generosidade identificada pela palavra largueza.

A necessidade de fixar para a posteridade a imagem do Marechal não passou despercebida a Duby, principalmente pelas características físicas de Guilherme, moreno de cabelo e rosto, divergindo da imagem de santidade representada pela pele alva e cabelos louros. A manutenção familiar, ou, mais precisamente, de sua "casa", é igualmente objeto de minuciosos cuidados, particularmente no que respeita ao amparo de sua filha mais nova, que permanecia solteira, por ocasião da morte de Guilherme. Às mulheres não se levavam em consideração sequer as lágrimas num momento como esse. Permanece ilustrativo o registro de que a palavra amor designa a amizade fiel de dois homens em toda uma vida. As parcas demonstrações de afeto de Guilherme tem lugar na hora derradeira ao se despedir da esposa e das filhas.

A imersão do personagem-título no espírito da Cavalaria torna-se o fio condutor das palavras de Duby, deixando perceptíveis as vinculações que prevaleciam na vida de homens rudes. Homens diante dos quais o discurso hagiográfico exaltando as virtudes do cavaleiro parecia muito afastado da realidade de indivíduos que viviam o cristianismo pondo-se a serviço de Deus, sem que isso implicasse uma submissão completa aos clérigos nem tampouco uma vida absorvida pelo profano. Sua moral, portanto, não pode ser estritamente a da Igreja. A Cavalaria prevalece ainda que fique claro ao longo do texto que Guilherme se identifica com práticas já no ocaso, num tempo marcado por importantes transformações no conjunto da Cristandade europeia. A questão emblemática é a do dinheiro. Em fins do século XII verifica-se o aumento da circulação de moedas, implicando alterações nas estruturas de poder em detrimento da nobreza.

O historiador demonstra a importância de sua escolha do objeto quando procede a identificação das fontes num momento crucial em que a memória mantida pela oralidade convive com o registro escrito, ofertando ao leitor um panorama interessante em que a memória se preserva, no caso, por meio de 127 folhas de pergaminho onde se leem dezenove mil e novecentos e catorze versos. Não bastasse esse esforço para lançar luz sobre a trajetória do Marechal, o que se depreende daí é uma fonte que reúne todo um rol de preocupações com o destino da casa num contexto marcado pela primogenitura, num mundo viril, chegando ao ponto de todos os diálogos chegados até nós serem masculinos. As mulheres ocupam um espaço secundário na vida dos cavaleiros, o mais das vezes incitando-os a demonstrar valentia em sua defesa ou como companheiras nos momentos de ócio, para os quais o cavaleiro não tem uma expectativa de comportamento, já que tal condição foge a sua função primordial de combatente.

4 História da vida privada

Duby irá se destacar na área das mentalidades, caracterizada pela busca do que dá sentido à vida material das sociedades, examinando as ideias que as pessoas fazem de sua existência. Coordenou a *História da vida privada*, que em cinco volumes vai do Império Romano até o último quartel do século XX. A parceria com Ariés, medievalista estudioso da família no medievo e autor do livro *História da morte no Ocidente*, se manteve até à morte deste em 1984.

> O percurso na verdade foi singularmente arriscado. Em terreno inteiramente virgem. Não havia predecessores que tivessem selecionado ou pelo menos indicado o material de pesquisa. À primeira vista este parecia abundante, mas disperso[24].

O segundo volume apresenta trabalhos de sua autoria, definindo as esferas do privado e do público. O privado intimamente associado ao que é pessoal e confinado ao âmbito da propriedade particular, isto é, dizendo respeito ao que cabe ao indivíduo confundindo-se com o doméstico, ao passo que o público se liga ao comum, a *res publica* identificada com a comunidade. A função pública se vincula à cidadania, liga-se à magistratura e à necessidade de manter a ordem. Duby mostra para o leitor que o privado se afirma no círculo familiar, tornando-se elemento de distinção entre familiares e estranhos ao núcleo familiar, baseada na confiança mútua entre os membros. Noção de assunto privado começa a se estruturar. Significativos são os liames entre os grupos baseados na noção de amizade. Um dos poucos pontos incontroversos para grande número de historiadores consiste em identificar na feudalização uma forma de privatizar o poder num mundo impregnado de violência, no qual cabe à instituição medieva cristã por excelência, a Igreja, o delicado papel de domesticadora da violência, tendo em vista a impossibilidade de sua supressão e mesmo a necessidade da ação militar dos guerreiros, sobretudo os cavaleiros, como braço armado da Cristandade. Um dado curioso é levantado pelo próprio Duby. Ao comentar os avanços do processo de feudalização considera que a vida privada no apogeu do sistema feudal era cada vez mais sujeita às interveniências dos senhores que, atuando ao nível local, se imiscuíam cada vez mais na vida dos servos, refletindo um estado de coisas em que o poder era cada vez mais sensivelmente obra privada. Acontecimentos como o ano mil e toda uma série de emoções diretamente relacionadas com o evento e a criação de mitos, bem como a sua perpetuação, estão presentes na obra de Duby. Escreve com sólida documentação, refutando que a data tivesse para os escritores um significado catastrófico, ao menos para a grande maioria dos cronistas. As descrições dos terrores do ano mil tem início em fins do século XV, época marcada pelo novo humanismo propenso a associar o medievo às trevas e ao atraso material e das mentes. A construção dessa imagem foi facilitada pelo fato de a Europa sair de um período de profunda depressão e insegurança, gerados pelos ataques de magiares, normandos e sarracenos. A desolação era tremenda, o que se agravou pela tendência à pilhagem por parte dos incursores como assinalou Robert Lopez: "Os seus sofrimentos foram ainda mais cruéis pelo facto [sic] de esses inimigos não terem nem os meios nem a intenção de empreender efetivamente a conquista e de lhe dar, pelo menos, a paz da escravidão"[25].

Duby escreve sobre as fontes lembrando que por muitos anos as memórias eram quase exclusivamente da Igreja. Em relação aos escritos literários registram uma curiosa trajetória. Por décadas forneceram a matéria-prima da narrativa com sucessões de batalhas e intrigas políticas. Com a emergência das investigações voltadas para o econômico e, sobretudo, o social, os textos literários perderam a primazia como alimentadores do debate. No entanto, o direcionamento da investigação histórica num sentido mais amplo incorporou o exame de atitudes psicológicas melhor trabalhadas por meio de uma orientação em direção ao estudo das mentalidades. O historiador procura situar o leitor no contexto do II milênio esclarecendo os quatro gêneros de escritos históricos do período, recordando que os Anais, fonte tradicional de registro e datação dos eventos, perderam a força e foram progressivamente abandonados no século XI. Parte da herança romana e inclusive do esforço de organização dos carolíngios se perdeu e a Europa do século X tem uma feição pouco estimulante ligada à atividade econômica, predominantemente local, num momento em que a erudição está confinada, na prática, a um pequeno núcleo de letrados, em geral integrantes da Igreja Romana.

Duby considera que a renovação teórico-metodológica dos estudos históricos abriu caminho para as novas gerações de historiadores, mesmo admitindo que para vastas áreas europeias as fontes escritas sejam o material com maior disponibilidade para o entendimento do mundo medieval na virada para o segundo milênio cristão. Na Europa Continental, sobretudo na França e Itália, os textos à disposição dos pesquisadores são numerosos. Duby, porém, adverte seu leitor que nossos hábitos mentais podem não ser o parâmetro ideal para julgar os comportamentos europeus por ocasião do ano 1000.

Duby mostra que a contribuição da arte românica leva a exaltar os monges e suas abadias e não suas catedrais. Ademais, falamos de um universo que não expressa usualmente os valores dos populares e mesmo os fenômenos da vida cotidiana por buscar o insólito que quebra a rotina por vezes modorrenta. O registro dos fatos levou à glorificação dos príncipes cristãos, notadamente o rei da França e o imperador do Sacro Império, defensores da Cristandade.

A chamada trégua de Deus[26] permitiu viabilizar o convívio no campo cristão ao interditar os combates em respeito aos dias litúrgicos.

Um dos atrativos do *Domingo de Bouvines* é a acuidade de Duby ao captar o sentimento de patriotismo, por embrionário que seja, procedendo a uma etnografia das práticas militares e, simultaneamente, observando vinculações entre o profano e o sagrado. O início do trabalho conduz o leitor ao clima do dia. O 27 de julho de 1214 caiu num dia de domingo a ser guardado no mundo cristão, o que não podia ser ignorado pelas hostes invasoras. Consequentemente seu reflexo sobre os combatentes do rei da França seria avassalador. Combater no domingo contra um inimigo cristão soava imperdoável. A Batalha de Bouvines ultrapassa o âmbito da história militar e se junta àquelas constitutivas, ao longo de séculos, na identidade francesa como Poitiers, Azincourt ou o Marne.

> Georges Duby [1973] ressuscitou, recriou a Batalha de Bouvines (27 de julho de 1214), vitória decisiva do rei da França Filipe Augusto sobre o Imperador Otão IV e os seus aliados. Orquestrada pelos historiógrafos franceses e tornada lendária, a batalha, depois do século XIII, caiu no esquecimento; conheceu depois uma ressurreição no século XVII, porque exaltava a recordação da monarquia francesa, sob a Monarquia de Julho, porque os historiadores liberais e burgueses (Guizot, Augustin Thierry) veem nela uma aliança benéfica entre a realeza e o povo, e entre 1870 e 1914, como "uma primeira vitória dos franceses sobre os alemães"! Depois de 1945 Bouvines cai no desprezo da história-batalha[27].

A repercussão dos eventos não confina com o embate das armas. O Rei Filipe Augusto vê chegado seu momento de glória, a ser completado com a erradicação da heresia e a afirmação de sua liderança da Cristandade católica e romana, como proclamam os professores das escolas parisienses, sob sua proteção, que "a Providencia quis transportar, primeiro da Grécia para Roma, depois de Roma para Paris, o centro do saber"[28]. Em torno da figura do rei se articula a nação, incluindo os principados regionais traduzindo o apoio das comunidades étnicas dos inícios do medievo. O historiador, ainda que ressalve a limitação do interesse da historiografia positivista ao campo político, no sentido mais restrito do termo, reconhece que os detalhes, as minúcias referentes à batalha já foram esquadrinhados por numerosos pesquisadores, objetivando reconstituir o episódio, eliminando o mais completamente possível as contradições verificadas, no testemunho, voluntário ou não, dos participantes e os afetados pelo evento em geral. Duby indica como referência factual o tomo III da *História da França* de Ernest Lavisse[29]. As leituras serão as mais diferenciadas, ampliando o interesse daqueles dedicados à construção de uma sociologia da guerra. Não esqueçamos que o símbolo realimenta a idealização do ocorrido. Desta maneira os túmulos dos reis franceses junto à Abadia de Saint-Denis passam a ideia da longa duração da monarquia no reino da França, fazendo das intrigas palacianas e disputas dinásticas uma referência menor diante do impacto da continuidade da realeza.

Sem negligenciar a contribuição científica do positivismo, Duby argumenta que o profissional de história, que não é isento, deve levar na devida conta o fato de que os participantes diretos têm a sua visão dos acontecimentos, mormente num campo de batalha, profundamente influenciada pela intensidade dos combates, pela resposta do adversário, de quem se presumem intenções e movimentos, com grau de acerto variado.

Por isso tornam-se significativas as palavras do autor a respeito de sua abordagem da batalha: "Tal é a razão que me leva a observar como antropólogo essa batalha e a memória que ela deixou, ou, em outras palavras, a tentar considerá-las como inseridas num contexto cultural diferente daquele que governa hoje a nossa relação com o mundo"[30].

Numa sociedade em que a personificação das funções sociais assume caráter primordial, a participação real num empreendimento que ultrapassa o horizonte estrito das obrigações e laços de ordem feudal cria situações novas em benefício da monarquia. À época de Luís VII não era usual a presença de um rei no empreendimento da Cruzada e aparecia como algo novo o exercício do poder além do esquema senhorial. O rei abarca em seus procedimentos a instauração da Paz de Deus.

Dentre as ações assinaladas por Duby chama a nossa atenção o aumento da atividade exercida pelos mercenários ao longo do século XII, período em que o aumento da circulação de moedas de prata se faz notar. A partir do século XII os mercenários se multiplicaram, ao menos no reino da França. O olhar crítico do historiador permite que se faça uma análise das origens sociais desses homens.

Embora haja cavaleiros empobrecidos, não é de suas fileiras que provêm os mercenários. Estes são identificados, grosso modo, como o populacho, os deserdados da sorte, empregados em funções as mais humildes ou de menor prestígio, a exemplo dos empregados do açougue, cujos conhecimentos, por sinal, são úteis na refrega. A elite desdenhava servir com tal gente, mas nem por isso hesita em contratar seus préstimos. O monarca Henrique II Plantageneta empregou mercenários e a tentativa de coibir o uso desses guerreiros permaneceu no terreno da intenção. A questão supera o plano militar. Na verdade contribui para traçar um retrato dos valores das sociedades no Ocidente cristão. Duby sintetiza a situação ao escrever sobre a arma mais popular entre essa gente, a faca, contrastando com a espada, objeto da preferência da cavalaria. O dano infligido à população, por reduzido que fosse o contingente mercenário, gerava um clima de horror e impiedade, agravado pelo desregramento de sua conduta, uma vez que o dinheiro colocado à sua disposição era rapidamente dissipado com numerosas prostitutas. Os mercenários são tão malvistos que incorrem nas mesmas penas impostas aos hereges pelo III Concílio de Latrão. A vitória de Felipe Augusto em Bouvines não terá seu brilho empanado pela presença mercenária, registrada, aliás, no campo adversário. O que não apaga o fato de por algum tempo terem sido empregados pelo rei da França em outras circunstâncias.

O torneio é igualmente objeto de reprovação por parte da ordem eclesiástica, essencialmente por dois motivos. O primeiro de ordem prática, pelo risco de vida assumido pelos cavaleiros aliado à perspectiva nada insignificante de mutilação ou dano físico de tal sorte que interditasse ao cavaleiro tomar parte na verdadeira missão do homem de armas, a libertação dos lugares sagrados na Palestina, destaque para Jerusalém, cidade venerada no campo cristão, mas destinada por séculos até o período da história contemporânea a permanecer em mãos muçulmanas. Era difícil a tarefa da Igreja, qual seja a domesticação da violência, num mundo de homens rudes para os quais o cristianismo representava um fino verniz de civilização. Sintoma dessa difícil convivência é a importância atribuída à data de Pentecostes, por vezes a única data precisa mencionada em trabalhos sobre o medievo, coincidindo com a sobrevivência de antigas práticas guerreiras como "a bofetada que não pode ser revidada", precondição para a perfeição viril esperada na idade adulta.

O torneio reúne a demonstração de habilidade e coragem, próprias do cavaleiro, e o dinheiro que, numa oferta abundante, financia tais propósitos. Trata-se de um esforço a ser recompensado financeiramente. O negócio é ganhar, para falar o mais claramente possível. Daí que o risco de morte, sempre existente, deva ser evitado ao máximo, não por razões humanitárias, mas pelo simples fato de um morto significar a privação de um combatente cristão. O torneio reproduzia com suas regras e torcidas as vivências do campo de batalha. Tais expectativas são corroboradas pela narrativa de Guilherme o Marechal no qual Duby faz a seguinte colocação sobre a prática do torneio: "O gosto pelos torneios então estava no auge. Nos anos 20 do século XIII, ao ser redigida a narração, os contemporâneos julgavam, ao que tudo indica, que tal gosto já diminuíra muito"[31].

Reconheçamos que o torneio do ponto de vista formal dá a impressão de refinamento em função das atenções oferecidas pelo cavalheiro a sua dama, o que, no entanto, não nos permite ilusões acerca da maneira com que a mulher era geralmente tratada no período medieval. Basta seguir a leitura e verificamos que a França era, por excelência, o país dos torneios. Que, concentrados numa região, atraíam participantes de toda a Cristandade. A honra cavalheiresca não combinava com entesourar e o cavaleiro junto à sua coragem devia promover generosamente a largueza, ou seja, o desprendimento das coisas terrenas.

Na Terra Santa as ordens religiosas, particularmente a do Templo e a do Hospital, redimem o povo de Deus dos seus desvios de conduta, e ao mesmo tempo ficam fascinados com os artigos do Oriente. Combatem pelo material e pelo espiritual. Durante bom tempo, esses planos andarão próximos, admitindo eventuais superposições. As histórias heroicas não servem apenas à causa dos guerreiros, enaltecidos em vida, mas se destinam também de uma forma didática, ou não muito distante disto, a servir de exemplo para os mais jovens da camada dominante. Afinal, na Idade Média ocidental continua significativo o papel do grupo, atuando os grandes guerreiros no sentido de estimular a coesão social dos seus pares. A coragem, portanto, não pode ser diluída na soberba, na medida em que tal atitude ofenderia a Deus, muito embora seja necessário admitir a dificuldade de identificação dos referidos sentimentos.

A guerra, presença constante, é legítima, muito embora não deva ser associada à ostentação. Trata-se de luta real contra um inimigo que, não sendo cristão, deve ser combatido com todas as armas ao alcance. Entre cavaleiros as atitudes mudam. A guerra pode ser comparada a uma caçada organizada por homens experientes, ou seja, com método e objetivos próprios inerentes ao seu tempo, no qual a captura do cavaleiro adversário se torna a principal razão do engajamento nos combates. Os relatos heroicos transcritos visam perpetuar os feitos dos cavaleiros. A partir do século XII é uma nova concepção de cavalaria que se afirma.

A batalha transcende a guerra; esta representa a solução de um impasse, o esclarecimento de qual dos contendores abraça uma causa justa. Deus outorga o veredito. Por isso, batalhas entre cristãos não são frequentes na Idade Média, o que não impede escaramuças e hostilidades. Um rei nessa circunstância tem escassas opções: vencer, tombar em campo, fugir para voltar à carga em outra oportunidade ou ser capturado. As tropas são incentivadas com a lembrança que Deus está do nosso lado e os nossos mortos caem por uma causa justa. Já o inferno parece reservado para o inimigo. A batalha antes de tudo deve corresponder a uma demonstração de justiça.

Bouvines não configura exceção ao ritual dos combates. O Rei Filipe oferece o adiamento do confronto para respeitar o domingo, sendo ignorado pelo inimigo que abre as hostilidades, impossibilitando Filipe de adiar o confronto sem receber a pecha de covarde. Um rei não desmerece sua linhagem, e isto diz tudo. Os autores e comentaristas sobre Bouvines, religiosos em sua maioria, procuram adequar seus escritos à imagem trabalhada da cavalaria em coerência com a qual o desempenho dos cavaleiros do rei da França é enquadrado como irrepreensível frente a um inimigo cujo imperador foi excomungado pelo papa, o que não representa pouca coisa, e tem no dragão um símbolo, o que levou Guilherme o Bretão a classificá-lo como agente do mal. Diante de tal situação, o Rei Filipe pressente a vitória e decide permanecer em sua posição de combate. Nesse instante, ainda em acordo com Duby, Filipe mostrou-se coerente com o que se esperava de um monarca naquela época. O rei não se afasta ou se omite nas horas graves. Com efeito, a autoridade moral que emana da realeza é apontada como responsável pelo arrefecimento da disposição do traidor, Conde de Boulogne, em matar o monarca francês, tendo ficado frente a ele na peleja. Apesar dos interesses em jogo e das hesitações quanto a obrigações decorrentes das lealdades feudais, pode-se dizer que os valores da cavalaria pesaram na condução dos combates.

Em cerca de três horas de luta se decidia parte significativa do destino do Ocidente. A França dos Capetos[32] triunfava sobre os imperiais sem que o Imperador Oto fosse morto ou capturado, o que indubitavelmente agravaria a situação num dos pilares da Cristandade medieval. Permanece a conjectura de que Oto e João Sem-terra teriam capitalizado, em suas respectivas nações, o descontentamento com as estruturas eclesiásticas, o que atrairia a simpatia de numerosos súditos, num momento em que sob Inocêncio III (1198-1216) o papado atingia o ápice do seu poder.

Completando o estudo de Georges Duby o livro inclui a versão elaborada pelo cronista da abadia de Ursperg, Suábia, encarregado de escrever a história da batalha, de acordo com o qual os alemães, guerreiros temíveis, lutam até à morte para evitar a desonra. Há uma tendência a minimizar os efeitos da vitória do Rei Filipe, o que também se verifica nos registros ingleses. Roger de Wendower nos pinta um quadro diferente, enaltecendo a coragem do Imperador Oto, de resto ligado pelo casamento à casa Plantageneta, e sua altivez ao escapar da captura. "A vitória é como um novo batismo", frase elucidativa sobre a momentânea união das classes sociais na comemoração. Burgueses, cavaleiros e camponeses trajando casaco de cor púrpura indicam a convergência nacional em torno da figura do rei.

A perpetuação da glória dos franceses, mortos os protagonistas algum tempo depois, é tarefa de cronistas, leigos ou não, que criam detalhes, inflacionam o contingente inimigo para abrilhantar mais o êxito de Filipe e seu exército. Até a figura do dragão é invocada para, a mando de São Dionísio, conduzir o lado justo a derrotar o adversário. A radicalização chega ao limite de identificar nas hostes combatentes nada menos que uma disputa entre Deus e satã. Na crônica de Guilherme o Bretão os alemães apresentam o ímpeto de sua fúria, tal como Tácito os descrevera na Germânia e esboroam-se diante do valor dos franceses. O embate serviu para anunciar a liderança francesa no campo político da Cristandade. Trata-se de antagonizar os dois poderosos governantes da França e Alemanha fazendo com que o duelo de homens se transforme num confronto de nações.

Duby lança mão do texto da crônica de Guilherme o Bretão com o intuito de apresentar um depoimento próximo e abrangente dos eventos vinculados à Batalha de Bouvines. O detalhe na sua narrativa escapa ao limite estreito do pormenor e colabora para a caracterização mais perfeita dos personagens e de seu papel social. Desta forma a enumeração entre os combatentes do bispo de Beauvais, Philippe, a quem é interditado, por sanguinolento, o manejo de espada, contentando-se com o emprego da maça, mais que o pitoresco serve para mostrar a íntima relação da carreira das armas e a defesa da Cristandade. Tudo captado com senso de humor, a exemplo de Guilherme o Marechal, em que arrola, entre os feitos do cavaleiro, a detenção de um clérigo que havia raptado, consensualmente aceito, diga-se, uma jovem, o que sempre suscita hostilidade em se tratando de mulher de alta estirpe, destinada a casar dentro de seu grupo social. O que salta aos olhos é a disposição de Guilherme para fazer cumprir o voto do monge, uma vez que a partir do *Dictatus Pape*[33] o casamento foi interditado aos padres. Acontece, porém, que aos cavaleiros não cabe zelar pelo cumprimento de votos monásticos e ele acaba deixando o casal se evadir.

No caso, Guilherme toma o dinheiro que o monge trazia e trata de gastá-lo em festa. O dinheiro, uma soma considerável, irritou a Guilherme pelo emprego que teria como empréstimo a juros, bem de acordo com valores burgueses. Esta façanha seria destituída de sentido se ocorresse antes do pontificado de Gregório VII[34]. A Igreja se considera mais que o corpo místico de Cristo, sua crescente potência leva a que se afirme o poder pontifical no mundo. O prestígio espiritual será acrescido de uma força jurídica; não por acaso os papas Alexandre III e Inocêncio III são ligados aos estudos jurídicos de Bolonha, preocupados em fornecer lastro jurídico às suas pretensões de liderança e poder.

Para contestar o poder papal mudanças significativas ocorreram na Itália do Sul quando a Sicília passou, por herança, aos Hohenstaufen e quando Frederico II, ainda jovem, quis ser verdadeiramente sucessor dos Césares. Este acontecimento político suscitou, na única corte italiana sob o governo de um príncipe dotado de visão administrativa e cultura, uma reviravolta fundamental da estética, mediante um retorno às fontes romanas, promovendo a restauração da arte clássica.

A sociedade trabalhada por Duby é retratada pelas ordens que, diversamente do que muitos imaginam, não nasceu acabada e como sinônimo de imobilidade. Não se trata do sistema de castas. Pode-se dizer que os séculos XI e XII assistiram a um processo lento, mas constante de diferenciação de papéis na sociedade medieval. Durante algum tempo foi suficiente separar os eclesiásticos dos leigos, fato mais evidenciável no Ocidente feudal. No dizer do Papa Gregório VII "Os padres de Cristo devem ser considerados como pais e mestres dos reis, dos príncipes e de todos os fiéis"[35]. Ainda de acordo com o modelo gregoriano, a ordem constitui expressão da força da Igreja, cabendo ao poder laico se contentar com um segundo plano, o laico, que encontra-se compreendido na visão geral da Cristandade.

A teoria das ordens, ao determinar o reconhecimento das diversas funções, dignifica o trabalho como um todo, sendo que clérigos e guerreiros têm atribuições específicas, ao passo que o conjunto globalmente designado *laboratores*[36] reúne pessoas com atividades tão variadas quanto agricultores e, a partir do século XI, componentes das classes urbanas. As diferenças de posição não deixavam de considerar que todos os cristãos podiam alimentar a esperança em outra vida, no amparo da graça divina ao alcance dos que observam a retidão na condução de suas existências. No cerne da questão o que acaba pesando não é o inventário das diferenças entre os integrantes das ordens, mas a tendência à hierarquização das ordens, o que, na prática, é reforçado pela norma jurídica. Aos poucos vão se transformando em tópicos exigindo obediência irrestrita, a exemplo do celibato imposto aos padres, bem como a regulamentação das práticas sexuais no campo privativo do matrimônio.

As transformações religiosas não se limitariam a essas circunstâncias. A proliferação das ordens no século XIII constitui bom exemplo do processo em curso. Tratava-se de um discurso racional incorporando os ideais de pobreza e humildade, sem ferir o princípio da obediência. A combinação desses fatores assegurou o êxito de muitas iniciativas como a dos franciscanos, multiplicando o número de conventos transcorrido curto tempo. "Assim, por exemplo, a Igreja triunfante do século XIII consegue estender sua dominação sobre o que na verdade não era senão uma manifestação menos renitente da contestação herética, a pregação de Francisco de Assis"[37].

As iniciativas da Igreja se situam num momento de agitação e mudanças sensíveis no mundo laico. Os progressos da ideologia monárquica e as perspectivas de formação das chamadas monarquias nacionais alteraram o ambiente político e social da Cristandade. Além do que o esquema tripartido das ordens visa, por meio da identidade cristã, garantir a unidade do grupo que permanece, ao menos em princípio, solidário em Cristo, visto na condição de referencial da redenção humana. As tentações estão na ordem do dia e a simonia se encontrava bem espalhada na Europa cristã. A perda gradual do espírito caritativo e os interesses da elite aristocrática transformavam a religião em negócio bastante rentável, a exemplo da simonia com a venda de bens espirituais.

5 O ano mil e sua representação

O trabalho minucioso do pesquisador constata que os contemporâneos do ano mil ignoram simplesmente quaisquer manifestações de fenômenos físicos que possam ser tomados como sinais de profundas transformações a infundir arrependimento e pavor nos homens por ocasião do milênio de Cristo. As preocupações dos cronistas e escritores da época não podem ser enquadradas como equivalentes às modernas exigências feitas ao trabalho do historiador. A motivação central não era a reconstituição dos eventos.

> Porque, a bem dizer, o que interessava a estes homens não eram os acontecimentos, mas os "signos e prodígios". Com efeito, a história não tinha outra função para eles senão a de alimentar a meditação dos fiéis, de aguçar a sua vigilância, e por esse motivo evidenciar as advertências que Deus prodigalizava às suas criaturas através dos "milagres", "presságios", "profecias"[38].

Raul Glaber[39] é apontado por Duby como o melhor testemunho do seu tempo, desde que o leitor tenha clareza de que nossos parâmetros se revelam inadequados ou insuficientes para o entendimento da época. Situa Raul como integrante do monarquismo cluniacense, ou seja, da força em ascensão na etapa em que a escola histórica carolíngia se esgota, refletindo o declínio dos bispos enquanto escritores, cedendo espaço aos monges e sua visão de mundo. A unidade do povo de Deus, identificado com a Cristandade latina, e o mito imperial vem emprestar maior consistência à unidade cristã.

O único registro, a crônica de Sigeberto de Gembloux, servirá de referência aos Anais de Hirsau, mosteiro beneditino de Baden-Würtenberg, que no século XVI retomam por intermédio da Chronografia de Sigeberto a lenda do ano mil associada a violentos tremores de terra e como sinal das ações humanas à aparição de cometa levando o pânico a muitos. Continua de grande proveito o aviso de Duby acerca da despreocupação de cronistas e historiadores quanto ao estudo do cotidiano à época do milênio de Cristo. Pelo contrário, o

85

que prende sua atenção é o insólito, ameaçando a boa ordem das coisas. Uma sociedade altamente hierarquizada, uma densidade populacional rarefeita num mundo de base rural, que não obstante isso vivencia fomes regularmente bem, como convive com o espectro da doença, colaborando com a guerra para a curta duração das vidas, ao menos se contrastadas com os nossos dias. Dessa forma, o recurso à exaltação do imperador do Sacro Império e do rei da França tende a explicar o passado pelo exemplo da elite que não pode se abster nas horas de dor ou de perigo iminente simbolizando a perseverança e o triunfo cristão diante do mal. Na obra *O ano mil* encontramos referência a um conjunto de terrores descritos *a posteriori* ensejando interpretações da profecia de João segundo a qual satanás seria liberto após se completar o milênio de sua detenção.

Questão significativa levantada por Duby é a que milênio nos referimos? Afinal, pairavam dúvidas acerca do evento a ser rememorado. O nascimento ou a morte do Salvador? Os sinais e prodígios desempenharam um papel mais importante do que supomos. Desde Adão, expulso do paraíso, a atitude de gerar um temor a Deus acompanha o homem. Ocorre, porém, que em momentos de bonança os homens tendem a esquecer de seus compromissos com o Criador. Nesse sentido, os avisos de um fim próximo tenderiam a que os pecadores refletissem sobre a fragilidade da condição humana e da necessidade de preparação para os eventos marcando o fim de uma era.

O fato dos cronistas por volta do ano mil não apresentarem indícios de grande inquietação diante de alterações no ritmo da natureza, provocando cataclismos e ameaçando os fiéis com o espectro do fim do mundo, não deve ser interpretado como ausência de preocupação a respeito. Com efeito, encontramos na crônica de Ademar de Chabannes, bem como na de Thietmar, um relato sobre sonhos do imperador do Sacro Império Oto III, nos quais ele fora alertado da necessidade de exumar o corpo de Carlos Magno, o modelo de governante medieval. De acordo com a crônica, assim se procedeu e o corpo do imperador descansou no altar de São João Batista[40].

Essa narrativa ganha sentido quando aditamos a ela a referência ao tratado do anticristo, de 954, apoiando-se em São Paulo, pelo qual os cristãos deveriam permanecer tranquilos na medida em que o final do mundo seria precedido da separação dos reinos submetidos a Roma, significando que o destino da humanidade era pautado pelo destino do Império. Raul Glaber considera que a eclosão de fenômenos que fogem à explicação corriqueira indica uma perturbação da ordem, o que não pode agradar a Deus: "É evidente que nada no universo foi destruído pelo Criador a não ser as espécies que transgridam insolentemente a ordem determinada por Ele na natureza"[41].

Como recorda Duby, o conhecimento, na visão de um monge, seria intuitivo e não racional, cabendo ao estudo uma tarefa de cunho ético trabalhando pela salvação do indivíduo. Temos uma explicação coerente com a ênfase dada às analogias como fonte do conhecimento monástico em detrimento do emprego da lógica. Permanece, contudo, a questão da relação entre os poderes laicos e clericais, observado que se a comunidade dos fiéis permanece, ao menos em teoria, una e indivisível, a lei humana distingue as três ordens, impedindo a confusão da identidade dos seus integrantes. Os preconceitos são explicitados como nesta passagem: "Ora, na noite seguinte alguns monges e outras personalidades religiosas tiveram nesta igreja aparições monstruosas; e do relicário que encerrava os ossos viram sair figuras de negros retintos, que se retiraram da igreja"[42].

Ademar de Chabannes (988-1034), cronista francês, levanta a questão da associação dos negros ao mal ao escrever sobre a heresia, comentando as ações de um camponês disseminador da heresia entre a população de Orleans, então a residência dos reis da França, que trazia consigo um suposto pó, obtido de cadáveres de crianças, capaz de transformar as pessoas em heréticas. Elas "adoravam um diabo que lhes aparecia primeiramente sob a forma de um negro". A intolerância, presente nas diversas épocas, era a tônica do pensamento, sendo raros os que acreditavam no ser humano independente da cor da pele. Tampouco os judeus foram poupados, sendo-lhes atribuída a associação com os muçulmanos e com a escória da humanidade, o que permite adicionar cristãos, especialmente das classes menos favorecidas. O califa do Cairo recebe o nome de "Príncipe da Babilônia", cidade símbolo da depravação para os cristãos conforme os textos bíblicos.

A fome, outro temor à espreita, numa época de precárias técnicas agrícolas, em que uma colheita ruim tinha prolongado efeito, está associada à carestia de gêneros como o vinho e o trigo. Por ocasião do milenário da morte de Cristo, a região da Borgonha foi severamente submetida a provações.

> Na época seguinte, a fome começou a estender as suas razias sobre toda a terra e pôde-se recear o desaparecimento quase completo do gênero humano. As condições atmosféricas tornaram-se tão desfavoráveis que não havia tempo propício para qualquer sementeira, e, sobretudo, por causa das inundações, não houve possibilidade de fazer as colheitas[43].

Também é ressaltado o fato de que a corrupção havia alcançado a Igreja, condicionando a escolha de sacerdotes. Tal desrespeito seria objeto de punição por meio de calamidades públicas. Em verdade, trata-se antes dos sintomas do que das causas. A exegese reveladora da raiz dos males que afligem os homens está confiada aos comentadores ansiosos para chegar ao âmago da questão. Uma coisa é certa, Satã mobiliza sua força contra os homens fazendo-os vacilar em sua lealdade a Deus. O demônio se revela tão insidioso que, em pessoa, procurou confundir e amedrontar o próprio Raul Glaber, além de desviar do caminho reto alguns jovens estimulando o ócio e instilando a dúvida no espírito dos fiéis.

Fique claro para o leitor que os escritos sobre o final do mundo, apresentado como próximo ao milênio ou indefinido, em ambos os casos, tendo a Parusia como referencial, exprimem uma preocupação de ordem moral. A penitência implicando abandono dos valores mundanos torna-se o caminho do resgate purificador daqueles que finalmente compreendem a transitoriedade desse mundo e a necessidade de abandono do mesmo como elemento primordial da salvação da alma, do que não se eximem até mesmo os reis, a exemplo de

Roberto o Pio (996-1033) redimido de suas faltas, adultério e incesto, por meio de generosa doação de esmola e de restauração de templos.

A proximidade cronológica do ano mil levou a que se tentassem generalizar hábitos restritos aos monges no claustro tendo em vista a salvação comum. Tais práticas tiveram início no sul da França com o objetivo de garantir uma atmosfera de paz estabelecendo alguma forma de controle de segmento dos guerreiros integrante da sociedade tripartida. A imposição da chamada "trégua de Deus" constituiu um grande triunfo no controle da violência, restringindo os dias e diminuindo as possibilidades de derramamento de sangue cristão.

O quadro de época ficaria inconcluso se não nos ocupássemos da peregrinação. Jerusalém tornou-se, ao lado de Roma e Santiago de Compostela, o destino de numerosas peregrinações. Todos os cristãos, das variadas classes, ansiavam por chegar a Jerusalém. Os perigos não os demoviam de seu propósito, antes, pelo contrário, morrer indo em peregrinação apontava o caminho da salvação dos peregrinos.

6 Considerações finais

Georges Duby lida com as diferentes representações da Idade Média e as leituras que delas fez à posteridade, apresentando-as de uma forma viva, fazendo sentido para nós homens contemporâneos, o que não é pouco num contexto em que, por muito tempo, a construção do Estado nacional era o supremo sentido da existência e a cultura de um povo, aparentemente, se circunscrevia à sua elite. Duby consegue ser indubitavelmente francês e ao mesmo tempo interpretar o pensamento da Europa, mais um ponto em comum com Marc Bloch. A obra de Duby permanece, a despeito dos modismos, por corresponder à necessidade de transformações nos estudos históricos abordando temas que a historiografia tradicional deixara de lado. Desde o início, a história das mentalidades contribuiu para a ampliação dos objetos de investigação, muito embora seja inexato que a marca dessa escola seja o exotismo, até porque outros campos da história se ocuparam dos mesmos temas. Duby trata a produção cultural do medievo como afirmação da arte, conciliando uma visão de conjunto do medievo no Ocidente com a sensibilidade para apreciar a arte e as condições que permitiram o seu desabrochar como algo concebido "para a glória de Deus, para o serviço dos príncipes e o prazer dos ricos". Palavras autoexplicativas no que respeita à concepção e o alcance das grandes obras do período. Num momento de discussões sobre o caráter científico ou não da história, Duby não perde de vista um aspecto significativo, embora pouco mencionado, o do prazer de lidar com a história.

> É mesmo impressionante verificar como tal crítica de Nietzsche, voltada contra os "historiadores Antiquários" de seu tempo, atualiza-se na década de 1980 no fim da qual François Dosse irá escrever seu impactante ensaio crítico denominado *A história em migalhas...*

É possível que também não visse com bons olhos, ou ouvisse com bons ouvidos, as opiniões do historiador Georges Duby, em certo momento de sua trajetória historiográfica, acerca das possibilidades de encarar a história como mero "meio de diversão" ou como forma de "evasão da realidade"[44].

A simples menção a esses possíveis usos da história mostra como Duby, morto em 1996, continua atual na busca pelo lugar da história na vida humana.

Notas

[1] *Annales*: revista francesa de história renovadora dos estudos históricos surgida em 1929 e que, suscitando controvérsias acadêmicas, promoveu um redimensionamento dos estudos de História. Uma revista com propósito de demolir barreiras que limitavam, quando não impediam, a troca e a gestação de novos conhecimentos entre o campo da história e o das ciências sociais. Resumidamente poderíamos acompanhar as colocações quanto às ideias essenciais da escola listadas por Peter Burke no livro *A Escola dos Annales (1929-1989): a revolução francesa da historiografia*: "Em primeiro lugar, a substituição da tradicional narrativa de acontecimentos por uma história-problema. Em segundo lugar, a história de todas as atividades humanas e não apenas história política. Em terceiro lugar, visando completar os dois primeiros objetivos, a colaboração com outras disciplinas, tais como a Geografia, a Sociologia, a Psicologia, a Economia, a Linguística, a Antropologia Social, e tantas outras" (BURKE, 1997: 12).

[2] Hagiografia: o uso tradicional do termo designa o estudo referente aos santos e suas vidas. A Escola dos *Annales* contribuiu para que o foco da investigação científica se deslocasse da vida dos santos para o impacto das mesmas sobre a sociedade.

[3] DUBY, G. O tempo das catedrais. Lisboa: Estampa, 1978, p. 137-138.

[4] Sacro Império Romano-germânico (800/962-1806): foi a entidade política que pretendeu congraçar os elementos mais poderosos da Cristandade, o papa e o imperador alemão. Costuma ser identificado como o I Reich, tendo representado diferentes realidades em diferentes épocas (LOYN, 1990: 331).

[5] Domesday Books: espécie de recenseamento e cadastramento das terras do reino da Inglaterra feito por ordem de Guilherme o conquistador em 1086 (LOYN, 1990: 120).

[6] História cultural: o entendimento amplo de história cultural ultrapassou as visões tradicionais de uma produção literária e artística de cunho oficial. A dimensão história cultural remete "a toda historiografia que se tem voltado para o estudo da dimensão cultural de uma determinada sociedade historicamente localizada". Assim, procedendo à cultura ganha uma dimensão mais ampla, deixando de ser vista como uma produção da e para a elite (BARROS, 2005: 56).

[7] Imaginário: termo utilizado por Duby no sentido que "mais ou menos" corresponde à velha história das representações coletivas (BURKE, 1997: 130).

[8] BARRACLOUGH, G. *Europa, uma revisão histórica*. Rio de Janeiro: Zahar, 1964, p. 36.

[9] Maconnais: "No que concerne a Georges Duby, ele fez sua reputação como um historiador social e econômico da França Medieval. Sua tese, publicada em 1953, teve como tema a sociedade na região do Macon. Em seguida publicou um substancial trabalho de síntese sobre a economia rural do ocidente medieval" (BURKE, 1997: 86).

[10] BLOCH, M. *Introdução à história*. 6. ed. Sintra: Publicações Europa-América.

[11] Frederico Hohenstaufen (1194-1250): imperador do Sacro Império Romano-germânico. Organizador de um Estado na Sicília em bases novas. No dizer de Jacob Burckhardt o "primeiro homem moderno que subiu a um trono" (GARCIA-PELAYO, 1961: 11).

[12] STRAYER, J. *As origens medievais do Estado moderno*. Lisboa: Gradiva, [s.d.], p. 18.

[13] DUBY, G. Op cit., p. 13.

[14] Quiliásticas: seitas surgidas tendo o ano mil como referência. Do grego kilo, mil, foram associadas à ideia de fim do mundo, por volta do milenário do nascimento de Cristo, bem como no de sua morte, cronologia sujeita a controvérsias.

[15] Parusia: a volta de Cristo à terra. Momento sobre o qual havia grande expectativa, embora sem uma datação previsível.

[16] DUBY, G. Op. cit., p. 24.

[17] Ibid., p. 28.

[18] Ibid., p. 41.

[19] Ibid., p. 49.

[20] Ibid., p. 62.

[21] Cristandade: representa o conjunto do mundo cristão num momento em que no Ocidente não subsiste o Império Romano e as nações apresentam características embrionárias. O poder espiritual julga poder se sobrepor ao dos imperadores como guia do povo cristão. A Cristandade permaneceu como uma idealização (LE GOFF, 1983: 286).

[22] DUBY, G. *O domingo de Bouvines*. Rio de Janeiro: Paz e Terra, 1993, p. 224.

[23] DUBY, G. *Guilherme Marechal*. Rio de Janeiro: Graal, 1987, p. 7.

[24] DUBY, G. (org.). *História da vida privada*. São Paulo: Cia. das Letras, 2009, p. 9.

[25] LOPEZ, R. *Nascimento da Europa*. Lisboa: Cosmos, 1965, p. 235.

[26] Trégua de Deus: instituída pela Igreja com a finalidade de assegurar o respeito aos dias litúrgicos por excelência. Existia também a Paz de Deus que, no dizer de Duby, "Tinha por finalidade defender os direitos temporais das Igrejas nesta região, onde a avidez dos poderosos já não era refreada pelo monarca" (DUBY, apud DIAS, s.d.: 158).

[27] LE GOFF, J. *História e memória*. São Paulo: Unicamp, 1996, p. 26.

[28] DUBY, G. Op. cit., 1993, p. 41.

[29] Ernest Lavisse (1842-1922): erudito historiador francês associado à visão tradicional de trabalhar história, muito embora a sua *História da França*, publicada entre 1900 e 1912, tivesse uma perspectiva mais abrangente. "A seção introdutória foi escrita por um geógrafo, o volume dedicado ao Renascimento, por um historiador da cultura... Portanto é inexato pensar que os historiadores profissionais desse período estivessem exclusivamente envolvidos com a narrativa dos acontecimentos políticos" (BURKE, 1989: 21).

[30] DUBY, G. Op. cit., 1993, p. 19.

[31] Ibid., p. 124.

[32] Capetos: dinastia que governou a França de 987 a 1328. Aumentou seu poder pela aquisição de terras e por se apresentar como uma continuação das dinastias precedentes, Merovíngia e Carolíngia, herdando a defesa do reino dos Francos.

[33] *Dictatus Papae*: "O escrito que, provavelmente, teve sua origem no Sínodo Quaresmal de 1075, fora por certo concebido como base de uma nova coletânea de direito eclesiástico. Nele, sublinha Gregório a supremacia do poder espiritual sobre o secular" (FISCHER-WOLLPERT, 1991: 255-256).

[34] Gregório VII: papa de 1073 a 1085. Líder do grande movimento de reforma eclesiástica da segunda metade do século XI teve na questão moral o centro de sua atividade política. Combateu a simonia, obrigou o celibato ao clero e com a reafirmação dos direitos papais no conjunto da Cristandade. O

Dictatus Papae coloca de forma clara seus argumentos em prol da supremacia do poder espiritual sobre o temporal (LOYN, 1990: 174).

[35] SCHMIDT, J. & LE GOFF, J. (orgs.). *Dicionário Temático do Ocidente Medieval*. Vol. II, p. 306.

[36] *Laboratores*: aqueles que no esquema de Adalberon de Laon pertencem ao terceiro segmento, fora, portanto, dos clérigos e guerreiros. Engloba os camponeses e toda uma série de trabalhadores, inclusive citadinos, muito embora tenda a ser referido como o grupo mais numeroso, definido por antinomia em relação aos outros.

[37] DUBY, G. "História social e ideologias da sociedade". In: LE GOFF, J. & NORA, P. (orgs.). *Histórias, novos problemas*. Vol. 1. Rio de Janeiro: Francisco Alves, 1976, p. 134.

[38] DUBY, G. *O ano mil*. Lisboa: Ed. 70, 1980, p. 43.

[39] Ademar de Chabannes (988-1034): cronista francês. Monge, escreveu uma crônica. "A sua *Crônica* é muito ampla, e toma a dimensão de uma verdadeira história, a de todo o povo franco" (DUBY, 1980: 21). Na verdade uma história do povo franco em três volumes, dois dos quais são compilações e o terceiro seria o único original.

[40] DUBY, G. Op. cit., 1980, p. 38.

[41] Ibid., p. 59.

[42] Ibid., p. 93.

[43] Ibid., p. 111.

[44] DUBY, G. 1977, apud BARROS, 2005, p. 181.

Referências

Obras do autor

DUBY, G. *O domingo de Bouvines*. Rio de Janeiro: Paz e Terra, 1993.

_____. *Guilherme Marechal*. Rio de Janeiro: Graal, 1987.

_____. *O ano mil*. Lisboa: Ed. 70, 1980.

_____. *O tempo das catedrais, a arte e a sociedade 980-1420*. Lisboa: Estampa, 1979.

_____. "As três Ordens ou o imaginário do feudalismo". In: DIAS, I.M. *A Igreja e a domesticação da violência*. Rio de Janeiro: UFRJ, [s.d.], p. 158.

DUBY, G. (org.). *História da vida privada*. São Paulo: Cia. das Letras, 2009.

Outras obras

BARRACLOUGH, G. *Europa, uma revisão histórica*. Rio de Janeiro: Zahar, 1964.

BARROS, J.d'A. *O campo da história*: especialidades e abordagem. Petrópolis: Vozes, 2005.

BLOCH, M. *Les caractéres originaux de L'Histoire Rurale Française*. Paris: Armand Colin, 1952.

_____. *Introdução à história*. Sintra: Europa-América, [s.d.].

BURKE, P. *A Escola dos Annales (1929-1989)*: a Revolução Francesa da historiografia. São Paulo: Unesp, 1997.

FISCHER-WOLLPERT, R. *Léxico dos papas*. Petrópolis: Vozes, 1991.

GARCIA-PELAYO, M. "Frederico II da Suábia e o nascimento do Estado moderno". *Revista Brasileira de Estudos Políticos*, 1961. [s.l.]: UFMG, 1961.

HOWARD, M. *A guerra na história da Europa*. Sintra: Europa-América, 1997.

KOHN, H. *Reflexões sobre história moderna*. Porto Alegre: Globo, 1963.

LE GOFF, J. *História e memória*. Campinas: Unicamp, 1996.

_____. *A civilização do Ocidente Medieval*. Lisboa: Stampa, 1983.

LE GOFF, J. & NORA, P. (org.). *Histórias, novos problemas*. Vol. 1. Rio de Janeiro: Francisco Alves, 1976.

LOPEZ, R. *Nascimento da Europa*. Lisboa: Cosmos, 1965.

LOYN, H. *Dicionário da Idade Média*. Rio de Janeiro: Zahar, 1990.

SCHMITT, J.-C. & LE GOFF, J. (orgs.). *Dicionário Temático do Ocidente Medieval*. 2 vols. Bauru/São Paulo: Edusc/Imprensa Oficial do Estado, 2002.

SENNET, R. *Carne e pedra* – O corpo e a cidade na civilização ocidental. Rio de Janeiro: Record, 2008.

STRAYER, J. *As origens medievais do Estado Moderno*. Lisboa: Gradiva, s.d.

5
Reinhart Koselleck (1923-2006)

*Luciana Villas Bôas**

Para Glaucia, minha mãe.

1 Sincronia do assincrônico

Em um breve ensaio dedicado a Johann Wolfgang von Goethe, o clássico autor de língua alemã, Reinhart Koselleck rompe com a tradição que designa o período de 1770 a 1830 como a época de Goethe[1]. A história de Goethe não acompanha ou retrata o momento presente; antes, caracteriza-se pela sua inatualidade. A biografia do escritor cujas publicações alcançaram imediato sucesso, do jovem advogado que foi nomeado ministro em Weimar e recebeu título de nobreza do imperador, vista de fora, conforma-se com a época. É a história tal como Goethe a concebeu e representou que não se alinha. Goethe evitava o uso do termo história (*Geschichte*) como coletivo singular, ao mesmo tempo sujeito e objeto, processo inelutável e suscetível à ação. Não aderiu ao progresso da história, ou a uma história do progresso. Manteve-se distante do patriotismo e da Revolução Francesa, sendo tachado de conservador. Nunca acreditou ser possível a apreensão da história como uma totalidade. O reconhecimento da parcialidade e da incompletude de toda percepção histórica está na raiz da obstinação com que trabalhou na revisão de textos já acabados e até mesmo aclamados pelo público. Goethe tampouco se contentou em demonstrar a historicidade da existência e do conhecimento humanos; elaborou categorias meta-históricas que permitissem pensar criticamente sobre possíveis histórias.

Na "história extemporânea de Goethe" manifestam-se, numa noz, o estilo e a trajetória intelectual de Koselleck. Além de abordar a relação entre linguagem, história e política no período de mudanças estruturais da Modernidade, a formulação do texto é exemplar do

---

* Doutora em Germanística e Literatura Comparada pela Columbia University, Nova York, e professora do Departamento de Letras Anglo-germânicas da UFRJ.

trabalho historiográfico do autor. A renúncia à atualidade, premissa e traço distintivo das conceitualizações históricas de Goethe, também define a tarefa do historiador interessado não em fazer Goethe ilustrar, mas em deixá-lo destoar da sua época. A dissociação entre Goethe e sua época, que pressupõe a dissociação entre o historiador e as interpretações vigentes, conduz não somente ao estranhamento do passado, mas também do presente da sua elaboração. O extemporâneo (*das Unzeitgemässe*), o que é contra e além do próprio tempo, permite a articulação de um modelo de análise histórica voltado para a sincronia do assincrônico (*Gleichzeitigkeit des Ungleichzeitigen*), a presença simultânea de tempos diferentes dentro de um mesmo tempo.

A noção do extemporâneo é derivada do ensaio de Friedrich Nietzsche, "Da utilidade e dos inconvenientes da história para a vida", no qual o filósofo critica o viés teleológico e a necessidade causal subjacentes às modernas atribuições de sentido à história[2]. À semelhança de Nietzsche, Koselleck também rejeita imputações de sentido à história calcadas em ideias filosóficas de justiça, razão ou progresso. Mas, diferentemente de Nietzsche, o historiador não subordina a história à vida, definida por aquele em oposição à história, como aberta e destituída de sentido prévio. Aplicado à esfera das ações humanas, o conceito de vida também evoca questões de finalidade e, portanto, sentido. Para Koselleck a renúncia a interpretações teleológicas abre espaço para a análise de uma pluralidade de percepções e esferas de ação cujo sentido não pode ser fixado de antemão.

Importa ao historiador flagrar o conflito antes da sua resolução. "O que se desenrolou na verdade só pode ser dito quando todos os partidos, inclusive os mortos condenados ao silêncio, podem falar em sua mútua interação. Para o historiador a regra jurídica, *audiatur et altera pars* (ouça-se também a outra parte), continua em vigor"[3]. Mas não basta restituir às partes envolvidas a sua voz; é preciso discriminar (*post eventum*) o que no desenrolar dos acontecimentos (*in eventu*) é inseparável, a linguagem que molda as percepções e os fatos ainda não consumados. Mediante esta distinção analítica é dado ao historiador explorar a tensão entre os eventos antecipados e os eventos decorridos, os discursos e as ações. É neste hiato que o passado se abre para o político, tomado como princípio antropológico e histórico-contingente, e situado no âmago das histórias que Koselleck escreveu. Em um dos mais contundentes ensaios tardios, a abertura para o político aparece, em contraposição a qualquer afirmação, como efeito de uma dupla negação: da renúncia à atualidade, que permite discriminar diferentes camadas de tempo, da renúncia ao sentido, que permite descortinar uma pluralidade de campos de ação[4].

A partir deste duplo viés – da adoção de uma atitude cética diante de qualquer enlevo utópico e histórico-filosófico e de uma aposta sempre renovada no potencial crítico da história pelo efeito de estranhamento do passado e, portanto, do presente – é possível refazer um nexo entre a vida e a obra de Koselleck. Em uma entrevista concedida em 2005 Koselleck vincula a experiência da Segunda Guerra Mundial à decisão de tornar-se historiador. A experiência da derrota teria sido decisiva porque

> [...] aquele cujas expectativas de vitória são frustradas precisa encontrar razões, que antes não tinha, para explicar por que perdeu. O mérito de grandes historiadores é terem convertido estas razões suplementares em premissas metodológicas. Isto ocorre desde Heródoto, que escreveu como um fugitivo. Um mínimo de ceticismo é, por assim dizer, a deformação profissional que o historiador deve sofrer. Tendo feito esta reserva, eu diria que construí os meus estudos a partir da experiência da guerra. Minha atitude básica era o ceticismo como condição mínima para reduzir os excessos utópicos – mesmo os excessos utópicos de 1968[5].

É notável que além de ser uma precondição que se impõe ao historiador, o ceticismo envolva um modo de examinar a própria vida que requer o cultivo de uma relação histórica consigo mesmo. Não por acaso Koselleck elogia a capacidade desenvolvida por Goethe de traçar relações recíprocas entre a sua atividade criadora e as circunstâncias mais abrangentes. Escolher o ofício de historiador significa para Koselleck dedicar-se ao exercício da auto-historicização. No texto historiográfico isto requer a explicitação da situação concreta a partir da qual o historiador formula as suas perguntas e das categorias teóricas a partir das quais constrói a sua análise. Embora Koselleck se pronuncie em seu primeiro livro sobre a Guerra Fria, as experiências decisivas do nacional-socialismo e da guerra só viriam à tona, gradualmente, em trabalhos posteriores[6].

Koselleck (1923-2006) nasceu em Görlitz, na Baixa Silésia, que então fazia parte da Prússia. Pertencia a uma família de professores universitários, médicos e advogados, típica do *Bildungsbürgertum*, o segmento da classe média alemã conhecido pela devoção à educação e pelo cultivo artístico e humanista[7]. O pai era professor de História; a mãe tinha estudado francês, história, geografia e violino. As sessões de leitura, a prática de escrever cartas e compor peças literárias ou musicais, e a frequentação de museus e salas de concerto deixariam marcas na obra de Koselleck. A sua infância e juventude coincidiram com o período de instabilidade da República de Weimar e da rápida ascensão do nacional-socialismo. Aos 11 anos Koselleck ingressou na juventude hitlerista e, aos 19 anos, junto com todos os companheiros de ginásio, alistou-se no exército alemão. Convocado em maio de 1941, serviu na artilharia na União Soviética. Após um ferimento no pé, foi transferido para uma companhia de radar na Alemanha e França, em seguida integrou a infantaria em Mähren, até a captura pelos soviéticos em maio de 1945. Antes de ser levado para o campo de prisioneiros de Karaganda, no Casaquistão, Koselleck enfrentou uma longa caminhada até Auschwitz-Birkenau, no sul da Polônia, onde os alemães haviam construído um grupo de campos de concentração e um campo de extermínio. Sobre a chegada a Auschwitz e a verdade dos extermínios em massa, escreveria: "Existem experiências que penetram o corpo como lava quente e nele se petrificam. Então, podem vir à tona, a qualquer momento, inalteradas"[8].

Após 15 meses de prisão e trabalhos forçados em Karaganda, graças à intervenção de um médico amigo da família, Koselleck pôde retornar à Alemanha. No ano seguinte, em 1947, ingressou na Universidade de Heidelberg para estudar não apenas História, mas também Filosofia, Direito Público e Sociologia. Durante a estadia em Heidelberg Koselleck conheceu professores cujo legado intelectual destacaria na forma de homenagens ou deixaria transparecer no arcabouço de seus trabalhos: o historiador Johannes Kühn, o jurista Carl Schmitt, e os filósofos Hans-Georg Gadamer, Karl Löwith e Martin Heidegger[9]. Koselleck fez a sua tese de doutorado tendo Johannes Kühn como orientador acadêmico e Carl Schmitt como interlocutor intelectual. Concluiu o trabalho, no final de 1953, para assumir, no ano seguinte, um posto de leitor em Bristol. *Crítica e crise* oferece, mais do que uma interpretação, um modelo de análise histórica da função política da filosofia da história e do pensamento utópico modernos[10].

2 Iluminismo e dissimulação do político

No prefácio à segunda edição do livro, Koselleck explica que o significado do seu trabalho extrapola o contexto da Guerra Fria, uma vez que discute a "problemática do Iluminismo moderno" a partir da determinação de estruturas cuja duração se estende do século XVIII ao presente. Significativamente, Koselleck alude à *Dialética do esclarecimento* de Theodor Adorno e Max Horkheimer, publicado em 1944[11]. Tanto na *Dialética do esclarecimento* quanto em *Crítica e crise*, o presente, tomado como "calamidade triunfal de uma terra totalmente esclarecida", e o "sofrimento, cujo diagnóstico requer novas categorias", evidencia o potencial destruidor da moderna filosofia do progresso[12]. Ambas as obras articulam uma teoria e uma crítica da Modernidade. Contudo, Adorno e Horkheimer concentram-se no processo de racionalização e dominação da natureza que, na Modernidade, ao abranger todas as esferas sociais, torna-se "totalitário"[13]. Para Koselleck, o acontecimento que inaugura a Modernidade não é o predomínio de uma racionalidade instrumental, mas, antes, a gênese de uma nova concepção de história, de caráter utópico, no século XVIII. Além disso, o Iluminismo não pode ser compreendido em si mesmo, mas somente à luz da situação histórica na qual se desenvolveu. A especificidade da relação entre a filosofia das luzes e a situação a que pertence torna-se um fator estrutural da modernidade política:

> O século XVIII é a antecâmara da época atual, cuja tensão se acentuou progressivamente desde a Revolução Francesa, que afetou o mundo inteiro, extensivamente, e todos os homens, intensivamente. Este trabalho pretende lançar luz sobre essa antecâmara e, assim, trazer à tona a relação entre a formação da moderna filosofia da história e o início da crise que desde 1789 – a princípio, na Europa – tem determinado os eventos políticos[14].

Diferentemente de abordagens tradicionais de história das ideias (*Ideengeschichte*), o foco incide no "entrelaçamento recíproco" entre filosofia da história e crise política num contexto historicamente determinado. Portanto, "a unidade dos eventos do Iluminismo" reside na "conexão" entre crítica e crise, cuja função, historicamente específica, condiciona o curso de um processo político (CC: 13)*. A reconstrução desta unidade requer a adoção de uma metodologia derivada, ao mesmo tempo, da história das ideias e da história social.

> Estudam-se os movimentos das ideias, mas somente na medida em que eles permitam explicitar seu acento político; examinam-se as situações em que as ideias foram concebidas e sobre as quais repercutiram em seguida, mas somente na medida em que elas permitam destacar o sentido político de que as ideias se investiram. Não se trata, portanto, de descrever o desenrolar político, de um lado, e as transformações das ideias, de outro (CC: 12).

A investigação busca trazer à tona os pressupostos da relação entre crítica e crise a partir de uma situação histórica delimitada por uma hipótese: "O Absolutismo condiciona a gênese do Iluminismo, e o Iluminismo condiciona a gênese da Revolução Francesa" (CC: 16).

O Estado absolutista, que surge como uma resposta às guerras civis religiosas, funda-se na subordinação da moral à política, na divisão entre foro interior e foro exterior, consciência privada e consciência pública: "O homem só é livre em segredo, só é homem em segredo. Como cidadão, o homem está subordinado ao soberano, e só como súdito é cidadão" (CC: 38). Justamente esta separação entre consciência e política, que possibilitou o fim dos conflitos religiosos, quando posta em xeque pelos iluministas, suscita a desagregação do Estado soberano. Destituída de poder político, mas cada vez mais autônoma no foro interior da moral, a intelectualidade burguesa desenvolve uma concepção de mundo secular, fundada na natureza e na razão. No processo da crítica, conduzido em nome da razão e da moral, os iluministas acabam envolvendo todos os domínios sociais, a religião, a arte, a história, o direito e o próprio Estado, denunciando-o de imoral (CC: 39). "Assim, a separação realizada pelo Estado entre política e moral volta-se contra o próprio Estado, que é obrigado a aceitar um processo moral" (CC: 15-16). É neste sentido que o Iluminismo, baseado no dualismo entre política e moral, é uma consequência interna do sistema absolutista, que liberta moralmente a consciência dos indivíduos, mas os exime politicamente de toda responsabilidade.

A crítica moral, excluída da política, torna-se necessariamente utópica. O utopismo moderno nasce de um "mal-entendido" de que a esfera política não passa de uma instância heterônoma, contrária à autonomia da moral: "Sua tentativa de negar, pela filosofia da história, a facticidade da história, de 'recalcar' o político, tem em sua origem um caráter utópico" (CC: 14). Mas de que modo o reconhecimento do político pressupõe a facticidade da história, ou, ainda, por que se contrapõe ao pensamento utópico? Os trabalhos posteriores de Koselleck ofereceriam respostas variadas, e cada vez mais explícitas, a esta pergunta. Em todas, a reflexão sobre o político é inextricável de teorizações sobre a história. Em 1969 o princípio da "heterogenia dos fins" é apresentado como uma definição temporal, isto é, histórica, do político, que nenhuma utopia pode se arvorar a superar. Segundo este princí-

---

* Abreviações: *Crítica e crise*, CC; *Geschichtliche Grundbegriffe*, GG; *Vergangene Zukunft*, VZ; *Begriffsgeschichten*, BG; *Sinn und Unsinn*, SU; *Zeitschichten*, ZS.

pio é inerente às ações humanas que as motivações e o planejamento jamais coincidem com a sua execução e resultado finais. Em 1977, a associação voluntarista entre planejamento e história nega o potencial de excesso e surpresa de todo decurso histórico, ou seja, a incomensurabilidade entre intenção e resultado que caracteriza toda história[15].

A dissimulação do político, condicionada em sua gênese pela estrutura política do Absolutismo, é alimentada pela moderna filosofia da história. O fato de a ligação entre a crítica exercida pela burguesia e a crise emergente do Estado absolutista ter "escapado" (CC: 13) à época foi favorecido pelo surgimento de uma nova concepção de tempo, baseada na separação entre passado e futuro, na transformação da história em processo, e na crença no progresso:

> [...] o processo crítico do Iluminismo conjurou a crise na medida em que o sentido político dessa crise permaneceu encoberto. A crise se agravava na medida em que a filosofia da história a obscurecia. A crise não era concebida politicamente, mas, ao contrário, permanecia oculta pelas imagens histórico-filosóficas do futuro, diante das quais os eventos cotidianos esmoreciam (CC: 13).

A alienação da história em seu desenrolar concreto provoca o mal-entendido do político e finalmente conduz a uma mudança estrutural no curso dos eventos políticos da moderna sociedade burguesa. Por um lado, a filosofia da história transforma tudo que está dado historicamente em processo, cujo desfecho evidentemente extrapola as categorias usadas pela crítica do juízo moral e privado. Por outro, a transferência de elementos da escatologia judaico-cristã à história progressista, notadamente a transformação do plano de salvação divino na planificação do futuro, legitima a crítica moral e o papel exercido pela burguesia. Por desempenharem sempre o papel de juízes, de instância judicativa suprema, os iluministas estavam sempre do lado do progresso e, portanto, do futuro.

Desde a sua publicação em 1959 e, em seguida, tradução para o francês, inglês, italiano, espanhol e português, *Crítica e crise* continua a gerar debates acirrados[16]. Após escrever em 1960 uma dura resenha atacando o viés conservador de *Crítica e crise*, Jürgen Habermas reformularia o argumento de Koselleck, incorporando alguns elementos centrais como a dicotomia entre público e privado, os conceitos de Estado absolutista, e de crítica moral como instrumento político, para elaborar uma versão alternativa do Iluminismo em *Mudança estrutural da esfera pública*, publicado em 1962[17]. O próprio Koselleck não deixaria de apurar o seu argumento, ao criticar a noção habermasiana de um discurso livre de dominação (*herrschaftsfrei*) por exigir a supressão do conflito e da temporalidade do político.

3 Apreensão conceitual do mundo moderno

Com uma persistência incomum, Koselleck revisaria e expandiria a tese de que a Modernidade se instaura a partir de transformações estruturais ocorridas no final do século

XVIII e a premissa de que a linguagem e os conceitos usados pelos atores históricos permite vislumbrar estas transformações – ao mesmo tempo em que as condiciona. Koselleck retornou à Universidade de Heidelberg em 1954 para tornar-se assistente de Johannes Kühn e, em 1957, de Werner Conze, sucessor da cátedra de Kühn. Seria no âmbito do Círculo de trabalho de história social moderna (*Arbeitskreis für moderne Sozialgeschichte*) que Koselleck apresentaria a proposta de elaboração dos *Conceitos históricos básicos: léxico da linguagem política e social na Alemanha* (*Geschichtliche Grundbegriffe: Historisches Lexikon zur politisch-sozialen Sprache in Deutschland*). O GG, fruto do trabalho de mais de 109 colaboradores oriundos de diferentes disciplinas, e abrangendo 119 artigos, seria publicado em sete volumes de 1972 a 1992[18]. Embora a participação de Conze e Otto Brunner tenha sido crucial na definição do escopo do projeto[19], foi Koselleck quem se incumbiu de sistematizar as premissas teórico-metodológicas e conduzir discussões com diferentes grupos de pesquisadores. O léxico daria ímpeto e, ao mesmo tempo, se destacaria do movimento intelectual alemão de história dos conceitos que se inicia nos anos 1960[20]. Diferentemente de outros projetos, a temática central dos GG diz respeito a concepções de mudança histórica, de estruturas temporais do passado, sempre a partir de correlações com processos histórico-sociais concretos.

Na introdução aos GG, Koselleck apresenta os princípios que norteiam o projeto. O léxico restringe-se a conceitos fundamentais (*Grundbegriffe*), àqueles conceitos a partir dos quais é possível destrinçar estruturas e longas séries de eventos, como, por exemplo, conceitos que orientam (*Leitbegriffe*) movimentos políticos, palavras-chave da organização política, social e econômica, designações de grupos profissionais ou camadas sociais, autodenominações das diferentes disciplinas. "Trata-se, portanto, de rudimentos para uma área de investigação que aborda a linguagem política e social, em particular a sua terminologia, enquanto ao mesmo tempo indicadores e fatores do movimento histórico" (GG: XIV). A questão que serve de fio condutor ao léxico diz respeito à "apreensão conceitual (*begriffliche Erfassung*) do mundo moderno" o que justifica a concentração no intervalo de tempo entre 1700 e o presente. Entretanto, para salientar o que há de novo nos conceitos modernos, a análise não pode se ater somente a significados modernos, mas deve necessariamente tratar de "sobreposições" e "deslocamentos" (GG: XIV) de significados antigos e modernos das palavras. Dependendo da história da palavra, remonta-se o conceito a diferentes períodos históricos, desde a Antiguidade, mas sempre circunscrito aos espaços de língua alemã, e atrelado a tradições europeias. São enfocados somente os conceitos que participam das mudanças engendradas pelas revoluções política e industrial, que são por elas "atingidos, transformados, excluídos ou desafiados" (GG: XIV).

O pressuposto heurístico adotado no léxico é o de que, entre 1750 e 1850, o repertório de *topoi* clássicos sofre transformações profundas com o surgimento de novos termos cujos sentidos perduram na linguagem usada no presente. Parte-se, assim, da noção de que um "tempo-sela" (*Sattelzeit*) se impregna em determinados conceitos:

> Estes conceitos têm a face de Jano: voltados para trás, remetem a contextos sociais e políticos que não nos são compreensíveis sem comentário crítico; voltados para a frente, na nossa direção, ganham significados que podem ser explicados, mas também parecem imediatamente compreensíveis (GG: XV).

À história dos conceitos importa rastrear esta *longue durée*, pressuposta estruturalmente no plano de uma semântica histórica. A hipótese de um tempo-sela (*Sattelzeit*), guardadas algumas exceções, confirmou-se amplamente: os conceitos estudados

> [...] indiciam [...] uma mudança da experiência (*Erfahrungswandel*) duradoura, profunda e, às vezes, precipitada subitamente. [...] As histórias de conceitos atestam, em seu conjunto, novos estados de coisas, uma relação com a natureza e a história, o mundo e o tempo em transformação: o início de uma "nova época" (GG: XV).

A noção de que a Modernidade se distingue, sobretudo, por uma nova percepção do tempo, que transforma as experiências possíveis, sobressai na recepção da obra de Koselleck. Por isso, vale a pena lembrar que Koselleck insistiu sempre no caráter complexo da questão da estrutura temporal das mudanças conceituais em geral e, na Modernidade, em particular. Já no prefácio aos GG, afirma que, apesar de abundantes os indícios, não se pode fornecer uma resposta "unívoca" (GG: XV) à premissa de uma nova percepção do tempo marcada pela aceleração da mudança de experiência[21].

Diante da impossibilidade de uma resposta "unívoca" à questão da estrutura temporal da experiência histórica, Koselleck propõe a adoção de critérios que permitam observar a "Modernidade" de conceitos modernos. O primeiro seria a *democratização* dos vocabulários sociais e políticos. Embora no século XVI os panfletos impressos das polêmicas religiosas já tivessem alcançado todos os estamentos, somente com o Iluminismo a linguagem política antes limitada a segmentos da elite dissemina-se rapidamente entre todos os letrados (*Gebildeten*). Esta ampliação é estreitamente ligada à tecnologia da imprensa, ao crescimento exponencial de jornais e revistas e à diversificação inédita do material de leitura. O valor e a circulação social de conceitos deixam de obedecer forçosamente a uma hierarquia estamental, tendendo a privatizar ou generalizar-se. O segundo critério seria a *temporalização* dos significados categóricos dos conceitos. Surgem inúmeras expressões terminadas em -ismos (liberalismo, republicanismo ou socialismo) associadas à aceleração de um movimento histórico, carregadas de expectativas futuras e antecipações teleológicas. Uma propensão histórico-filosófica toma conta de todo o vocabulário. O termo "emancipação", por exemplo, deixa de estar ligado a condições naturais e geracionais, para designar, para além do seu significado jurídico, de passagem à maioridade, a suspensão de privilégios estamentais, e transformar-se em um conceito voltado para o futuro, cuja promessa é a eliminação não apenas da dominação pessoal e estamental, mas de "todo tipo de dominação" (GG: XVII). A temporalização torna-se evidente em todas as novas expressões que "articulam o próprio tempo histórico" (GG: XVII): progresso, desenvolvimento, história e revolução.

O terceiro critério seria a crescente vulnerabilidade dos conceitos à *ideologização*. Esta propensão à ideologização transparece em vários conceitos que se mostram incapazes de acompanhar o desenrolar dos eventos ou as novas estruturas, ou apenas mediante um grau de abstração cada vez mais elevado. Proliferam os assim chamados substantivos coletivos que, usados no singular (*Kollektivsingulare*), transformam as liberdades, entendidas como privilégios, na liberdade de todos, as histórias, definidas como individuais, na história em si. Por fim, os conceitos inclinam-se à *politização*. Com o fim da hierarquia e da organização social do antigo regime, multiplicam-se os lugares sociais aos quais se referem os conceitos. Ao aumento da diferenciação social corresponderia o aumento da possibilidade e da necessidade da politização: como os "grupos endereçados, envolvidos e mobilizados" (GG: XVIII) são cada vez maiores e mais heterogêneos, exacerba-se o antagonismo de oposições como, por exemplo, entre aristocrata e democrata, revolucionário e reacionário. Em todo caso, cabe frisar que os critérios de democratização, temporalização, propensão à ideologização, e politização, estreitamente interligados, servem, sobretudo, à discriminação de uma semântica moderna em contraposição a contextos de uso pré-revolucionários. A adoção desta heurística não implica de modo algum que a história de todos os conceitos tenha que confirmá-la. O *Léxico*, insiste Koselleck, mostra que o "novo" reside, sobretudo, na função exercida pelas projeções de futuro e os conceitos da filosofia da história na linguagem usada para o planejamento e a condução política (GG: XVIII).

No que diz respeito à metodologia, a história dos conceitos, diferentemente da história das ideias, centrada nos grandes pensadores, trata não somente de textos canônicos, mas de uma seleção textual a mais abrangente e variada possível, que inclui jornais, revistas, cartas, dicionários. Importa averiguar o alcance social de um dado conceito e o sentido que adquire em relação a outros no âmbito da linguagem ou da terminologia política de uma época. Nesta linguagem diferenciada, à semelhança de um campo semântico, os conceitos delimitam-se mutuamente[22]. Além disso, em contraste com abordagens estruturalistas e pós-estruturalistas, a linguagem é sempre estudada em relação aos falantes, sujeitos históricos com afiliações políticas e sociais identificáveis (GG: XX).

À semelhança da filosofia analítica, a história dos conceitos distingue, pragmaticamente, entre palavra e conceito. Muitas vezes é preciso examinar diferentes expressões, para reconstruir a história de um conceito (por exemplo, secularização):

> A palavra pode ser unívoca porque é polissêmica. Um conceito deve ser polissêmico para poder ser conceito. O conceito atém-se à palavra, mas é mais do que a palavra. Segundo o nosso método, uma palavra torna-se conceito quando incorpora plenamente um contexto de significados políticos e sociais [...] (GG: XXII).

Os conceitos, por definição polissêmicos e controversos, conferem à multiplicidade histórica certa unidade, tornando-a experienciável, e orientando ações. Além de diferenciar palavra de conceito, a história dos conceitos recorre a análises semasiológicas (todos os sentidos de uma palavra) e onomasiológicas (todas as expressões que designam um conceito). Finalmente, conjugam-se as perspectivas sincrônica e diacrônica: "A história dos conceitos elucida a sincronia do assincrônico que reside nos conceitos. A profundidade histórica, que não é idêntica à cronologia, ganha um caráter sistemático ou estrutural" (GG: XXI).

A "presença simultânea" de diferentes camadas de tempo, metáfora que Koselleck empregaria posteriormente, é, por várias razões, constitutiva de toda semântica histórica[23]. Aos conceitos necessariamente escapa a singularidade, o caráter único dos eventos que ajudam a reconstruir. A sua história não restabelece a singularidade passada; antes, supõe a retomada constante do trabalho precário de tradução. Justamente porque não são redutíveis a seu caráter único, os conceitos dão a ver processos e conjuntos de circunstâncias que acompanham os acontecimentos. "Conceitos não apenas ensinam o caráter único (para nós) de significados passados, mas também contêm possibilidades estruturais, tematizam sincronias no assincrônico, que não podem ser reduzidas a mera sequência temporal da história" (VZ: 154). O trabalho de tradução envolvido na história dos conceitos, na historicização da linguagem política e social do presente, também encerraria, para Koselleck, um potencial de intervenção na consciência política do presente. O potencial de intervenção reside no "efeito de estranhamento" (*Verfremdungseffekt*) da representação do passado, na medida em que a tradução do historiador revela a distância, isto é, "profundidade histórica" do conceito, a multiplicidade de realidades históricas e possibilidades de sentido que condensa (GG: XIX).

4 A história dos conceitos e o conceito de história

Enquanto prática que diz respeito às premissas e à linguagem de todo historiador a história dos conceitos integra a moderna teoria da história. Isto se torna particularmente evidente nos ensaios que Koselleck dedicou ao conceito de história[24]. O longo verbete dos GG no qual reconstrói a formação do moderno conceito de história divide-se, grosso modo, em três partes. A primeira investiga nuanças da história terminológica do conceito de história, a segunda o legado decisivo da filosofia da história, e a terceira a transformação da palavra história em *Leitbegriff*, em conceito central da interpretação do mundo e das ações sociais e políticas. O sentido moderno da palavra alemã *Geschichte*, história, só seria fixado no decorrer das últimas três décadas do século XVIII, como resultado da convergência de dois processos: a transformação da palavra *Geschichte* em coletivo que, usado no singular, aglutina histórias particulares em uma única história, a "história em si"; a "contaminação" (GG: 647) entre o termo *Geschichte*, enquanto designação de eventos e ações decorridos, e *Historie*, enquanto designação de um relato, da arte de narrar os eventos passados. O moderno conceito de história, finalmente, entranha-se na palavra *Geschichte*. A fusão dos dois termos equivale, segundo Koselleck, a uma "virada transcendental" (HMV: 48), isto é, o novo conceito passa a constituir uma condição prévia de toda experiência.

Ao transformar-se, no uso corrente, em singular coletivo, agente do destino humano e do progresso social, a história "torna-se [...] o seu próprio sujeito" e "ascende à última instância" (GG: 650). Desde então, as histórias individuais subordinam-se a um todo complexo, independente e único. Droysen sintetizaria a mudança em uma frase: "Sobre as histórias está a história" ("Über den Geschichten ist die Geschichte") (GG: 652). A nova palavra-chave *Geschichte* demarca uma mudança estrutural: a elaboração conceitual de um tempo genuinamente histórico coincide com a experiência de um novo tempo (*Neuzeit*). A mudança conceitual articula um espaço de experiência marcado pela ruptura entre passado e futuro, experiência e expectativa. O evento emblemático desta estrutura temporal descontínua, a Revolução Francesa, definiria o teor da palavra alemã *Geschichte*: "o conceito de história é o que mais se aproxima [...] do lugar ocupado no francês pelo conceito de 'revolução'" (GG: 653). Na medida em que a *Geschichte*, concebida como a "história em si", dotada de uma qualidade temporal própria e voltada para o futuro, destitui o passado do seu caráter exemplar, acaba por "derrubar da sua cátedra" (VZ: 46) a noção de que a história ensina a viver, e a substituir a palavra em que residia, a *Historie*. O progresso, categoria na qual se cristalizou uma definição de tempo imanente à história, destituiu o valor pedagógico-normativo da história mestra da vida. Se no verbete do léxico Koselleck apenas alude à origem clássica do termo *Historie*, para enfocar a gênese da moderna *Geschichte*, em trabalhos subsequentes destacaria a longa duração da concepção de história calcada na antiga retórica. Afirma que a validade do *topos* da história *magistra vitae*, mestra da vida, permaneceu essencialmente inabalada da Antiguidade Clássica até meados do século XVIII. Ao fazer a análise retrospectiva da longevidade do *topos*, no entanto, Koselleck destaca "oscilações" e "tensões" anteriores à sua "dissolução" na Modernidade. Calcada no preceito da exemplaridade do passado, a metáfora da história mestra da vida, que fora cunhada por Cícero, pressupunha uma natureza humana essencialmente estável e um repertório predeterminado de ações possíveis. Durante a Idade Média cristã, apesar da tensão entre a concepção antiga de um espaço histórico contínuo e a historicidade enfática da revelação divina, as expectativas clássicas em relação à tarefa da história são conciliadas à experiência histórica dos cristãos, cujo horizonte era definido pela expectativa de salvação. As objeções céticas à aplicabilidade do *topos*, sobretudo no Renascimento humanista europeu, tampouco lograram abalar a sua autoridade, pois estavam atreladas a um espaço de experiência contínuo e limitado. Na estrutura temporal deste espaço, o passado e o presente formavam um *continuum* histórico, estavam circunscritos por um horizonte comum.

Com a substituição da antiga *Historie* pela moderna *Geschichte*, ocorre um deslocamento das fronteiras entre os fatos (*Sachverhalt*), a sua representação (*Darstellung*) e o saber que organiza a sua apreensão (*Wissenschaft*). O termo *Historie*, seja na acepção de ensinamento ou disciplina, podia ser usado de modo reflexivo, sem objeto, como designação geral do conhecimento de histórias particulares – como aliás indica a metáfora *historia magistra vitae* (GG: 656). Já o termo *Geschichte* assenta na "fusão entre o novo conceito de realidade da história em geral e as reflexões que ditam a apreensão desta realidade" (GG: 657). A escrita da história deixa de ser regulada por preceptivas retóricas e passa a ser objeto de reflexões estéticas e histórico-filosóficas. A história em si, ao mesmo tempo sujeito e objeto, categoria transcendente, leva ao novo enlace entre poética e teoria da história, ficção e fatos (VZ: 51-52; GG: 661). A unidade épica, que liga o início ao fim, torna-se uma exigência historiográfica. Dissemina-se a metáfora do romance tomado como forma capaz de conferir unidade à história geral. "Na época em que a história universal, que continha a soma de histórias singulares, transforma-se em história mundial, Kant buscava um fio condutor capaz de converter o "agregado" aleatório de ações humanas em um "sistema"racional" (VZ: 53). Na passagem da história universal para a história mundial, a noção de sistema produz a unidade épica e garante a conexão interna dos acontecimentos (VZ: 53; GG: 664).

Portanto, a dimensão historiográfica do conhecimento histórico não é dissimulada, em favor do controle crítico das fontes, mas explicitamente tematizada. Para Koselleck, o desenvolvimento de uma literatura historiográfica em alemão resultou da "osmose recíproca" (GG: 662) entre a arte do romance e a escrita da história. A associação entre poética e história não se limita à incorporação historiográfica de técnicas literárias; possibilita a reconceitualização do conhecimento histórico a partir de categorias estéticas. Assim, por exemplo, a força da imaginação (*Einbildungskraft*), que se refere ao trabalho criativo do artista e do poeta, passa a distinguir também a pesquisa e a escrita do historiador. Wilhelm von Humboldt, em uma famosa conferência proferida em 1821, vê na integração de fragmentos de sentido extraídos das fontes em uma unidade dos acontecimentos a tarefa precípua do historiador[25]. À semelhança do poeta e artista, o historiador só alcança o seu objetivo através da fantasia e da capacidade de adivinhação (*Ahndungsvermögen*). Além de introduzir as noções de força (*Kraft*) e direção (*Richtung*), que sempre escapam às condições previamente dadas, Humboldt transforma um parâmetro da representação épica em uma categoria histórica: o historiador digno do nome deve apresentar todas as condições dadas como parte de um todo ou, o que dá no mesmo, mostrar nas condições dadas a forma da história em geral (HMV: 54). "A determinação transcendental da história enquanto a um só tempo categoria da realidade e da reflexão revela-se [aqui] o resultado de um longo processo entre poética e teoria da história no qual, finalmente, a estética é absorvida pela filosofia da história"[26] (GG: 665). É significativo Koselleck assinalar que a reflexão filosófica sobre a história culmine em uma redefinição, e não indistinção, de fronteiras. Como se verá adiante, as suas considerações teóricas sobre a representação da história, isto é, sobre a relação entre linguagem e história procuram confirmar a diferença específica do trabalho historiográfico.

Na contramão de narrativas usuais da moderna disciplina histórica, Koselleck recupera o legado teórico da filosofia da história de cunho idealista. Em primeiro lugar, a filosofia da história substitui a crença no valor moral do passado, na história como um catálogo de eventos exemplares, pelo reconhecimento da singularidade de processos históricos e da possibilidade do progresso. É o "axioma da irrepetibilidade" (*Einmaligkeitsaxion*) que garante a unidade da "história em si" e, ao mesmo tempo, a torna única; portanto baliza tanto a noção de progresso quanto o historicismo. O axioma leva à relativização da análise histórica causal: se a história é sempre mais ou menos do que está posto nas condições dadas previamente, a determinação de nexos causais não pode fazer jus à singularidade de uma dada situação histórica. Koselleck nota que pensadores tão diferentes quanto Herder, Hegel e Humboldt, cada um a seu modo, rejeitaram o privilégio pragmático da busca por causas e efeitos da história (GG: 674). O abandono de nexos causais baseados em fatores cuja natureza permanece idêntica contribuiu para revelar um tempo histórico que, por ser imanente a quaisquer fatores, também os determina e transforma. "A emergência de um tempo determinado apenas pela história", escreve Koselleck, "foi obra da filosofia da história muito antes de o historicismo servir-se deste conhecimento" (VZ: 58). A descoberta da historicidade no âmbito da filosofia da história tem um caráter intrinsecamente paradoxal. A historicidade da história – a sigularidade e irrepetibilidade dos eventos – contradiz qualquer generalização, sistematização ou racionalização filosófica. O paradoxo entre a irrepetibilidade da história e a sua sistematização racional, entre historicismo e filosofia da história, deixaria de ser tematizado no decorrer da institucionalização da ciência histórica no século XIX: "Quanto maior o sucesso com que o método crítico-histórico supunha derivar fatos duros do material das fontes, tanto maior a crítica à especulação histórico-filosófica, de cujas premissas dependia" (GG: 677). Enquanto a filosofia da história admitira a tensão entre o pressuposto da irrepetibilidade dos eventos e a determinação racional da história, o historicismo, por ignorar o dilema, deixou de enxergar a sua própria construtividade (GG: 672)[27]. Para Koselleck a explicitação e reformulação do paradoxo da historicidade torna-se o ponto de partida da história dos conceitos e da teoria da história.

A temporalização da história implica a perda do potencial prognóstico da história: ao invés do prognóstico de futuros possíveis, a filosofia da história produz a expectativa, a longo prazo, de novos futuros. "O caráter processual da história moderna, cujo fim é imprevisível, torna-se a sua temporalidade peculiar. Não mais o conhecimento do passado, mas a própria história toma o lugar de instância judicativa" (VZ: 59). Finalmente, a nova estrutura temporal culmina no pressuposto constantemente reiterado da aceleração, e causa a disjunção irrevocável entre passado e futuro[28]. O novo espaço de experiência, voltado para um futuro aberto e planificável, supõe ao mesmo tempo a superpotência da "história em si", que ruma em uma certa direção, e a possibilidade efetiva de intervenção, da factibilidade da história. É, sobretudo, esta concepção da história como um espaço de ação que determina o seu uso político mais amplo. Como a cada plano se introduz uma nova incerteza que escapa à experiência "[o] poder da história cresce com a sua factibilidade" (VZ: 61). No ensaio "Sobre a disponibilidade da história" Koselleck abordaria os limites da factibilidade da história a partir de personalidades que "fizeram história": Marx, Bismarck, Hitler e Roosevelt. A coincidência plena entre planejamento e execução representaria o fim da história porque a história se distingue sempre pela diferença entre planejamento e execução. Contudo, a incomensurabilidade entre intenção e resultado não exime os sujeitos históricos da responsabilidade pelas suas ações: "Na história acontece sempre mais ou menos do que está contido nas condições previamente dadas. Sobre este mais ou este menos decidem os homens, queiram ou não. Mas as condições prévias não mudam por causa disso. E, se mudam, isto se dá tão lentamente, que escapam à disponibilidade direta, à factibilidade da história" (VZ: 277).

5 Ficção do factual

Após exercer o cargo de professor de história moderna na Universidade de Heidelberg de 1968 a 1974, Koselleck tornar-se-ia, em 1974, professor de teoria da história na Universidade de Bielefeld, da qual também era membro fundador. Os seus trabalhos de história dos conceitos ganhariam projeção internacional desde a publicação da coletânea *Futuro passado. Contribuição à semântica dos tempos passados* (*Vergangene Zukunft. Zur Semantik vergangener Zeiten*) em 1979. A coletânea, que reúne ensaios escritos no final dos anos de 1960 ao início dos anos de 1970, é notável pela explicitação e revisão crítica de implicações teóricas da história dos conceitos. A questão controversa da relação entre mudança conceitual e mudança histórica, semântica e estrutura social, é abordada de perspectivas variadas, muitas vezes, resultantes da colaboração estreita com colegas de outras disciplinas. Além do círculo de trabalho em história social, Koselleck participava ativamente do grupo Poética e hermenêutica, integrado, entre outros, por Hans Robert Jauss, Peter Szondi e Odo Marquard[29]. *Futuro passado* inclui um dos estudos mais ousados e fascinantes de Koselleck sobre sonhos de judeus alemães registrados durante o Terceiro Reich. Koselleck argumenta que o historiador deve acolher os sonhos como fontes históricas que "atestam uma inelutável facticidade do ficcional", que formam, enquanto ficção, elementos da realidade histórica (VZ: 286). Ao mesmo tempo, os sonhos expõem o limite do projeto de história dos conceitos, pois "abrem um campo no qual a linguagem emudece" (VZ: 288).

O artigo "História social e história dos conceitos" ("Sozialgeschichte und Begriffsgeschichte") publicado originalmente em 1972 e reunido em coletânea em 2006 oferece um comentário crítico-sistemático do prefácio ao léxico de *Conceitos históricos básicos*[30]. Por um lado, mantêm-se as motivações de superar abordagens convencionais de história das ideias e de situar eventos em relação a estruturas de longa duração. Neste sentido, reconhece Koselleck, o grupo de trabalho constituído por Werner Conze implementou princípios formulados por Lucien Febvre e Marc Bloch, desde os anos de 1930, na Escola dos Anais. Por outro lado, examinam-se teoricamente a interligação *e* a diferença entre história social e história dos conceitos. Os fundamentos teóricos das disciplinas têm implicações para a história em geral, pois tanto sociedade quanto linguagem são premissas meta-históricas, sem as quais não se pode conceber história ou historiografia. Teoricamente indispensáveis às demais especialidades históricas, demonstram a partir de si mesmas a impossibilidade de uma *histoire totale*, da apreensão de qualquer totalidade histórica. Uma vez que a apreensão verbal dos eventos jamais coincide com o que de fato ocorreu, e tampouco ocorre algo que não seja moldado pela sua elaboração linguística, a diferença de perspectiva entre história social e história dos conceitos é instransponível: "Relações sociais, conflitos, e suas respectivas soluções, assim como suas condições variáveis, jamais coincidem com as articulações linguísticas graças às quais as sociedades agem, compreendem, interpretam, transformam-se e reconstituem-se a si mesmas" (BG: 13-14). Assim, a inter-relação entre história social e história conceitual relativiza as pretensões totalizantes de cada uma.

A tensão entre história social e história dos conceitos é uma das teses centrais da teoria da história: "Toda história", dirá Koselleck, "alimenta-se desta tensão". Portanto, a teoria da história diz respeito à explicitação da diferença entre evento e fala, história e linguagem: "Nenhuma história se realiza sem fala, mas jamais é idêntica ou redutível às palavras proferidas" (BG: 15). No decorrer dos acontecimentos, palavras e ações são indissociáveis. Contudo, esta observação tem limites: o chamado para matar não se confunde com a violência da execução; as palavras de um casal amoroso não exaurem a experiência do amor. Além de elementos que obviamente extrapolam a linguagem, como gestos e rituais, há uma série de distinções formais, como distância e proximidade, expectativa e experiência, amigo e inimigo que condicionam previamente a história: "Há [...] em todas as ações elementos extra, pré, e pós-linguísticos que conduzem a uma história" (BG: 16). O fato de que fala e evento só se distinguem analiticamente, jamais *in actu*, tem consequências consideráveis para a representação de histórias passadas.

O nexo entre falar e agir se desfaz quando a ênfase se desloca da história *in eventu* para a história *ex eventu*. Tão logo um evento passa a pertencer ao passado, a linguagem torna-se o meio, sem o qual não existe memória nem reconstrução histórica. Por esta razão, a distinção antropológica entre falar e agir adquire uma função epistemológica para a representação da história. O que era indissociável *in eventu* só é recuperável *post eventum* mediante testemunhos verbais e registros textuais. O historiador discerne analiticamente a esfera de ação linguística e pré-linguística para então reintegrá-las, de forma análoga ao que foi a experiência passada. Sua tarefa é a "ficção do factual" (BG: 20). O que de fato aconteceu, em retrospecto, só é real pela representação verbal: "De um ponto de vista epistemológico cabe à linguagem uma dupla tarefa: ela se refere a contextos de eventos extralinguísticos e, ao fazê-lo, a si mesma. Ela é, de um ponto de vista histórico, sempre autorreflexiva" (BG: 21).

Ao tratar da ambivalência da história como evento e representação a teoria da história distingue-se da hermenêutica na medida em que se serve da linguagem para expor condições e estruturas que antecedem a linguagem e os textos[31]. A distinção, assumidamente paradoxal, determina a "ficção do factual" – expressão retomada em vários textos – e resume a aporia do historiador: ter de forjar o seu objeto linguisticamente. A tarefa é aporética porque, embora a história preceda todos os esforços hermenêuticos, só é articulável linguisticamente. Empenhado em delimitar as fronteiras entre teoria da história e hermenêutica,

Koselleck chega a afirmar que a "ficção do factual" é "quase uma ironia" (ZS: 116). A palavra ironia evoca as teorizações do Romantismo alemão sobre a relação do artista com a sua obra de arte. Aplicada à relação do historiador com a sua obra, sugere Koselleck, a ironia exacerba-se. Embora não seja possível esgotar os sentidos desta observação, no contexto da obra de Koselleck, a "ironia" sublinha a continuidade entre as suas reflexões teóricas e uma determinada tradição de pensamento, decisiva para a formação do moderno conceito de história. E, ao fazê-lo, recupera o reconhecimento passado da necessidade de se elucidarem os princípios da construção do saber histórico, criticando indiretamente a sua obstinada dissimulação. Segundo Koselleck, Friedrich Schlegel sintetizou o estágio de reflexão sobre a teoria da história alcançado no século XVIII em 1800:

> Já que gostam tanto de falar contra as hipóteses, deveriam tentar começar a história sem hipótese. Não se pode dizer que algo existe, sem dizer o que é. Na medida em que se pensa a história, relacionam-se fatos a conceitos, e não é indiferente a quais. Sabendo disso, é possível determinar e escolher por si mesmo, entre os conceitos possíveis, aqueles aos quais se deve relacionar fatos de todo tipo. Não se reconhecendo isso, a escolha fica entregue ao instinto, ao acaso, ou à arbitrariedade; gabam-se de dispor de pura, sólida empiria totalmente *a posteriori*, enquanto têm uma visão extremamente unilateral, dogmática e transcendente *a priori*[32].

A reflexão conceitual sobre a história é crítica, no sentido kantiano da palavra, porque interroga as condições de possibilidade do conhecimento histórico; ela também é eminentemente política, porque evidencia a "escolha" e, portanto, a posição do historiador.

Em 1985, em uma conferência proferida em homenagem ao aniversário de 85 anos do filósofo Hans Georg Gadamer, Koselleck traz à tona a dimensão política da teoria da história, expondo o legado de Martin Heidegger. Em *Ser e tempo* Heidegger oferece um esboço ontológico para se pensar condições de histórias possíveis, a partir da experiência da finitude (*Endlichkeit*) da existência humana (*Dasein*). Em sua análise da existência humana, colhida entre o nascimento e a morte, imiscuíram-se uma série de categorias e interpretações que podiam adquirir, a despeito da recusa do autor, um sentido antropológico; por exemplo, cuidado e medo, autenticidade e inautenticidade, povo, fidelidade ou ser livre para a morte (*Freisein zum Tode*). Não havia "precauções metodológicas", escreve Koselleck, que "fizessem desaparecer do mundo" a oferta de sentido, a "semântica política" destes termos: "Quem antes de 1933 fala de resolução que se antecipa em direção à morte, não podia, o mais tardar após 1945, escapar à ideologização" (ZS: 100). Ao invés de explorar como o "patos" intelectual dos anos de 1920 se impregna em termos heideggerianos, Koselleck analisa os limites do princípio da finitude do *Dasein*, derivado da oposição central entre ser lançado (*Geworfenheit*) e antecipar-se à morte (*Vorlaufen zum Tode*) (ZS: 101), para o desenvolvimento de uma teoria da história.

Ao complementar e redefinir distinções e conceitos de Heidegger, a argumentação de Koselleck aproxima-se de uma antropologia histórica. Esta ruptura teórico-conceitual estaria amparada na historicidade da própria obra de Heidegger. Por um lado, a possibilidade de uma interpretação antropológica de categorias declaradamente ontológicas teria provocado uma teoria da história. Por outro, a precariedade das categorias ontológicas de Heidegger para uma fundamentação conceitual de histórias possíveis seria patente. Koselleck começa pela limitação do termo *Dasein*: a noção do ser humano enquanto *Dasein* não abrange a sua abertura para outros seres humanos, nem a liberdade diante de potenciais conflitos com os seus iguais. Por esta razão, não é possível deduzir de modalidades existenciais os tempos históricos; estes só se constituem entre os seres humanos, a partir de diferenças, de sincronias do assincrônico. A limitação da análise existencial evidencia-se em sua determinação central: a antecipação para a morte (*Vorlaufen zum Tode*). Enquanto condição definidora de histórias possíveis precisa ser complementada pela categoria do "poder matar" (*Todschlagenkönnen*). Sem esta categoria não podemos pensar as histórias que conhecemos. A oposição entre "ter que morrer" e "poder matar" supõe a distinção entre amigo e inimigo. Sem citar o texto, *O conceito do político* (*Der Begriff des Politishcen*), ou o seu autor, Carl Schmitt, Koselleck diz ser do conhecimento de todos que a distinção entre amigo e inimigo remonta ao mesmo contexto político de *Ser e tempo* (*Sein und Zeit*)[33]. Mas, à diferença da terminologia heideggeriana, a oposição amigo/inimigo seria uma categoria formal, que diz respeito a organizações e ações humanas presentes em qualquer história. Enquanto categoria formal, a oposição amigo e inimigo circunscreve histórias possíveis, mas não dá conta da multiplicidade de histórias reais. Como mostra Koselleck, a distinção amigo/inimigo estrutura, mas não antecipa ou define a história concreta dos conceitos antitéticos e assimétricos, helenos e bárbaros, cristãos e pagãos, homem e não homem, e super-homem e sub-homem[34].

Enquanto Heidegger "contentou-se com a categoria da historicidade", é preciso, segundo Koselleck, tematizar estruturas de possibilidades (ZS: 110). A noção de historicidade em si mesma conferiu legitimidade ao relativismo historicista sem conduzir à fundamentação transcendental da multiplicidade de histórias reais (ZS: 110). A definição de oposições formais mínimas permite discernir "estruturas da finitude" ("Strukturen der Endlichkeit"), estruturas temporais, cujo horizonte delimita espaços de ação. As "tensões, conflitos, rupturas, inconsistências" (ZS: 110) deste horizonte não se resolvem *in eventu*; antes ajudam a discriminar, *post eventum*, a pluralidade de espaços de ação que integram uma dada situação histórica. As categorias formais são, assim, inseparáveis de uma concepção de história, segundo a qual o excesso de possibilidades deve ser reduzido para que algo possa se realizar "no tempo", isto é, historicamente. Servem para pensar a indeterminação histórica enquanto discriminação de diferenças, para analisar a tensão que une atores em conflito. As oposições formais, objeto da teoria da história, articulam-se a partir de uma conceitualização do político tomado como princípio abstrato de associação e dissociação. O político, diz Schmitt:

> [...] não designa um campo próprio, concreto, mas apenas o grau de intensidade de uma associação e dissociação de seres humanos, cujos motivos podem ser religiosos, nacionais (no sentido étnico ou cultural), econômicos, ou de outra natureza, e que em tempos diferentes podem efetuar ligações e separações distintas[35].

6 Não sentido e estranhamento

O político como princípio de associação e dissociação possibilita a discriminação de diferenças, o reconhecimento de conflitos, e, por isso, também desestabiliza atribuições de sentido à história. Não por acaso, a última coletânea de ensaios de Koselleck trata do sentido e do não sentido da história. Se as histórias são sempre mediadas pela percepção dos sujeitos que delas participam, não há nunca uma realidade comum a todos os envolvidos. A história das percepções (*Wahrnehmungsgeschichte*) dos atores adquire uma perspectiva "fraturada" (SU: 16). Mas não é só isso. Se o desfecho das ações é sempre diferente do que se imaginava, "[a] realidade dos acontecimentos consiste *in actu* de realidades equivocadas" (SU: 16). Koselleck pondera os desdobramentos desta asserção. A partir de um subjetivismo exacerbado, seria possível sustentar, à semelhança dos romances de William Faulkner, que a verdade equivale à diversidade de percepções. Esta hipótese abarcaria as meditações de Hayden White, para quem a história é um discurso cuja realidade emana da sua articulação linguístico-literária. Para Koselleck, a redução da realidade à fixação e à transmissão discursiva de sentido deixa de lado a pluralidade de percepções e espaços de ação da "situação de partida" (SU: 17). E pergunta:

> Que realidades outrora percebidas, que ajudariam a criar uma realidade posterior, foram recalcadas, esquecidas ou silenciadas? Que fontes ainda existem [...] que talvez ofereçam uma instância de controle para o que também poderia ter sido o caso? O recurso à multiplicidade de histórias de percepções [...] torna questionável se continuar a escrever uma única variante pode alcançar o "sentido" da história. Pressupor a sua falta de sentido oferece, do ponto de vista da teoria do conhecimento, uma base melhor para lidar com o que se costuma chamar de história (SU: 18-19).

Admitir que a história é sempre uma "racionalização após o fato" (*logificatio post festum*) (SU: 19) implica reconhecer que ela é, em seu decurso, destituída de sentido: "A história real, eis a ironia ou paradoxo desta reflexão, revela a sua verdade somente quando já passou" (SU: 19). Portanto, a sincronia do assincrônico não define apenas a história passada, mas a tarefa do próprio historiador. Se a história não para, então a diferença entre representação e realidade históricas se reproduz constantemente. Esta diferença, que determina a parcialidade e a transitoriedade de toda reconstrução histórica, também aponta para razão da sua permanência: enquanto houver história (*Geschichte*), haverá interpretações, narrativas históricas (*Historie*)[36]. A reflexão sobre a diferença entre reconstrução histórica e eventos passados levanta outra questão, particularmente sensível aos historiadores de conceitos. Os critérios de seleção que constituem as percepções de eventos em curso pertencem ao repertório de experiências do qual o historiador deriva a sua argumentação. Os modos de perceber, ou seja, a própria linguagem e os conceitos, constitutivos das histórias reais, "possibilitam e ao mesmo tempo limitam" a reconstrução histórica (SU: 20): "A diferença entre os modelos de percepção *in eventu* inerentes ao curso das ações e as categorias explicativas que a analisam *ex post* impõe deslocamentos subreptícios e ardilosos, difíceis de serem controlados metodologicamente" (SU: 20).

Koselleck historiciza a dificuldade – mostrando a sua vinculação ao moderno conceito de história – e reconhece a sua inevitabilidade – atrelando o seu próprio trabalho à vigência do tempo histórico moderno. Desta forma, o seu argumento sublinha a circularidade entre a história do conceito moderno de história e os termos que definem a tarefa do historiador. Não seria o caso de perguntar em que medida esta concepção de tempo e modernidade (ainda) constitui o horizonte da teoria da história? Koselleck insistiu sempre na enunciação dos pressupostos tácitos do trabalho do historiador. Em um dos seus últimos ensaios reafirma o detalhe concreto derivado das fontes, a natureza interdisciplinar do trabalho, a crítica não prescritiva da ideologia, e o efeito de estranhamento[37]. Embora não seja a primeira vez que alude ao efeito de estranhamento, aqui o eleva a "ferramenta do historiador". A operação de deslocar o texto histórico do âmbito das percepções automatizadas ganha um novo significado. Mesmo sem explicitar os mecanismos desta operação, Koselleck mostra que o desejo de conhecer vai além das nossas teorias ou horizontes.

Notas

[1] KOSELLECK, R. "Goethes unzeitgemässe Geschichte". *Zeitschichten* – Studien zur Historik. Mit einem Beitrag von Hans-Georg Gadamer. Frankfurt a.M.: Suhrkamp, (1993) 2000, p. 286-305. • Todas as traduções de citações de originais alemães são minhas.

[2] NIETZSCHE, F. *Vom Nutzen und Nachteil der Historie für das Leben*. Stuttgart: Reclam, (1874) 1994.

[3] KOSELLECK, R. "Vom Sinn und Unsinn der Geschichte". *Sinn und Unsinn. Aufsätze und Vorträge aus vier Jahrzehnten*. Frankfurt a.M.: Suhrkamp Verlag, 2010, p. 19 [Ed. C. Dutt].

[4] Sobre a renúncia à atualidade, cf. KOSELLECK, R. "Wozu noch Historie?" *Sinn und Unsinn*, p. 45. Sobre renúncia ao sentido "Vom Sinn und Unsinn der Geschichte" *Sinn und Unsinn*, p. 18.

[5] KOSELLECK, R. "Ich war weder Opfer noch befreit – Der Historiker Reinhart Koselleck über die Erinnerung and den Krieg, sein Ende, und seine Toten". *Berliner Zeitung*, 7/5, 2005 [Entrevista com Christian Esch – Disponível em http://www.berliner-zeitung.de/archiv/der-historiker-reinhart-koselleck-ueber-die-erinnerung-an-den-krieg--sein-ende-und-seine-toten-ich-war-weder-opfer-noch-befreit,10810590,10282138.html].

[6] Cf., p. ex., "Terror und Traum". *Vergangene Zukunft*. Sobre os sonhos de judeus antes e depois do holocausto, *Vom Sinn und Unsinn der Geschichte*, que abre com uma longa meditação sobre a Batalha de Stalingrado, e o livro *Zur politischen Ikonologie des gewaltsamen Todes: ein deutsch-französischer Vergleich* (Basileia: Schwabe, 1998), um estudo comparativo sobre os monumentos e o moderno culto político aos mortos.

[7] Sobre a história dos conceitos, *Bildungsbürgertum* e *Bildung*, cf. KOSELLECK, R. "Zur anthropologischen und semantischen Struktur der Bildung". *Begriffsgeschichten* – Studien zur Semantik und Pragmatik der politischen und sozialen Sprache. Frankfurt a.M.: Suhrkamp, (2006) 2010, p. 105-154. Sobre a especificidade do termo *Bildung*, cf. p. 109-116.

[8] KOSELLECK, R. "Glühende Lava, zur Erinnerung geronnen". *Frankfurter Allgemeine Zeitung*, 06/05/1995 [Disponível em http://www.gedenkstaettenforum.de/nc/gedenkstaetten-rundbrief/rundbrief/news/gedaechtnis_ohne_erinnerung/].

[9] OLSEN, N. "Family – War – University: The Various of Reinhart Koselleck". *History in the Plural* – An Introduction to the Work of Reinhart Koselleck. [s.l.]: Berghahn, 2012, p. 19.

[10] O título original da tese era *Crítica e crise – Uma investigação da função política da visão de mundo dualista no século XVIII* (*Kritik und Krise – Eine Untersuchung der politischen Funktion des dualistischen Weltbildes im 18. Jahrhundert*).

[11] Para Theodor W. Adorno e Max Horkheimer o projeto mais amplo do esclarecimento era "livrar os homens do medo. Mas a terra totalmente esclarecida resplandece numa calamidade triunfal". ADORNO, T.W. & HORKHEIMER, M. "O conceito de esclarecimento". *Dialética do esclarecimento* – Fragmentos filosóficos. Rio de Janeiro: Zahar, (1944) 1985, p. 19. Koselleck escreve no prefácio à segunda edição: "Que a evidência do subtítulo, a patogênese, não provém de uma metáfora biológica, mas do sofrimento, cujo diagnóstico requer novas categorias, prescinde de maiores explicações" (KOSELLECK, R. *Kritik und Krise* – Ein Beitrag zur Pathogenese der bürgerlichen Welt. 2. ed. Munique: Karl Alber, 1959, [s.p.].

[12] Sobre a tradução do termo alemão *Aufklärung* como esclarecimento, no contexto específico da língua alemã, cf. a "Nota preliminar do tradutor", Guido Antonio de Almeida, à edição brasileira da *Dialética do esclarecimento*, p. 7-8. No caso do livro de Koselleck, cuja discussão engloba a França, Alemanha e Inglaterra, manteve-se Iluminismo, o termo corrente para o período.

[13] ADORNO & HORKHEIMER, p. 22.

[14] KOSELLECK, R. *Crítica e crise* – Uma contribuição à patogênese do mundo burguês. Rio de Janeiro: Eduerj/Contraponto, 1999, p. 10 [Trad. de Luciana Villas Bôas].

[15] KOSELLECK, R. "Über die Verfügbarkeit von Geschichte". *Vergangene Zukunft* – Zur Semantik geschichtlicher Zeiten. Frankfurt a.M.: Suhrkamp, (1989) 1995, p. 260-277. Cf. p. 269.

[16] Cf. JASMIN, M.G. & FERES JÚNIOR, J. (orgs.) *História dos conceitos*: debates e perspectivas. Rio de Janeiro/São Paulo: PUC-Rio/Loyola/Iuperj/Ucam, 2006.

[17] Koselleck faz objeções ao discurso livre de dominação (*herrschaftsfrei*) de Habermas em "Historik und Hermeneutik". *Sitzungsberichte der Heidelberger Akademie der Wissenschaften*, 1 (1987), p. 9-28. Sobre o contexto intelectual da gênese e recepção de *Crítica e crise*, cf. OLSEN. "Explaining, Criticizing and Revising Modern Political Thought", p. 41-100. Sobre o trabalho de Koselleck como crítica à normatividade do pensamento político, cf. PALONEN, K. "The History of Concepts as a Style of Political Theorizing: Quentin Skinner's and Reinhart Koselleck's Subversion of Normative Political Theory". *European Journal of Political Theory* 1, n. 1, 2000, p. 91-106.

[18] Em 1993 publica-se num oitavo volume o índice do dicionário.

[19] Cf. MELTON, J.H. "Otto Brunner and the Ideological Origins of Begriffsgeschichte". *The Meaning of Historical Terms and Concepts* – New Studies on Begriffsgeschichte. Washington, D.C.: German Historical Institute, 1996, p. 21-33 [Org. de Hartmut Lehmann e Melvin Richter]. • OLSEN, N. "Werner Conze and Structural History" p. 119-124. • KOSELLECK, R. "Werner Conze: Tradition und Innovation". *Historische Zeitschrift*, vol. 245, 1987, p. 529-543.

[20] Para uma apreciação mais ampla da história dos conceitos no contexto intelectual alemão, cf. GUMBRECHT, H.U. "Pirâmides do espírito – Sobre a rápida ascensão e o súbito esmorecimento da história dos conceitos". In: *Graciosidade e estagnação* – Ensaios escolhidos. Rio de Janeiro: Contraponto/PUC-Rio, 2012, p. 15-59 [Org. de Luciana Villas Bôas]. Sobre a relação entre a história dos conceitos e a *history of ideas* e a *intellectual history* anglo-saxã, cf. PORTINARO, P.P. "Begriffsgeschichte delle Begriffsgeschichte: brevi cenni storici sulla 'storia concettuale' e sui suoi protagonisti". *L'orizzonte in movimento* – Modernitá e futuro in Reinhart Koselleck. Bolonha: Il Mulino, 2012, p. 29-46.

[21] Em 2002, Koselleck escreveria que os pressupostos teóricos e metodológicos sistematizados no prefácio aos GG, que foram necessários à realização do projeto, transformaram-se para ele em uma "camisa de força teórica". As suas próprias teorias sobre história dos conceitos "transformaram-se continuamente" (KOSELLECK, R. "Hinweise auf die temporalen Strukturen begriffgeschichtlichen

Wandels". *Begriffsgeschichte, Diskursgeschichte, Metapherngeschichte*. Göttingen: Wallstein, 2002, p. 31-47, esp. p. 31 [Org. de Hans Erich Bödecker].

[22] RICHTER, M. *The History of Political and Social Concepts:* An Introduction. Oxford: Oxford University Press, 1995, p. 50.

[23] A expressão daria título a uma coletânea de ensaios dedicados à teoria dos tempos históricos: KOSELLECK, R. *Zeitschichten* – Studien zur Historik. Frankfurt a.M.: Suhrkamp, 2000.

[24] KOSELLECK, R. "Die Herausbildung des modernen Geschichtsbegriffs". *Geschichtliche Grundbegriffe*. Vol. II. Stuttgart: Ernst Klett, 1975, p. 647-717. • "Historia Magistra Vitae – Über die Auflösung des Topos im Horizont neuzeitlich bewegter Geschichte". *Vergangene Zukunft* – Zur Semantik geschichtlicher Zeiten. Frankfurt a.M.: Suhrkamp, (1989) 1995, p. 38-66 [Publicado inicialmente em *Natur und Geschichte*: Karl Löwith zum 70. Geburtstag. Stuttgart: Klett, 1967, p. 196-219 [Org. de Hermann Braun e Manfred Riedel].

[25] Humboldt elaborou os conceitos usados na conferência "Sobre a tarefa do historiador" no decorrer de investigações estéticas realizadas no final dos anos de 1790, em particular a longa análise da peça de Goethe, *Hermann e Dorothea*. Cf. MUHLAK, G. "Geschichtsschreibung als Geschichtswissenschaft". *Geschichtsdiskurs* – Die Epoche der Historisierung. Vol. 3. Frankfurt a.M.: Fischer, 1997, p. 67-79 [Org. de Jorn Rüsen et al.]. Para uma discussão mais abrangente sobre a escrita da história, cf. COSTA LIMA, L. "A escrita da história". *História. Ficção. Literatura*. São Paulo: Companhia das Letras, 2006, p. 29-164.

[26] Sobre a atualidade da reflexão de Humboldt sobre história e a sua estreita relação com filosofia de Immanuel Kant, cf. RICCOTA, L. "Wilhelm von Humboldt". In: PARADA, M. (org.). *Os historiadores* – Clássicos da história. Vol. 1. Petrópolis/Rio de Janeiro: Vozes/PUC-Rio, 2012, p. 283-302.

[27] A posição do historicismo em relação a outros movimentos intelectuais do século XIX, seja a filosofia da história ou o cientificismo positivista, é controversa. Cf. a respeito em JAEGER, F. "Geschichtsphilosophie, Hermeneutik und Kontingenz in der Geschichte der Historismus". In: RÜSEN, J. et al. (orgs.) *Geschichtsdiskurs* – Die Epoche der Historisierung. Vol. 3. Frankfurt a.M.: Fischer, 1997, p. 45-66.

[28] Koselleck reviu o postulado da aceleração, discriminando formas distintas de sua reiteração no conceito de expectativa. Cf. KOSELLECK, R. "Gibt es eine Beschleunigung der Geschichte?" *Zeitschichten* – Studien zur Historik. Frankfurt a.M: Suhrkamp, 2000, p. 150-176.

[29] O sociólogo Niklas Luhmann, professor da Universidade de Bielefeld, reformularia o projeto de uma semântica histórica de acordo com pressupostos da teoria dos sistemas. Cf. LUHMANN, N. "Gesellschaftliche Struktur und semantische Tradition" e "Temporalisierung von Komplexität: Zur Semantik neuzeitlicher Begriffe". In: *Gesellschaftsstruktur und Semantik* – Studien zur Wissenssoziologie der modernen Gesellschaft. Vol. 1. Frankfurt a.M: Suhrkamp, 1980, p. 9-71, 235-300.

[30] KOSELLECK, R. "Sozialgeschichte und Begriffsgeschichte". *Begriffsgeschichten*. Frankfurt a.M.: Suhrkamp, (2006) 2010, p. 9-31.

[31] Koselleck estabelece a distinção entre *Historie*, a arte da representação e narração, e *Historik*, a teoria das condições de possíveis histórias. Ao contrário da *Historie*, circunscrita à linguagem, a *Historik*, voltada para categorias extralinguísticas, diferencia-se da hermenêutica. Cf. KOSELLECK, R. "Historik und Hemeneutik". *Zeitschichten* – Studien zur Historik. Frankfurt a.M: Suhrkamp, (1987) 2000, p. 97-118.

[32] SCHLEGEL, F. "Athenäums-Fragmente", n. 226, apud KOSELLECK, R. "Die Herausbildung des modernen Geschichtsbegriffs". *Geschichtliche Grundbegriffe*, p. 671.

[33] SCHMITT, C. *Der Begriff des Politischen* – Mit einer Rede über das Zeitalter der Neutralisierung und Entpolitisierung neu herausgegeben. Munique/Leipzig: Duncker & Humboldt, (1927) 1932.

[34] KOSELLECK, R. "Zur historisch-politischen Semantik asymmetrischer Gegenbegriffe". *Vergangene Zukunft* – Zur Semantik historischer Zeiten. Frankfurt a.M.: Suhrkamp, (1979) 1989, p. 211-269.

[35] SCHMITT, C. Op. cit., p. 26.

[36] KOSELLECK, R. "Wozu noch Historie". *Sinn und Unsinn der Geschichte*, p. 42.

[37] Não se elucidou ainda a proveniência do termo efeito de estranhamento em Koselleck. É a expressão em alemão *Verfremdungseffekt*, também usada por Bertold Brecht como traço distintivo do teatro épico, inspirada nas reflexões de Viktor Shklovsky: "Art as Device". *Theory of Prose*. Londres: Dalkey Archive Press, 1990, p. 12.

Referências

ADORNO, T. & HORKHEIMER, M. *Dialética do esclarecimento – Fragmentos filosóficos*. Rio de Janeiro: Zahar, (1944) 1985 [Trad. Guido Antonio de Almeida].

BRECHT, B. "Das epische Theater". *Schriften zum Theater*: 1937-1951. Vol. 3. [s.l.]: [s.e.], 1963.

COSTA LIMA, L. "A escrita da história". *História. Ficção. Literatura*. São Paulo: Companhia das Letras, 2006, p. 29-164.

GUMBRECHT, H.U. "Pirâmides do espírito – Sobre a rápida ascensão e o súbito esmorecimento da história dos conceitos". *Graciosidade e estagnação* – Ensaios escolhidos. Rio de Janeiro: Contraponto/PUC-Rio, 2012, p. 15-59 [Trad. e org. de Luciana Villas Bôas].

HEIDEGGER, M. *Sein und Zeit*. Tübingen: Max Niemeyer, (1927) 1990.

HUMBOLDT, W. "Über die Aufgabe des Geschichtsschreibers". *Schriften zur Anthropologie und Geschichte*. Darmstadt: Wissenschaftliche Buchgesellschaft, 1960, p. 585-606.

JAEGER, F. "Geschichtsphilosophie, Hermeneutik und Kontingenz in der Geschichte der Historismus". *Geschichtsdiskurs* – Die Epoche der Historisierung. Vol. 3. Frankfurt a.M.: Fischer, 1997, p. 45-66 [Org. de Jorn Rüsen et al.].

JASMIN, M.G. & FERES JÚNIOR, J. (orgs.). *História dos conceitos*: debates e perspectivas. Rio de Janeiro/São Paulo: PUC-Rio/Loyola/Iuperj/Ucam, 2006.

KOSELLECK, R. *Futuro passado* – Contribuição à semântica dos tempos históricos. Rio de Janeiro: Contraponto/PUC-Rio, (2006) 2011 [Trad. de Wilma Patrícia Maas e Carlos Almeida Pereira].

_____. *Sinn und Unsinn* – Aufsätze und Vorträge aus vier Jahrzehnten. Frankfurt a.M.: Suhrkamp, 2010 [Org. de Carsten Dutt].

_____. "Begriffsgeschichten". *Begriffsgeschichten* – Studien zur Semantik und Pragmatik der politischen und sozialen Sprache. Frankfurt a.M.: Suhrkamp, (2006) 2010.

_____. "Ich war weder Opfer noch befreit – Der Historiker Reinhart Koselleck über die Erinnerung and den Krieg, sein Ende, und seine Toten". *Berliner Zeitung*, 7/5, 2005 [Entrevista com Christian Esch – Disponível em http://www.berliner-zeitung.de/archiv/der-historiker-reinhart-koselleck-ueber-die-erinnerung-an-den-krieg--sein-ende-und-seine-toten-ich-war-weder-opfer-noch-befreit,10810590,10282138.html].

_____. "Hinweise auf die temporalen Strukturen begriffgeschichtlichen Wandels". In: BÖDECKER, H.E. (org.). *Begriffsgeschichte, Diskursgeschichte, Metapherngeschichte*. Göttingen: Wallstein, 2002.

_____. *Zeitschichten* – Studien zur Historik. Mit einem Beitrag von Hans-Georg Gadamer. Frankfurt a.M.: Suhrkamp, 2000.

_____. *Crítica e crise* – Contribuição à patogênese do mundo burguês. Rio de Janeiro: Contraponto/Eduerj, 1999 [Trad. de Luciana Villas Bôas].

_____. "Glühende Lava, zur Erinnerung geronnen". *Frankfurter Allgemeine Zeitung*, 06/05/1995 [Disponível em http://www.gedenkstaettenforum.de/nc/gedenkstaetten-rundbrief/rundbrief/news/gedaechtnis_ohne_erinnerung/].

_____. *Vergangene Zukunft* – Zur Semantik geschichtlicher Zeiten. Frankfurt a.M.: Surhkamp, (1979) 1989.

_____. "Werner Conze: Tradition und Innovation". *Historische Zeitschrift*, vol. 245, 1987, p. 529-543.

_____. "Die Herausbildung des modernen Geschichtsbegriffs". *Geschichtliche Grundbegriffe* – Historisches Lexikon zur politisch-sozialen Sprache in Deutschland. Vol. II. Stuttgart: Ernst Klett, 1975, p. 647-717.

_____. "Einleitung". *Geschichtliche Grundbegriffe* – Historisches Lexikon zur politisch-sozialen Sprache in Deutschland. Vol. I. Stuttgart: Ernst Klett, 1972, p. XIII-XXVII.

_____. *Kritik und Krise* – Beitrag zur Pathogenese der bürgerlichen Welt. 2. ed. Munique: Karl Alber, 1959.

LUHMANN, N. "Gesellschaftsstruktur und Semantik". *Studien zur Wissenssoziologie der modernen Gesellschaft*. Vol. 1. Frankfurt a.M: Suhrkamp, 1980.

MELTON, J.H. "Otto Brunner and the Ideological Origins of Begriffsgeschichte". *The Meaning of Historical Terms and Concepts* – New Studies on Begriffsgeschichte. Washington, D.C.: German Historical Institute, 1996, p. 21-33 [Org. de Hartmut Lehmann e Melvin Richter].

MUHLAK, G. "Geschichtsschreibung als Geschichtswissenschaft". In: RÜSEN, J. et al. (orgs.). *Geschichtsdiskurs* – Die Epoche der Historisierung. Vol. 3. Frankfurt a.M.: Fischer, 1997, p. 67-79.

NIETZSCHE, F. *Vom Nutzen und Nachteil der Historie für das Leben*. Stuttgart: Reclam, (1874) 1994.

OLSEN, N. *History in the Plural* – An Introduction to the Work of Reinhart Koselleck. [s.l.]: Berghahn Books, 2012.

PALONEN, K. "The History of Concepts as a Style of Political Theorizing: Quentin Skinner's and Reinhart Koselleck's Subversion of Normative Political Theory". *European Journal of Political Theory* 1, n. 1, 2000, p. 91-106.

PORTINARO, P. "Begriffsgeschichte delle Begriffsgeschichten: brevi cenni storici sulla 'storia concettuale' e sui suoi protagonisti". *L'orizzonte in movimento* – Modernitá e futuro in Reinhart Koselleck. Bolonha: Il Mulino, 2012, p. 29-46.

RICCOTA, L. "Wilhelm von Humboldt". In: PARADA, M. (org.). *Os historiadores* – Clássicos da história. Vol. 1. Petrópolis/Rio de Janeiro: Vozes: PUC-Rio, 2012, p. 283-302.

RICHTER, M. *The History of Political and Social Concepts:* An Introduction. Oxford: Oxford University Press, 1995.

SCHMITT, C. *Der Begriff des Politischen* – Mit einer rede über das Zeitalter der Neutralisierung und Entpolitisierung neu herausgegeben. Munique/Leipzig: Duncker & Humboldt, (1927) 1932.

SHKLOVSKY, V. "Art as Device". *Theory of Prose*. Londres: Dalkey Archive Press, 1990, p. 1-14.

6
Jacques Le Goff (1924-)

*Hilário Franco Júnior**

O francês Jacques Le Goff é, sem dúvida, um dos principais historiadores do século XX. Sua obra impressiona já do ponto de vista meramente quantitativo: são 22 livros individuais, 7 em coautoria, 14 obras coletivas que dirigiu e em parte escreveu, quase 200 artigos (só no ano de 1989 foram 19!), várias dezenas de prefácios, apresentações e entrevistas. Mais importante, do ponto de vista qualitativo o reconhecimento é mundial: seus textos estão traduzidos em 14 idiomas, seus livros caminham para um milhão de exemplares vendidos, ele recebeu 8 títulos de doutor *honoris causa*, quatro grandes prêmios franceses e quatro internacionais. Paralelamente, o pesquisador de alto nível jamais descurou da função pedagógica, considerada por ele elemento fundamental no processo da reflexão historiográfica. Excelente professor, formou vários medievalistas importantes. Desejando divulgar junto ao grande público a produção de seus colegas, desde 1968 apresenta semanalmente (mensalmente a partir de 1972) na Rádio France Culture o programa *Lundis de l'histoire*, no qual comenta uma obra recém-lançada, entrevista seu autor e debate com ele e outro especialista do assunto.

1 O historiador e sua época[1]

Evidentemente, todo homem é filho de seu tempo e de seu meio social, e ao longo da vida faz escolhas, conscientes e inconscientes, que expressam sua adesão ou sua rejeição a tais raízes e ao correspondente conjunto de valores. Por vocação, alguns homens sentem necessidade de compreender e explicar aos outros o sentido do seu tempo, cada um deles recorrendo ao instrumental que lhe parece mais eficaz e melhor adaptado às suas próprias inclinações, tornando-se então romancista, poeta, músico, sacerdote, filósofo, psicólogo, sociólogo, antropólogo ou historiador. No caso de Jacques Le Goff, a escolha por esta última profissão decorreu muito do momento histórico de sua infância e adolescência.

---

* Doutor em História pela Universidade de São Paulo (USP), fez pós-doutorado com Jacques Le Goff na École des Hautes Études en Sciences Sociales. É professor da Universidade de São Paulo (USP).

117

Como ele mesmo conta, nasceu numa cidade portuária do sul francês, Toulon, num momento, 1924, de acelerada dinâmica histórica. No plano político internacional, fazia somente cinco anos que a Primeira Grande Guerra tinha sido encerrada e a paz era visivelmente precária, carregada de incertezas como mostraria a ascensão de Hitler ao poder no começo de 1933. No plano político nacional, a instabilidade não era menor, com a III República Francesa, fundada em 1870, sendo objeto de críticas e suspeitas. No plano econômico, antes que as destruições causadas pela guerra fossem reparadas veio a crise de 1929. No plano social, ocorria a emergência de uma pequena classe média da qual fazia parte seu pai, professor de inglês, e sua mãe, filha de um mercador de vinho arruinado, bem como a concessão do direito de voto às mulheres, em 1944. No plano religioso, dois aspectos dominavam a cena, o avanço do antissemitismo desde fins do século XIX com o processo Dreyfus, e a tensão entre republicanos e católicos (como ilustra o casamento entre os pais de Le Goff, ele anticlerical, ela devota) devido à lei de 1905 que separou o Estado e a Igreja.

Mas, como o historiador Le Goff teorizaria depois a partir dos sentimentos do garoto Le Goff, as transformações na rotina do dia a dia podem marcar os indivíduos e as sociedades mais fortemente do que os chamados grandes acontecimentos, como guerras ou mudanças de governo, que se situam na camada mais rápida e superficial da história. Foi o caso, quando ele tinha 12 ou 13 anos de idade, do fornecimento ininterrupto de água encanada no seu bairro, o que eliminou a sociabilidade que se manifestava até então em torno de uma fonte próxima onde os habitantes da rua iam se abastecer durante os meses mais quentes do ano[2]. Na mesma época, provocando também alterações profundas no modo de vida ocidental, surgiram a geladeira, o rádio, o telefone, o cinema, a máquina fotográfica, o automóvel, o avião.

Ao lado das rupturas, contudo, estão sempre presentes as continuidades, que também precisam ser consideradas. O "cristianismo do medo", professado por sua mãe, por exemplo: o sentimento onipresente do pecado, a constante necessidade de autopunição, o culto pelo remorso e a recusa da felicidade terrena vinham pelo menos desde o século XIV. Porque a Santíssima Trindade, tal qual lhe foi explicada quando criança, o "intrigou", porque desde adulto é agnóstico sem ser ateu, não é casual que em 2003, com quase 80 anos de idade, tenha publicado *O Deus da Idade Média*. Da mesma forma, a visão que seu pai e a sociedade de então tinham da mulher, oscilando entre a pecadora Eva e a mãe devotada Maria, como na Idade Média, deve "ter contribuído para a minha atração por essa época". Foi revisitando suas "más recordações" de "sermões medíocres e frequentemente lamentáveis" ouvidos na infância que o historiador se interessou pela predicação medieval e sua utilização de pequenas narrativas pitorescas conhecidas por *exempla*, que mereceram sua atenção por anos[3].

Outros temas do historiador foram despertados pelo cenário que conheceu quando pequeno. Nascido e criado em ambiente urbano, tendo tido durante a guerra contatos pouco favoráveis com camponeses, de quem "fui testemunho do egoísmo", Le Goff desde o começo da carreira interessou-se pelas cidades. E sem surpresa para quem nasceu perto "do mercado mais bonito da Provença", o tema do seu primeiro livro foi *Mercadores e banqueiros da Idade Média*. O segundo livro mudou de sujeito, mas não de ambientação: *Os intelectuais na Idade Média* estuda esse novo tipo de trabalhador urbano especializado na venda de conhecimento. Ainda sobre o espaço urbano, publicou em 1980 *O apogeu das cidades*, em 1987 o livro-entrevista *Por amor às cidades*. Outra área de interesse foi despertada por um presente que ganhou dos pais quando criança: foi graças à assinatura de uma revista que publicava contos e lendas que "não só fiquei seduzido com o mundo do imaginário, como continuo a estar", escreveu décadas depois[4]. Aliás, foi esse mundo que, aos 10 ou 11 anos, fê-lo descobrir a Idade Média por meio do romance histórico *Ivanhoé*, de Walter Scott.

De forma mais ampla, por toda vida ele seguiu a lição de Henri Pirenne, relatada e praticada por Marc Bloch, segundo a qual o historiador deve se interessar pela sua própria época, deve se inspirar nela[5]. Exemplo disso aconteceu de 1972-1975, quando Le Goff encabeçou a iniciativa de obter autonomia para a instituição em que trabalhava, transformada então na École des Hautes Études en Sciences Sociales (Ehess). Para concretizar esse projeto ele precisou se relacionar de perto com altos escalões da autoridade pública, o que na sua própria avaliação contribuiria para suas incursões no campo da história política. Não a história política tradicional, "aborrecida, superficial", e sim uma antropologia política histórica. Em 1994, no editorial da Revista *Annales* que assinou com seus colegas do comitê de direção para assinalar uma nova fase na vida da publicação, reafirma que "não há história senão em um presente que requalifica para novos empregos o espaço da experiência passada das sociedades"[6].

Todavia, a melhor ilustração do embricamento passado-presente na visão de Jacques Le Goff talvez esteja na sua firme adesão ao projeto da comunidade europeia. Ele acredita nessa ideia, "uma das raras grandes ideias políticas", argumentando que existe um fundo cultural comum entre os europeus que os possibilita ultrapassar o estágio organizativo em nações. E como historiador percebe aquilo que escapa aos políticos e causa problemas até hoje – "é preciso proceder gradualmente", advertência de 1987 após a qual ingressaram na comunidade europeia, sem boas condições de integração, Bulgária, Chipre, Eslováquia, Eslovênia, Estônia, Hungria, Letônia, Lituânia, Malta, Polônia, República Tcheca, Romênia. Uma fase de integração econômica é necessária, contudo o essencial não está nisso: "a Europa será cultural ou não será"[7]. Na linha dessa profissão de fé é que Le Goff coordena uma coleção chamada "Fazer a Europa", publicada simultaneamente em diferentes países e para a qual ele próprio escreveu em 2003 *As raízes medievais da Europa*. No prefácio geral à coleção, ele explicita o que lhe parece ser a essência desse processo: a Europa unida "não se realizará se não levar em conta a história".

Sua visão europeísta foi de certa maneira construída pela trajetória pessoal. Enquanto aluno da École Normale Supérieure (1945-1950), estagiou um ano letivo em Praga (1947-1948), depois de apenas um ano trabalhando em um liceu em Amiens, no norte francês (1950-1951), partiu para o Lincoln College de Oxford (1951-1952) e em seguida para a

École Française de Rome (1952-1953). No retorno a Paris vinculou-se como pesquisador ao CNRS, Centre National de la Recherche Scientifique (1953-1954), a seguir se tornou assistente de Michel Mollat na Universidade de Lille (1954-1959), em fins de 1959 foi contratado por Fernand Braudel para a VI Seção da École Pratique des Hautes Études, que se tornaria mais tarde a atual Ehess, na qual trabalhou até a aposentadoria em 1992 (e mesmo depois por ainda algum tempo). Instituição de clara vocação internacional, graças a ela Le Goff viajou bastante por toda parte, sobretudo na Europa, e em Paris recebeu muitos estudantes e colegas de diversas nacionalidades. Foi nesse quadro institucional que em fins de 1961 conheceu na Polônia aquela que logo seria sua esposa e com quem por longos anos faria nas férias, de automóvel, o percurso Paris-Varsóvia-Paris, atravessando vários países.

Dos seus anos de formação, Le Goff diz ter extraído sobretudo três ensinamentos. Primeiro, não se identifica com o tipo de história descritiva no conteúdo e restritiva na temática como presenciou nos cursos que seguiu na Sorbonne e em Oxford. Segundo, para seu jeito de ser é importante o ambiente de trabalho coletivo, de troca constante e sistemática de ideias, não o isolamento que vivenciou em Oxford e no CNRS: "se o ensino sem investigação é frustrante, a investigação sem ensino é lúgubre"[8]. Terceiro, revelaram-se importantes no plano pessoal e intelectual as amizades feitas com colegas que depois seriam personagens de destaque nas suas áreas, dentre outros o sociólogo Alain Touraine, o filósofo Gilles Deleuze, o semiólogo Roland Barthes, o teólogo Marie-Dominique Chenu, o helenista Pierre Vidal-Naquet, os medievalistas poloneses Witold Kula e Bronislaw Geremek.

Das muitas viagens que fez a trabalho um pouco por todo mundo, o cidadão e o intelectual Le Goff tiraria outras lições. Por exemplo, sobre o marxismo. Desde os 11 anos sentiu-se afetivamente atraído por ele quando sua mãe se ligou a um grupo de cristãos de esquerda. Foi de maneira natural, então, que em 1936-1937 simpatizou com a Frente Popular, coalizão de partidos de esquerda que governou a França por alguns meses. Um pouco mais tarde, a partir de 1941, sem se engajar em ações militares flertou com um grupo de inspiração socialista da Resistência antinazista. Terminada a guerra tornou-se comunista, porém quando estava em Praga como bolsista assistiu de perto ao golpe de fevereiro de 1948, pelo qual os estalinistas locais com o apoio da União Soviética derrubaram a república democrática tcheca, "reduzindo o país à escravidão ideológica e política". Com isso Le Goff ficou "vacinado" contra o comunismo[9], posição reforçada pelo conhecimento direto, desde fins de 1959, das difíceis condições de vida impostas pelo regime comunista na Polônia.

As ditaduras comunistas não o levaram a abdicar do socialismo democrático. Militou mesmo, entre 1958 e 1962, na célula do PSU, Partido Socialista Unificado, da pequena cidade vizinha a Paris, onde então vivia. E desde então jamais deixou de votar nos socialistas. Assim como na política, reconhece a influência intelectual recebida do marxismo, e também nesse campo não deixa de submetê-la à análise crítica. De Marx conserva a exigência de racionalidade, o gosto pela interdisciplinaridade e o conceito de luta de classes, ao qual atribui, porém, conteúdo mais cultural que econômico; diante disso, conclui que até certo ponto "continuo marxista". Mas rejeita a dicotomia simplista de infraestrutura/superestrutura e a noção rígida de modo de produção, que explica a existência de somente dois historiadores marxistas inteligentes, Pierre Vilar e Witold Kula[10]. Abstraindo as diferenças ideológicas, Le Goff percebeu que a Tchecoslováquia (onde morou durante um ano) e a Polônia (onde teve um pequeno apartamento para facilitar as muitas visitas à família de sua esposa e às amizades que ali estabelecera) participavam do mesmo conjunto cultural que as nações ocidentais do continente, o que contribuiu para torná-lo um convicto europeísta. Este fato, por sua vez, reforçou seu interesse pela Europa Medieval, que não tinha fronteiras, ao contrário da Europa de 1945-1989, dividida pela cortina de ferro do comunismo.

Dentre os numerosos países que conheceu, sempre teve predileção pela Itália, sua "segunda pátria", seu "outro jardim"[11], e a recíproca é verdadeira: ele goza ali de um prestígio enorme. Cinco de seus livros foram publicados lá antes de terem edição francesa, vários de seus artigos também apareceram originalmente na Itália. Ele conhece bem o país, sobretudo sua metade norte (embora Nápoles seja "uma das minhas cidades preferidas"), em viagens que, "excepcionalmente, foram motivadas mais pelo prazer do que por razões profissionais". Sua predileção vai para Veneza (onde esteve mais de 20 vezes) e em especial Roma – "cidade que eu adorava"[12] – desde o primeiro *soggiorno* ali, em 1952-1953, época em que o país conhecia forte dinamismo econômico (crescimento anual em torno de 6%), social (forte migração interna), cultural (como ilustra o cinema do neorrealismo). Em sua ego-história Le Goff confessa que pela "única vez na minha vida" ao deixar um local, quando saiu de Roma depois daquele "ano de felicidade", compreendeu o sentimento do último rei mouro de Granada, que forçado ao exílio olhou para sua cidade perdida e chorou[13].

As visitas à Cidade Eterna foram muitas, e não por acaso foi lá que ficou alguns meses quando precisou completar *O nascimento do purgatório*. A preferência que o próprio Le Goff tem por este livro no conjunto de suas obras não está isenta da deliciosa rotina algo monacal daqueles meses, que lembra ainda hoje com certa nostalgia. Instalado no prédio da bela Piazza Navona que a École Française de Rome reserva a seus alunos e convidados, ele passava todas as manhãs na Biblioteca Vaticana (que abre apenas nesse período) e na volta para o alojamento atravessava o histórico Campo de Fiore, em cujo centro uma estátua lembra que ali Giordano Bruno foi queimado em fevereiro de 1600. Nessa praça ele comprava alguma coisa para comer ou numa mercearia que ainda existe ou na feira diária, enquanto numa adega do mesmo local sempre encontrava um vinho bom e barato para acompanhar a refeição. O resto da tarde e até altas horas da noite ("tive sorte de não precisar dormir muito")[14] ele ficava mergulhado na redação de seu texto. Os amigos, italianos e franceses, tinham sido avisados desde o primeiro dia que ele estaria monopolizado pelo trabalho, e apenas antes de voltar para a França reuniu todos no pequeno apartamento para uma festa de despedida.

Em entrevista que nos concedeu em julho de 1998, ele dizia já ter trabalhado bastante, e com a chegada da idade (estava então com 75 anos) e alguns problemas físicos decorrentes, pretendia se dedicar a ouvir mais música e ler mais literatura. Inclusive de um gênero "menos nobre", mas que aprecia bastante, a literatura policial (sobretudo nórdica, por exemplo, Henning Mankell). Todavia nessa escolha de lazer parece pesar, mesmo inconscientemente, a prática do historiador, profissional que assim como o policial "se esforça em reconstituir um crime ao qual não assistiu", recorrendo para tanto a "um conhecimento por traços" na definição de Marc Bloch, também ele apreciador do gênero (em especial de Agatha Christie), tanto que havia planejado escrever um romance policial. Da mesma forma que os testemunhos não descrevem necessariamente a realidade dos fatos, como "bem sabem os mais ingênuos dos policiais", continua Bloch, o historiador deve interrogar com prudência suas fontes. Neste trabalho há sempre um "enigma" a resolver, e para isso os detalhes são importantes, "algumas vezes capitais"[15].

Além da música e da literatura, Le Goff não tinha na época projetos em vista, salvo completar o *Dicionário Temático do Ocidente Medieval*, codirigido com Jean-Claude Schmitt e então em andamento. Ainda assim, depois disso ele publicou oito livros, além de artigos, prefácios e entrevistas. Em fins de 2010 lançou *Le Moyen Âge et l'argent*; um ano depois, com quase 87 de idade, *À la recherche du temps sacré*[16]. O fato merece registro não somente pela idade do autor, como também pelas dificuldades da pesquisa daí resultantes: por razões de saúde, desde 2000 ele não pode sair de casa e se deslocar até bibliotecas, arquivos, museus, livrarias, e muito menos viajar, o que antes fazia com frequência[17]; por hábito geracional, não utiliza a internet como instrumento de investigação, nem mesmo o computador para escrever seus textos. Se suas condições físicas evidentemente têm diminuído com o tempo, o entusiasmo mantém-se, e ainda em novembro de 2011 nos dizia que *"le travail, c'est la vie"*, explicando que começava então a preparar dois novos livros, uma recolha de seus pequenos textos e vários capítulos curtos de uma obra coletiva sobre cem personagens medievais.

2 Percursos e diálogos

A trajetória biográfica de Jacques Le Goff sugere, mesmo no curto resumo que fizemos acima, quais foram as influências intelectuais recebidas por ele e que, fundidas na sua concepção pessoal de história, constituirão o arcabouço de sua produção. Tratou-se, obviamente, de um processo de convergência no qual nem todos componentes seguiram um mesmo ritmo nem conheceram uma mesma intensidade, mas por necessidade de clareza vamos examinar isoladamente quatro ambientes intelectuais que instigaram nosso autor.

O primeiro deles, como é bem conhecido, foi o da Revista *Annales*, fundada em 1929 por dois professores da Universidade de Estrasburgo, o medievalista Marc Bloch e o modernista Lucien Febvre. A proposta deles, como enunciada no número inicial da nova publicação, era quebrar os "cismas", romper os muros das disciplinas, estimular trocas intelectuais mais frequentes entre estudiosos de origens e especialidades diferentes. Enquanto muitas revistas especializadas buscam manter ortodoxamente a fundamentação teórica de seus inícios, ser fiel a si mesma significa para os *Annales* estar sintonizada com o presente, aberta ao progresso de diferentes disciplinas. Não por acaso, o qualificativo da revista foi mudando ao longo do tempo: até 1938, *Annales d'histoire économique et sociale*; depois, *Annales d'histoire sociale*; entre 1942 e 1944, *Mélanges d'histoire sociale*; desde 1946, *Annales. Économies. Sociétés. Civilisations*; a partir de 1994, *Annales. Histoire. Sciences Sociales*.

Perfeitamente identificado com esse espírito (alguns dizem "escola") dos *Annales*, que descobriu enquanto estudante em 1945 ou 1946, Jacques Le Goff assumiu a codireção da revista em 1969 junto com Emmanuel Le Roy Ladurie e Marc Ferro, continuando até hoje a fazer parte do alargado comitê de direção que o triunvirato instituiu anos depois para conduzir a publicação. A tarefa de reavaliar periodicamente a revista com seus colegas de comitê sempre foi considerada por ele uma profícua reflexão historiográfica. Pela mesma razão, ainda hoje aprecia ler todos os manuscritos de artigos entregues para publicação, não apenas os de história medieval. Assim, justifica, mantém-se atualizado com as tendências historiográficas de outros períodos e, sobretudo, acumula material para o comparativismo que já havia sido defendido por Bloch e que parece a Le Goff instrumento precioso para a melhor compreensão de qualquer objeto histórico.

Não apenas por este motivo ele reconhece em Marc Bloch "meu mestre"[18], que nunca conheceu pessoalmente. Três outros pontos são igualmente importantes. De um lado, o extraordinário *Les rois thaumaturges* (1923) oferecia, além do comparativismo (França-Inglaterra), um olhar cronologicamente vasto (séculos XII-XVIII) e um objeto inovador (o poder miraculoso dos reis que cura certa doença específica). De outro lado, *Les caractères originaux de l'histoire rurale française* (1931) praticava uma arejada interdisciplinaridade que recorre à história econômica, história social, geografia, arqueologia, demografia histórica, toponímia, botânica. Por fim, *La société féodale* (1939-1940) propunha, além de vastos horizontes temporal (séculos X-XVIII) e geográfico (toda a Europa ocidental), um olhar globalizante que rompeu com a tradição de restringir o feudalismo ao seu aparato jurídico-institucional, "sistema" ou "regime" na terminologia da historiografia anterior, para vê-lo como uma "sociedade" examinada também na sua vida econômica, cultural, religiosa, mental. Foram esses trabalhos de larga escala temporal que inspirariam em 1949 a Braudel (que, como se sabe, sucederia Febvre na direção dos *Annales*) o conceito de "longa duração histórica"[19], e a Le Goff o conceito de "longa Idade Média", como veremos mais adiante.

Embora decisiva, a influência do pensamento dos *Annales* não é incondicional em Le Goff. Apesar da conhecida advertência de Febvre para quem o historiador tem no anacronismo "o pecado dos pecados, o pecado entre todos imperdoável", Le Goff não hesitou em empregar logo no título de seu segundo livro o termo "intelectuais" para designar o novo tipo socioprofissional surgido no século XII, trabalhadores especializados na reflexão e no ensino, embora aquela palavra tenha surgido na língua francesa como substantivo apenas em meados do século XIX. Na nova edição desse livro, 27 anos depois, ele argumenta que em "toda perspectiva comparatista pertinente" não se deve separar a abordagem sociológica que mostra a coerência do tipo e das estruturas, da abordagem histórica que valoriza as conjunturas e as mudanças, e assim fazendo "o emprego do termo 'intelectual' é justificado e útil". Embora não explicite, sua escolha parece ter em mente outro princípio dos fundadores dos *Annales*, segundo o qual escrever história é, consciente ou inconscientemente, mesclar elementos do presente e do passado, mesmo porque, diz Febvre, cada época possui sua própria representação do passado, "sua Roma e sua Atenas, sua Idade Média e sua Renascença"[20].

Mesmo em relação a Marc Bloch, seu maior inspirador, Le Goff tomou certas distâncias. Além das inevitáveis diferenças de personalidade, 38 anos densos historicamente separam os dois historiadores, que viveram em contextos bastante distintos: o primeiro nasceu 15 anos depois da derrota francesa de 1871, lutou na Primeira Guerra Mundial, participou da Resistência antinazista, morreu fuzilado pelos alemães; o segundo tinha somente 16 anos quando a França foi ocupada, viveu a guerra "apenas muito marginalmente e sem marcas profundas"[21], como adulto conheceu a reconstrução da França e da Europa Ocidental no pós-guerra e a decorrente longa fase de estabilidade e prosperidade.

A formação intelectual de ambos também tomou rumos diferentes. Bloch, atraído pela pujante cultura alemã da segunda metade do século XIX, estudou na Alemanha o ano letivo de 1908-1909 (o primeiro semestre em Berlim, o segundo em Leipzig), tornou-se professor na Universidade de Estrasburgo em 1919 quando a cidade voltou a pertencer à França após quase meio século de integração à Alemanha, período em que a biblioteca universitária (a maior do mundo antes da Primeira Guerra) foi dotada de riquíssimo acervo germanófono. É de clara matriz alemã o comparativismo, o método regressivo e a história total defendidos por Bloch[22]. Le Goff, de seu lado, além de contar justamente com a herança dos *Annales*, foi impressionado pela multifacetada historiografia italiana que conheceu durante a estada na École Française de Rome. Dois exemplos: quando escreveu seu primeiro livro, em 1956, três anos depois da temporada romana, Le Goff procurou integrar artigos dos *Annales* e trabalhos estrangeiros, "em particular italianos"; quando, em 1983, emite a polêmica opinião de que o Renascimento foi "um acontecimento brilhante, mas superficial", ele sintetiza a avaliação do amigo Armando Sapori, que critica o clássico conceito de Renascimento voltado apenas para as "manifestações excelsas do pensamento", não para as manifestações concretas da vida do período[23].

O mais claro afastamento resultante dos percursos distintos de Bloch e Le Goff está na avaliação da psicologia como instrumento de valor para a história. Para o primeiro, os dados mais íntimos são os mais estáveis, os mais reveladores: o formato das nuvens não mudou desde a Idade Média, mas não vemos ali cruzes ou espadas miraculosas, diz o autor de *A sociedade feudal*. O segundo historiador mantém uma relação ambígua com aquela área do conhecimento, que algumas vezes tangenciou e outras ostensivamente desprezou, mesmo quando tratou de tema propício, como os sonhos. Embora tenha dito que "o recurso à Psicanálise parece-me um horizonte a manter aberto", Le Goff não lançou mão dele e viu a simpatia que os fundadores dos *Annales* tinham pela psicologia em geral como sendo uma "fraqueza"[24]. Novamente os contextos são importantes para entender essa divergência.

Os anos de formação de Bloch coincidiram com a novidade da psicanálise (a *Psicopatologia da vida cotidiana* é de 1901; *O futuro de uma ilusão*, de 1907), em Leipzig ele seguiu o curso de psicologia experimental de Wilhelm Wundt (que no ano seguinte começaria a publicar sua enorme *Völkerpsychologie*), na França teve contato com a psicologia coletiva de Charles Blondel (amigo e colega de Estrasburgo e depois da Sorbonne, de cujo livro faz uma resenha elogiosa[25]). Ao contrário, Le Goff foi contemporâneo das divergências internas da psicanálise na França e da criação em 1964 da chamada Escola Freudiana de Paris em torno de Jacques Lacan, dissolvida depois em 1980. É significativo que embora Lacan estivesse dentre os expoentes do estruturalismo, ao lado de Claude Lévi-Strauss, Roland Barthes e Michel Foucault, não mereceu atenção de Le Goff, que admira, contudo, a obra dos outros três. Assim, mesmo reconhecendo que a parte mais inovadora e importante de seu *A civilização do Ocidente medieval*, intitulada "Mentalidades, sensibilidades e atitudes", foi tributária do célebre capítulo de *A sociedade feudal*, "Maneiras de sentir e de pensar", Le Goff exclui da sua explicação qualquer veleidade psicologizante.

Inseparável dos *Annales* estava outro ambiente intelectual decisivo na formação de Jacques Le Goff, a École Pratique des Hautes Études, mais especificamente sua VI Seção, criada em 1947 por Lucien Febvre e um grupo de historiadores ligados à revista. Aquela instituição representou para ele, na sua própria definição, "uma terra prometida" devido à liberdade de pesquisa e às trocas intelectuais. Foi ali que Le Goff reencontrou Maurice Lombard, o historiador que além de Bloch "eu mais admirei e que mais me ensinou". Graças a ele compreendeu "que não se pode fazer uma boa história se não for situada no espaço"[26], nos grandes espaços, daí ter buscado em *A civilização* tratar da Cristandade latina medieval em todo seu conjunto espacial, incluindo as zonas céltica, escandinava, eslava e mediterrânea, não somente o núcleo ocidental de França, Império Germânico, Inglaterra e Itália.

Não sendo uma universidade nos moldes tradicionais, aquela instituição não está obrigada a seguir o programa nacionalmente definido pelo ministério. A matéria ensinada por cada professor (ali intitulado, de maneira significativa, "diretor de estudos") é aquilo que ele está pesquisando. Para tanto sua carga de trabalho didático é pequena, o essencial do tempo é dedicado à pesquisa. A transmissão de temas novos e aprofundados é feita não em cursos tradicionais, *ex catedra*, e sim em seminários de público pequeno nos quais a exposição, muitas vezes de outros especialistas convidados, é depois bastante debatida. Naquela França das chamadas *Trente glorieuses*, isto é, trinta anos (1945-1975) de grande prosperidade material e intensa efervescência cultural, a VI Seção foi agregando (devido ao impulso e ao prestígio dos *Annales*) outras ciências humanas em torno da história e se transformando em extraordinário laboratório no qual os historiadores conviviam com antropólogos, etnólogos, sociólogos, politicólogos, filósofos, economistas, demógrafos, linguistas, semiólogos, psicólogos. Colocado como presidente – indicado por Braudel e eleito por seus pares – no ponto nevrálgico daquele denso entrecruzamento intelectual, foi com naturalidade, pode-se dizer, que em 1975 Le Goff adequou institucionalmente a VI Seção ao novo perfil que ela vinha ganhando e transformou-a na École des Hautes Études en Sciences Sociales.

A bem da verdade, nosso historiador já havia vivenciado outro ambiente multidisciplinar, ainda que menos abrangente e durante menos tempo, a École Française de Rome. Para essa importante instituição, fundada em 1875, confluíam jovens pesquisadores franceses oriundos de horizontes diversos, a École Normale Supérieure (caso de Le Goff), a École des Chartes, a École Pratique des Hautes Études. Ali se encontravam arqueólogos, historiadores e latinistas, estudiosos da Antiguidade e da Idade Média, todos instalados no mesmo local, o magnífico Palazzo Farnese e sua riquíssima biblioteca. Foi lá e na Vaticana, ele reconhece, "descobri plenamente o prazer das bibliotecas"[27].

Na interdisciplinaridade que caracteriza a Ehess, a antropologia – embora não tenha merecido atenção nem de Bloch, nem de Febvre, nem de Braudel – ganharia com o tempo a condição de parceira preferencial da história, impulsionada dentre outros por Le Goff. Já em *A civilização*, de 1964, seguindo a lição do grande antropólogo inglês Evans-Pritchard que dois anos antes definira o elo entre ambas as disciplinas como "indissociável"[28], Le Goff se propôs estudar a Idade Média das estruturas, aplicando a estas os métodos utilizados para as civilizações sem escrita, pré-históricas ou mais recentes. Em Marcel Mauss ele encontrou a análise das técnicas do corpo, aproveitada em certas passagens daquela obra, em alguns artigos e depois em *Uma história do corpo na Idade Média*. Em especial se inspirou, como Bloch já havia feito antes dele, no conceito maussiano de "fato social total" do qual resulta o fim dos dualismos individual/coletivo, lógico/afetivo, normal/patológico e por consequência a detecção do homem total[29]. De Claude Lévi-Strauss, Le Goff aproveitou o método de leitura e explicação de textos, como ilustra em 1979 um artigo escrito com Pierre Vidal-Naquet e intitulado precisamente "Lévi-Strauss em Brocéliande" (reproduzido em *O imaginário medieval*). Desse antropólogo o medievalista recorreu, sobretudo, à análise estruturalista para estudar os *exempla*. Buscando perenizar o encontro entre as duas disciplinas, em 1978 Jacques Le Goff fundou na Ehess o Grupo de Antropologia Histórica do Ocidente Medieval, ainda hoje bastante ativo. Também não é inócuo que em 1983 a chamada Conferência Marc Bloch, pronunciada anualmente desde 1979 no fecho do ano letivo da Ehess, tenha sido proferida por Claude Lévi-Strauss sobre *Histoire et ethnologie*.

É compreensível, portanto, que a preocupação interdisciplinar tenha aparecido desde cedo. Em *As ideias e atitudes em relação ao trabalho na Idade Média*, seu projeto de tese de doutorado, Le Goff conectava a abordagem social e aquilo que chamaria mais tarde de imaginário. Mas a primeira grande expressão da rede intelectual em que se posicionou Le Goff ocorreria aos 40 anos de idade, quatro anos depois de seu ingresso na VI Seção. Tendo decidido que não iria fazer uma tese de doutorado de Estado, "ritual em desuso", Le Goff considerou melhor utilizar todo o material acumulado nos anos anteriores em Praga, Oxford, Roma e Paris, em uma síntese que concretizasse seu ideal historiográfico de "dominar as diferentes facetas de um determinado período". De fato, ele explica, com as leituras realizadas nos anos anteriores, sobretudo de fontes primárias, tinha constituído "uma cultura medievalista". Assim, quando convidado a escrever o que seria *A civilização do Ocidente medieval*, ele já possuía bagagem suficiente, de forma que embora o resultado tenha sido um texto encorpado (mais de 650 páginas), este não absorveu todas as leituras e reflexões feitas anteriormente, e que funcionaram como "uma espécie de reserva" que alimentou outros trabalhos que viria a escrever[30].

Foi o caso do papel que desempenharam na Europa Medieval o conceito de tempo, trabalho, moeda, cidade, corpo, heresia, Deus, mundo do Além. Mais do que isso, *A civilização* parece ter instigado o interesse de outros especialistas por certos assuntos: o imaginário das três ordens sociais (George Duby, Ottavia Niccoli), o lugar do indivíduo na sociedade medieval (Colin Morris, Dominique Iogna-Prat, Aaron Gourevitch), o papel da mulher e da criança (Philippe Ariès), os marginais (Jean-Claude Schmitt, Bronislaw Geremek), os gestos (Jean-Claude Schmitt), as cores (Michel Pastoureau), os sonhos (Tullio Gregory, Jean-Claude Schmitt), os animais (Michel Pastoureau), a alimentação (Jean-Louis Flandrin, Massimo Montanari), as festas (Jacques Heers), os jogos (Jean-Michel Mehl). Ou ainda o interesse pelas fontes iconográficas (Jean-Claude Schmitt, Michel Pastoureau, Jérôme Baschet), abundantemente usadas no livro (246 imagens) não como meramente ilustrativas, e sim com papel explicativo, exemplificador, de abonamento de certas hipóteses.

Evidentemente, muitos desses objetos e métodos já tinham sido em maior ou menor medida trabalhados pela medievalística, e alguns foram desenvolvidos posteriormente sem influência direta de Jacques Le Goff. Contudo, é inegável que a apresentação e articulação deles em *A civilização* estimulou outros estudiosos a revisitar e aprofundar objetos e métodos tal como ali sugeridos. Nem por isso o olhar multifacetado e global que o livro lançou sobre a Idade Média deixou, justamente por sua ousadia, de incomodar os eruditos mais tradicionais. Foi o caso de Henri Irenée Marrou, reputado professor da Sorbonne que havia flertado com os *Annales* no seu início, concordando com a crítica acerba da revista à história positivista: por exemplo, para ele o livro de Ferdinand Lot publicado em 1927, *La fin du monde antique et le début du Moyen Âge*, "nada tinha de interessante senão o título"[31]. Como resultado dessa aproximação, Marrou publicou mesmo um artigo na revista em 1938. Mas logo discordou do relativismo histórico de Febvre, acusou Braudel de querer anexar as ciências humanas à história, reprovou a Charles Mozaré (codiretor dos *Annales*) certo materialismo.

Neste embate historiográfico, portanto ideológico, Marrou e suas fortes convicções religiosas (foi um dos fundadores da Juventude Estudantil Cristã) recriminam Le Goff por alterar a visão que anteriormente se tinha da Idade Média, "civilização sã, isto é, organizada em torno de um mesmo sistema ideológico, por oposição à anarquia dos valores do mundo contemporâneo". É verdade, concede Marrou, que essa nova perspectiva sobre a Europa

Medieval não era invenção de Le Goff, ela estava se desenvolvendo já há algum tempo, mas o quadro pintado em *A civilização* representava uma mudança historiográfica "radical, brutal e provocadora". Ele reconhece as qualidades do autor, sua abordagem inovadora e sua escrita admirável, que o levaram a lê-lo "com ardor, com paixão, logo com raiva, com furor". Ele avalia que a Idade Média de Le Goff foi descrita anacronicamente como uma civilização subdesenvolvida, tecnologicamente medíocre, pois ao autor "falta simpatia pelo seu objeto; ora, a simpatia continua sendo um ingrediente essencial para a história". Sobretudo, ele alega que sob o pretexto de estudar a Idade Média das profundezas, Le Goff deixou de lado "as realizações de sua elite que, portadoras de valores, continuam sempre vivas para nós"[32].

Desses comentários de Marrou, Le Goff está de acordo quanto à importância da empatia que o estudioso deve ter pelo objeto analisado. Nosso autor confessa, por exemplo, jamais ter visto São Bernardo com bons olhos devido à intransigência e ao proselitismo violento do personagem, ao contrário de São Francisco que o atrai desde a década de 1960, mesmo se somente 20 anos depois pôde dedicar a ele um estudo. A atração pelo tema do conceito de trabalho na Idade Média – para ficar com este único exemplo – é evidente e recorrente: além de estar presente em vários livros, a ele Le Goff dedicou artigos específicos em 1960, 1963 (dois), 1964, 1971 e 2011. Mas em relação aos resultados da pesquisa a divergência é profunda entre os dois historiadores, e Le Goff não tem pruridos em dizer de Marrou que "não gostei da sua obra [...] e sua concepção de história não me ajudou muito"[33]. A grande discordância entre eles era metodológica. No manual que publicou sobre o método histórico (*De la connaissance historique*, 1954) Marrou, mesmo endossando a crítica à história factual, não valorizou as novas proposições dos *Annales* e ao comentar o livro de Le Goff rejeitou a contribuição antropológica para o trabalho do historiador: "é empobrecer o patrimônio da humanidade tratar as altas épocas como se faria com civilizações sem escrita; as verdadeiras civilizações, as grandes, devem ser julgadas por elas mesmas, pelo que fizeram"[34].

3 Conceitos-chave

Uma das características do seminário que por 30 anos Jacques Le Goff dirigiu na VI Seção e depois na Ehess foi a preocupação teórica. Esta nunca se constituía, entretanto – como pudemos testemunhar semanalmente entre fins de 1990 e meados de 1993 –, em exposições especialmente dedicadas a ela, da mesma forma que no editorial do primeiro número dos *Annales* Marc Bloch e Lucien Febvre alertavam não pretender apresentar sua proposta por meio de "artigos de método, de dissertações teóricas [e sim] pelo exemplo e pelo fato"[35]. A teoria aparecia nas exposições de Le Goff sempre de forma mais sutil, e efetiva, durante a prática da análise de fontes primárias. Mesmo que na base existissem, evidentemente, alguns pressupostos defendidos pela Escola dos *Annales*, para Le Goff a teoria é sempre um *work in progress*. Ou seja, um instrumento construído conforme o material disponível (as fontes primárias) e a meta perseguida (o objeto de estudo). Assim, seus cursos não caíam na esterilidade de apresentar alguma receita metodológica pronta, ao contrário, permitiam acompanhar as reflexões de fundo e a gestação de uma obra historiográfica. Dos muitos conceitos apresentados ao longo de décadas, sob forma oral ou escrita, vários não chegaram a ser desenvolvidos, outros mereceram apenas pequenos comentários *en passant*. Deixando de lado, então, conceitos que por uma razão ou outra, algumas propositais, outras circunstanciais, não se tornaram centrais na sua obra, limitemo-nos a considerar rapidamente quatro elementos.

O primeiro deles, que exerce grande influência sobre historiadores de diferentes domínios, é o da antropologia histórica. Este rótulo foi cunhado no ano letivo de 1973-1974 para indicar que a história deve buscar as estruturas (daí o recurso aos métodos da antropologia), sem deixar de considerar as mudanças nas suas relações (daí o aspecto cronológico, próprio à história). Le Goff pensou em "antropologia histórica" e não em "história antropológica", porque adjetivar a história indica uma área específica nesse campo, caso por exemplo de história econômica ou história cultural. Por outro lado, a antropologia sempre sofreu, pelo olhar do historiador, de deficiência cronológica, e assim o adjetivo "histórica" pretende introduzir nela o cuidado com a dinâmica, a evolução, o movimento, os fatos. Tal ideia nasceu de uma necessidade – a de compreender "a civilização de uma sociedade radicalmente diferente da nossa e cujo estudo força o historiador a empregar métodos da Antropologia"[36]. Tal ideia foi possibilitada por vários fatores – contato com a diferença e a comparação nas vivências pessoais e profissionais que teve em Praga, Oxford, Roma, Varsóvia e Paris; troca de ideias com colegas de diferentes domínios no ambiente pluridisciplinar da Ehess; leitura do clássico Marcel Mauss e do recente Lévi-Strauss, que ocupava papel central na paisagem intelectual francesa das décadas de 1960-1970.

A gestação do conceito foi longa, desde o ponto de partida em um célebre artigo de 1960, "Na Idade Média: o tempo da Igreja e o tempo do mercador"[37], até seu ponto de maturação nas obras-primas de 1981, *O nascimento do purgatório*, e de 1996, *São Luís*. Desde cedo apareceram nos seus cursos e textos temas tanto da antropologia social (trabalho) quanto cultural (gesto, corpo, memória), cognitiva (concepção de espaço e tempo), psicológica (sonhos, esperanças, medos), afetiva (riso), econômica (moeda, usura). A questão sempre central das relações entre o indivíduo e a sociedade foi abordada especialmente em *São Luís*, obra que pela complexidade do objeto (uma pessoa que foi rei, cruzado, santo), das fontes (tão cheias de clichês que Le Goff pergunta provocadoramente "São Luís existiu?") e da época (o personagem viveu entre 1214 e 1270, quando importantes mudanças em diversos campos ocorreram na Europa) exigiu quase mil páginas de texto que levaram mais de 10 anos para serem escritas.

Este livro exemplifica bem um segundo conceito a considerar no conjunto da obra de Jacques Le Goff, o papel do silêncio das fontes. Aqui, como em outros pontos, foi determinante a influência de Marc Bloch, mas também de Jules Michelet, "que jamais deixou de me inspirar". Para este, que pode ser considerado "um dos ancestrais dos *Annales*"[38], o historiador não busca o que realmente aconteceu, e sim como e por que as sociedades mudam. Por exemplo, os textos literários não são lidos em busca da verdade formal, e ainda assim eles transmitem informações preciosas de maneira implícita ou mesmo à revelia dos autores: todo texto é produto de um contexto. Assim, diz Le Goff, o historiador encontra nos textos (e não só literários) pretextos, chaves, para entrar numa sociedade, numa mentalidade, razão pela qual o comentário que se faz deles não dever ser pontual, e sim amplo, composto pelos mais diferentes aspectos, diretos e indiretos, que ele comporta. Na cultura medieval, feita de citações, os textos doutrinais eram geralmente citados com precisão, daí a importância de observar na análise deles as incorreções, os atos falhos da memorização. Os demais tipos de textos não pediam o rigor que valorizamos atualmente, então o importante ao estudá-los é considerar as variantes de seus manuscritos, que nos permitem compreender os mecanismos de transmissão e absorção na cultura da época. Até mesmo fragmentos documentais, desde que coerentes no tempo e no espaço com o conjunto estudado, podem ter sua importância.

O fundamental é sempre prestar muita atenção às palavras, lembrando que elas não guardaram ao longo dos séculos e dos locais exatamente o mesmo significado, como advertira Bloch ("as transformações das coisas estão longe de sempre provocar transformações paralelas nos seus nomes") e ecoaria Le Goff (uma "coisa pode ter gestação mais ou menos longa – continuando inominada, inominável – no seio da consciência coletiva de um grupo ou de uma sociedade")[39]. É por isso que o significado exato delas várias vezes escapa ao historiador – para a Idade Média as palavras tinham sentidos ocultos, daí um medievalista como Umberto Eco tornar-se semiólogo e os estudos de semiologia voltarem-se para a escolástica medieval. Na perseguição desse sentido é essencial reconstituir o contexto do documento e do fenômeno ao qual ele se refere. Bloch ensina que "jamais um fenômeno histórico se explica plenamente fora do estudo de seu momento", Le Goff concorda que "é preciso conhecer o período no seu conjunto para falar de alguns aspectos particulares dele". Ambos pensam que os traços do passado, devidamente interrogados e examinados, podem ensinar sobre o passado muito mais do que ele próprio tinha acreditado nos informar: deve-se estar atento não àquilo que o texto diz expressamente, mas "àquilo que ele nos deixa entender sem ter desejado dizer", segundo a formulação de Bloch[40].

Para alcançar esse plano do silêncio das fontes e fazê-lo falar, extraindo dos documentos mais do que eles conscientemente pretenderam transmitir, deve-se levar em conta que a maneira subjetiva de uma sociedade ver a realidade palpável é tão determinante quanto a própria realidade. Em todos os atos políticos, econômicos, jurídicos, sem que os envolvidos o percebam, o imaginário, "parte essencial da história", tem peso importante na motivação e na tomada de decisão. Dito de outra forma, o imaginário – terceiro conceito a considerar – é sujeito histórico e portanto objeto historiográfico[41]. Mesmo os temas que normalmente parecem muito concretos não dispensam uma abordagem do seu imaginário. Bom exemplo é a percepção do espaço, que varia de sociedade para sociedade exatamente em função do imaginário. Se os cristãos medievais tinham alcançado a Índia com mercadores (como Marco Polo) e missionários (como João de Monte Corvino), por que a cartografia da época ignorava ou deformava a existência da região? Porque, explica Le Goff acatando sugestão de Lucien Febvre, os homens da Idade Média eram mais propensos a escutar e a acreditar no que escutavam do que a ver a realidade concreta das coisas. E assim, com a repetição constante das lendas, projetava-se sobre outra região os complexos psíquicos do próprio Ocidente[42].

O mesmo vale para os espaços não terrenos – assim como Bloch tinha reconhecido que para o homem medieval o inferno era "um dos grandes fatos sociais do tempo"[43], o mesmo pode-se dizer a partir de certo momento do purgatório, estudado por Le Goff tanto no processo de formação da ideia quanto no seu mecanismo de funcionamento. Céu e terra nunca foram para a Europa Medieval uma oposição, formavam um sistema, sistema binário como era comum nos primeiros séculos cristãos, e que foi sendo ultrapassado por outro trinário no século XII (como mostra a afirmação da figura da Trindade ou a tripartição social *oratores-bellatores-laboratores*). É neste contexto de transformações gerais que o espaço-tempo do além também muda, com o desenvolvimento do "terceiro espaço" (na conhecida expressão de Lutero) que é o purgatório. O além era local imaginário no qual se projetavam características sociopsicológicas do homem medieval.

Todos os três conceitos que acabamos de comentar convergem no quarto e último que aqui nos interessa, o de história total. O pressuposto é, na verdade, ao mesmo tempo simples e complexo: ver qualquer fenômeno por um único ângulo é empobrecer sua capacidade explicativa para o historiador. Michelet já havia proclamado que a vida "não é verdadeiramente a vida senão quando é completa [...] pois tudo influi sobre tudo". O objetivo do historiador deve ser, então, a "ressurreição da vida integral, não na sua superfície, mas nos seus organismos interiores e profundos". Consciente, todavia, de que a ressurreição integral do passado sonhada por Michelet "é uma utopia", é "uma negação do tempo enquanto que o historiador é um especialista do tempo", Le Goff lembra que o objetivo do historiador não é a imersão no passado e sim a compreensão dele. E para tanto tem necessidade da interdisciplinaridade proposta pelo "melhor Marx", por Bloch, pelos *Annales* e pela Ehess: "não se faz história apenas com a bagagem do historiador", sentencia Le Goff[44].

A história que se pretende total tem como meta reconstruir as estruturas, entendidas como conjunto coerente de fenômenos coordenados e interferentes. Este é o ponto essencial, já que a originalidade irredutível de uma época ou região "encontra-se menos nas próprias estruturas do que no seu modo particular de coexistência ou de interação"[45]. Não por acaso, o último grande livro de Le Goff, obra da maturidade, publicado aos 72 anos de idade, foi uma biografia, *São Luís*. Não uma biografia nos moldes tradicionais, descritiva, linear, e sim um sofisticado estudo do indivíduo na sociedade, da sociedade no indivíduo, da inserção do personagem na memória coletiva. O biografado, que como todo homem é uma totalidade, torna-se por meio de tal abordagem uma janela para a compreensão global de sua sociedade. Os fatos históricos, sintetiza Le Goff, "são uma combinação de elementos econômicos, sociais, culturais e psicológicos, sem que nenhuma dessas dimensões tenha preeminência"[46].

Na busca da concretização desse projeto, dizem Le Goff e Toubert no referido artigo, deve-se passar por três etapas, que nosso autor irá posteriormente em outros trabalhos tentar elucidar e aplicar. Inicialmente, a crítica do documento-monumento. Monumento, ele explica, é herança do passado, é legado à memória coletiva, enquanto documento é escolha do historiador. Se por muito tempo os historiadores identificaram (e alguns ainda o fazem) documento com texto, a partir de Bloch e Febvre houve um alargamento do conceito, que passa a abarcar tudo que exprime o homem, não somente palavras como também imagens, objetos, gestos, a natureza modificada pelo trabalho humano. Assim, monumento também é documento, mas como "documento não é qualquer coisa que fica por conta do passado, é um produto da sociedade que o fabricou segundo as relações de força que ali detinham o poder", é preciso analisar o documento enquanto monumento[47]. Ora, como todo documento-monumento é tentativa de uma sociedade impor ao futuro certa imagem de si própria, ele é uma mentira que traz verdades em si, cabendo então ao historiador desconstruí-lo para analisar as condições de sua produção.

Para tanto o historiador deve se esforçar em nada deixar escapar, mesmo aquilo que poderia parecer supérfluo à historiografia tradicional. Se na resenha que faz de *A civilização* Marrou revela espanto pelo fato de o livro ser *"original en diable, plein en astuces inattendues"*, é por não perceber que Le Goff seguia à risca a recomendação de Marc Bloch de escrever a história "indo, tanto quanto possível, em direção a domínios ocultos". Como avalia o próprio Le Goff ao falar dos *Annales*, "o caráter arriscado que foi sempre uma das virtudes da revista" precisa estar presente na pesquisa histórica[48]. Por esta razão é que ele explorou certos temas com colegas de especialidades diversas, como o helenista Pierre Vidal-Naquet, o semiólogo Claude Brémond, o historiador modernista Emmanuel Le Roy Ladurie, os historiadores econômicos Pierre Jeannin e Ruggiero Romano, o historiador da medicina e demógrafo Jean-Noël Biraben.

A segunda etapa deve ser a do estabelecimento de novas normas cronológicas, adaptadas caso a caso, pois se cada plano da vida coletiva (político, econômico, social, cultural, religioso etc.) apresenta ritmos diferentes, é ilusória qualquer cronologia geral que abarque muitas sociedades. É nesse plano, por exemplo, que ele desmistifica o Renascimento, visto como um fenômeno menor, não uma ruptura histórica que separaria a Idade Média da Idade Moderna como tradicionalmente se pensa[49]. Nessa linha de raciocínio, ele propõe uma "longa Idade Média" definida pelo plurissecular papel central da Igreja e da economia agrária. Se ele hesita no estabelecimento das fronteiras cronológicas dessa Idade Média alargada, é justamente devido ao peso relativo que se deve atribuir a cada um daqueles dois elementos. Tomada a Igreja como instituição de grande poder político, econômico, social, cultural e moral que caracterizou muito da história europeia, sobretudo a partir do século XI, inclusive quanto ao modo de pensar e agir das populações do continente, o ponto de inflexão pode ser colocado na Revolução Francesa. Considerada a migração massiva do campo para as cidades, o surgimento do proletariado industrial, o aparecimento de técnicas que transformaram o cotidiano de todos os grupos sociais, a passagem para novo período histórico pode ser colocada na Revolução Industrial.

Derradeira etapa na perseguição de uma história total, o comparativismo que Bloch havia considerado instrumento indispensável, sem o qual "não há verdadeiro conhecimento". Foi essa abordagem comparativa que ele usou em *Os reis taumaturgos* e que propôs ao Collège de France em 1928 quando apresentou sua candidatura àquela instituição com o projeto "História comparada das sociedades europeias". Todavia, lembra o mesmo historiador, não se comparam quaisquer coisas, apenas o que pode ser comparado. De preferência um conjunto, mais fiável que partes isoladas: "existe mais certeza no todo que nos seus componentes". Ademais, a prática da comparação é fundamental por uma razão ética: o historiador não deve julgar e sim compreender, e sempre se compreende melhor por comparação[50]. Le Goff teve sua sensibilidade para o comparativismo despertada sem dúvida pela leitura da obra de Bloch, porém a maior influência nesse terreno veio do linguista e filólogo Georges Dumézil (1898-1986), que "foi o primeiro a lançar as bases de um método comparativo verdadeiramente científico"[51]. Além disso, Dumézil estudou profundamente no espaço cultural indo-europeu a tripartição social que seria objeto de grande interesse por parte dos medievalistas, inclusive de Jacques Le Goff que a estuda em 1968 em curto, mas interessante artigo. De toda forma, deve-se "começar por uma verdadeira história comparada a fim de desembocar não numa história global, mas numa história geral"[52].

4 Considerações finais

Embora bastante vasta e elaborada ao longo de mais de 60 anos de carreira (seu primeiro artigo foi publicado em 1948), a obra de Jacques Le Goff apresenta espantosa coerência. Sem ter sido pensada assim, *A civilização do Ocidente medieval* (1964) funcionaria como uma espécie de declaração programática da qual vários temas inovadores ali apresentados seriam nas décadas seguintes desdobrados e aprofundados em trabalhos específicos. Certos objetos de estudo abordados em início de carreira, antes mesmo daquele livro, voltariam décadas depois, caso de *Mercadores e banqueiros* de 1956, *A bolsa e a vida* de 1986, *Le Moyen Âge et l'argent* de 2010. Ou a percepção medieval do tempo, objeto de vários artigos nas décadas de 1960-1970 e de um livro publicado em fins de 2011 (*À la recherche du temps sacré*). Ou ainda o corpo, estudado em três artigos, um de 1969 (peste na Alta Idade Média), um de 1983 (corpo e ideologia), outro de 1984 (sexualidade), em 1985 na apresentação de um dossiê sobre a história das doenças, em 2003 no livro-entrevista *Uma história do corpo na Idade Média*[53].

O procedimento básico adotado por ele no conjunto de sua obra jamais foi detalhado, contudo é claramente perceptível, é o que chama em uma passagem de trabalhar "com fontes e com imaginação"⁵⁴. Essa menção à imaginação é geralmente malcompreendida por não levar em devida conta a observação de Carl Gustav Hempel, filósofo alemão professor em Yale e Princeton, de que "para passar dos dados à teoria é preciso um trabalho criador da imaginação". Em campos do conhecimento nos quais a pesquisa é indutiva, como a história, a hipótese repousa sobre dados "que não lhe conferem uma evidência decisiva do ponto de vista dedutivo", porque a própria hipótese não é derivada de fatos observados, ela é inventada para lhes dar significado. Ora, se a lógica indutiva convém a situações de incerteza por trabalhar com "argumentos arriscados", isto é, apoiados em testemunhos, ela os examina com ajuda das probabilidades, notou o canadense Ian Hacking, filósofo e historiador das ciências. E, de fato, Marc Bloch já havia percebido, "a maior parte dos problemas da crítica histórica são problemas de probabilidade"⁵⁵. Em suma, sendo indiciário, indutivo, probabilístico, o discurso historiográfico não pode ser construído sem apoio da imaginação, que para não extrapolar sua função instrumental nesse uso deve ser controlada pela erudição do historiador. Mas o equilíbrio é difícil: embora conhecesse profundamente a documentação de arquivo, Michelet não conseguiu domar sua imaginação transbordante. É preciso cuidado para não construir nem um discurso aparentemente muito rigoroso porém improdutivo porque pouco explicativo, nem um discurso aparentemente muito explicativo porém frágil porque de rigor deficiente.

A motivação básica dos milhares de páginas que escreveu é a mesma do menino de Toulon, embora com reflexões de método e acúmulo de conhecimentos diversos – compreender o presente. Ainda aos 63 anos de idade reconhecia que "o passado presente não deixará de me fascinar" porque não se pode entender um sem o outro: "sempre me preocupei em ser um homem do meu tempo para ser melhor um homem do passado". O que não pode excluir o olhar para a frente, declara aos 72 anos, pois "os historiadores não são profetas, mas devem enquanto historiadores se preocupar mais com o futuro"⁵⁶.

Notas

[1] Embora tenha escrito dois textos de caráter autobiográfico ("O desejo pela história", em 1987, *Avec Hanka* em 2008) e concedido longa entrevista do mesmo teor (*Uma vida para a História*, de 1996), o Professor Jacques Le Goff nos autorizou a revelar aqui alguns detalhes de sua trajetória aparecidos durante nossas conversas pessoais. Nós lhe agradecemos por isso, assim como pela autorização de publicar sua foto tirada em 17/11/2011. Quando nas notas do presente texto as referências bibliográficas estão abreviadas é porque elas aparecem completas no item reservado a isso.

[2] É sobre esse modelo etnoautobiográfico que ele considerará o moinho, a forja, as escolas, os pátios, como locais onde na Europa Medieval são forjadas as mentalidades: "As mentalidades: uma história ambígua", p. 77; "O desejo pela história", p. 193.

[3] "As citações são de "O desejo pela história", p. 178, 182, 187 e 188. O seminário sobre os *exempla* foi ministrado na École des Hautes Études en Sciences Sociales entre 1978 e 1980 sob a tripla condução de Le Goff, de seu discípulo Jean-Claude Schmitt e do semiólogo Claude Brémond, tendo resultado no volume n. 40 da coleção Typologie des Sources du Moyen Âge Occidental, dirigida pelo medieva-

lista belga Léopold Génicot: *L'exemplum*. Turnhout: Brepols, 1982. Sob outro formato e sob a direção de outros discípulos de Le Goff, o seminário existe ainda hoje.

[4] As citações deste parágrafo são de "O desejo pela história", p. 202, 192 e 196.

[5] BLOCH, É. (org.). *Apologie pour l'histoire ou métier d'historien* [1949]. Paris, Armand Colin, 1993, p. 95 [Existe tradução brasileira desse texto: *Apologia da história ou o ofício do historiador*. Rio de Janeiro: Zahar, 2002]. • *L'étrange défaite*: témoignage écrit en 1940 [1946]. Paris: Gallimard, 1990.

[6] "O desejo pela história", p. 231 e 221. • *Annales* – Histoire. Sciences Sociales, 49, 1994, p. 4.

[7] "O desejo pela história", p. 219.

[8] "O desejo pela história", p. 209. • *Une vie pour l'histoire* – Entretiens avec Marc Heurgon [1996]. Paris: La Découverte, 2010, p. 82 [Existe tradução brasileira, citada nas Referências].

[9] As citações são de *Avec Hanka*, p. 17. "O desejo pela história", p. 206. Outra variante da expressão "vacinado contra o comunismo real" (*Avec Hanka*, p. 17) aparece em *Une vie pour l'histoire*, p. 67.

[10] *Une vie pour l'histoire*, p. 146-148 (citação à p. 148). • "O desejo pela história", p. 214, 216-217.

[11] *Une vie pour l'histoire*, p. 138 e 256. • *Avec Hanka*, p. 99, 146 e 145. Tais afirmativas não são apenas metafóricas, pois seu avô materno era um italiano da Ligúria que emigrou para o sul francês em fins do século XIX, o que Le Goff admite ter predisposto seu sentimento favorável pela Itália.

[12] *Avec Hanka*, p. 99, 74 e 109. Algumas vezes ele nos disse pessoalmente que Roma é a "cidade que mais amo depois de Paris".

[13] "O desejo pela história", p. 209.

[14] *Une vie pour l'histoire*, p. 54.

[15] *Apologie*, 99, 103, 119, 130, 110. A ideia do trabalho do historiador ser investigação do tipo policial para a qual se deve ter "o gosto do detalhe revelador" foi retomada por GINZBURG, C. "Sinais: raízes de um paradigma indiciário". *Mitos, emblemas, sinais* – Morfologia e história [1986]. São Paulo: Companhia das Letras, 1989, p. 143-180.

[16] *Le Moyen Âge et l'argent*: essai d'anthropologie historique. Paris: Perrin, 2010. • *À la recherche du temps sacré – Jacques de Voragine et la Légende dorée*. Paris: Perrin, 2011.

[17] O Brasil está dentre os países que lamenta não ter podido visitar, pois os convites para tanto ocorreram em momentos de agenda já comprometida ou de restrições de saúde (*Avec Hanka*, p. 148).

[18] *Une vie pour l'histoire*, p. 119. Le Goff confessa que algumas vezes depois de terminar de escrever um texto pergunta a si mesmo "o que é que Marc Bloch teria pensado disso?" (ibid., p. 193). É significativo que uma das poucas resenhas escritas por Le Goff ("esta é uma das minhas lacunas", ibid., p. 109), o que contrasta com as mais de 500 feitas por Bloch, tenha sido sobre uma obra tratando deste último: FRIEDMAN, S.W. *Marc Bloch, sociology and geography*: encountering changing disciplines. Cambridge: Cambridge University Press, 1996 [resenhada na *Medieval History Journal*, 2, 1999, p. 405-425. Nova Delhi].

[19] Dois daqueles grandes livros de Marc Bloch estão traduzidos em português: *Os reis taumaturgos*. São Paulo: Companhia das Letras, 1993. • *A sociedade feudal*. Lisboa: Ed. 70, 1979. O texto em questão de Braudel é *O Mediterrâneo e o mundo mediterrânico na época de Filipe II*. São Paulo: Martins Fontes, 1984. A discussão teórica do conceito aparece em "História e Ciências Sociais: a longa duração" [1958]. *Escritos sobre a história*. São Paulo: Perspectiva, 1978, p. 41-77.

[20] Respectivamente, FEBVRE, L. *O problema da incredulidade no século XVI – A religião de Rabelais* [1942]. São Paulo: Companhia das Letras, 2009, p. 33. • REY, A. *Dictionnaire Historique de la Langue Française*. Vol. I. Paris: Le Robert, 1992, p. 1.037. • LE GOFF, J. *Les intellectuels au Moyen Âge*. Paris: Seuil, 1985, p. I. • FEBVRE, L. *O problema da incredulidade*, p. 30.

[21] "O desejo pela história", p. 203.

[22] Alguns dos elementos da rica e ampla influência alemã (e também inglesa) sobre Bloch são indicados por TOUBERT, P. "Préface". *Les caractères originaux de l'histoire rural française*. Paris: Armand Colin, 1999, p. 7-13. Sobre aquele grande historiador, cf. FINK, C. *Marc Bloch*: uma vida na história [1989]. Oeiras: Celta, 1995. • BLOCH, É. *Une biographie impossible*. Limoges: Culture et Patrimonie en Limousin, 1997 [Prefácio de Jacques Le Goff]. • DUMOULIN, O. *Marc Bloch*. Paris: Presses de Sciences, 2000.

[23] Respectivamente, "O desejo pela história", p. 212. • *Une vie pour l'histoire*, p. 87. • "Para uma longa Idade Média". *O imaginário medieval*, p. 36. • SAPORI. "Medioevo e Rinascimento: proposta di una nuova periodizzazione" [1964]. *Studi di Storia Economica* – Secoli XIII-XIV-XV. Vol. III. Florença: Sansoni, 1967, p. 426.

[24] BLOCH. *Apologie*, p. 135-137. • LE GOFF. "O desejo pela história", p. 228. • "Entrevista". *Signum*, p. 221.

[25] BLONDEL. *Introduction à la psychologie collective*. Paris: Armand Colin, 1928 [Resenhada na *Revue Historique*, 160, 1929, p. 398-399].

[26] A primeira citação é de "O desejo pela história", p. 212. As duas seguintes, de *Une vie por l'histoire*, p. 89.

[27] "O desejo pela história", p. 209. • *Une vie pour l'histoire*, p. 80.

[28] EVANS-PRITCHARD, E.E. *Antropology and History*. Manchester: Manchester University Press, 1962.

[29] Para uma análise do pensamento de Mauss, cf. KARSENTI, B. *L'homme total* – Sociologie, anthropologie et philosophie chez Marcel Mauss [1997]. Paris: PUF, 2011.

[30] As duas primeiras citações do parágrafo são de "O desejo pela história", p. 215 e 210. As duas seguintes da entrevista que Le Goff concedeu para a revista *Signum*, p. 227. Na França havia, até 1985, dois tipos de doutorado: um mais curto que dava acesso ao posto de assistente nas universidades, outro bem mais longo (doctorat d'État), necessário para ser professor universitário. Pela legislação francesa em vigor, não sendo propriamente uma universidade, e sim uma escola doutoral, a VI Seção não requeria aquele título.

[31] Apud RICHÉ, P. *Henri Irenée Marrou, historien engagé*. Paris: Cerf, 2003, p. 171.

[32] "D'un nouveau Moyen Âge", resenha publicada na Revista *Esprit*, 1965, p. 1.200-1.206, e que está reimpressa em MAYER, J.-M. (org.). *H.-I. Marrou* – Crise de notre temps et réflexion chrétienne (de 1930 à 1975). Paris: Beauchesne, 1978, p. 258-265.

[33] *Une vie pour l'histoire*, p. 44.

[34] "D'un nouveau Moyen Âge", p. 262-263.

[35] *Annales d'histoire économique et sociale*, 1, 1929, p. 2.

[36] *Une vie pour l'histoire*, p. 266. Uma espécie de declaração programática pelo encontro da história com a antropologia está em "O historiador e o homem quotidiano" [1972], retomado em *Para um novo conceito de Idade Média*, p. 185-199.

[37] Originalmente publicado nos *Annales* e reproduzido em *Para um novo conceito de Idade Média*, p. 43-60.

[38] *Une vie pour l'histoire*, p. 221 e 98.

[39] BLOCH. *Apologie*, p. 168. • LE GOFF. "L'utopie médiévale: le pays de Cocagne". *Revue Européenne des Sciences Sociales* – Cahiers Vilfredo Pareto, 27, 1989, p. 271. Genebra. Cf. tb. *Une vie pour l'histoire*, p. 216.

[40] BLOCH. *Apologie*, p. 89. • LE GOFF. *Une vie pour l'histoire*, p. 154 e 144 (cf. tb. "O desejo pela história", p. 211). • BLOCH. *Apologie*, p. 108-109.

[41] Este conceito foi trabalhado por ele em vários textos, sobretudo nos artigos reunidos na coletânea *O imaginário medieval*. Para a crítica desse conceito na obra de Le Goff, cf. nosso "O fogo de Prometeu e o escudo de Perseu – Reflexões sobre o conceito de mentalidade e de imaginário" [2003]. *Os três dedos de Adão* – Ensaios de mitologia medieval. São Paulo: Edusp, 2010, p. 49-91.

[42] "O Ocidente Medieval e o Oceano Índico: um horizonte onírico" [1970]. *Para um novo conceito de Idade Média*, p. 263-280. A proposição de Febvre aparece no já citado *O problema da incredulidade*, p. 371-375. Em função de recentes pesquisas historiográficas, Le Goff reposicionou-se a respeito do assunto e hoje aceita que "para a Idade Média, o principal sentido é a visão" ("C'est une époque pleine de rires!" *Le Point Références*, nov.-dez./2011, p. 11).

[43] *La société féodale* [1939-1940]. Paris: Albin Michel, 1989, p. 135 [Tradução portuguesa citada na nota 19].

[44] As citações do parágrafo são de, na sequência: VIALLANEIX, P. (org.). MICHELET. *Histoire de France* [1869]. Paris: Flammarion, 1974, p. 11-12 [Œuvres complètes, IV)]. • LE GOFF. "O desejo pela história", p. 232-233. • *Une vie pour l'histoire*, p. 99. • "O desejo pela história", p. 214 e 217.

[45] LE GOFF, J. & TOUBERT, P. "Une histoire totale du Moyen Âge est-elle possible?" *Actes du 100ème Congrès National des Sociétés Savantes*. Vol. I. Paris: Bibliothèque Nationale, 1977, p. 36.

[46] LE GOFF. "Entrevista". *Signum*, p. 221.

[47] "Documento/monumento" [1978]. *História e memória*, p. 545.

[48] MARROU. "D'un nouveau Moyen Âge", p. 259. • BLOCH. *Apologie*, p. 72. • LE GOFF. *Une vie pour l'histoire*, p. 202.

[49] La Renaissance n'a jamais existé. *Le Point*, n. 1.788-1.789, 21/12/2006, p. 179. Paris.

[50] *Apologie*, p. 94-95, 153, 154, 156-159.

[51] "O desejo pela história", p. 217. O próprio Bloch, aliás, havia feito uma resenha elogiosa (*Revue Historique*, 188, 1940, p. 274-276) de um dos primeiros livros de Dumézil, *Mythes et dieux des Germains*: essai d'interprétation comparative. Paris: Leroux, 1939. Para um contato inicial com a vasta e erudita obra de Dumézil pode-se recorrer à antologia *Mythes et dieux des indo-européens*. Paris: Flammarion, 1992 [Org. por Hervé Coutau-Bégarie].

[52] Nota sobre a sociedade tripartida. "Ideologia monárquica e renovação econômica na Cristandade dos séculos IX ao XII". *Para um novo conceito de Idade Média*, p. 75-84. • "O desejo pela história", p. 217-218.

[53] Os artigos referidos são, na sequência, "La peste dans le Haut Moyen Âge". *Annales ESC.*, 24, 1969, p. 1.484-1.510 [em coautoria com Jean-Nöel Biraben]. • "Corpo e ideologia no Ocidente Medieval e A recusa do prazer" [ambos coletados em *O imaginário medieval*]. • "O dossiê em questão" [Traduzido em *As doenças têm história*. Lisboa: Terramar, 1991].

[54] "Prefácio". *Para um novo conceito de Idade Média*, p. 9.

[55] HEMPEL. *Éléments d'épistémologie* [1966]. Paris: Armand Colin, 1972, p. 22-23 e 27. • HACKING. *L'ouverture au probable* – Éléments de logique inductive [2001]. Paris: Armand Colin, 2004, p. 91 e 21. • BLOCH. *Apologie*, p. 151.

[56] "O desejo pela história", p. 173 e 222. • *Une vie pour l'histoire*, p. 202.

Referências

A amplidão da obra de Jacques Le Goff não permite que ela seja aqui citada integralmente. A listagem, até 1997, está em um livro-homenagem que lhe foi dedicado, *L'ogre historien* (citado mais abaixo), p. 337-353. Atualizada até 2003, uma relação aparece em *Il Medioevo Europeo di Jacques Le Goff* (indicado mais adiante), p. 411-423, totalizando 347 itens. Indicações complementares são fornecidas, até outubro de 2011, embora com algumas lacunas, em www.gahom.ehess.fr/document.php?id=471

Assim, limitamo-nos a indicar por ordem cronológica suas obras presentemente traduzidas em língua portuguesa. Como várias delas foram publicadas tanto no Brasil quanto em Portugal, citamos apenas a primeira edição em português de cada obra. A data fornecida entre colchetes é a da edição original francesa:

LE GOFF, J. *Uma longa Idade Média* [2004]. Rio de Janeiro: Civilização Brasileira, 2008.

_____. "O imaginário medieval". *Signum*, 10, 2008, p. 63-72.

_____. *As raízes medievais da Europa* [2003]. Petrópolis: Vozes, 2007.

_____. *O Deus da Idade Média* [2003]. Rio de Janeiro: Civilização Brasileira, 2007 [Entrevista a Jean-Luc Pouthier].

_____. *A Idade Média ensinada aos meus filhos* [1996]. Rio de Janeiro: Agir, 2007.

_____. *Uma história do corpo na Idade Média* [2003]. Rio de Janeiro: Civilização Brasileira, 2006 [Entrevista a Nicolas Truong].

_____. *Em busca da Idade Média* [2003]. Rio de Janeiro: Civilização Brasileira, 2005 [Entrevista a Jean-Maurice de Montremy].

_____. *A história nova* [1978]. São Paulo: Martins Fontes, 2005 [Codireção de Roger Chartier e Jacques Revel].

_____. *Dicionário Temático do Ocidente Medieval*. 2 vols. [1999]. Bauru: Edusc, 2002 [Codireção de Jean-Claude Schmitt].

_____. *Por amor às cidades* [1997]. São Paulo: Unesp, 2000 [Entrevista a Jean Lebrun].

_____. *São Luís* – Biografia [1996]. Rio de Janeiro: Record, 1999.

_____. *São Francisco de Assis* [1999]. Rio de Janeiro: Record, 1999.

_____. *Uma vida para a história* [1996]. São Paulo: Unesp, 1997 [Entrevista a Marc Heurgon].

_____. "As mentalidades: uma história ambígua" [1974]. *História*: novos objetos. Rio de Janeiro: Francisco Alves, 1995.

_____. "As ordens mendicantes". In: BERLIOZ, J. (Apres.). *Monges e religiosos na Idade Média* [1994]. Lisboa: Terramar, 1996. p. 227-241.

_____. *O imaginário medieval* [1985]. Lisboa: Estampa, 1994.

_____. *O nascimento do purgatório* [1981]. Lisboa: Estampa, 1993.

_____. *O apogeu da cidade medieval* [1980]. São Paulo: Martins Fontes, 1992.

_____. *Mercadores e banqueiros da Idade Média* [1956]. São Paulo: Martins Fontes, 1991.

_____. *História e memória* [1982]. Campinas: Unicamp, 1990.

_____. "O desejo pela história". In: NORA, P. (org.). *Ensaios de ego-história* [1987]. Lisboa: Ed. 70, 1989, p. 171-235.

_____. *A bolsa e a vida* – A usura na Idade Média [1986]. São Paulo: Brasiliense, 1989.

_____. *O homem medieval* [1987]. Lisboa: Presença, 1989 (org.).

_____. "A história do quotidiano". *História e nova história* [1980]. Lisboa: Teorema, 1986, p. 73-82.

_____. *O maravilhoso e o quotidiano no Ocidente Medieval* [1983]. Lisboa: Ed. 70, 1985.

_____. "A história, uma paixão nova" [1977] [Mesa-redonda com Philippe Ariès, Michel de Certeau, Emmanuel Le Roy Ladurie e Paul Veyne]. *A nova história*. Lisboa: Ed. 70, 1983, p. 9-39.

_____. *A civilização do Ocidente medieval*. 2 vols. [1964]. Lisboa: Estampa, 1983.

_____. "Francisco de Assis, entre as inovações e a morosidade do mundo feudal". *Concilium*, 169, 1981, p. 1.151-1.163. Petrópolis: Vozes [Número temático: Francisco de Assis: além do tempo e do espaço].

_____. *Para um novo conceito de Idade Média* [1977]. Lisboa: Estampa, 1980.

_____. *História*: novas abordagens, novos objetos, novos problemas. 3 vols. [1974]. Rio de Janeiro: Francisco Alves, 1976 [Codireção Pierre Nora].

_____. *Os intelectuais na Idade Média* [1957]. Lisboa: Estúdios Cor, 1973.

_____. *Reflexões sobre a história* [1982]. Lisboa: Ed. 70, [s.d.] [Entrevista a Francesco Maiello].

A vida e a obra de Jacques Le Goff foram objeto de certos ensaios:

BOUREAU, A. "Jacques Le Goff". In: SALES, V. (org.). *Os historiadores* [2003]. São Paulo: Unesp, 2011, p. 291-309.

FRANCO JÚNIOR, H. & MONGELLI, L.M. (orgs.). "Homenagem a Jacques Le Goff". *Signum* – Revista da Associação Brasileira de Estudos Medievais, 5, 2003 [número especial].

GROS, A. *Penser le changement historique* – La genèse de l'anthropologie historique de Jacques Le Goff. Paris: Ehess, 2008-2009 [Dissertação de mestrado datilografada].

LE GOFF, J. *Avec Hanka*. Paris: Gallimard, 2008.

_____. *Signum*, 1, 1999, p. 211-233 [Entrevistado por Hilário Franco Júnior].

_____. *Uma vida para a história* [1996]. São Paulo: Unesp, 1997 [Tradução – Entrevistado por Marc Heurgon].

_____. "O desejo pela história". In: NORA, P. (org.). *Ensaios de ego-história* [1987]. Lisboa: Ed. 70, 1989, p. 171-235.

REVEL, J. & SCHMITT, J.-C. (orgs.). *L'ogre historien* –Autour de Jacques Le Goff. Paris: Gallimard, 1998.

ROMAGNOLI, D. (org.). *Il Medioevo Europeo di Jacques Le Goff*. Cinisello Balsamo: Silvana, 2003.

RUBIN, M. (org.). *The work of Jacques Le Goff and the challenges of medieval history*. Woodbridge: Boydell, 1997.

7
Marc Ferro (1924–)

*Mônica Almeida Kornis**

1 O historiador e sua época: dados biográficos e atuação

Marc Ferro nasceu no dia 24 de dezembro de 1924, em Paris. Seu pai faleceu de tuberculose quando tinha cinco anos de idade, e foi criado pela mãe, que trabalhava como modista de uma casa de alta costura. Realizou seus estudos na capital francesa, tendo frequentado os liceus Racine, Michelet e Carnot. O início da guerra impôs algumas mudanças para a sua família, pois sua mãe era de origem judaica. Em 1940, seguiram então para a casa de uma tia, na Normandia. Meses depois retornaram a Paris, e Ferro retomou as aulas no Liceu Carnot. No início de 1941, junto à Prefeitura de Paris, ele e sua mãe receberam em sua carteira de identidade o carimbo "judeu". Em seguida, a família de um de seus grandes amigos de escola procurou protegê-los da perseguição aos judeus, e convenceu sua mãe de que seu filho não deveria ficar em Paris. Abrigado na casa do colega, fora da capital francesa, Ferro recebeu uma nova carteira de identidade, o que o livrava do documento anterior que estampava o referido carimbo. Sua mãe permaneceu em Paris, em função de seu trabalho. Com uma nova carteira de identidade, Ferro chegou a retornar à zona ocupada pelos alemães, mas, pressionado por sua mãe, voltou para a zona livre.

Com a idade de 17 anos, e inicialmente com ajuda financeira do patrão de sua mãe, fixou-se em Grenoble, onde iniciou seus estudos universitários, pelo interesse no trabalho de Raoul Blanchard, fundador do Instituto de Geografia Alpina. Na universidade, engajou-se na rede de resistência contra os alemães. Ao final da guerra, retornou a Paris, e foi somente nesse momento que soube da morte da mãe, que havia sido presa e deportada para Buchenwald durante a guerra. A partir daí, iniciou sua carreira de professor de História e Geografia, dando aulas em colégios privados católicos e em escola pública,

---

* Doutora em Artes pela Universidade de São Paulo. Professora e pesquisadora do Programa de Pós-Graduação em História, Política e Bens Culturais do CPDOC/FGV.

141

inclusive no renomado Liceu Henri IV, no qual ingressou em 1947. Ao mesmo tempo, Ferro preparava seu concurso para professor universitário, tendo já obtido seu diploma de estudos superiores.

Em 1948, foi nomeado professor em Oran, na Argélia, tendo seguido para aquela cidade já casado com Vonnie, professora de literatura que conhecera na biblioteca de Grenoble entre os anos de 1944 e 1945, e com quem viria a ter dois filhos, alguns anos depois.

Ao retornar à França em outubro de 1956, Ferro assumiu suas funções de professor no Liceu Montaigne, onde lecionou até 1960, impedido de ingressar na carreira universitária na área de história, pois não conseguira até então passar nos concursos que realizara. Ao longo desse tempo, continuara a fracassar nos concursos, o que o levou a pensar até mesmo em estudar jornalismo.

O interesse em estudar a Revolução Russa e suas interpretações no Ocidente levou Ferro ao aprendizado da língua russa, mesmo sem que tivesse afinidades ideológicas com o comunismo. Seu primeiro artigo sobre o tema data de 1960, e foi publicado em *La Revue Historique*, no mesmo ano em que, mesmo sem ter ainda ingressado na carreira universitária, foi nomeado para integrar o Centro Nacional de Pesquisa Científica (CNRS). Inscreveu-se no doutorado por essa época, sob a orientação de Pierre Renouvin, para desenvolver um trabalho sobre *A opinião europeia face à Revolução Russa*. No ano seguinte, escreveu seu primeiro artigo universitário no *Cahiers du Monde Russe et Soviétique*, e em 1962 tornou-se secretário de redação da revista, cargo que ocupará nos três anos seguintes. Em 1964, Ferro aproxima-se de Fernand Braudel, pelo convite que recebeu para ser secretário de redação dos *Annales*, cargo que ocupará até 1970, quando se tornaria diretor da revista juntamente com Emanuel Le Roy Ladurie e Jacques Le Goff.

A década de 1960 foi, sem dúvida, um momento importante para a vida acadêmica de Ferro, pela diversificação de suas atividades e pelos frutos daí advindos para sua carreira como historiador. Além de secretário de redação de duas revistas – sendo uma delas a importante *Annales* – e da conclusão de sua tese de doutorado, o seu orientador de tese Pierre Renouvin sugeriu-lhe em 1964 que participasse da realização de um documentário para a televisão sobre a guerra de 1914, que integraria uma série intitulada *Trinta anos de história*. Iniciava-se aí a ligação de Ferro com a realização de filmes e com a televisão, o que será determinante para a sua reflexão sobre as relações entre cinema e história. Depois de realizar aquele filme, juntamente com Solange Peter, trabalhou ao longo das décadas seguintes em vários documentários produzidos pela Pathé-Cinéma: *Indochina* (1965); *O Tratado de Versalhes* (1966); o segmento *Rússia, guerra e revolução* em *O ano 1917* (1967); *O ano 1918* (1968), juntamente com Francis Caillaud; *Lenin por Lenin* (1970), juntamente com Pierre Sanson; em alguns episódios de *Imagens da história* (1975-1977), composto por 13 curtas-metragens de 15 minutos cada. Esse trabalho implicou a realização de pesquisas em arquivos históricos de diferentes países europeus, para os quais partiu em busca de documentos para ilustrar os documentários. Um primeiro artigo sobre a importância do cinema para os estudos da história foi publicado na Revista dos *Annales* em 1968, mas um artigo mais completo foi elaborado três anos depois, e publicado na mesma revista em 1973.

Outros filmes se seguiram nos anos de 1980 e de 1990, além da realização de programas de televisão: *Uma história da Medicina*, em colaboração com Jean-Paul Aron (1980); *A história começa às 20 horas* (Antena 2, 1984) tratando sobre a Armênia; *A história em um minuto* (uma coprodução internacional da Pathé-Cinéma com a RAI), em colaboração com Pierre Gauge; *Da atualidade à história* (emissões semanais no canal *História*, entre os anos de 1997-1998), com alguns outros historiadores entre os quais René Rémond; *Internacional* (uma espécie de revista apresentada na iTélé durante os anos de 2004 e 2005), juntamente com Sophia Synodinos, além das 520 emissões semanais do programa *História paralela*, exibida por La Sept, FR3 e depois pelo canal Arte, entre os anos de 1989 e 2001.

Dos anos de 1960 ao início dos anos de 1990, Ferro escreveu livros e artigos sobre a Revolução Russa e sobre a história da URSS, com destaque para os mais variados aspectos. Questões ligadas à história das duas guerras tiveram lugar em seus escritos dos anos de 1970, e voltaram a ser mais frequentes ao longo da década de 1990 e dos anos de 2000. A partir dessa época, seus textos versariam também sobre a história francesa durante a Segunda Guerra Mundial. Os escritos sobre cinema e história foram produzidos em maior número durante os anos de 1970, com algumas poucas publicações posteriores.

Em 1986, foi eleito diretor do Instituto do Mundo Soviético e da Europa Central e Oriental, e em meados dos anos de 1980 recebeu o título de doutor *honoris causa* concedido pela Universidade de Moscou. Em 2011, recebeu o prêmio Saint Simon pela publicação do livro *Mes histoires parallèles: entretiens avec Isabelle Veyrat-Masson*.

2 Percurso e diálogos

Com a idade de 17 anos, interessado em se dedicar à geografia, Ferro fixou residência em Grenoble para estudar com Raoul Blanchard. Mas a experiência no seminário sobre América Latina ministrado por Fernand Braudel na 6ª Seção da Escola Prática de Altos Estudos, que começou a frequentar em 1947, aproximou-o da história, além de ter propiciado um contato que seria decisivo para a vida profissional e acadêmica de Ferro nos anos de 1960.

Nomeado professor em Oran, Ferro partiu para a Argélia com 24 anos. Além de passar a residir em outro país, essa nova experiência resultou num engajamento político inédito na sua vida até então, num contexto de luta pela independência daquele país, até então território colonial francês. Sem filiação partidária e em defesa de ideais liberais, passou a escrever em jornais sobre a situação argelina, até se tornar presidente do Movimento pela Paz na Argélia, graças, segundo ele, a suas excelentes relações com os muçulmanos, os comunistas, os cristãos de esquerda e com os próprios pais dos alunos. Convivia com alunos árabes, judeus, espanhóis e franceses, e acreditava na importância de uma experiência mais pessoal que extrapolava as relações em sala de aula. Ferro era favorável a um acordo entre França e Argélia, e o início da revolução no final do ano de 1954 significou o fracasso de uma saída conciliatória, conforme propunha em seus escritos e suas atividades.

Poucos anos depois de voltar a Paris, já no início dos anos de 1960, interessado em desenvolver seu projeto de doutorado, iniciou suas pesquisas nos arquivos russos, numa época em que a URSS estimulava iniciativas desse tipo, mesmo que de forma supervisionada. Além de ter tido acesso a fontes oficiais, deparou-se com uma documentação que lhe despertou grande interesse, e que seria responsável pela mudança de seu objeto de tese, inicialmente voltado para o exame da opinião pública europeia sobre a Revolução Russa. Decidiu então trabalhar sobre a história da própria revolução, na tentativa de examinar documentos até então inexplorados, como foram as cartas de camponeses provenientes de várias províncias russas nas quais expressavam suas aspirações, suas expectativas com o novo regime e suas demandas, entre as quais aumento de salário. Além disso, localizou documentos reveladores de conflitos não só entre o poder central e as comissões de bairro que ajudavam localmente a população, mas também entre comitês de usina e sindicatos. Ferro julgava importante trabalhar com informações provenientes de pessoas desconhecidas, que se distanciavam das fontes oficiais. Acreditava que essa sua posição se devia ao fato de sua vivência na Argélia ter estimulado uma percepção para além do que expressava o governo e os partidos políticos, o que lhe permitia contrapor informações oficiais com as experiências individuais. Durante o processo de elaboração de seu trabalho, continuou a lecionar, inclusive no exterior, como foi o caso de sua permanência por seis meses no Canadá.

Ferro defendeu sua tese de doutorado em 1967 sob o título *A queda do tzarismo e as origens de outubro*, cujo texto se pretendia mais uma história social da Revolução Russa do que uma história política daquele movimento. Nesse mesmo ano, os dois primeiros artigos que escrevera desde o início de seu trabalho sobre a Revolução Russa foram publicados nos dois primeiros volumes de seu livro intitulado *A Revolução de 1917*. Sua ligação com essas questões foi responsável pela eleição no mesmo ano para a direção do Instituto do Mundo Soviético e da Europa Central e Oriental, instalado no Instituto de Estudos Eslavos. Ferro se tornara enfim um historiador reconhecido por seus estudos sobre a Revolução Russa, embora tenha publicado em 1969 um livro sobre a Primeira Guerra Mundial. Seu interesse em trabalhar sobre a Revolução Russa prosseguiria nos anos de 1970, o que o levou a fazer novas viagens para aquele país. Em busca por novas fontes, chegou aos arquivos do Partido Bolchevique, em Smolny, cuja consulta era até então proibida.

Por outro lado, nessa mesma década, sensível à experiência que tivera como pesquisador e consultor de filmes documentários para a televisão, Ferro passou a se interessar em refletir sobre essas questões. Iniciara essas atividades por acaso, em 1964, atendendo ao pedido de Renouvin para que fosse o consultor histórico do cineasta Fréderic Rossif no documentário sobre a guerra de 1914. Como Rossif abandonou imediatamente o projeto, coube a ele desenvolvê-lo. Não havia de sua parte a demonstração de um interesse particular por cinema. Já com a realização de outros trabalhos de filmes com imagens de arquivo, ao longo da década, passaria a perceber que o cinema dizia algo não revelado por outras fontes, o que o levou a interessar-se pelo assunto. Ao lecionar em instituições norte-americanas, também na década de 1960, acabaria por discutir com os alunos sobre filmes russos dos anos de 1920, ampliando assim o espectro de suas análises sobre a Revolução Russa, ao mesmo tempo em que discutia sobre essa nova fonte. Era o início da integração da experiência de consultor e realizador de filmes com a atividade de historiador, no caso particular da Revolução Russa.

O trabalho desenvolvido para os filmes de televisão consistiu inicialmente na pesquisa de documentos audiovisuais para ilustração dos temas tratados nos livros de Renouvin. Ao texto falado, corresponderia sua respectiva imagem. Ao acompanhar o trabalho de montagem do filme, afirmou ter começado a entender que não necessariamente as imagens expressavam o que parecia ter acontecido, pois podiam ser reconstituições. Além disso, passara a reconhecer a importância da montagem, assim como a diferença entre a narrativa escrita e a narrativa com imagem e som. Aprendera com a montadora do seu primeiro filme, Denise Baby, a olhar as imagens, classificá-las, e passaria a constatar que as imagens não forneciam as mesmas representações do passado fornecidas pelos arquivos escritos. Passava a perceber que as imagens podiam revelar informações que não seriam passíveis de ser obtidas a partir da documentação escrita. Ainda que embrionária, estava aqui contida a noção que viria a desenvolver mais tarde em torno da ideia do filme como uma contra-análise da sociedade. De qualquer maneira, até meados dos anos de 1960, a expressão "cinema e história" e toda a discussão em torno dessa relação e dessas "descobertas" ainda não estava claramente definida como problema em seu trabalho como historiador.

Sua relação com o grupo dos *Annales* foi certamente um estímulo fundamental para a realização desses estudos, mesmo que inicialmente de maneira não previsível. No mesmo ano de 1964, Ferro aceitou o convite de Fernand Braudel para ser secretário de redação da Revista dos *Annales*, o que o levou a uma aproximação com aquele importante historiador, que desde 1946 dirigia a referida revista que, sob sua influência, privilegiava a abertura da história para as outras ciências sociais e humanas. O reencontro com Braudel havia acontecido em 1962, 15 anos após Ferro ter frequentado seu seminário na Escola Prática de Altos Estudos. Ferro era um historiador que prezava a história factual, como seu orientador Renouvin, e naquele momento a Escola dos *Annales*, sob a direção de Braudel, seguia outra orientação. Com poucos artigos publicados até aquele momento, Ferro tinha a experiência de secretário de redação dos *Cahiers du Monde Russe*, o que não significava, contudo, o desempenho de tarefas necessariamente semelhantes. A Revista dos *Annales* impunha outras questões para Ferro: os artigos deveriam trazer um problema, uma novidade metodológica e também era importante examinar o tema apresentado. Caso contrário, Ferro poderia recusar artigos. Essa perspectiva definia claramente como o perfil da revista se afastava da história econômica, da história quantitativa e da história factual.

O trabalho de Ferro com filmes podia ser assim algo importante, capaz de estimular o exame de outra dimensão da história e da sociedade, mas ele era fundamentalmente marcado pela visão de um historiador tradicional. Esse foi o desafio vivenciado por Ferro, em contato com uma revista que pretendia criar uma nova história, interessada em abrir novos campos de análise, definir novos objetos e novos métodos de fazer história. Apesar de ter desenvolvido um trabalho de história factual, o trabalho com cinema e história se adequava a esses propósitos, e o investimento de Ferro nessa empreitada seria bem-sucedido, na medida em que começava a trazer novos objetos e novas questões para o conhecimento da história.

Em 1967, a exibição de seu filme *O ano de 1917*, cujo foco era a Revolução Russa, causou impacto na universidade, pois, segundo Ferro, foi a primeira vez que um historiador fazia um filme sobre esse tema com documentos originais. Ainda segundo ele, esse trabalho levou o historiador Ernest Labrousse a defender a sua candidatura à Escola Prática de Altos Estudos. Houve ainda uma recomendação de que o filme fosse projetado nas escolas e universidades, considerado como uma lição de história. Em paralelo a essas atividades, Ferro propunha à Editora Flammarion a edição de uma coleção intitulada "Questões de história", que contaria com a publicação de 36 livros.

O primeiro artigo de Ferro sobre a importância dessa nova fonte documental pode ser entendido naquele contexto como o primeiro reconhecimento da importância do cinema para os estudos de história. Publicado nos *Annales* em 1968 sob o título "Sociedade do século XX e história cinematográfica", o artigo referia-se ao fato de que o culto excessivo do documento escrito teria levado os historiadores a utilizarem técnicas de pesquisa válidas para o século passado, e alertava que, para a época contemporânea, havia documentos de um novo tipo e uma nova linguagem, capazes de fornecer uma nova dimensão ao conhecimento do passado. Ferro afirmava que os documentos cinematográficos não só ilustravam os fatos conhecidos, mas forneciam uma nova dimensão ao conhecimento do passado. Alertava para a importância dessas questões não só para os historiadores, mas também para os sociólogos, antropólogos e linguistas, assim como para a necessidade de catalogação daquelas fontes de informação, além de evocar a urgente atuação do Estado para instituir o depósito legal dos documentos cinematográficos e criar meios de conservação. No próprio texto, Ferro mencionava que ali residia um grito de alerta, considerando que sem o cinema não se teria o conhecimento do século XX. Braudel saudava Ferro afirmando que ele realizava algo que os outros historiadores não faziam. No ano seguinte, ao se tornar diretor de estudos na 6ª Seção da Escola Prática de Altos Estudos, realizou um seminário sobre cinema e história, a pedido de Labrousse, Braudel e também Roland Barthes. Iniciava-se naquele momento um seminário que sobreviveria até o ano de 1996, sendo frequentado por pesquisadores e estudantes de várias partes do mundo, considerando igualmente o fato de aquela escola ser das mais renomadas no cenário internacional. Na mesma época e sobre os mesmos temas, Ferro passou também a lecionar na Escola Politécnica. A carreira universitária de Ferro iniciava-se assim sob a égide desse tema, muito embora o foco preferencial de seus estudos fosse a história da Revolução Russa.

O ano de 1969 foi bastante importante para o grupo dos *Annales*, pelo ingresso de Jacques Le Goff e Emmanuel Le Roy Ladurie na sua direção, e depois François Furet e Jacques Revel. A abertura para os campos da antropologia, da sociologia, da linguística e da psicanálise tiveram um impacto muito grande e as vendas da revista dobraram. Sem uma função necessariamente pedagógica, o objetivo da revista era consolidar-se como uma publicação de ponta na pesquisa de história. A transformação da 6ª Seção da Escola Prática de Altos Estudos em Escola de Altos Estudos em Ciências Sociais em 1975 também é parte desse processo. Nessa escola, Ferro manteve-se fiel à sua maneira de conceber as relações entre cinema e história, sem aproximar-se da semiologia, por exemplo, que, além de constituir-se como atividade bastante importante na escola naquele momento, contava ali com a presença de intelectuais como Roland Barthes e Christian Metz, que influenciariam bastante as reflexões sobre a imagem e o cinema nas décadas de 1970 e 1980.

Ferro foi, assim, o único historiador do grupo dos *Annales* a desenvolver estudos em torno das relações entre cinema e história, tendo integrado a famosa coletânea que lançou as bases da chamada "Nova História", com o texto escrito em 1971 e publicado em 1973 nos *Annales* intitulado "O filme, uma contra-análise da sociedade?" Organizado por Jacques Le Goff e Pierre Nora sob o título *Faire de l'histoire* (1974), e composto por três tomos discutindo novos problemas, novas abordagens e novos objetos da história, o livro foi publicado dois anos depois no Brasil com o título *História: novos objetos*. Esse texto de Ferro foi seu primeiro trabalho mais elaborado e mais extenso sobre o tema, e certamente a presença do historiador nessa obra de grande impacto foi responsável pela imensa circulação que seu trabalho viria a ter por várias partes do mundo, e a seguir pela publicação de seu livro *Cinema e história*, em 1977, com traduções nos anos seguintes nos Estados Unidos, Itália, Espanha, Turquia, China, Coreia e Brasil.

Em *O filme, uma contra-análise da sociedade?*, Ferro demonstrou o desprezo das pessoas cultivadas do início do século pelo "cinematógrafo", naquele momento limitado a uma atração de feira. Era a época que, segundo ele, o historiador privilegiava um conjunto de outras fontes como artigos de leis, tratados de comércio, declarações ministeriais, ordens operacionais e discursos. Ao evocar o passado, apontava para a impossibilidade de, décadas depois, continuar o desprezo pelo cinema. Classificou, como sendo de distintos gêneros, os filmes de ficção, de atualidades e documentários e os filmes políticos ou de propaganda, e conciliou seus conhecimentos sobre a história da Revolução Russa com a análise de filmes russos. Em todas as suas análises havia um mesmo pressuposto: qualquer filme excede seu conteúdo, há uma história não visível, e esse foi sem dúvida um dos eixos centrais de sua argumentação sobre a importância do cinema para o conhecimento histórico.

Já na coletânea *Cinema e história*, composta por artigos e por uma entrevista que concedeu à consagrada revista *Cahiers du Cinéma*, Ferro examinou os filmes *Napoleão* (1927), de

Abel Gance, *A grande ilusão* (1937), de Jean Renoir, e de *M., o vampiro de Dusseldorf* (1931), de Fritz Lang, além de vários filmes russos. Dois anos antes, em 1975, portanto, dedicara a Braudel o livro *Análise de filme, análise de sociedades: uma nova fonte para a história*, no qual foram reunidos escritos gerais sobre questões referentes ao cinema e sua relação com a história, em conjunto com exames de alguns filmes. Com um artigo intitulado "O filme de ficção e a análise histórica", Ferro integrou ainda nos anos de 1970 uma coletânea organizada por Paul Smith intitulada *O historiador e o filme*, composta por trabalhos de historiadores ingleses, holandeses e norte-americanos sobre as diferentes possibilidades de uso do material fílmico tanto como fonte histórica quanto como instrumento para o ensino.

Em entrevista concedida a Isabelle Veyrat-Masson[1], diante da pergunta sobre como definiria o "Método Ferro" na análise das relações entre cinema e história, Ferro respondeu que não tinha o método dos linguistas, nem construía hipóteses antes de assistir aos filmes. Eram os filmes, assim como os documentos escritos, que lhes forneciam hipóteses. Afirmava o interesse em examinar as diferentes discordâncias ao longo do filme, ou entre seus elementos. Acreditava na existência de um sentido manifesto e um sentido latente nos filmes, mas ao mesmo tempo afirmava reconhecer que não necessariamente todos eles escondem algo, pois podem existir filmes que tudo revelam. Seu interesse dirigia-se preferencialmente àqueles que escondem algo, pelo interesse em revelar contradições, sendo também importante conhecer a sociedade sobre a qual o filme se refere. Alertava para o cuidado com as falsificações, como eliminações de pessoas e tomadas rápidas que pudessem impedir a visão do que de fato acontece, e para o fato de o filme histórico não ser revelador da história, posto que fala sobre o momento em que o produz.

Ao longo dos anos de 1980, a produção de Ferro sobre o tema tornou-se mais escassa, o que não significou uma paralisia diante de temas pouco trabalhados pela academia. O livro *Comment on raconte l'histoire aux enfants: à travers le monde entier* (1981) é prova disso. Interessado em trabalhar sobre como se processava o aprendizado das crianças sobre o passado, Ferro se debruçou sobre aspectos do aprendizado não formal, adquirido por manuais, histórias em quadrinhos, além obviamente dos filmes. Era explícita a sua valorização da história das mentalidades nessa abordagem da questão. Essa publicação foi traduzida para o inglês, italiano, japonês, russo, espanhol, grego e português. Em 1985, no livro *L'histoire sous surveillance: science et conscience de l'histoire,* Ferro discorreu sobre as várias escritas da história: a história institucional – dos Estados, das igrejas, dos partidos; a dos movimentos nacionais, que se colocava por oposição à história oficial; a história-memória; o cinema histórico; o cinema enquanto representação das formas tanto institucionais dominantes quanto contrainstitucionais, além do cinema que documenta a realidade.

Nos anos de 1980, além de continuar a trabalhar em filmes para a televisão e ter publicado livros sobre a história francesa, como *Pétain* (1987), e, com Yuri Afanassiev, ter dirigido a obra *50 idées qui ébranlèrent le monde: dictionnaire de La Glasnost* (1989), lançou-se numa experiência inédita: de 1989 a 2001 realizou o programa de televisão *Histoire parallèle*.

A primeira ideia foi de Louisette Neil com a transmissão feita em 1987, no canal Antena 2, do programa *A história começa às 20 horas*. A ideia foi mostrar, por ocasião de uma série de atentados ocorridos nos anos de 1970 e em nome da memória do genocídio dos armênios, acontecimentos do passado que explicavam a atualidade daquele fenômeno. Coube a Ferro apresentar e comentar sobre documentários de diferentes épocas. O sucesso do programa foi responsável pelo convite de Neil, dois anos depois, para que Ferro trabalhasse no *Histoire parallèle*, no canal 7, emissora criada em 1986 como uma televisão de perfil cultural e educativo, presidida pelo historiador Georges Duby. Iniciado no mês de setembro de 1989, para relembrar os cinquenta anos do início da Segunda Guerra Mundial, o programa consistia em confrontar semanalmente as atualidades da França e da Alemanha. Cada emissão contava com um historiador – que poderia ser também alemão ou inglês –, que com ele comentava sobre as imagens dos filmes. A originalidade do programa, segundo Ferro, estava no fato de que os filmes de arquivos eram apresentados na íntegra, para que se pudesse exibir exatamente o que fora visto na época, sem uma seleção prévia. Ao longo de seus 12 anos, com edições semanais de cerca de 50 minutos, mais de 300 pessoas foram convidadas a participar do programa, de historiadores a homens públicos como Gorbatchev e Kissinger, até personagens anônimos, como médicos das florestas da Birmânia. Além dos temas sobre a guerra, exibidos nos primeiros programas, houve emissões com diferentes temas entre os quais massacres, questões em territórios coloniais, Palestina etc. Em seus programas, Ferro procurou ainda discorrer sobre as várias maneiras de entender os acontecimentos históricos, alternando filmes de atualidades com testemunhos.

Ao longo dos anos de 1990 e de 2000, Ferro prosseguiu publicando artigos e livros com temas variados – alguns traduzidos para outras línguas – com foco em acontecimentos europeus decisivos para a história daquele continente no século XX, mas também sobre a história de colonizações iniciadas em séculos passados, sendo um único livro dedicado ao cinema, que se intitulava *Le cinéma, une vision de l'histoire* (2003).

3 Conceito-chave

Destacar um único conceito-chave que defina a obra de Marc Ferro não me parece uma tarefa pertinente, considerando a diversidade de seu trabalho não só do ponto de vista temático, como conceitual. Por outro lado, a abertura de seu trabalho no campo da história para investigações em torno de um novo objeto, o cinema, merece destaque, sobretudo pelo impacto e pela circulação que tem até hoje em vários países, e em particular no Brasil. Sistematizar suas ideias sobre o tema não é tarefa simples, pela natureza dispersa e por vezes recorrente de suas análises sobre filmes. Concordo com o historiador de cinema Eduardo Morettin[2] sobre a centralidade em sua obra da concepção do filme como contra-análise da sociedade, o que certamente é também fundamental para Ferro, se percebermos a seguida inclusão do artigo homônimo em suas publicações, tanto na França quanto nas traduções para outras línguas. Embora não tenha sido seu primeiro artigo sobre o tema, é certamente o texto inaugural para a discussão da relação cinema e história, e mais ainda pelo fato de ter sido publicado não só na prestigiosa Revista dos *Annales* em 1973, mas por sua inclusão na definitiva publicação organizada por Jacques Le Goff e Pierre Nora, traduzida sob o título *História: novos objetos*, em 1976, certamente uma das grandes obras do movimento da "Nova História" e marco da historiografia francesa.

Para Ferro, o filme falaria de outra história: é o que ele chamava de contra-história, e que tornaria possível uma contra-análise da sociedade. Como exemplo, a sua tentativa de, ao examinar o filme soviético *Tchapaev* (1934), demonstrar como se construía ali uma ideologia stalinista. O cinema traria assim a possibilidade de explorar aspectos até então desconhecidos e, certamente, essa sua noção decorre das "descobertas" feitas, sobretudo, no conhecimento que tinha da Revolução Russa, a partir de documentos escritos.

Evocando o imaginário, presente para ele em qualquer gênero fílmico, como uma das forças dirigentes da atividade humana, Ferro procurava demonstrar como o filme poderia atuar no terreno da imaginação, além de discorrer sobre a relação estabelecida entre autor/tema/espectador, pensando o filme não só como um produto da história, mas, sobretudo, como agente da história. Apesar de, durante a sua trajetória, ter trabalhado com a realização de documentários para a televisão, inclusive no comando de *Histoire parallèle*, o historiador privilegiava o uso do filme de ficção na análise histórica por julgar vantajosas as possibilidades analíticas que esse gênero trazia consigo, como reações críticas, informações sobre frequência aos cinemas e uma variedade de informações sobre as condições de produção, nem sempre disponíveis no caso dos cinejornais e documentários.

Segundo Ferro, a contribuição maior da análise do filme na investigação histórica era a possibilidade de o historiador buscar o que nele existe de não visível, tendo o pressuposto de que o filme excede seu próprio conteúdo. Ao considerar esse elemento como uma das particularidades do filme, o historiador reafirmava que a imagem cinematográfica não era somente confirmação ou negação da informação contida no documento escrito. O filme expressava uma outra história – é o que ele chama de contra-história –, o que tornava possível uma contra-análise da sociedade, por revelar aspectos da realidade que ultrapassavam o objetivo do realizador, além do fato de as imagens expressarem a ideologia de uma sociedade. O exame de um filme abria assim caminho para um desmascaramento da realidade política e social.

O caminho a ser traçado na busca do não visível envolvia uma abordagem do filme como uma imagem-objeto, como um produto cujas significações não são somente cinematográficas. Ferro recusava-se a tratar o filme e sua relação com a sociedade e a história como uma obra de arte, ao mesmo tempo em que reiteradas vezes demonstrou-se alheio a uma perspectiva analítica de natureza semiológica, estética ou ligada à história do cinema. Seu objetivo era fundamentalmente examinar a relação do filme com a sociedade que os produz/

consome, articulando entre si realização, audiência, financiamento, ação do Estado, isto é, variáveis não cinematográficas (condições de produção, formas de comercialização, censura etc.) e a própria especificidade da expressão cinematográfica. A articulação dessas variáveis era importante para Ferro, que apontava para a insuficiência da tradicional abordagem das ciências humanas nesse campo, mas o reconhecimento da importância do trabalho interdisciplinar entre historiadores, linguistas, sociólogos e antropólogos que chegou a mencionar em seu trabalho não redundou num estudo que de fato contemplasse a multiplicidade de questões por ele próprio colocadas. O exercício de crítica histórica e social dos documentos era pensado como crítica de autenticidade, de identificação e de análise, o que revelava a dimensão central de um trabalho voltado para a análise das condições nas quais as imagens foram produzidas, sua origem, data, conteúdo e condições de recepção. Sua investigação era centrada assim exclusivamente no conteúdo dos filmes, sem uma atenção à forma estética organizadora do próprio conteúdo.

Ferro tratou sobre alguns procedimentos analíticos em relação ao documentário e à ficção, com maior grau de sistematização em relação ao primeiro desses gêneros. Segundo ele, duas operações eram necessárias para o exame de filmes de montagem: o estudo e a crítica dos documentos utilizados no filme, e a crítica de sua inserção no filme, que não seria necessariamente contemporânea à produção dos documentos. Apontava para a presença de elementos complicadores para esse procedimento, pela possibilidade de inserção de imagens e/ou entrevistas realizadas durante a execução do filme. Um filme de montagem poderia comportar vários tipos de documentos fílmicos e também não cinematográficos, sendo que era possível não só que cada um desses tipos tivesse sido extraído de sequências já montadas, mas também que a eles fosse agregado um conjunto de outros elementos, como cenas de filmes de ficção e entrevistas, por exemplo.

Para os filmes em geral, e em particular no caso dos cinejornais, Ferro destacava alguns aspectos de ordem técnica quanto ao procedimento do historiador do ponto de vista da crítica da autenticidade do documento: os ângulos das tomadas (poderiam revelar o número de câmeras utilizadas, com a observação de que no caso do filme de atualidades conta-se com um único operador); a distância das diferentes imagens de um mesmo plano (antes da *zoom*, a passagem de um plano distante para um próximo não podia ser feita de uma só vez); as condições de leitura da imagem na percepção da existência ou não de montagem e/ou reconstituição, inclusive a iluminação; a intensidade da ação (um documento com ritmo seria manipulado, ao passo que um plano sequência não montado comportaria necessariamente tempos mortos); e o grão da película (contrastes mais definidos poderiam indicar que não houve trucagem, além do que poderiam sofrer alterações após sucessivas cópias).

Para Ferro, a crítica de identificação do documento seria mais fácil para o historiador, por dizer respeito à busca da origem do documento, data, identificação de personagens e locais e interpretação do conteúdo. Já a crítica analítica englobaria o exame da fonte emissora, das condições de produção e de recepção, considerando a inexistência de um documento politicamente neutro ou objetivo. Ferro admitia assim que, para ser tratado como documento histórico, o filme demandava a formulação de novas técnicas de análise que dessem conta de todo um conjunto de elementos que se interpunham entre a câmera e o evento filmado.

Foi certamente sua experiência com a realização de documentários que o familiarizou com questões afeitas à montagem nos filmes. Destaco aqui algumas observações de Ferro sobre a preparação do filme *Lenin para Lenin* (1970), pelas particularidades que ele mesmo apontou em entrevista concedida a François Garçon e Pierre Sorlin[3], inclusive pela interferência exercida em seu trabalho como historiador. A intenção do filme era discutir a influência de Lenin após sua morte (1924), inclusive tratar sobre o leninismo nas manifestações de maio de 1968, o que não lhes permitia focar na trajetória do líder russo e referir-se então ao final à sua morte. Por essa razão, o episódio do falecimento de Lênin teria de ocorrer na metade do filme. Ferro atentava assim para as particularidades da narrativa histórica no filme e sobre a necessidade de construção de um processo dramático na sua elaboração. No caso de *Uma história da medicina* (1980), Ferro afirmava ser essa uma maneira de abordar o tema sobre a história da medicina, o que significava admitir a existência de um certo recorte naquela narrativa.

Ferro valorizou outros aspectos sobre a importância do filme para o trabalho do historiador, ao discorrer sobre o fato de um filme ser agente da história, e não somente um produto. Nesse sentido, procurava demonstrar como os filmes podiam servir à doutrinação e/ou à glorificação, ao mesmo tempo em que observava como os dirigentes políticos compreenderam a função que o cinema poderia exercer, colocando-o a seu serviço. A primeira tentativa teriam sido os numerosos filmes de propaganda produzidos ao longo da Primeira Guerra Mundial. Foram, contudo, os soviéticos e posteriormente os nazistas que, segundo ele, conferiram ao cinema um estatuto privilegiado de instrumento de propaganda. Citava o caso de *Outubro* (1927) de Serguei Eisenstein, feito sob encomenda de Stalin para comemoração dos 10 anos da Revolução Russa, mas observou como os nazistas foram mais longe, ao conferirem ao filme um estatuto de objeto cultural superior, com o papel de meio de informação. Ferro apontava ainda para a possibilidade de o cinema atuar como agente de conscientização, o que ocorreria mais facilmente nas sociedades de regime político mais fechado.

De uma maneira geral em seus artigos, embora Ferro aponte para o exame de como um conjunto de variáveis se articula no filme e cria uma determinada representação de acontecimentos passados, há em seus escritos uma percepção de que algo está sendo revelado, o que estabelece o pressuposto de que o cinema para ele nos forneceria uma dimensão de realidade. Haveria algo sendo mostrado, portanto. E, mais ainda, o cinema confirmaria ou complementaria o saber histórico advindo dos documentos escritos. Parece-nos problemático a não compreensão do filme como uma forma estética capaz de criar significados específicos, e por vezes ser expressão de gêneros cinematográficos consolidados. A análise interna do filme não é uma questão para o trabalho de Ferro, na medida em que o foco de seu trabalho é discutir sobre a veracidade dos fatos, como uma maneira de complementar o conhecimento histórico propiciado pelos filmes com os documentos escritos. Desta forma, Ferro acredita ser possível entender a sociedade e a história sobre a qual o filme fala.

4 Considerações finais

Marc Ferro é um historiador voltado para a história do século XX, dos dilemas do colonialismo europeu e dos efeitos das duas grandes guerras à realização de filmes e programas de televisão, passando pela história da Revolução Russa e pelo reconhecimento do cinema como um objeto de conhecimento da história. Atento à história de seu tempo, pretende discuti-la também a partir dos meios de seu tempo.

Os artigos sobre cinema e história foram certamente fundamentais para sua consagração como historiador, pelo menos se lembrarmos o sucesso, durante décadas, de seu seminário na Escola de Altos Estudos em Ciências Sociais, em Paris, e a tradução de seus artigos em vários países, inclusive no Brasil. Historiadores de outras épocas e de outras nacionalidades destacaram a importância do cinema como conhecimento do passado, mas é possível pensar que a presença de Ferro no núcleo da historiografia de ponta francesa em pleno movimento da "Nova História" permitiu-lhe uma circulação mundial ímpar. Não é demais lembrar que, nos últimos anos do século XIX, Boleslas Matuszewski, câmera polonês que trabalhou com os Irmãos Lumière, já apontava para o valor do filme como documento histórico e alertava para a necessidade de criação de depósitos cinematográficos. No campo da atividade e da reflexão cinematográfica propriamente dita, o filme histórico logo teve imensa repercussão com o lançamento de *O nascimento de uma nação* (1916), de Griffith, que criou a gramática do cinema clássico, além da linguagem experimental no cinema de Eisenstein ao longo dos anos de 1920 expressa em um conjunto de filmes sobre a história russa. O deslocamento para os estudos cinematográficos e para a própria teoria do cinema é certamente fundamental, portanto, na medida em que, com o foco nas discussões sobre essa linguagem, a aproximação com o filme ganha intensidade e, mais que isso, torna-se vital.

A obra do historiador serviu certamente de inspiração para os estudos sobre cinema e história, mas a sua recusa – e de seus seguidores – em tratar as imagens em sua dimensão estética é problemática. Somente a análise fílmica nos permite esclarecer as possíveis tensões contidas no filme e na relação com os diferentes contextos políticos e ideológicos de uma dada sociedade. Por outro lado, a ideia de que o filme revela uma realidade significa abandonar um aspecto fundamental que é a existência de uma mediação entre a realidade e o filme, na qual são feitas escolhas que podem se apresentar de diversas maneiras, passíveis de reconstruir o passado de diferentes formas. As referências à linguagem cinematográfica em Ferro parecem não caminhar para além da identificação de procedimentos técnicos, e há implícita a busca de uma autenticidade e uma veracidade no documento-filme, mesmo na direção de o filme conter uma contra-análise da história e da sociedade. Ferro acredita que o filme poderia ir além do que dizem os documentos escritos, e ele defende ardorosamente esta noção como que delegando ao filme o poder de falar de outra realidade, o que reforça a ideia de crença na veracidade da imagem. No limite, essa concepção permite que o historiador se coloque como árbitro sobre a autenticidade de um filme.

Destacar a particularidade da atuação de Ferro em programa televisivo sobre história é algo importante, considerando a divulgação por aquele meio da história do século XX para um grande público, durante mais de uma década. Caberia observar, por outro lado, em que medida a própria série divulgaria para um grande público a concepção expressa pelos escritos de Ferro, marcada igualmente pelo sentido de realização de uma contra-análise, que reiteraria a ideia de que estamos, diante da televisão, face a uma outra concepção de história que não está dada pelos documentos escritos.

Notas

[1] FERRO, M. *Mes histoires parallèles*: entretiens avec Isabelle Veyrat-Masson. Paris: Carnets Nord, 2011, p. 256-257.

[2] MORETTIN, E. "O cinema como fonte histórica na obra de Marc Ferro". In: CAPELATO, M.H.; MORETTIN, E.; NAPOLITANO, M. & SALIBA, E.T. (orgs.). *História e cinema*: dimensões históricas do audiovisual. São Paulo: Alameda Casa Editorial, 2007.

[3] GARÇON, F. & SORLIN, P. "De Braudel à 'Histoire Parallèle', entretien avec Marc Ferro". *Cinéma et histoire*: autour de Marc Ferro. [s.l.]: CinémAction, 1992.

Referências

FERRO, M. *Autobiographie intellectuelle, avec Gérard Jorland*. Paris: Perrin, 2011.

_____. *Mes histoires parallèles:* entretiens avec Isabelle Veyrat-Masson. Paris, Carnets Nord, 2011.

GARÇON, F. & SORLIN, P. "De Braudel à 'Histoire Parallèle', entretien avec Marc Ferro". *Cinéma et histoire:* autour de Marc Ferro. [s.l.]: CinémAction, 1992.

KORNIS, M.A. *Cinema, televisão e história*. Rio de Janeiro: Zahar, 2008.

MORETTIN, E. "O cinema como fonte histórica na obra de Marc Ferro". In: CAPELATO, M.H.; MORETTIN, E.; NAPOLITANO, M. & SALIBA, E.T. (orgs.). *História e cinema*: dimensões históricas do audiovisual. São Paulo: Alameda Casa Editorial, 2007.

8
François Furet (1927-1997)[1]

Temístocles Américo Corrêa Cezar★

1 O historiador e sua época

"Sobre as formas de escrever a história" é o sugestivo título de uma entrevista concedida por Michel Foucault em 1967. Nela, o filósofo francês comenta a recepção de *As palavras e as coisas*, obra de sua autoria, publicada um ano antes. Ele se diz impressionado pela acolhida positiva que o livro tivera entre os historiadores de ofício, principalmente aqueles que vivenciaram as mutações do saber histórico. Mudanças essas que ocorriam desde os anos de 1950:

> [...] sabemos que os livros de Dumézil, de Lévi-Strauss e de Lacan estão entre os livros maiores da nossa época; mas sabemos também que, entre os trabalhos que asseguram hoje ao conhecimento uma nova aventura, faz-se necessário colocar os livros de Braudel, de Furet e de Denis Richet, de Le Roy Ladurie[2].

Vinte anos depois, em 1987, Pierre Nora reúne e apresenta os *Essais d'ego-histoire*, escritos por sete importantes historiadores franceses pertencentes, quase todos, à mesma geração de Furet: Maurice Agulhon, Pierre Chaunu, Georges Duby, Raoul Girardet, Jacques Le Goff, Michelle Perrot, René Raimond. A origem deste ambicioso projeto nasceu "do cruzamento de dois grandes movimentos: de um lado, a desestabilização das sinalizações clássicas da objetividade histórica, e de outro o investimento no presente pelo olhar do historiador". Nora constatou que

> [...] toda uma tradição científica levou os historiadores, depois de um século, a se apagar diante de seu trabalho, a dissimular sua personalidade atrás de seu saber, a se entrincheirar na retaguarda de suas fichas, a fugir de si mesmo em outra época, a se exprimir somente através dos outros.

★ Doutor em História pela École des Hautes Études en Sciences Sociales de Paris. Professor do Departamento de História da Universidade Federal do Rio Grande do Sul. Professor-convidado (*Directeur détudes invité*) na École des Hautes Études en Sciences Sociales de Paris (2005 e 2011).

> Em um momento em que o debate estruturalista já havia se esgotado, Nora percebeu que
> [...] as aquisições da historiografia colocaram em evidência após 20 anos as falsidades desta impessoalidade e o caráter precário de sua garantia. Também o historiador de hoje está pronto, diferentemente de seus predecessores, a confessar a ligação estreita, íntima e pessoal que entretém com seu trabalho. Ninguém ignora mais que um interesse declarado e elucidado oferece um abrigo mais seguro que os vãos protestos de objetividade[3].

Em primeiro lugar, reconhecemos, pela intermediação de Foucault, a presença de François Furet, então com 40 anos de idade, coautor de uma original *La Révolution française*, obra publicada no biênio 1965-1966 em dois volumes que provocou escândalo no meio historiográfico francês, como um interlocutor privilegiado do debate sobre o estruturalismo e suas consequências[4]. Em segundo lugar, surpreende sua ausência, duas décadas mais tarde, em um plano cujo objetivo era o de estabelecer "um gênero novo, para uma nova idade da consciência histórica". A surpresa aumenta se considerarmos que a egoabordagem partia do princípio que "a conquista de seu próprio século e do próprio presente pelo historiador constituiu um dos avanços da disciplina nos últimos anos", premissa teórico-metodológica fundamental da obra de Furet[5]. Torna-se quase um enigma quando descobrimos que Pierre Nora o convidou para participar do empreendimento ego-histórico, e ele, tal como Michel de Certeau, provavelmente por razões diferentes, declinou do convite[6].

A presença no debate público, intelectual e político, de Furet corresponde quase exatamente à sua ausência (auto)biográfica. Ele era reservado, cauteloso em relação à sua vida. Pouco falava sobre si e quando o fazia era de modo lacônico. Seu livro mais individual, onde narra sua desilusão com a ideia comunista – *Le passé d'une illusion* –, é escrito de uma forma impessoal[7]. Mesmo em entrevistas, Furet fazia questão de manter sua intimidade intacta: "mas, parando de falar só sobre mim" diz a Aspásia Camargo, após esta ter lhe arguido acerca de sua formação familiar e estudantil, e ele ter falado tanto dele quanto de sua geração em pouco mais de uma lauda![8] Como em outras circunstâncias, ele se refugia na dimensão geracional, confundindo-se nela, apagando ou dissimulando o indivíduo no coletivo: "os historiadores de minha geração tiveram uma vida feliz. Eles encontraram facilmente postos universitários, tiveram tempo para ler e escrever"[9].

Essa geração, herdeira da renovação historiográfica promovida por Marc Bloch e Lucien Febvre no entreguerras[10] e favorecida profissionalmente, defrontou-se, nos anos de 1950 e de 1960, com dois cenários intelectuais externos ao campo: o existencialismo proveniente da filosofia de Jean-Paul Sartre e o estruturalismo que foi associado ao nome de Claude Lévi-Strauss. Interessa-nos aqui, pela limitação que o verbete impõe, a crítica do antropólogo ao filósofo, pois ela afeta o discurso histórico seja pela dificuldade epistemológica em respondê-la, seja pela impossibilidade de simplesmente negligenciá-la.

É comum datar a emergência do estruturalismo com a publicação, em 1916, do *Curso de Linguística Geral*, de Ferdinand Saussure, que após uma recepção inicial frustrante produziu efeitos que se desdobraram com intensidade e ultrapassaram os limites dos estudos da linguagem. Foi nele, ou a partir dele, que a antropologia, a semiótica e a psicanálise, campos de saber centrais do debate sobre o estruturalismo, encontraram os recursos teóricos necessários à sua consolidação[11]. Das inúmeras contribuições de Saussure às ciências sociais, a que mais afetou a noção de história foi a oposição entre sincronia e diacronia, que por sua vez remete a outra divisão estabelecida pelo linguista, aquela entre língua e fala. Objeto privilegiado de suas pesquisas, a compreensão da língua passa pelo seu enquadramento em um *sistema*, pois assim se poderia observá-la em sua evolução no espaço (a sincronia) e não apenas no tempo (a diacronia), o que supostamente reduziria a sua historicidade[12].

O resgate de Saussure coincide com o crescente desengajamento político dos intelectuais franceses e com uma correlata desconfiança do progresso histórico. Para Furet tratava-se de um questionamento da história, "esta mestre que durante muito tempo foi tirânica, antes de se tornar infiel"[13]. Nesse sentido, Lévi-Strauss foi um crítico atento, e, até certo ponto, implacável da historiografia. No entanto, jamais considerou a história um saber inútil e tampouco propôs seu desaparecimento como uma leitura apressada do "movimento" estruturalista poderia levar a crer: "nada me interessa mais do que a história. E há muito, muito tempo!", afirma em *De perto e de longe*[14]. Ele formulou questões sobre a história e a antropologia até então impensadas ou pensadas de modo muito diferente pelos historiadores. Apesar de desconcertá-los com um questionário rigoroso e erudito, que gerou uma série de mal-entendidos e resistências, Lévi-Strauss os convida "a um deslocamento de seu ponto de vista sobre seu próprio objeto"[15].

Em *História e dialética*, ele sistematiza o que vinha tratando com menor veemência em obras anteriores, notadamente a crítica à filosofia da história de Sartre: "o etnólogo respeita a história, porém sem atribuir-lhe um valor privilegiado". Poder-se-ia supor que a recíproca fosse verdadeira para os historiadores: o estudo sincrônico "ao abrir o leque das sociedades", no espaço, seria complementar ao diacrônico. Entretanto, para Lévi-Strauss não há um consenso nesta relação de simetria e sim uma deliberada negação por parte dos filósofos da história da equivalência resultante das pesquisas históricas e etnográficas: "dir-se-ia que, a seus olhos, a dimensão temporal goza de um prestígio especial, como se a diacronia criasse um tipo de inteligibilidade, não apenas superior ao que traz a sincronia, mas, sobretudo, de ordem mais especificamente humana"[16].

A preferência pela diacronia em detrimento da sincronia ocorre em função de esta, ao expor a diversidade interna de uma estrutura em uma perspectiva espacial, ser percebida como um sistema *descontínuo*, enquanto aquela cria a imagem de um fluxo contínuo cuja base é a sucessão temporal. Logo, a crença no progresso linear da história é efeito de uma singular transferência que os indivíduos fazem de seu devir pessoal para um nível macro e coletivo. Lévi-Strauss questiona também a metodologia de constituição dos fatos históricos, sobretudo sua condição seletiva, e de como eles obtêm significação ao longo de uma cadeia ininterrupta. A consequência dessa abordagem é a crítica ao principal fundamento do edifício historiográfico: o seu código primário, ou seja, a cronologia: "não há história sem datas"[17]. Contudo, a codificação cronológica, na visão de Lévi-Strauss, pressupõe um cálculo cuja racionalidade só é possível por meio de uma operação "fraudulenta", porque uma data não é recorrente a outra. A continuidade histórica é descartada como "ilusória" e "contraditória", pois cada classe de datas expõe um "sistema de referência autônomo", o que revela a característica do conhecimento histórico: ao mesmo tempo descontínuo e classificatório[18].

As conclusões de Lévi-Strauss são: primeiro, os fatos históricos restringem-se a representações de consensos conceituais dos historiadores baseados em códigos cronológicos que destituem os fatos de uma efetiva relação com o passado; e, segundo, a ideia de uma história universal e unificada ou processual é incompatível com sua evidente descontinuidade, o que a torna impossível e/ou irrealizável. Os historiadores deveriam restringir-se a inventariar a integralidade dos elementos de uma estrutura qualquer, humana e não humana, pela simples razão que à história não corresponde nenhum tema específico já que ela não está ligada ao homem nem é sinônimo de humanidade: é tão somente um método sem objeto definido. Com efeito, o sistema de Sartre e de uma parte considerável da comunidade dos historiadores da época não passariam de um "mito"[19].

Mesmo antes da publicação de o *Pensamento selvagem*, Braudel já havia se insurgido contra as críticas de Lévi-Strauss. Sua resposta, embora tímida e de certo modo condescendente, é estratégica: não nega a análise estrutural e inverte sua dinâmica ao inseri-la na "longa duração", dimensão temporal construída pelo historiador e na qual as estruturas são condicionadas e adquirem sentido histórico[20]. Em 1966, na conclusão à segunda edição de seu monumental *O mediterrâneo e o mundo mediterrâneo à época de Filipe II*, Braudel é mais enfático e menos transigente com o estruturalismo: "por temperamento, sou 'estruturalista', pouco solicitado pelo acontecimento, e apenas em parte pela conjuntura". Porém, o estruturalismo a que faz referência "nada tem a ver com a problemática que atormenta, sob o mesmo nome, as outras ciências do homem". O historiador "não o dirige para a abstração matemática das relações que se exprimem em funções", mas para as "próprias fontes da vida, naquilo que ela tem de mais concreto, de cotidiano, de indestrutível e anonimamente humano"[21]. A história aparece a partir do solo, de uma superfície que se projeta além do momento, por sobre o estrutural, enfim na continuidade do tempo. Eis o rompimento entre a longa duração e a estrutura, e o encerramento da imprecisão, às vezes cômoda, entre uma e outra[22]. Fim da estratégia!

O debate, todavia, prossegue. Furet, por exemplo, em 1967, em nítida autocrítica, relaciona a adesão à moda estruturalista à passividade e ao desencanto dos intelectuais de esquerda. Notadamente os marxistas, que teriam encontrado nele uma salvaguarda sistêmica despreocupada com a história e a ela teriam lançado um "olhar quase espacial, doravante cético" sobre suas "lições" e seu "sentido": "essa França expulsa da história – apesar da retórica gaullista – aceita mais facilmente expulsar a história". Por outro lado, Furet pensava que fosse improvável que Lévi-Strauss, cuja "paixão pela exatidão" era reconhecida, assumisse a paternidade geral deste movimento vago que se agrupa em torno do vocábulo "estruturalismo"[23].

Um pouco mais tarde, no entanto, ainda na mesma conjuntura epistemológica, a Revista *Annales* publica, em 1971, um dossiê intitulado "História e estrutura", que começa com a seguinte declaração: "a guerra entre a história e o estruturalismo não ocorrerá"[24]. Ironia ou não, Lévi-Strauss parecia disposto a evitar o conflito: "eu tenho o sentimento que fazemos a mesma coisa", seguido por "se um pouco de estruturalismo afasta a história, muito a aproxima"[25]. A paz parece selada em 1983 quando François Furet, então presidente da *École de Hautes Études en Sciences Sociales*, de Paris, convida Lévi-Strauss a proferir a V Conferência Marc Bloch. Intitulada "História e etnologia" a palestra, em tom conciliador, procura demonstrar as aproximações entre as duas disciplinas e deixar claro que o estruturalismo nunca foi sinônimo de imobilismo[26].

As polêmicas travadas a partir do "fenômeno", "movimento" ou "programa" do estruturalista, no espaço acadêmico ou público, tinham por objetivo unificar o campo das ciências humanas. Sonho quimérico de existencialistas, marxistas e estruturalistas, que se defrontava com o próprio sistema universitário de ensino e pesquisa, palco de batalhas renhidas por áreas e hegemonias teóricas, filosóficas e políticas que caracterizaram a história intelectual francesa na segunda metade do século XX[27]. Foi neste contexto, entre o que se queria novo diante do que se supunha tradicional, que a obra de François Furet encontrou seu lugar.

2 Percursos e diálogos

François Furet nasceu em Paris, em 1927, no seio de uma família burguesa enraizada na tradição republicana de esquerda, não necessariamente comunista, laica e adepta do livre-pensar. Seu pai foi diretor de banco, seu avô materno, um alto magistrado, e um de seus tios, ministro de Léon Blum no governo da Frente Popular, em 1936[28]. Sua juventude foi marcada por dramas cuja gravidade o tornaram um pessimista impenitente: o suicídio de seus pais (houve pouco tempo decorrente entre um e outro), fatalidades acerca das quais mal se pronunciava; a tuberculose, que retardou sua instrução escolar e quase o matou, e sobre a qual ele se manifestava vez que outra, pois, afinal, tratava-se de uma doença compartilhada com outros da sua geração[29].

Essa precoce experiência da adversidade, apesar de tudo, não o impediu de desenvolver, com certo senso de humor, um forte espírito de independência em relação ao seu meio social, às correntes políticas, às escolas de pensamento e às tradições estabelecidas. Estudou letras, direito e história na Sorbonne de maneira intermitente em função da doença que o acometia. Diferentemente de muitos de seus colegas, Furet não cursou a *École Normale*

Supèrieure, pois fracassara na prova de admissão. Se o episódio deixou-lhe alguma mágoa, e deve ter deixado, as consequências não parecem ter sido profundas: "fui reprovado no exame oral e nunca mais tentei de novo, de modo que uma das originalidades que apresento é não ser um *normalien*", declara anos mais tarde com ironia[30]. Finalmente, em 1954, obtém a licenciatura em história (*agrégation d'histoire*) após submeter-se a uma banca examinadora presidida por ninguém menos que Ferdinand Braudel.

Furet ingressa no CNRS em 1956, já com o objetivo de pesquisar a Revolução Francesa[31]. No início dos anos de 1960, começa sua carreira no magistério superior na *VIᵉ Section de l'École Pratique des Hautes Études* (Ephe), fundada após a liberação por Lucien Febvre, onde ele ensina história sociocultural da Europa moderna. Em 1964, é nomeado Mestre de Conferências e, dois anos depois, Diretor de Estudos. Em 1977, é eleito presidente dessa mesma instituição, cujo nome havia sido alterado em 1975 para *École des Hautes Études en Sciences Sociales* (Ehess), em substituição a Jacques Le Goff[32]. O término de seu mandato, em 1985, coincide com o convite para ministrar aulas no prestigioso *Committee on Social Thought* da Universidade de Chicago. Tudo isso sem jamais ter concluído, como alguns de sua geração, a tese de doutorado![33] Os diplomas de doutor *honoris causa* das Universidades de Harvard e Tel Aviv devem ter amenizado a falta do título.

O sucesso acadêmico da vida adulta não impediu outra frustração semelhante àquela da juventude: a decepção por ver sua candidatura ao *Collège de France* malograr. Como da outra vez, ao desapontamento ele reage com escárnio: não fora eleito graças "à vigilância de alguns amigos de trinta anos"[34].

Paralelamente à vida estudantil e carreira universitária, a geração de Furet passou pelos dissabores da Segunda Guerra Mundial. Em 1944, com 17 anos, ele ingressa nas fileiras da Resistência. A participação no Maquis, grupo de combatentes à ocupação alemã, deixou-lhe marcas profundas: "para um adolescente superprotegido, com uma vida sem grandes problemas, foi efetivamente um acontecimento"[35]. Em 1949, como boa parte de seus colegas, adere ao Partido Comunista Francês:

> [...] a geração quase como um todo era formada por pessoas de esquerda ou de extrema-esquerda. Lembro que quando eu era jovem ser socialista era praticamente impensável, de tal forma isso parecia anódino. Quando se era de esquerda, era-se comunista. Lembro que quando eu me preparava para o concurso da licenciatura, o grupo de candidatos – do qual faziam parte alguns que trilharam seu caminho na história, como Le Roy Ladurie, Agulhon, Besançon, Richet, Ozouf – era todo de comunistas[36].

Com eles segue a diáspora do partido ocorrida entre 1955 e 1957, ou seja, com o XX Congresso do Partido Comunista da URSS e, portanto, com o krutchevismo.

Quarenta anos mais tarde, em *Le passé d'une illusion*, Furet acerta as contas com seu passado militante. Mesmo que tenha vivido sob a ilusão e a cegueira comunista, ele não se retratará com indulgência ou acrimonia: "sem indulgência, porque a desculpa que se tira frequentemente das intenções não compensa a ignorância e a presunção. Sem acrimônia, porque este engajamento infeliz me instruiu". Dessa experiência, ele teria extraído, de acordo com suas palavras, um questionário inicial acerca da paixão revolucionária e teria se vacinado contra o investimento pseudorreligioso na ação política[37].

Sua inserção profissional garante-lhe, em um primeiro momento, uma forte aproximação com o movimento intelectual que gravita institucionalmente em torno dos *Annales*. Ele defendia a ruptura com a história dos acontecimentos e o recurso aos métodos quantitativos, considerando, não sem exagero, a história serial "uma revolução da consciência historiográfica"[38]. No início da década de 1980, em decorrência da releitura que realiza da Revolução Francesa, Furet coloca-se, progressivamente, à margem dos *Annales*[39]. Ele critica uma história que se autonomeia de *nova* e cuja suposta unanimidade dissimula uma lamentável "epistemologia do esmigalhamento". A própria noção de "escola" é duramente questionada. Para Furet aquilo que era mais que uma revista e menos que uma doutrina contribuiu para a difusão de uma falsa ideia, segundo a qual o grupo dos historiadores dos *Annales* (de modo geral aqueles vinculados à Ehess) compartilhava de concepções em comum da disciplina por oposição à tradição positivista que lhe antecedia: "para falar a verdade, não há, desde a origem [dos *Annales*], escola de pensamento", mas hegemonia de influência e de reputação[40].

Além disso, ele denunciava a negligência da história política por parte dos *Annales*[41]. Em contrapartida, Furet propunha uma renovada história intelectual do político, cujos conceitos seriam construídos a partir do presente do historiador. Esse privilégio à política, que implicava inclusive certa autonomia em relação ao social, tinha por objetivo restituir à historiografia uma perspectiva global das sociedades[42].

A postura metodológica de Furet em relação à condição presentista do conhecimento histórico se faz acompanhar de outra atividade profissional à qual se dedicou com perseverança: o jornalismo. O diálogo entre os historiadores e os jornalistas sempre foi tenso, mais por implicância dos primeiros em relação aos segundos. A corporação historiadora geralmente não avalia com bons olhos o sintético texto jornalístico sobre a realidade histórica, complexa em demasia para ser apreendida com a superficialidade da visão imediata.

Assim, quando Furet, em companhia de Denis Richet, ousou entrar sem ser convidado em um dos templos historiográficos mais ciosos de sua ortodoxia, o da história da Revolução Francesa, a heresia não tardou em ser denunciada. Esses aprendizes de historiadores, desprovidos da unção da tese, ainda cometeram o sacrilégio de verem seu livro de divulgação obter êxito comercial. Um deles, além de tudo, tinha a audácia de comentar regularmente a atualidade política e intelectual em uma revista hebdomadária, de esquerda ao menos, mas nada que impedisse a fogueira. Se escrever sobre o passado desde um ponto de vista *presentista* poderia ser percebido como um gesto anacrônico, analisar a atualidade sob a *perspectiva histórica*, ou seja, sem manter a regra sagrada do recuo histórico e sem saber o que virá após, era um risco desnecessário e cientificamente pouco confiável. Logo, não é surpreendente

161

o veredicto do eminente professor de história da Revolução Francesa na Sorbonne, Albert Soboul, à obra de Furet: "mais um publicista que um historiador"[43].

Esta reação dogmática não foi, contudo, suficiente para inibir o jornalista no historiador. Durante quatro décadas, de março de 1958 a junho de 1997, um mês antes de sua morte, Furet escreve com regularidade para a Revista *France-Observateur*, que depois passa a se chamar *Le Nouvel Observateur*[44]. História, política e vida intelectual são os temas primordiais de sua coluna. Enquanto historiador, o jornalista explica os acontecimentos a partir de sua lógica passada e, enquanto jornalista, o historiador interpreta os acontecimentos a partir de sua dimensão política. Nesse sentido, "François Furet não escrevia diferentemente para os leitores dos *Annales* e para aqueles do *Observateur*". Assim como gostava da brevidade narrativa, detestava as palavras em excesso, as notas de pé de página supérfluas e as precauções dos preâmbulos[45].

O conjunto da obra de Furet abriu-lhe as portas da Academia Francesa. No dia 20 de março de 1997 é eleito para a cadeira número um. O então *Chevalier de la Légion d'Honneur*, condecoração criada por Napoleão – este "ilusionista da vitória"[46] –, morre antes de ser recebido na Academia, no dia 12 de julho de 1997. Por fim, René Rémond é o escolhido para ocupar seu lugar.

3 Conceitos-chave

O principal tema de pesquisa de François Furet foi a Revolução Francesa. Logo, não seria um equívoco afirmar que, a partir de um determinado momento (talvez 1965), ele organize suas investigações em torno do conceito de *revolução* sob a perspectiva de uma história política[47]. Não que outros conceitos sejam desimportantes: o que é a história, as questões do tempo, da narrativa e do acontecimento, bem como os problemas metodológicos do ofício do historiador, ocupam um espaço considerável em suas reflexões. No entanto, a revolução e seus efeitos correlatos, sobretudo políticos, parecem condensar sua ideia de história[48].

Assim, a obra publicada em parceria com Denis Richet, em meados dos anos de 1960, e destinada ao grande público, rompe com a interpretação canônica, cujo itinerário remontava a Jean Jaurès e chegava a Albert Soboul passando por Ernest Labrousse, que via 1793 e o Comitê de Salvação Pública como um aprofundamento da revolução ou uma "antecipação" das reivindicações e das conquistas do movimento operário e socialista. Isto é, a Revolução Francesa não seria uma anunciação de 1917 e da vitória bolchevique. Para eles, a falência do compromisso constitucional que levou ao terror seria um "deslizamento" da revolução ocasionado pela "irrupção violenta das massas". Além disso, a revolução não deveria ser analisada tão somente como "burguesa", muito menos "em bloco", mas "decomposta em várias revoluções"[49].

Em consequência, ambos foram acusados, como mencionado acima, de "revisionistas", ou, de acordo com Claude Mazauric, em 1970, de revisionismo notório, de imperícia intelectual, de heresia ideológica, de desrespeito pelos ancestrais e mesmo de falta de patriotismo[50]. Enfim, segundo Soboul, no prefácio ao livro de Mazauric, eles seriam os "filhos ingratos, renegados da mãe de todos nós"[51]. A réplica de Furet ocorre no ano seguinte em um artigo provocativamente intitulado de "O catecismo revolucionário": "quando Albert Soboul fala da 'mãe de todos nós', temo que essa referência clássica [refere-se, sobretudo, a Michelet e Kropotkin] não acrescente muito à clareza do debate; mas ao menos ele esclarece, como um grito do coração, a profundidade de uma paixão"[52].

Com Mazauric, Furet é menos tolerante: "como abordar esta prosa triste, semicientífica, semipolítica". Para ele seria difícil "responder a um autor que acusa uma história da Revolução Francesa de ser anticomunista, antissoviética e até antinacional?" À intimidação marxista "sob esta forma rudimentar" ou "essa teleologia moralizante, que serve de boa consciência para o historiador", não vale, contudo, "um minuto de discussão": "poderíamos discutir indefinidamente se o pressuposto de Mazauric é revolucionário e o meu conservador". No entanto, "intelectualmente a questão não tem sentido". O melhor, explica Furet, é pontuar os desacordos da análise histórica, principalmente a noção de "revolução burguesa", a questão da guerra, do terror e da ideologia.

As considerações de Mazauric e Soboul não partem, de acordo com Furet, de uma problemática oriunda de um saber ou de uma doutrina. São apenas um "pobre reflexo desta flama imensa e rica que iluminava, no tempo de Michelet ou de Jaurès, toda a história da revolução. Produto de um encontro confuso entre jacobinismo e leninismo, esse discurso híbrido não está mais apto a realizar descobertas". A ideologia, nesse caso, venceu a ciência. Todavia, Furet não tem ilusões: esse discurso "ao mesmo tempo contraditório e convincente, incoerente e irrefutável", mesmo agonizante, está destinado a durar. Marx, lembra Furet, não apenas notara essa tendência, como reivindicara seu fim. Em carta a Cesar de Paepe, na qual fala sobre a esquerda republicana e operária que fundou a III República em 1870, ele denunciava "a nostalgia jacobina como o vestígio de certo provincialismo francês e desejava que 'os acontecimentos' liquidassem 'de uma vez por todas esse culto reacionário do passado'"[53]. A ilusão jacobina alimentada pelo paralelo com os antigos que o jovem Marx analisa na *Sagrada família* de 1845, provavelmente baseado em Benjamin Constant, não sucumbirá facilmente, pois as forças progressistas lutam também contra uma ideia de passado. Em *O 18 Brumário*, Marx retoma e aprofunda o mesmo raciocínio:

> A revolução do século XIX não pode tirar poesia do passado, e sim do futuro. Não pode iniciar sua tarefa enquanto não se despojar de toda veneração supersticiosa do passado. As revoluções anteriores tiveram que lançar mão de recordações da história antiga para se iludirem quanto ao próprio conteúdo. A fim de alcançar seu próprio conteúdo, a revolução do século XIX deve deixar que os mortos enterrem seus mortos[54].

A análise de Furet coincide em parte com a da falência do *topos* da *historia magistral vitae* proposto por Koselleck[55]. É preciso entender que se a história ensina, seus exemplos não provêm mais da ordem pretérita, mas do futuro. Nesse sentido, de acordo com Furet, o historiador marxista do século XX identifica-se mais com Lenin do que com Marx. O leninista exalta antes o processo da revolução do que o seu resultado, daí seu interesse maior por 1793 do que por 1789, pelos jacobinos do que pelos constituintes, pois acredita que o jacobinismo, em certa medida, corresponde à experiência soviética, gerando a justificativa para a ditadura e para o terror. Finalmente, compartilham "jacobinos e os bolcheviques a convicção de que a ação revolucionária pode e deve mudar a sociedade". Essa tendência voluntarista do marxismo, afirma Furet, era considerada por Marx uma ilusão[56].

Furet veria já em Marx em sua crítica à imitação um primeiro anúncio do término da Revolução Francesa? É possível. Qualquer resposta passa pela avaliação de seu outro polêmico livro: *Penser la Révolution française*, publicado em 1978[57]. Nessa obra o historiador abstém-se da narrativa histórica e se lança à crítica historiográfica. Não é por outra razão que a contestação a Mazauric e a Soboul encontra-se reeditada na segunda parte do livro. O primeiro ensaio, intitulado *La Révolution française est terminée* (*A Revolução Francesa terminou*), é, portanto, uma réplica às críticas que recebera até então e, também, a defesa de uma tese. Vale a pena reconstituir, ainda que de modo breve, seu argumento.

Ele começa pela demonstração do campo minado em que o historiador da revolução se vê inserido e contido, ao contrário daquele que estuda, por exemplo, os reis merovíngios ou a Guerra dos Cem Anos que não se sente obrigado, a todo o momento, a ter de mostrar sua permissão para pesquisar. Tanto a sociedade como a comunidade científica reconhecem não apenas sua paciência em estudar algo tão distante, como também a "objetividade" do assunto e, portanto, de sua narrativa. As dúvidas e discordâncias cabem aos eruditos. Já ao historiador da Revolução Francesa não está reservada a mesma sorte. Ele deve exibir outros títulos além de sua competência: "tem que anunciar suas cores", esclarecer de onde fala, o que pensa, o que busca. Escrever sobre a revolução implica ter uma posição *a priori*: diferentemente do julgamento sobre os merovíngios, aqui ele tem necessariamente, supõe-se, uma *opinião*: monarquista, liberal ou jacobino, por exemplo. "Através desta senha, sua história adquire uma significação, um lugar, um título de legitimidade"[58].

Não que Furet acredite ou busque uma história despida de subjetividade ou onde reine a imparcialidade: "não existe interpretação histórica inocente". Mas isso não significa necessariamente uma *opinião*: "para que isso aconteça, é preciso que o tema mobilize no historiador e seu público uma capacidade de identificação política ou religiosa que tenha sobrevivido ao tempo que passou". Essa identificação pode ser apagada ou conservada pelo tempo, dependendo apenas do sentido que lhe é atribuído no presente. Se há permanência de significado, então existe *opinião*, em caso contrário, perde-se a eminência historiográfica e passa-se a ser apenas um tema erudito de pesquisa e ensino.

Por conseguinte, enquanto Clóvis e as invasões francas perderam a condição de mito de origem justamente pelo falta de referência à atualidade, 1789 continua a ser pensada como o novo nascimento da nação: "o ano zero do novo mundo, fundado na igualdade".

A função social da história da revolução tem sido a de preservar este relato das origens: "1789 é a chave para o antes e o depois. Separa-os e, portanto, define-os, explica-os". Nesse sentido, são as mesmas razões que fazem com que o Antigo Regime tenha um fim, mas não um nascimento, e a revolução um nascimento, mas não um fim: "o primeiro sofre de uma definição cronológica negativa e mortuária, a outra é uma promessa tão vasta que apresenta uma elasticidade indefinida". Essa cronologia, oficialmente linear, que dissimula a descontinuidade intelectual que atravessa os debates historiográficos, encontra uma ancoragem em 1917. Ela deixa de ser apenas um modelo de um futuro possível, desejável, esperado, tornando-se "a mãe de um acontecimento real, datado, registrado que é outubro de 1917". Para esta historiografia "os bolcheviques têm ancestrais jacobinos, e estes tiveram antecipações comunistas"[59].

Desde o século XIX, a revolução destila seus efeitos sob a vida política e cultural da França e de parte significativa do mundo. Para os franceses ela adquiriu inclusive legitimidade acadêmica. Em 1886, a Sorbonne abre um curso de história da revolução que cinco anos depois se torna uma cátedra. A transformação da revolução em ensino e pesquisa acadêmica seria um primeiro passo rumo ao seu fim. Contudo, no século XX, o historiador da revolução tende a comemorá-la como acontecimento, uma espécie de monumentalização à qual são constantemente adicionados ornamentos suplementares a sua tradição historiográfica[60]. Essa amplitude comemorativa resultou em uma multiplicidade de histórias ou visões: histórias realistas, jacobinas, anarquistas ou libertárias. Sendo que não se trata de uma lista exclusiva – já que as sensibilidades não são necessariamente contraditórias – nem limitativa: mãe da civilização na qual nascemos, a revolução permite quaisquer pesquisas de filiação[61].

A revolução terminou, para Furet, pois se recusa a ver nela um acontecimento monolítico, uma ruptura radical e um começo absoluto. É preciso problematizá-la de outra forma e reinventar seus conceitos explicativos mediante novas teorias que permitam situar o acontecimento em sua longa duração e ao mesmo tempo não ocultem sua heterogeneidade e sua singularidade. Os fundamentos dessa argumentação que se quer inovadora não se encontram em arquivos inéditos, mas em obras anteriores à Revolução Russa: basicamente em Alexis de Tocqueville (1805-1859) e em Augustin Cochin (1876-1916). Do primeiro ele recupera a ideia de uma história fundada em uma crítica da ideologia revolucionária e daquilo que constitui a ilusão da Revolução Francesa sobre si própria: "Vocês acreditam – pergunta Tocqueville a seus contemporâneos – que a Revolução Francesa é uma ruptura brutal em nossa história?" Furet responde em seu nome: "Na realidade, ela é o desabrochar do nosso passado. Ao invés de constituir uma ruptura ela só pode ser compreendida em e pela continuidade histórica. Ela completa esta continuidade nos fatos, embora apareça como ruptura nas consciências"[62]. Com Tocqueville, Furet procura conceitualizar o acontecimento "revolução" sem assumir a crença dos atores de que viviam um rompimento radical com o passado e assistiam a origem de um novo tempo. Esse seria o motivo de Tocqueville não ter escrito uma verdadeira história da Revolução Francesa: ele conceituou apenas uma parte dessa história, a da continuidade. A revolução aparece como um balanço, não como uma narrativa dos acontecimentos. Logo, é processo, não rompimento. É por isso, nota Furet, que seu livro (*L'Ancien Régime et la Révolution*[63]) é mais importante pelo método – o do afastamento crítico – que sugere do que pela hipótese que defende. O uso de conceitos explícitos fratura o relato cronológico, ou seja, ele "trata de um problema e não de um período"[64].

Do segundo, Augustin Cochin, "o mais desconhecido dos historiadores da Revolução Francesa"[65], Furet busca aquilo que Tocqueville tratou vagamente ou nem mesmo chegou a se ocupar: "a quebra do tecido político, a vacância do poder, o reino substitutivo da palavra democracia, a dominação das sociedades em nome do *povo*". Se, por um lado, Cochin acrescenta à obra de Tocqueville, por outro, ele corrige ou conceitualiza à de Michelet ao "analisar o que sentiu" e ao "interpretar o que viveu". Deve-se pensar, portanto, a revolução como descontinuidade política e cultural, mais precisamente, refletir sobre o jacobinismo como um sistema de representação e de ação, em vez de ressuscitá-lo ou de revivê-lo[66].

De Tocqueville a Cochin, Furet encontra uma Revolução Francesa marcada pela dialética do poder e do imaginário. Sua legitimidade democrática é simultaneamente "seu contrário e seu avesso". A revolução não obedece a uma lógica linear de progresso político, social ou cultural:

> [...] nenhuma burguesia *liberal* conseguiu, durante todos esses anos, ser a encarnação ou intérprete dessa legitimidade. Nenhuma representação parlamentar conseguiu transformar duravelmente em leis os direitos e deveres dos novos cidadãos. A democracia pura culminou no governo do Terror. Por fim, se Bonaparte consegue *fechar* a revolução é porque constitui sua versão plebiscitária.

Napoleão o Terror, ao colocar-se acima da própria revolução, aquilo que procurava desde 1789 – a possibilidade da democracia – entra em curto-circuito: "a revolução terminou, pois a França reencontra sua história, ou melhor, reconcilia suas duas histórias"[67]. A resposta à pergunta que abre o livro de Furet: "como pensar um acontecimento como a Revolução Francesa?"[68], encontra, finalmente, sua resolução:

> [...] basta, para compreendê-la, aceitar considerá-la em seu centro conceitual, e não diluí-la em um vago evolucionismo, destinado a conceder um acréscimo de dignidade às virtudes de seus atores. A Revolução Francesa não é uma transição, é uma origem, e uma fantasia de origem[69].

Furet teria conseguido, realmente, pensar a Revolução Francesa? Não há dúvida que a polêmica instalou-se no domínio historiográfico e mesmo no filosófico[70]. Paul Ricœur, por exemplo, o insere na discussão acerca da história e da narrativa e no que chama de o destino do acontecimento. Para o filósofo ainda que Furet tenha procurado, em *Penser la Révolution Française*, evitar a narrativa dos acontecimentos em proveito de uma análise conceitual, o acontecimento persiste como restituição da interpretação ou como resíduo de cada tentativa de explicação, como uma dissonância entre as estruturas explicativas, como em Braudel, "enfim como vida e morte das estruturas"[71].

Não penso que Furet tenha se sentido injustamente criticado pela reserva epistemológica de Ricœur, para quem a narrativa e o acontecimento andam juntos independentemente da vontade do historiador. Em 1975, ele já procurava demonstrar o vínculo instável e aparentemente indissolúvel entre a narrativa e o acontecimento: "a história é filha da narrativa". Seu sentido só se estabelece a partir de uma rede de acontecimentos forjada pela narrativa. A passagem de uma história-narrativa a história-problema, título do trabalho em questão, ocorre quando o historiador rompe com a narrativa tradicional dos acontecimentos, incorporando a eles a conceituação como princípio cognitivo. Assim sendo, "a história oscilará provavelmente sempre entre a arte da narrativa, a inteligência do conceito e o rigor das provas; mas se essas provas forem mais seguras, os conceitos mais explicitados, o conhecimento ganhará com isso e a arte da narrativa nada perderá"[72].

Esta concepção insere Furet em uma linhagem intelectual que remonta a François Simiand, a Marc Bloch e a Lucien Febvre e que foi retomada pelo *tournant critique* dos *Annales* em 1989, ou seja, a ideia da construção consciente dos modelos explicativos em oposição à narrativa tradicional da história[73]. Ricœur procurou minimizar a ausência de reflexão mais aprofundada desta retórica construtivista interrogando-se sobre os mecanismos psicológicos subjacentes à narração. Terá conseguido? Resta um debate inconcluso[74].

O certo é que essa não foi a última investida de Furet no terreno da Revolução Francesa. Mesmo considerando-se um crítico rigoroso das *comemorações*, ou talvez exatamente por isso, ele organiza com Mona Ozouf, em 1988, o *Dictionnaire Critique de la Révolution Française*, que teve uma edição revista e ampliada em 1992. Dividido em quatro capítulos, o *Dictionnaire* trata no primeiro dos *événements* (acontecimentos), no segundo dos *acteurs* (atores), no terceiro das *institutions et créations* (instituições e criações) e, finalmente, no quarto das *idées* (ideias). No prefácio da obra, os organizadores explicam que seu princípio não é o de fazer uma enciclopédia nem um dicionário no sentido clássico do termo, mas um repertório de palavras-chave que, além de testemunhar o avanço das pesquisas, demonstrasse, sobretudo, o deslocamento das questões. Acrescentam que seu objetivo é o de reencontrar a estranheza e a força de desenraizamento deste acontecimento fundador, e que sua unidade reside na ênfase do evento político e sua capacidade criadora[75].

Por fim, o *Dictionnaire* é crítico, e se quer crítico em relação a si mesmo. Ele deve imiscuir-se em uma reflexão sobre a origem e as bases de seus próprios questionamentos para tentar compreendê-los, o que significa meditar sobre a relação entre o passado histórico e o presente do historiador. Por essa razão, ele também é uma crítica à celebração do bicentenário da Revolução Francesa. "Do passado em nós, este *Dictionnaire* busca estabelecer a presença, mostrando como trabalha no mundo, depois de duzentos anos, a ideia de universalidade dos homens". Dos que a admiram aos que lhe detestam, ou a ela são indiferentes, "uma proximidade nova nasceu da distância". Que possa seu leitor refazer em senso contrário o caminho, na extraordinária riqueza de suas proporções e de suas virtualidades, até à Revolução Francesa. Finalmente, concluem, Furet e Ozouf, em tons que lembram Michelet: "que possa este inventário crítico o fazer sentir"[76]. O *Dictionnaire* parece consolidar a perspectiva (seria imprudente dizer *escola*) inaugurada pelo historiador nos anos de 1960[77].

A dedicação de Furet à Revolução Francesa nunca diminui sua atenção para o seu próprio século. Aliás, suas inovações historiográficas partiram sempre de um pressuposto assentado no presente, isto é, seu interesse pela história se dava por aquilo que ela aportava de inteligibilidade para a atualidade, não fazendo nenhum sentido uma história descarnada de seu momento de produção[78]. É, simultaneamente, uma causa e um efeito do seu lado *publicista*.

Desse modo, não é propriamente uma surpresa seu longo ensaio sobre a ideia comunista no século XX. *Le passé d'une illusion*, de 1995, faz eco ao *O futuro de uma ilusão*, de Freud, publicado em 1927. Em comum, ambos têm a pretensão de estudar formas de crenças. O psicanalista visava um estudo científico sobre a religião e a cultura, o historiador uma investigação profunda da crença comunista. No entanto, ao inverter a temporalidade freudiana e optar pela expressão *passado* e não a *história de uma ilusão*, Furet sugere a possibilidade da permanência no futuro dessa ilusão. Consequentemente, apesar da absoluta falta de complacência em relação à experiência comunista, o livro mantém o caráter indefinidamente aberto do "enigma" comunista. Esse "mistério" explicaria a excepcional longevidade do comunismo e de seu inesgotável arsenal retórico, que sobrevive mesmo diante das denúncias dos atos mais hediondos. Talvez por isso, Furet se prive de uma definição densa acerca da noção de ilusão comunista. Ran Halévi, colaborador do historiador, considera que essa "curiosa lacuna" tem por função manter a ambivalência da expressão designando concomitantemente a candura e a mentira, a sinceridade e o cinismo, a generosidade e o crime[79].

Em que pese o livro repousar em uma base testemunhal considerável, a ponto de a maior parte do seu conteúdo não ultrapassar os anos de 1950, momento que coincide com seu desencantamento pelo comunismo, a escrita, como dito acima, é contida pela impessoalidade narrativa[80]. O autor-testemunha dissimula-se na rede geracional e em um método de interpretação histórica que se origina na releitura de uma ampla e variada literatura e na experiência convertida em memória que se estilhaça ao longo do texto. Essa parece ter sido a fórmula de escrita de si que encontrou para lançar ao passado e ao passado de sua ilusão um olhar sobre o jovem que foi[81].

De acordo com Furet, diferentemente do que aconteceu com a Revolução Francesa, que após Robespierre e Napoleão, deixou um legado não apenas para a França, mas para o mundo, Lenin não deixou herança. Da rápida dissolução da União Soviética nada restou em pé: "nem princípios, nem códigos, nem instituições, nem mesmo uma história". Assim, "o comunismo se termina em uma espécie de nada". A Revolução Russa e o regime soviético para Furet constituem-se em uma das grandes reações antiliberais e antidemocráticas da história europeia no século XX, ao lado do fascismo, em suas diferentes formas[82].

O livro suscitou uma enorme polêmica, principalmente, acerca das relações entre fascismo e comunismo[83]. Não que um regime se reduzisse ao outro, ou que um fosse a consequência do outro. Para Furet a sucessão de eventos demonstrada por uma cronologia simplificadora gerou uma explicação pouco complexa: Lenin, em 1917, Mussolini, em 1922, e Hitler em uma primeira tentativa em 1923, tomando o poder 10 anos mais tarde. A comparação entre os três regimes resulta em um misto de princípios intercambiáveis de hostilidade e de imitação.

> Assim, o fascismo de Mussolini de 1919 pode ser concebido como uma *reação* à ameaça de um bolchevismo à italiana, também surgido da guerra e que se constituiu mais ou menos sobre o exemplo russo. Reação no sentido mais amplo do termo, pois vindo como Lenin de um socialismo ultrarrevolucionário, Mussolini tem tanta facilidade para imitá-lo quanto para combatê-lo. Pode-se também fazer da vitória do bolchevismo russo em outubro de 1917 o ponto de partida de uma cadeia de *reação* através da qual o fascismo italiano primeiro, o nazismo em seguida, aparecem como respostas à ameaça comunista.

Para Furet, uma interpretação deste gênero, além de enfraquecer o próprio conceito de *totalitarismo*, pode conduzir se não a uma justificativa, ao menos a uma desculpação parcial do nazismo, como demonstra a querela pública ocorrida entre os historiadores alemães em 1986. Mesmo um dos mais profundos especialistas do movimento nazifascista, o alemão Ernst Nolte, não teria escapado desta tentação[84].

De fato, a controvérsia pública entre os historiadores alemães iniciou em junho de 1986 com a publicação de um artigo de Nolte no jornal *Frankfurter Allgemeine Zeitung*, replicado rapidamente por Jürgen Habermas. Em seguida, diversos e importantes historiadores alemães incorporam-se ao debate. Nolte parte da seguinte constatação: "o III Reich acabou há trinta e cinco anos, mas ainda está bem vivo". Uma lembrança com uma conotação que se "ainda está muito viva hoje – diz ele – é completamente negativa, e isso por bons motivos"[85]. Entretanto, preocupa Nolte uma suposta ameaça à pesquisa caracterizada por uma narrativa elevada à condição de ideologia fundadora, ou seja, o negativo que se torna lenda e mito. Seria preciso, segundo o autor, submeter a história do nazismo a uma revisão que não fosse apenas uma simples inversão do julgamento da negatividade: "no essencial – observa Nolte – a imagem do III Reich não requer nenhuma revisão"[86]. Sua proposta é a de alargar a explicação contextual no tempo, através do recuo histórico, e no espaço, por meio da comparação com outros acontecimentos da Modernidade. Assim, tanto na perspectiva diacrônica quanto na sincrônica, o espectro dos antecedentes exterminacionistas deve ser ampliado, sendo o mais próximo o bolchevismo.

O recurso comparativo visa, portanto, extrair do holocausto sua singularidade:

> A recusa de ressituar – escreve Nolte – nesse contexto o extermínio dos judeus perpetrado por Hitler talvez se deva a motivos muito estimáveis, mas ela falsifica a história. [...] O que se chama de extermínio dos judeus perpetrado sob o III Reich foi uma reação, uma cópia deformada e não uma inovação nem um original[87].

Por intermédio dessa mímesis transfigurada, Nolte passa da comparação à causalidade: por que o passado não quer passar? Por que se torna cada vez mais vivo e ativo? Finalmente, por que se subtrai este debate crítico da conjuntura e concentra-se "apenas" na "solução final"? "As regras mais simples – diz Nolte – que valem para o passado de quaisquer países parecem aqui abolidas". Por isso, segundo ele, é preciso estender o contexto, é preciso comparar, buscar as relações de causa. Logo, para ele, o assassinato cometido por razão de Estado pelo regime soviético pôde constituir-se no "precedente lógico e factual" da operação racial nazista[88]. Em suma, nesta concepção histórico-genética do totalitarismo, o arquipélago Gulag seria um evento "mais original" do que Auschwitz!

A expectativa de Nolte é que este passado, como qualquer passado, simplesmente, passasse e, assim, se constituísse em objeto de apropriação historiográfica, pois os alemães, de acordo com sua análise, de certo modo, também foram vítimas. O reconhecimento dessa condição, aliado a uma espécie de trabalho de luto, poderia conduzir a Alemanha a uma identidade mais positiva.

Em uma longa nota, Furet avalia a premissa que gerou a celeuma situando-a no conjunto da obra de Nolte. Primeiro ele reconhece como um mérito o alemão ter colocado em paralelo comunismo e nazismo, rompendo uma interdição generalizada na Europa Ocidental, em particular na França e na Itália e mormente na Alemanha por razões evidentes. Contudo, Nolte, para Furet, enfraqueceu sua interpretação pela hiperbolização do seu argumento: "ele quis fazer dos judeus os adversários organizados de Hitler tanto quanto aliados de seus inimigos". Não que o historiador alemão seja, faz questão de precisar Furet, um "negacionista", pois teria em várias oportunidades deixado claro seu horror pela exterminação judaica. Porém, mesmo assim, ao tentar decifrar a "paranoia antissemita" de Hitler, Nolte teria encontrado uma espécie de fundamento "racional" na atitude nazi em uma declaração de uma liderança judia que clamava aos judeus do mundo inteiro a lutar ao lado da Inglaterra. Furet considera o raciocínio tão chocante quanto falso[89].

Na troca de correspondências que mantiveram após a publicação de *Le passé d'une illusion*, os dois "revisionistas", de períodos diferentes bem-entendido, ampliam suas explicações em um tom muito cordial. Segundo Furet mesmo que o comunismo e o fascismo tenham nascido de uma mesma matriz, o sistema liberal, a tese histórico-genética de Nolte apaga e/ou dissimula as diferenças e as singularidades entre ambos. Além disso, na primeira réplica epistolar de Furet a Nolte, ele observa que "a extrema-direita alemã e mesmo toda a direita nunca tiveram necessidade do comunismo para detestar a democracia"[90]. A "origem" ou constituição do nazismo deve ser buscada nas águas profundas da cultura alemã e sua relação com a Modernidade, não apenas em um paralelismo causal e casual. Finalmente, para Furet, a obra de Nolte parece ainda uma expressão recalcada de um patriotismo fraturado, o que não lhe retira, contudo, a importância.

A morte de Furet interrompe o debate, mas parece-me que o essencial estava posto. O alemão e o francês compartilhavam uma mesma apreensão em relação ao presente pós-queda do império soviético e, notadamente, acerca do futuro. O fim do comunismo soviético não apenas deixara o capitalismo destituído de sua melhor justificativa – o anticomunismo – e o liberava para conquistar e homogeneizar os mercados e o mundo, ele deixava também parte considerável da esquerda ideologicamente órfã.

4 Considerações finais

Curiosamente, Furet, o crítico implacável dessa mesma esquerda, após um momento de euforia em que chegou a afirmar que "o famoso *sentido da história* se inverte sob nossos olhos: o comunismo cessou de ser o futuro da democracia; a democracia tornou-se o futuro do comunismo"[91], via-se, em 1997, mergulhado em um fim de século melancólico e aprisionado a uma história que apontava para um único e uniformizador horizonte, uma história que impunha uma soberania tão abrangente que "perdemos a ilusão de governá-la"[92]. Na melancolia e na história que se institui à revelia dos homens, percebemos a presença silenciosa de Tocqueville e de Marx, os dois autores que Furet mais admirava e dos quais jamais se afastou.

Notas

[1] Agradeço a Eliete Tiburski pelos comentários a uma primeira versão deste texto, a Evandro dos Santos pelo auxílio no levantamento bibliográfico, e a Laura Müller Cezar pela revisão técnica.

[2] FOUCAULT, M. "Sur les façons d'écrire l'histoire" [Entretien avec R. Bellour, 1967]. *Dits et écrits*, I. Paris; Gallimard, 2001, p. 613.

[3] NORA, P. (org.). *Essais d'ego-histoire*. Paris: Gallimard, 1987, p. 5-6.

[4] FURET, F. & RICHET, D. *La Révolution Française*. 2 vols. Paris: Réalités-Hachette, 1965-1966.

[5] NORA, P. (org.). *Essais d'ego-histoire*. Op. cit., p. 6.

[6] FURET, F. *Un itinéraire intellectuel* – L'historien journaliste, de France-Observateur au Nouveau Observateur (1958-1997). Paris: Calmann-Lévy, 1999, p. 27 [Édition établie et preface par Mona Ozouf]. Nora publica um excerto da carta de recusa de Michel de Certeau. NORA, P. (org.). *Essais d'ego-histoire*. Op. cit., p. 362.

[7] FURET, F. *Le passé d'une illusion* – Essai sur l'idée communiste au XXe siècle. Paris: Robert Laffont/Calmann-Lévy, 1995.

[8] Entrevista de François Furet concedida a Aspásia Camargo. In: OLIVEIRA, L.L.; FERREIRA, M.M. & CASTRO, C. *Conversando com...* Rio de Janeiro: FGV, 2003, p. 61.

[9] FURET, F. *L'atelier de l'histoire*. Paris: Flammarion, 1982, p. 5.

[10] Especificamente sobre o período do entreguerras e a importância de Bloch e Febvre, cf. GATTINARA, E.C. *Les inquietudes de la raison* – Épistémologie et histoire en France dans l'entre-deux-guerres. Paris: Vrin/Ehess, 1998.

[11] AARSLEFF, H. *From Locke to Saussure* – Essays on the study of language and intellectual history. Mineápolis: Minnesota University Press, 1982.

[12] SAUSSURE, F. *Cours de Linguistique Générale*. Paris: Payot, 1995 (cf. o posfácio de Louis-Jean Calvet, de 1967, p. 507-513). Cf. tb. ATTAIDGE, D.; BENNINGTON, G. & YOUNG, R. (orgs.) *Post-structuralism and the question of history*. Cambridge: Cambridge University Press, 1987, p. 1-15.

[13] FURET, F. "Les intellectuels français et le structuralisme". *L'atelier de l'histoire*. Op. cit., p. 42.

[14] LÉVI-STRAUSS, C. & ÉRIBON, D. *De près et de loin*. Paris: Odile Jacob, 1988, p. 168.

[15] HARTOG, F. "Le régard éloigné: Lévi-Strauss et l'histoire". *Évidence de l'histoire* – Ce que voient les historiens. Paris: l'Ehess, 2005, p. 176-177.

[16] LÉVI-STRAUSS, C. "Histoire et dialectique". *La pensée sauvage*. Paris: Plon, 1962, p. 339. A obra de Sartre à qual Lévi-Strauss se refere é *Critique de la raison dialectique*. Paris: Gallimard, 1960 (principalmente o Vol. I: Théorie des Ensembles Pratiques).

[17] LÉVI-STRAUSS, C. Histoire et dialectique, p. 342.

[18] Ibid., p. 342-346.

[19] Ibid., p. 336.

[20] Cf. BRAUDEL, F. "Histoire et sciences sociales – La longuée durée: histoire et sociologie". *Écrits sur l'histoire*. Paris: Flammarion, 1969, p. 61-75; p. 114. Sobre a proposição de Braudel, cf. POMIAN, K. "L'histoire des structures". In: LE GOFF, J. *La nouvelle histoire*. Paris: Complexe, 1988, p. 109, 120-125.

[21] BRAUDEL, F. *La Méditerranée et le monde méditerranéen à l'époque de Philippe II*. Paris: Armand Colin, 1996, 2, p. 520.

[22] HARTOG, F. *Le régard éloigné*: Lévi-Strauss et l'histoire. Op. cit., p. 182.

[23] FURET, F. *Les intellectuels français et le structuralisme*. Op. cit., p. 42.

[24] *Revue des Annales*, 3-4, 1971.

[25] LÉVI-STRAUSS, C. "Le temps du mythe". *Annales*, 1971, p. VII.

[26] LÉVI-STRAUSS, C. "Histoire et ethnologie". *Annales*, 38, 6, 1983, p. 1.217-1.231.

[27] DOSSE, F. "Structuralisme". In: DELACROIX, C.; DOSSE, F.; GARCIA, P. & OFFENSTADT, N. (orgs.). *Historiographies* – II: Concepts et débats. Paris: Gallimard, 2010, p. 892-893.

[28] A Frente Popular (*Front populaire*) é a coalizão de partidos de esquerda que governou a França entre 1936 e 1938.

[29] Os dados biográficos sobre Furet baseiam-se principalmente em HALÉVI, R. *L'expérience du passé* – François Furet dans l'atelier de l'histoire. Paris: Gallimard, 2007.

[30] Entrevista de François Furet concedida a Aspásia Camargo. Op. cit., p. 60-61.

[31] CNRS: Centre National de la Recherche Scientifique (Centro Nacional da Pesquisa Científica).

[32] Sobre a história da Ehess, cf. REVEL, J. & WACHTEL, N. (orgs.). *Une école pour les sciences sociales*: de la VIe section à l'École des Hautes Études en Sciences Sociales. Paris: Cerf/l'Ehess, 1996.

[33] O tema da tese era a burguesia parisiense no século XVIII.

[34] HALÉVI, R. *L'expérience du passé*. Op. cit., p. 17.

[35] Entrevista de François Furet concedida a Aspásia Camargo. Op. cit., p. 60.

[36] Ibid., p. 61.

[37] FURET, F. *Le passé d'une illusion*. Op. cit., p. 13.

[38] FURET, F. "Le quantitatif em histoire". In: LE GOFF, J. & NORA, P. (orgs.). *Faire l'histoire* – Nouveaux problèmes. Paris: Gallimard, 1974, p. 53. Retomado em FURET, F. *L'atelier de l'histoire*. Op. cit.,

p. 52-72 (citação p. 65). Trata-se de uma posição que Furet tinha há muito tempo. Em artigo publicado em 1959, em coautoria com a Adeline Daumard, ele assim se manifestou sobre o assunto: "Cientificamente falando, há apenas história social quantitativa". Cf. "Méthode de l'histoire sociale – Les archives notariales et la mécanographie". *Annales*, p. 676.

[39] FURET, F. "En marge des *Annales* – Histoire et Sciences Sociales". *Le Débat*, 17/12/1981, p. 112.

[40] FURET, F. *L'atelier de l'histoire*. Op. cit., 1982, p. 5-9. "Eu sempre digo brincando que a *École des Annales* não tem outra definição senão a de que ela é as pessoas que eu encontro de manhã no elevador. O que existe de comum entre Le Roy Ladurie, Le Goff, eu, Richet etc.? Como podem nos identificar sob uma mesma etiqueta?" (Entrevista de François Furet concedida a Aspásia Camargo. Op. cit., p. 69).

[41] O nível político da análise das sociedades encontrou-se um pouco absurdamente negligenciado. FURET, F. "La Révolution et ses fantômes" (1978). *Un itinéraire intellectual*. Op. cit., p. 555.

[42] FURET, F. *L'atelier de l'histoire*. Op. cit., 1982, p. 29-31. Com esta meta ele cria com Pierre Rosanvallon, entre outros, em 1982, a Fondation Saint-Simon e, em 1984, com Marcel Gauchet, e mais alguns, o *Institut Raymond Aron* na Ehess.

[43] Apud OZOUF, M. "Préface". *Un itinéraire intellectual*. Op. cit., p. 7.

[44] Furet teria aberto uma via importante nos anos de 1960 que foi seguida por, entre outros, Pierre Chaunu e Annie Kriegeel no *Figaro*; Mona Ozouf, André Burguière e Jacques Revel no *Nouvel Observateur*; Jean-Pierre Rioux e Roger Chartier no *Le Monde*. Cf. RIEFFEL, R. "Les historiens, l'édition et les médias". In: BÉDARIDA, F. (org.). *L'histoire et le métier d'historien en France 1945-1995*. Paris: MSH, 1995, p. 65.

[45] Ibid., p. 11. O estilo habitual de Furet é pouco metafórico. CARRARD, P. *Póetique de la Nouvelle Histoire* – Le discours historique em France de Braudel à Chartier. Lausanne: Payot, 1998, p. 191.

[46] FURET, F. *Le passé d'une illusion*. Op. cit., p. 8.

[47] Não que ele não tenha escrito antes sobre o período. Já em 1958 encontramos um pequeno texto sobre Robespierre, na data que marca os 200 anos de seu nascimento. *Les historiens et Robespierre*. Cf. FURET, F. *Un itinéraire intellectual*. Op. cit., p. 172-175.

[48] Nesse sentido, os artigos reunidos em *L'atelier de l'histoire* são fundamentais.

[49] FURET, F. & RICHET, D. *La Révolution Française*. Op. cit.

[50] Sobre a crítica a Furet e Richet, cf. MAZAURIC, C. *Sur la Révolution Française* – Contribution à l'histoire de la Révolution bourgeoise. Paris: Sociales, 1970, p. 21-62.

[51] Ibid., p. 5.

[52] FURET, F. "Le catéchisme révolutionnaire". *Annales*, 2, 1971 [Reproduzido em *Penser la Révolution Française*. Paris: Gallimard, 1978, p. 139].

[53] Ibid., p. 184-206. A carta de Marx a Cesar de Paepe é datada de 14 de setembro de 1870.

[54] MARX, K. "O 18 brumário de Luís Bonaparte" (1852). *Marx*. São Paulo: Abril, 1985, p. 331 [Coleção Os Pensadores]. Para uma explicação desse excerto, cf. KOSELLECK, R. "O conceito moderno de revolução". *O futuro passado* – Contribuição à semântica dos tempos históricos. Rio de Janeiro: PUC-Rio/Contraponto, 2006, p. 73-74. Para uma perspectiva de Marx de rompimento com o passado, cf.: KOSELLECK, R. "Le concept d'histoire". *L'expérience de l'histoire*. Paris: Gallimard/Seuil, 1997, p. 85-86.

[55] KOSELLECK, R. "*Historia magistral vitae* – Sobre a dissolução do *topos* na história moderna em movimento". *O futuro passado*. Op. cit., p. 41-60.

[56] FURET, F. *Marx e a Revolução Francesa*. Rio de Janeiro: Zahar, 1989, p. 129-131 (nota 29). A edição brasileira não contempla os textos escolhidos de Marx que compõem a segunda parte do livro. Cf. FURET, F. *Marx et la Révolution Française*. Paris: Flammarion, 1986 [Textes de Marx présentés,

réunis, traduits par Lucien Calvié]. Sobre esta questão da ilusão e imitação da Revolução Francesa na obra de Marx, cf. HARTOG, F. "La Révolution Française et l'Antiquité – Avenir d'une illusion ou cheminement d'un quiproquo?" *La pensee politique*, 1. Paris, 1993, 30-61. • HARTOG, F. "La dernière querelle: revolution et illusion". *Anciens, Modernes, Sauvages*. Paris: Galaade, 2005, p. 67-72.

[57] FURET, F. *Penser la Révolution Française*. Op. cit.

[58] Ibid., p. 13.

[59] Ibid., p. 14-20.

[60] Sobre a historiografia da Revolução Francesa no século XIX, cf. FURET, F. "A revolução sem o Terror? – O debate dos historiadores do século XIX". In: *A revolução em debate*. Bauru: Edusc, 2001, p. 23-53.

[61] FURET, F. *Penser la Révolution Française*. Op. cit., p. 21-26.

[62] Ibid., p. 32-33.

[63] TOCQUEVILLE, A. *L'Ancien Régime et la Révolution* (1856). Paris: Gallimard, 1952.

[64] "Eis por que *L'Ancien Régime et la Révolution* continua sendo, em minha opinião, o livro capital de toda historiografia revolucionária. Eis também por que ele sempre foi, há mais de um século, o parente pobre dessa historiografia, mais citado que lido, e mais lido que compreendido". Acrescente-se o fato de ele ser constantemente comparado com seu contemporâneo Jules Michelet. Cf. FURET, F. *Penser la Révolution Française*. Op. cit., p. 34-35, 37. Para Furet, Tocqueville "é um autor incrivelmente moderno". Cf. FURET, F. "Préface – Le système conceptuel de la *Démocratie en Amérique*". In: TOCQUEVILLE, A. *De la démocratie en Amérique*, I. Paris: Flammarion, 1981, p. 7-46.

[65] FURET, F. *Penser la Révolution Française*. Op. cit., p. 257.

[66] Ibid., p. 53-55.

[67] Ibid., p. 128-129.

[68] Ibid., p. 9.

[69] Ibid., p. 130.

[70] Cf., p. ex., a coletânea organizada por KATES, G. (Edited by). *The French Revolution* – Recent debates & new controversies. London/Nova York: Routledge, 1998.

[71] RICŒUR, P. *Temps et récit* – 1: L'intrigue et le récit historique. Paris: Seuil, 1983, p. 391-394.

[72] FURET, F. "De l'histoire-récit à l'histoire-problème". *L'atelier de l'histoire*. Op. cit., p. 73-90.

[73] "Tentons l'expérience". *Annales*, 44, 6, 1989, p. 1.317-1.323.

[74] Sobre o debate, cf. KOPOSOV, N. *De l'imagination historique*. Paris: l'Ehess, 2009.

[75] FURET, F. & OZOUF, M. *Dictionnaire critique de la Révolution Française* – 1: Événements. Paris: Flammarion, 1992, p. 11-12.

[76] Ibid., p. 18-19, 24.

[77] Ainda em 1988 ele publica, sob a influência da leitura de Tocqueville, uma nova história da Revolução Francesa, fortemente documentada e ilustrada. Cf. FURET, F. *Révolution Française de Turgot à Ferry (1770-1880)*. Paris: Hachette, 1988.

[78] FURET, F. *L'atelier de l'histoire*. Op. cit., 1982, p. 25 e 30-31.

[79] HALÉVI, R. *L'expérience du passé*. Op. cit., n. 3, p. 22-23.

[80] Dos 12 capítulos, 10 são dedicados até o Período Estalinista, um à Guerra Fria e o último ao Declínio Soviético.

[81] FURET, F. *Le passé d'une illusion*. Op. cit., p. 13, 58-59.

[82] Ibid., p. 8-10. Cf. tb. FURET, F. "Oui, l'histoire du communisme reste à écrire" (1992). *Un itinéraire intellectuel*. Op. cit., p. 371-374.

[83] Cf., p. ex., a discussão com Renzo de Felice, Eric Hobsbawm, Ernest Nolte, Richard Pipes, Giuliano Procacci e François Furet publicada no dossiê "Communisme et fascism au XXe siècle". *Le Débat*, 89, 1996, p. 120-176.

[84] FURET, F. *Le passé d'une illusion*. Op. cit., p. 269-270.

[85] *Devant l'histoire* – Les documents de la controverse sur la singularité de l'extermination des Juifs par le Regime Nazi. Paris: Cerf, 1988, p. 8-9.

[86] Ibid., p. 11.

[87] Ibid., p. 21.

[88] Ibid., p. 31-34.

[89] FURET, F. *Le passé d'une illusion*. Op. cit., p. 270-272.

[90] FURET, F. & NOLTE, E. *Fascisme et communisme*. Paris: Hachette, 1998, p. 42.

[91] FURET, F. "La Révolution commence" (1990). *Un itinéraire intellectual*. Op. cit., p. 362.

[92] FURET, F. & NOLTE, E. *Fascisme et communisme*. Op. cit., p. 42.

Bibliografia de François Furet (obras principais)

Livros

FURET, F. *Penser le XX siècle*. Paris: Robert Laffont, 2007.

_____. *La Gironde et les Girondins*. Paris: Payot, 2004 [Com Mona Ozouf].

_____. "A revolução sem o Terror? – O debate dos historiadores do século XIX". *A revolução em debate*. Bauru: Edusc, 2001.

_____. *La gauche et la Révolution au XIX siècle*. Paris: Hachette, 2001.

_____. *A democracia na Europa*. Lisboa: Presença, 2000.

_____. *O homem romântico*. Lisboa: Presença, 1999.

_____. *La Révolution en débat*. Paris: Gallimard, 1999.

_____. *La Révolution et nous*. Paris: Gallimard, 1999.

_____. *Un itinéraire intellectuel* – L'historien journaliste, de France-Observateur au Nouveau Observateur (1958-1997). Paris: Calmann-Lévy, 1999 [Édition établie et preface par Mona Ozouf].

_____. *Fascisme et communisme*. Paris: Hachette, 1998, p. 42 [Com Ernst Nolte].

_____. *L'Héritage de La Révolution Française*. Paris: Hachette, 1997.

_____. *Lire et écrire* – L'alphabétisation des Français de Calvin à Jules Ferry. 2 tomes. Paris: Minuit, 1997 [Com J. Ozouf].

_____. *Le passé d'une illusion* – Essai sur l'idée communiste au XXe siècle. Paris: Robert Laffont/Calmann-Lévy, 1995.

_____. *Le siècle de l'avènement républicain*. Paris: Gallimard, 1993 ["Bibliothèque des Histoires" – Com Mona Ozouf].

_____. *Dictionnaire Critique de la Révolution Française*. Paris: Flammarion, 1992 [Com Mona Ozouf].

_____. *Révolution Française de Turgot à Ferry (1770-1880)*. Paris: Hachette, 1988.

_____. *Marx et la Révolution Française*. Paris: Flammarion, 1986 [Textes de Marx présentés, réunis, traduits par Lucien Calvié].

_____. *L'atelier de l'histoire*. Paris: Flammarion, 1982.

_____. "Préface – Le système conceptuel de la 'Démocratie en Amérique'". In: TOCQUEVILLE, A. *De la démocratie en Amérique*, I. Paris: Flammarion, 1981, p. 7-46.

_____. "Le quantitatif en histoire". In: LE GOFF, J. & NORA, P. (orgs.). *Faire l'histoire* – Nouveaux problèmes. Paris: Gallimard, 1974.

_____. *La Révolution Française*. 2 vols. Paris: Hachette, 1965-1966 [com D. Richet].

Artigos

Annales (principais)

"Concepts juridiques et conjoncture révolutionnaire", n. 6, nov.-dez./1992, p. 1.185-1.194.

"L'année 1789", n. 1, jan.-fev./1989, p. 3-24 [Com R. Halévi].

"Un nouveau paradigme: Tocqueville et le voyage em Amérique", n. 2, mar.-abr./1984, p. 225-239.

"En marge des *Annales*", n. 17, dez./1981, p. 112.

"Deux légitimations historiques de la société française au XVIII siècle: Mably et boulainvilliers", n. 3, mai.-jun./1979, p. 438-450 [Com M. Ozouf].

"L'expérience américaine dans la culture française", n. 4, jul.-ago./1978, p. 729-739.

"L'alphabétisation des français: trois siècles de métissage culturel", n. 3, mai.-jun./1977, p. 488-502 [Com J. Ozouf].

"Croissance et alphabétisation en France", n. 3, mai.-jun./1974, p. 714-737 [Com W. Sachs].

Le Débat (principais)

"L'énigme française", n. 96, set.-out./1997, p. 43.

"L'Idée française de la Révolution", n. 96, set.-out./1997, p. 13.

"Sur le multiculturalisme. – Quelle culture?", n. 95, mai.-ago./1997, p. 187.

"L'Amerique de Clinton II", n. 94, mar.-abr./1997, p. 3.

"Sur l'illusion communiste", n. 89, mar.-abr./1996, p. 162.

"Chronique d'une decomposition", n. 83, jan.-fev./1995, p. 84.

"La ruine et les restes", n. 69, mar.-abr./1992, p. 191.

"L'Utopie démocratique à l'américaine", n. 69, mar.-abr./1992, p. 80.

"L'énigme de la désagregation communiste", n. 62, nov.-dez./1990, p. 166.

"1789-1917: aller et retour", n. 57, nov.-dez./1989, p. 4.

"Démocratie française – Sur quelques objections", n. 52, nov.-dez./1988, p. 11.

"L'aventure des idées – 1956. La gauche française entre dans l'après-guerre", n. 50, mai.-ago./1988, p. 20.

"L'Université est-elle réformable?", n. 45, mai.-set./1987, p. 64.

"Burke ou la fin d'une seule histoire de l'Europe", n. 39, mar.-set./1986, p. 56.

"Faut-il avoir peur de 1989? – Réponse à Maurice Agulhon", n. 30, mai./1984, p. 38.

"Le jeune Marx et la Révolution Française", n. 28, jan./1984, p. 30.

"La Révolution dans l'imaginaire politique français", n. 26, set./1983, p. 173.

"La Révolution sans la Terreur? – Le débat des historiens du XIX siècle", n. 13, jun./1981, p. 40.

"Le XIX siècle et l'intelligence du politique", n. 1, mai./1980, p. 120.

9
Hayden White (1928-)[1]

Ricardo Marques de Mello★

1 O historiador e seu tempo: do medievalista ao teórico da história

Hayden White nasceu em 1928, na pequena cidade de Martin, no Estado de Tennessee, nos Estados Unidos. Filho de um operário que sofreu os efeitos da crise de 1929, ele desviou-se do setor industrial e ingressou na universidade ainda na década de 1940. Em 1951 graduou-se em história na Wayne State University; em 1952, e em 1955 recebeu, respectivamente, os títulos de mestre e doutor em história pela *University of Michigan*.

White iniciou sua carreira acadêmica a partir de estudos do período medieval. Sua tese de doutorado, por exemplo, versava sobre o cisma papal de 1130[2]. Em 1953, com uma bolsa de estudos *Fulbright*, ele embarcou para a Itália, especificamente Roma, a fim de aprofundar sua pesquisa na biblioteca do Vaticano. Ao analisar os desentendimentos internos da Igreja Católica à maneira de conflitos sociais e políticos,

> White objetivava estudar o cisma papal em termos de interesses de grupos, lutas pelo poder e disputas pela liderança mais que em termos de legalidade, legitimidade ou adequação teológica. Ele estava especialmente interessado no "sistema de valores" usados na competição entre os grupos, sugerindo que essas ideologias, a bom modo sociológico, poderiam ser classificadas de acordo com os tipos ideais weberianos [...]. [Assim, ele descreveu os esforços acirrados de duas escolas de pensamento eclesiástico que tentavam ganhar acesso à Cúria Romana (o conclave de cardeais responsável pelas eleições papais). Usando um par de tipos ideais de *Economia e Sociedade*, de Max Weber, White caracterizou essas escolas como movimentos sociais adeptos às lideranças, respectivamente, carismática e burocrática [...]. Uma grande parte da tese de White, portanto, é um relato de como esses grupos emergiram, como intensificaram suas tensões ao longo do tempo e como o cisma eventualmente ocorrido em 1130 era a "expressão institucional" de uma cisão ideológica de longa data[3].

★ Doutor em História pela Universidade de Brasília, é professor da mesma universidade.

O arcabouço teórico pouco usual, aplicado a um assunto comumente analisado sob os auspícios de outras tradições historiográficas, não gerou boa aceitação entre seus pares, que o consideraram excessivamente esquemático:

> White foi acusado [...] de usar os tipos ideais weberianos não como instrumentos heurísticos, mas como etiquetas descritivas – o que sugere que a distinção conceitual de seus tipos ideais não foi, como teria dito Weber, uma ferramenta provisória para ordenar a realidade histórica irracional e aleatória, mas uma característica ideológica e social dos próprios grupos analisados[4].

Além disso, a tese de White foi amiúde associada a uma busca por leis gerais – à maneira das obras de Spengler, Vico e Toynbee –, que teria se traduzido na "noção de que a liderança carismática, *mais cedo ou mais tarde*, seria racionalizada, mecanizada e institucionalizada, tornando-se assim uma liderança tão burocrática quanto a forma que inicialmente se pretendia desafiar"[5].

Mas os dois anos que passou na Itália não lhe serviram apenas para a conclusão de suas pesquisas de doutoramento. Herman Paul sugere que a estadia de White em Roma marcaria profundamente o seu pensamento e carreira, sobretudo pelo intenso contato que ele teve com obras de autores existencialistas, humanistas e marxistas. De fato, ainda na Itália, White aprofundou leituras ou teve um contato inicial com obras de autores com pretensões muito diferentes, como Albert Camus, Jean-Paul Sartre, Benedetto Croce, Karl Mannheim, Arnold Toynbee, Vere Childe, Robin Collingwood, Karl Marx, Giambattista Vico, entre muitos outros.

Todavia, associar e restringir as ideias de White a determinadas tradições intelectuais para, posteriormente, associá-lo a uma ou outra corrente não me parece factível. Ele *provavelmente* apreendeu e extraiu *insights* díspares. Tanto Weber quanto Croce, por exemplo, aparentemente, "ajudaram White a entender a história não como o resultado de forças impessoais ou circunstâncias fortuitas, mas como um 'produto da vontade e inteligência humana'"[6]; ou Marx e Camus, que o teriam influenciado acerca do ideal de igualdade social[7], fatores importantes para entendermos sua concepção do conhecimento histórico. O caso é que dificilmente se pode filiar White a alguma tradição intelectual ou autor específico sem muitas ressalvas e sob o risco de imprecisões comprometedoras.

De qualquer maneira, é possível pensarmos que o contato com os autores sobreditos, em parte iniciado na sua passagem pela Itália, somado a um concurso de circunstâncias que fogem a explicações referendadas, incluindo a recepção de sua tese entre seus pares, parecem tê-lo estimulado a desviar o foco de temas históricos, como os medievais, para teóricos.

Esse deslocamento de interesse das questões históricas para as questões *sobre* a história, no entanto, não foi surpreendente, tampouco repentino. Primeiramente porque é perceptível que o "White medievalista" já tinha uma profunda atração por teorias, haja vista o uso pouco recomendado de *insights* weberianos em sua tese. E, em segundo lugar, porque esse deslocamento foi realizado gradativamente, tornando-se mais visível apenas em meados da década de 1960, sobretudo com a publicação do artigo *The Burden of History* (O fardo da história)[8], em 1966, elaborado sob encomenda do renomado periódico *History and Theory*. Neste texto ficariam claros os pressupostos a partir dos quais White levaria adiante os debates teóricos na história e que, com pequenas variações, embasaria sua teoria tropológica e seu posicionamento político e estético em relação "ao que fabricam os historiadores quando fazem história"[9].

Embora com afirmações contundentes, "O fardo da história" não causaria repercussão imediata e considerável entre os historiadores. Seria apenas com o livro *Metahistory* (*Meta-história*)[10], publicado em 1973, que White entraria em um circuito de debates, contendas e polêmicas que o envolveriam até os dias atuais. Mais precisamente, foi com uma resenha do *Meta-história*, escrita por seu ex-aluno Dominick LaCapra, em meados da década de 1970, que esta obra atrairia a atenção e recolocaria na agenda dos teóricos da história a discussão sobre o papel que a linguagem exerce na apreensão, descrição e significação dos eventos históricos.

De lá para cá, White participou de conferências mundo afora, concedeu várias entrevistas e publicou muitos artigos. Grande parte desses artigos foi reunida em coletâneas, como *Tropics of Discourse* (*Trópicos do discurso*)[11], *The Content of the Form*[12], *Figural Realism*[13] e *The Fiction of Narrative*[14]. Nelas estão expressas as principais ideias de White e suas variações ao longo de quase cinco décadas.

Com mais de 80 anos, Hayden White permanece trabalhando. Atualmente é professor emérito de literatura comparada na University of California e continua a participar de debates e conferências. A repercussão de sua obra ganhou tão intensas e variadas interpretações que aparentemente parte considerável do seu tempo foi e é despendido em esclarecer e em se contrapor às digressões a ele imputadas (algumas capciosas, várias polêmicas e outras tantas impertinentes), quase sempre, como dizem, com bom humor, generosidade intelectual e muita paciência.

2 Percursos: críticas e respostas

Ao longo dessas cinco décadas em que se dedicou aos estudos teóricos, Hayden White transitou por várias disciplinas das ciências humanas. A maioria dos seus trabalhos concentrou-se em três áreas: *história* (com ênfase em teoria e história intelectual), *literatura* (com destaque para teoria e história da literatura moderna e contemporânea) e *filosofia* (com ênfase em filosofia da história). No arcabouço teórico do seu principal texto, *Meta-história*, são explícitas as apropriações das ideias de Northrop Frye, Kenneth Burke, Karl Mannheim, Stephen Pepper, Giambattista Vico e, em menor grau de aparição, Lévi-Strauss e Roman Jakobson. Parte considerável das objeções feitas contra suas ideias e das adesões que ele espontaneamente angariou originou-se justamente por conta do *tipo de relação* que ele estabeleceu entre história, sociologia do conhecimento, filosofia e literatura.

Autores como Frank Ankersmit[15], Chris Lorenz[16], Keith Jenkins[17], Paul Ricoeur[18], Roger Chartier[19], Dominick LaCapra[20], Arnaldo Momigliano[21], Carlo Ginzburg[22], David Harlan[23], Lloyd Kramer[24], entre muitos outros, estabeleceram um ativo diálogo intelectual, seja a favor de alguns aspectos da teoria do discurso historiográfico de White, e sua consequência ética para o conhecimento histórico, seja contrário a ela. Duas das mais importantes revistas de teoria da história no cenário internacional – *History and Theory*[25] e *Storia della Storiografia*[26] – já dedicaram edições inteiras relacionadas às obras de Hayden White. Talvez nenhum outro autor tenha causado tanta repercussão – mais negativa que positiva – entre os historiadores nos últimos 50 anos.

Com tudo isso, parece incontornável se interrogar por que os textos de White causaram tanta repercussão? Quais os argumentos que motivaram um número significativo de intelectuais a se sentirem incomodados, ou estimulados, a se manifestarem? O que foi colocado em jogo com as proposições whiteanas?

Não há uma única resposta, sobretudo porque sua obra foi comentada de perspectivas muito diferentes. Cada um dos seus interlocutores partiu de pontos distintos, percorreu trajetórias específicas e visou a um determinado fim, ainda que a pretensão geralmente fosse a mesma: convencer-nos sobre a (im)pertinência das ideias de White. Justamente por isso, em vez de analisarmos um ou outro debate com um contentor específico, parece-me mais proveitoso ressaltar as linhas gerais que nortearam as duas principais frentes nas quais White atacou e foi contra-atacado: 1) na aproximação que ele realizou entre historiografia e literatura; e 2) na relação estabelecida entre historiografia e filosofia da história[27].

2.1 Historiografia e literatura: a ficção como elo

A primeira grande contestação direcionada a Hayden White provém da aproximação que ele estabeleceu entre história e literatura, o que gerou muitas controvérsias. Apesar das especificidades de cada contenda protagonizada por opositores específicos, podemos ilustrar os aspectos gerais das colocações dirigidas a White sobre a aproximação entre história e literatura por meio de uma questão elaborada por Roger Chartier:

> [...] se a história produz um conhecimento que é idêntico àquele gerado pela ficção, nem mais nem menos, como considerar (e por que perpetuar) essas operações tão pesadas e exigentes que são a constituição de um *corpus* documental, o controle dos dados e das hipóteses, a construção de uma interpretação? [...] se a realidade dos fatos tramados não importa à natureza do saber produzido, a "operação historiográfica" não seria tempo e pena perdidos?[28]

De fato, há um número razoável de artigos nos quais Hayden White sustenta determinadas semelhanças entre os relatos históricos e os literários. Algumas afirmações nesses textos possibilitam interpretações como a de Chartier, entre elas: "as narrativas históricas [...]

são: ficções verbais cujos conteúdos são tanto *inventados* quanto *descobertos* e cujas formas têm mais em comum com os seus equivalentes na literatura do que com os seus correspondentes nas ciências"[29]; ou:

> [...] o modo como uma determinada situação histórica deve ser configurada depende da sutileza com que o historiador harmoniza a estrutura específica de enredo com o conjunto de acontecimentos históricos aos quais deseja conferir um sentido particular. Trata-se essencialmente de uma operação literária, vale dizer, criadora de ficção[30];

e ainda: "vistos apenas como artefatos verbais, as histórias e os romances são indistinguíveis uns dos outros"[31]; ou: "os historiadores talvez não gostem de pensar que suas obras são traduções do fato em ficções; mas este é um dos efeitos das suas obras"[32]; e, por fim: "embora os historiadores e os escritores de ficção possam interessar-se por tipos diferentes de eventos, tanto as formas dos seus respectivos discursos como os seus objetivos na escrita são amiúde os mesmos"[33].

Ao se levar em conta essa aproximação entre historiografia e relato ficcional realizada por White, o que haveria de característico nos textos produzidos pelos historiadores, a busca pela verdade pretérita, estaria ameaçada de extinguir-se, e todo esforço em identificar *o que* e *como* as coisas se passaram estaria fadado a uma inexequibilidade sufocante.

Sem a pretensão de justificar as proposições de White nesse debate especificamente, devemos lembrar que, ao tornar semelhante o discurso historiográfico daquele produzido pelos romancistas, Hayden White não desconsiderou a diferença na matéria-prima de que se valem historiadores e literatos na composição de seus respectivos textos, como ele insistentemente escreveu:

> [...] quero admitir desde já que os *eventos históricos* diferem dos *eventos ficcionais* nos modos pelos quais se convencionou caracterizar as suas diferenças desde Aristóteles. Os historiadores ocupam-se de eventos que podem ser atribuídos a situações específicas de tempo e espaço, eventos que são (ou foram) em princípio observáveis ou perceptíveis, ao passo que os escritores imaginativos [...] se ocupam tanto desses tipos de eventos quanto dos imaginados, hipotéticos ou inventados[34].

Além dessa diferença entre um e outro tipo de relato (literário e historiográfico), para compreendermos em que sentido White afirma que o discurso produzido pelos historiadores é semelhante ao literário, isto é, que ambos são ficcionais, precisamos ter em conta que White dissocia o complexo processo de transformação dos restos do passado em historiografia em etapas, mais especificamente uma etapa de pesquisa e outra relativa à escrita:

> [...] devemos distinguir a atividade da pesquisa histórica (o estudo pelo historiador de um arquivo contendo informações sobre o passado) da atividade da escrita histórica (a composição pelo historiador de um discurso e sua tradução numa forma escrita). Na fase de pesquisa do seu trabalho, os historiadores estão empenhados em descobrir a verdade sobre o passado e em recuperar informa-

ções esquecidas, ou suprimidas, ou obscurecidas, e, é claro, extrair delas todo o sentido que puderem. Mas entre essa fase de pesquisa, que na verdade não se pode distinguir da atividade de um jornalista ou um detetive, e a conclusão de uma história escrita, é preciso realizar várias *operações transformadoras* importantes, nas quais o aspecto figurativo do pensamento do historiador é mais intensificado do que diminuído[35].

Portanto, para White, o historiador difere do literato por usar como matéria-prima predominante eventos que ocorreram, realizando, em um primeiro momento, uma série de pesquisas e procedimentos no intuito de aferir a veracidade das informações contidas nas fontes. Mas a historiografia não se limita a essa etapa. O historiador é obrigado a materializar o resultado de todo esse esforço em um texto. E é nessa transformação das informações encontradas nas fontes em um texto com começo, meio e fim discerníveis e com significado ao leitor do presente que os historiadores se valem dos mesmos mecanismos encontrados na literatura: o literato cria significado a partir da imaginação, observação e de material empírico; o historiador cria significado a partir de material empírico, observação e, em casos pontuais, da imaginação. Se a origem daquilo que cada um elabora seu produto final é diferente (pelo menos em termos preponderantes), a maneira de lhes dar uma forma é a mesma. Por isso é possível pensar que a ficção, nesse sentido, é um elemento que está presente tanto na literatura quanto na historiografia.

O ponto nodal desse embate reside no modo como White utiliza o termo ficção. Diferentemente do uso corrente, ele não entende ficção como algo oposto a fato, sendo aquele fruto da imaginação e este da realidade. White parece usar ficção em seu sentido latino, como elemento que ordena informações dispersas em um todo com coerência interna. *Ficção (fictìo)*, dessa perspectiva, *é o processo de figuração que cria significado aos eventos, sejam eles históricos ou não, sejam eles verídicos ou imaginados*. Por isso, para ele, a historiografia é, também, um discurso ficcional.

O conceito que subjaz à palavra ficção na obra de White gerou e continua a gerar uma série de desentendimentos. Provavelmente, se seus contendores estiverem abertos a entender o significado da palavra ficção no pensamento de White e ele mesmo fosse mais preciso e explícito em muitas passagens de sua obra, parte considerável dos seus críticos não veria problema algum em definir a historiografia como uma modalidade ficcional.

Apesar de todo mal-estar causado pela aproximação entre o relato histórico e o literário, situando ambos como discursos ficcionais, o autor de *Meta-história*, entretanto, não foi o primeiro a encontrar semelhanças entre os procedimentos artísticos do escritor e os do historiador[36]. Por que, então, a aproximação de White entre essas duas formas de discurso causou reações tão contundentes?

A diferença entre as proposições anteriores e a de Hayden White reside no papel que o estadunidense atribuiu à formalização discursiva. Mais que uma mera forma separada do conteúdo a respeito do qual versa, a estruturação narrativa acaba por condicionar as possíveis estratégias explicativas com as quais o historiador irá organizar o seu relato e dar-lhe a impressão de uma explicação do *que* e *como* determinado evento ocorreu no passado. Com isso, White deslocou a precedência das fontes sobre o relato histórico e concedeu um papel decisivo à formalização na composição discursiva: "nem a forma nem o poder de explicação da narrativa derivam dos diferentes conteúdos que ela presumivelmente é capaz de conciliar"[37]. A maneira pela qual o discurso histórico recebe certa feição ou imagem, portanto, não advém dos dados com os quais o historiador trabalha, mas, antes, da formalização, da organização das informações dispersas em um arquétipo narrativo reconhecido entre autor e leitor, presente em todo relato em prosa, seja ele literário ou historiográfico.

Enfim, o debate é longo, não se inicia nem se finda nesse nível geral. Não obstante, os excertos citados e os esclarecimentos acima sobre a diferença entre a pesquisa e a sua materialização verbal, a matéria-prima de literatos e historiadores, o conceito de ficção de White e a indicação dos aspectos em que a literatura é semelhante à historiografia são pontos de partida interessantes para se ter uma noção do modo como White aproximou discurso literário e histórico e os motivos pelos quais causou repercussão negativa entre seus pares.

2.2 *Historiografia e filosofia da história*

A segunda grande contestação à obra de White provém da relação que ele estabeleceu entre historiografia e filosofia da história[38]. A diferenciação comumente aceita pelos historiadores entre ambas sustenta que a primeira consiste em uma modalidade científica, preocupada em investigar o passado mediante regras metódicas passíveis de comprovação empírica, ao passo que a segunda estabelece o *sentido* da história no seu acontecer de modo preconceitual, isto é, elabora seu discurso em busca das "leis" ou da força motriz que governa a história da humanidade como um todo de maneira meta-física, buscando descobrir no curso dos acontecimentos um padrão ou significado que se situa para além do âmbito de atuação do historiador comum[39], independentemente se a forma assumida desse padrão é linear, espiral, caótica ou cíclica.

Dessa perspectiva, os historiadores, baseados em materiais empíricos e procedimentos metódicos, estariam preocupados predominantemente com as particularidades dos acontecimentos, ao passo que os filósofos da história teriam especial interesse em generalizar a respeito dos fenômenos ocorridos no mundo.

A tese de White, todavia, minimiza as diferenças entre as duas modalidades de conhecimento sobre a história e afirma que o historiador e o filósofo da história se valem de *estruturas preconcebidas* em seus relatos, e a distinção entre o que um e outro faz não é de tipo, mas de grau. De outra maneira, enquanto o filósofo da história enfatiza e expõe manifestadamente sua filiação a alguma "teoria geral", facilmente identificável na superfície de seu texto, o historiador desloca o elemento meta-histórico para o interior de sua narrativa: "não pode haver 'história propriamente dita'", escreve White, "que não seja ao mesmo tempo 'filosofia da história'; [...] os modos possíveis de historiografia são os mesmos que os modos possíveis de filosofia especulativa da história"[40]. Qual seria, precisamente, o ponto em comum entre historiografia e filosofia da história?

Hayden White sugere que esse elemento em comum está presente em textos que se valem da linguagem natural na elaboração de seu discurso em prosa, como a historiografia e a filosofia da história: são as "formalizações de intuições poéticas que [...] sancionam as teorias particulares usadas para dar aos relatos históricos a aparência de uma 'explicação'"[41]. Assim, haveria, tanto na filosofia da história quanto na historiografia, um componente que pré-organiza o discurso, e o faz *antes* de uma averiguação dos dados:

> [...] toda representação "histórica" – por mais particularizadora, narrativista, autoconscientemente que seja – traz em si a maioria dos elementos do que a teoria convencional chama "historicismo" [filosofia da história]. O historiador molda a sua matéria [...] em resposta aos imperativos do discurso narrativo em geral. Estes imperativos são retóricos por natureza [...] na própria linguagem de que o historiador se serve para descrever o seu objeto de estudo, anteriormente a qualquer esforço formal que possa fazer para explicá-lo ou interpretá-lo, ele submete esse objeto de estudo ao tipo de distorção que os historicistas [filósofos da história] impõem à sua matéria de um modo mais explícito e formal[42].

O estorvo causado por White, nesse debate, reside na ideia de que os historiadores não realizam suas pesquisas e análises das partes ao todo, mas do todo às partes, ou seja, eles coletam determinadas informações das fontes de modo que elas se adéquem à estrutura narrativa que eles pretendem, *aprioristicamente*, preencher.

* * *

Esses dois debates são apenas uma pequena amostra das controvérsias em que White se envolveu. Há, portanto, uma série de outras questões que lhes antecedem, são delas desdobramentos ou têm suas próprias especificidades, como o conceito de realidade pressuposto nas ideias whiteanas em contraposição àquele comumente subentendido pelos historiadores na sua prática historiográfica ou a noção de ciência a partir da qual White exclui a história do campo científico.

3 Conceito-chave: os tropos dos discursos historiográficos

É complicado decidir um único conceito-chave para a compreensão do pensamento de Hayden White. Entre outros motivos, porque ele é um formalista e, como tal, sua teoria tem um conjunto de termos, conceitos e ideias sistematicamente relacionados. Além disso, comentadores como Herman Paul afirmam, com certa razão, que não são os termos mais conhecidos de White que tocam o âmago da sua teoria da história. O que é nuclear no seu pensamento é a tentativa de colocar os estudos históricos *a serviço* da autodeterminação dos indivíduos, encorajando-os a mapear suas próprias vidas e a escolherem um passado em conformidade com o futuro que eles desejam[43]. Para encerrar, o pensamento de White não é retilíneo e constante: por vezes ele se vale de determinados conceitos e, em outras ocasiões, os abandona por completo.

No entanto, parece-me que há um termo o qual resolve nosso problema: o tropo. Ele nos leva a outros conceitos e, com seu entendimento, delineamos as linhas gerais da teoria do discurso historiográfico de Hayden White. Ele também nos remete à posição ética de White em relação às possibilidades cognitivas e as serventias da história, aquilo que Herman Paul considerou nuclear. Ademais, embora o tropo não esteja presente em todos os textos do nosso autor, a lógica de raciocínio e os pressupostos que lhe presidem, ou são dele tributários, sub-repticiamente permeiam a maior parte dos artigos de White. E, para arrematar, ele é o elemento que aproxima a história da literatura *e* da filosofia da história, justamente o ponto central das contendas supracitadas do autor de *Meta-história*. Por isso, vamos aos tropos.

Ao investigar o modo como os historiadores explicam e representam, por meio da escrita, o resultado de suas pesquisas, Hayden White sugere que o objetivo primordial é transformar algo desconhecido em conhecido, tornando compreensível o que antes se mostrava obscuro. Em outros termos, o historiador pretende transformar algo não familiar em familiar, tanto para ele mesmo quanto para um suposto leitor a quem o texto será destinado. Desta forma, ao se ocupar com um tema em um tempo e espaço específicos, ver-se diante de uma grande variedade de informações (oriundas de suas fontes e da historiografia do assunto), eventos estranhos e lacunas as mais variadas, o historiador é impelido a transformar o caos em um conhecimento ordenado.

White sugere que esse movimento de tornar familiar o não familiar é uma ação da *consciência humana*[44], que enquadra a massa de informações caóticas em um arquétipo, em um modelo de organização linguística que torna o desconhecido ou incompreensível matéria compreensível e conhecida. De acordo com White, os modos mediante os quais os historiadores organizam mentalmente os dados dispersos e os materializam linguisticamente *equivalem* aos quatro "tropos mestres": metáfora, metonímia, sinédoque e ironia.

Os tropos são espécies de figuras de linguagem, que, por sua vez, são maneiras específicas de usar palavras, expressões ou pensamentos *fora* de seu significado próprio. Quando se diz, por exemplo, que alguém possui 200 cabeças de gado, quer se dizer, evidentemente, que esse indivíduo possui 200 unidades do animal todo e não apenas uma parte dele. O termo cabeça, na sentença acima, *representa* o animal como um todo, ou seja, cabeça deixa de ser entendida em seu significado próprio (como parte) e passa a ser interpretada *fora* de seu significado próprio (como todo). O que deve nos interessar por ora é o pressuposto presente nos tropos: o de que existe um significado próprio (em si), literal, nas palavras, expressões ou pensamentos, e que o tropo executa um desvio, atribuindo um novo significado àquela palavra, expressão ou pensamento.

Hayden White apropriou-se desse mecanismo para explicar os discursos historiográficos, com algumas diferenças, obviamente. O historiador teria acesso a informações pretéritas, contidas nos documentos, que lhes indicariam determinados feitos (o que realmente aconteceu). No entanto, para atribuir significado àquele conjunto de feitos e tornar-lhes significativos para o leitor do presente, ele executa um desvio e cria um significado para o caso com o qual se ocupou. E esse significado pode ser expresso metafórica, metonímica, sinedóquica ou ironicamente.

A diferença entre o modo como expliquei o funcionamento dos tropos e a maneira como os usa White é a seguinte: no emprego de um tropo (metáfora, metonímia, sinédoque e ironia) pressupomos, e podemos comprovar um significado próprio (em si) de uma determinada palavra. Quando um indivíduo qualquer produz uma metáfora, por exemplo, o significado próprio dessa palavra é substituído por outro significado (aquele que a metáfora sugere, compartilhado entre autor da metáfora e ouvinte). No caso do historiador, ele não tem acesso a esse significado *em si* dos feitos humanos, o que lhe resta é criar um significado a eles. O historiador caracteriza os fenômenos humanos/eventos (significado próprio e aparente) e, na sequência, sugere como aquilo tudo pode ser compreendido/representado/significado (desvio), considerando, evidentemente, que o leitor será capaz de entender o significado "maior" ou "de longo alcance" daquele conjunto de feitos por compartilharem certos valores e pressupostos lógicos e culturais.

Assim, de acordo com o uso feito por White, os tropos são estruturas por intermédio das quais todo discurso historiográfico é produzido, servindo de arcabouço a partir do qual os dados dispersos serão organizados e ganharão significado. O autor de *Meta-história* sustenta que a formalização do discurso por meio dos tropos ocorre porque a historiografia se vale da linguagem natural (também denominada ordinária ou comum) para caracterizar seu objeto de investigação. E, ao usar a linguagem natural, o historiador opera, necessariamente, um movimento figurativo, o qual se consubstancia linguisticamente *à maneira de* um tropo, que é considerado, por ele, a dimensão profunda ou latente do discurso produzido pelos historiadores. Os tropos, na Teoria Whiteana, dizem respeito a um estágio anterior à escrita da história, e que determina a estrutura linguística de uma narrativa historiográfica de modo geral, e não apenas de uma parte específica, como geralmente ocorre com o uso de um tropo como recurso estilístico de ornamentação. Destarte, o historiador organiza e relaciona mental e linguisticamente os dados aleatórios do passado de modo semelhante àquele que se faz quando se usa um determinado tropo para caracterizar uma situação específica: os mecanismos são os mesmos.

O que define de forma geral os tropos são as relações que se estabelecem internamente no discurso sobre um, dois ou mais fenômenos. Há uma primeira caracterização do objeto e em seguida um movimento figurativo designando como aquilo tudo deve ser entendido e o que significa. Porém, em *cada* tropo esse movimento se realiza, por assim dizer, de modo particular.

A metáfora caracteriza e cria significado aos fenômenos, diz White, "em função de sua semelhança ou diferença com um outro, à maneira da analogia ou símile"[45]. É uma espécie de comparação subentendida, entre autor e leitor, a respeito de algum tema. Dois eventos ou valores culturais distantes no tempo e/ou espaço, por exemplo, podem ser enfocados sob certos aspectos que os assemelhem ou os diferenciem, em um contraponto no qual a descrição de um contribui para atribuir significado ao outro. Ou, de forma diferente, ressaltam-se determinadas características de um dado evento para sugerir que algo semelhante ou idêntico (simbólica ou materialmente) também aconteceu em outra época/espaço ou tema.

Já na metonímia, "o nome de uma parte de uma coisa pode substituir o nome do todo", onde há uma redução do todo a uma parte ou de uma parte a outra "à condição de um aspecto ou função da outra"[46]. Uma das frases usadas por White para explicar a metonímia é "cinquenta velas", que indica, na verdade, "cinquenta navios". Nesta sentença, diz White, "o termo vela é substituto do termo 'navio' de modo a reduzir o todo a uma de suas partes"[47]. Além dessa redução do todo à parte, pode-se reduzir um fenômeno a outro ao se estabelecer uma relação de causa-efeito ou agente-ato. Um aspecto da realidade humana, por exemplo, pode ser considerado *determinante* de outros setores, como a infraestrutura determinante da superestrutura.

Na sinédoque uma parte representa *qualitativamente* o todo; ou *um microcosmo equivale a um macrocosmo*. A frase usada por White para caracterizá-la é "ele é todo coração". Diz ele: "[...] o termo 'coração' deve ser entendido figuradamente, como designando, não uma parte do corpo, mas aquela *qualidade* de caráter convencionalmente *simbolizada* pelo termo 'coração' na cultura ocidental"[48]. A sinédoque, portanto, se assemelha à metonímia por estabelecer uma relação entre parte e todo. No entanto, ela se diferencia da metonímia por atribuir à parte uma *qualidade* que representa o todo.

A ironia, por fim, define-se pela relação de contrariedade estabelecida entre a afirmação no nível literal e o que se espera que seja compreendido no nível figurado. Segundo White, a ironia inspira "reconsiderações irônicas acerca da natureza da coisa caracterizada ou da inadequação da própria caracterização"[49]. Assim, a ironia não se mostra apenas capaz de caracterizar um dado fenômeno – indicando o que a coisa é mediante a insinuação do que ela não é –, mas busca, também, se mostrar autoconsciente das limitações de sua própria caracterização. Desta forma, os discursos narrados por meio da ironia se insinuam acima das ideologias e consideram inadequadas as caracterizações metafóricas, metonímicas e sinedóquicas:

> [...] a ironia pressupõe a ocupação de uma perspectiva "realística" da realidade, de onde se poderia oferecer uma representação não figurada do mundo da expe-

riência [...] é por isso que as caracterizações do mundo vazadas no modo irônico são amiúde consideradas *intrinsecamente* refinadas e realistas[50].

Embora Hayden White exemplifique o mecanismo de funcionamento dos tropos por meio de sentenças, sua preocupação, porém, é com a presença dos tropos no discurso historiográfico como um todo. É ele que dá o tom a cada relato realizado pelos historiadores e concede certa imagem que o leitor deverá alcançar caso queira compreender o que significou tal ou qual evento do passado.

A função que White atribui aos tropos, portanto, não é a de ser um elemento meramente decorativo ou de ornamento, tal como eles geralmente são caracterizados em livros de teoria literária, poética ou retórica. Para White, os tropos são *a maneira mediante a qual a consciência humana se manifesta no discurso:* é a estrutura que organiza os dados do passado em uma forma linguística coerente e inteligível, presente em toda tentativa de apreensão do mundo por aquelas disciplinas que se valem da linguagem natural para dar conta do significado do seu objeto. Os tropos, por fim, são macromodelos que organizam o campo de observação dos historiadores condicionando as *estratégias* explicativas do seu relato.

Formalmente, a dimensão latente (trópica) condiciona a dimensão manifesta, isto é, determina a escolha de uma forma específica de organização, explicação e representação dos elementos que compõem o campo de percepção do historiador. Assim, o historiador *não* parte das informações dispersas e isoladas das fontes e vai, paulatinamente, formando uma imagem do que se deu no passado, como alguém que diante de peças de quebra-cabeças de jogos diferentes vai separando aquelas que interessam daquelas que não lhes serve, identificando os encaixes umas das outras e, por fim, com a sensação de dever cumprido, encontra a imagem que nem ele poderia supor quando começou a brincadeira. Isto é, o historiador não constrói sua narrativa das partes ao todo, mas do todo (a pretensão de mostrar ao leitor o verdadeiro significado de um evento) às partes, como alguém que já sabe o final de uma história, está diante de muitas versões e extrai e reformula de cada parte as informações que, ao fim e ao cabo, irão comprovar a sua própria perspectiva. Seu ponto de partida é a escolha, conscientemente ou não, de um determinado tropo a partir do qual outras escolhas serão realizadas.

Mas quais são essas outras escolhas? Do que se trata? Trata-se das estratégias explicativas que transformarão o não familiar em familiar, que organizarão as informações dispersas e caóticas em uma narrativa com começo, meio e fim discerníveis, com coerência e uma estrutura reconhecida pelo leitor. Essas estratégias, de acordo com White, são de três modalidades: estética, epistêmica e política.

O âmbito estético corresponde à "elaboração de enredo". Elaborar um enredo é narrar os eventos do passado de uma certa maneira, organizando-os em um *sentido*, indicando, como consequência, um significado sobre o acontecimento narrado. Assim, ao arranjar, configurar, dispor e organizar os eventos, estabelecendo certas relações entre eles, o historiador está preparando o leitor a tomar um caminho que o leve ao desenlace final de seu texto, *apontando*, desta forma, como aquilo tudo deve ser entendido. Com base na obra *Anatomia da crítica*[51], de Northrop Frye, Hayden White identifica quatro tipos de "estruturas de enredo" empregadas nas obras historiográficas: estória romanesca, comédia, tragédia e sátira.

O nível epistêmico refere-se à "argumentação formal". Com ela o historiador busca explicar o que aconteceu no passado e o que aquilo significa "mediante a invocação de princípios de combinação que servem como leis putativas da explicação histórica"[52]. Isso ocorre, de acordo com White, por meio de um argumento nomológico-dedutivo, ou seja, uma "dedução lógica" baseada em um conhecimento prévio, em que o historiador estabelece relações de causa e efeito entre os elementos que compõem o fenômeno observado, como em um silogismo: *premissa maior*, a qual contém ou consiste em alguma lei supostamente universal de relações causais; *premissa menor*, onde a lei da premissa maior será aplicada; e uma *conclusão*, "na qual os eventos realmente ocorridos são deduzidos por necessidade lógica"[53]. Baseado na obra *World Hypotheses*, de Stephen Pepper[54], Hayden White identificou quatro paradigmas de "explicação por argumentação formal": formismo (também denominado idiográfico), organicismo, mecanicismo e contextualismo.

A estratégia política diz respeito à "implicação ideológica". É neste nível que se localiza o elemento ideológico manifestado pelo historiador em relação às condições de *seu mundo contemporâneo*, tenha ele consciência disso ou não. Para evitar equívocos, Hayden White conceitua ideologia como um "conjunto de prescrições para a tomada de posição no mundo presente da práxis social e a atuação sobre ele (seja para mudar o mundo, seja para mantê-lo no estado em que se encontra)"[55]. Seguindo a obra de Karl Mannheim[56], White identifica a presença de quatro modalidades de implicação ideológica no trabalho historiográfico: conservantismo, liberalismo, radicalismo e anarquismo[57].

As dimensões manifestas – estética, epistêmica e política – se fazem presentes simultaneamente em qualquer relato historiográfico e sua função é explicar e apresentar ao leitor o significado de um dado evento histórico[58]. Assim, a dimensão latente (ou profunda) condiciona as dimensões manifestas (ou superficiais). Em outras palavras, os tropos condicionam a explicação por elaboração de enredo, a argumentação formal e a implicação ideológica do discurso do historiador.

Além de identificar as dimensões latente e manifesta, afirmando que a primeira condiciona a segunda, White assevera que há determinadas semelhanças estruturais entre cada um dos tropos e cada uma das modalidades de estratégias explicativas. Essa associação entre um tropo e uma dada elaboração de enredo, argumentação formal e implicação ideológica pode ser graficamente representada da seguinte maneira:

Quadro 1 Afinidades eletivas entre os tropos e as estratégias explicativas

Dimensão profunda	Dimensão manifesta	Dimensão manifesta	Dimensão manifesta
Tropo	Modo de elaboração de enredo	Modo de argumentação formal	Modo de implicação ideológica
Metáfora	Estória romanesca	Formismo	Anarquismo
Metonímia	Tragédia	Mecanicismo	Radicalismo
Sinédoque	Comédia	Organicismo	Conservantismo
Ironia	Sátira	Contextualismo	Liberalismo

Assim, há uma similaridade nos mecanismos de materialização entre elas de tal modo que um relato historiográfico elaborado sob o tropo da metáfora, por exemplo, *tenderá* a se valer de uma elaboração de enredo romanesca, uma argumentação formista e ter uma implicação ideológica anarquista, como mostra o quadro acima. De modo semelhante, um texto escrito mediante o tropo da metonímia será propenso a ter um enredo trágico, um argumento formal mecanicista e uma base política radical, e assim sucessivamente...

Duas observações feitas por White amenizam o formalismo de sua teoria trópica do discurso historiográfico: 1) as dimensões estética, epistêmica e política em caso nenhum se apresentam de forma "pura". Uma narrativa vazada em estória romanesca, por exemplo, pode conter passagens cômicas ou trágicas e, não obstante, ser identificada como estória romanesca quando o discurso é considerado em sua inteireza: o que há é a preponderância de um modo sobre os outros, seja na elaboração de enredo, na argumentação formal ou na implicação ideológica; 2) as afinidades eletivas entre um tropo e um certo enredo, argumento e posição política (como exposto no quadro acima) não é invariável, necessária ou obrigatória. O próprio Burckhardt, analisado em *Meta-história*, empregou, preponderantemente, um enredo satírico, um argumento formal contextualista e uma implicação ideológica conservadora(!), quando, pelo quadro das afinidades, era de se esperar que a implicação ideológica fosse liberal.

Por fim, embora Hayden White tenha identificado um número limitado de maneiras de *estruturar* os discursos historiográficos, ele não estabeleceu uma hierarquia entre eles, organizando-os do menos ao mais adequado. Pelo contrário, esforçou-se para mostrar que não há critérios supostamente objetivos, impessoais ou "científicos" para fixar, por exemplo, qual o tropo *mais* apropriado para a historiografia: essa escolha é *extra*-epistemológica, mais propriamente de natureza ética e estética.

3.1 Pressupostos teóricos

Apresentadas as características gerais da teoria do discurso historiográfico de Hayden White, só agora podemos analisar de modo mais detido três pressupostos que sustentam suas ideias.

O primeiro pressuposto da teoria de Hayden White diz respeito ao valor atribuído às fontes na constituição e composição do discurso historiográfico. Ele sustenta que as fontes não indicam ao historiador o modo por meio do qual seu discurso deve ser estruturado. Isto é, elas em si têm valor neutro, não têm pré-organização e tampouco impõem ao historiador o que deve ser tomado como relevante ou não. Por conseguinte, as fontes não determinam, de maneira nenhuma, a elaboração de enredo mediante a qual o discurso será narrado, o modo de argumentação formal que será empregado na explicação dos eventos e menos ainda uma base ideológica a partir da qual o texto será redigido. As fontes se apresentam mais ou menos como uma *massa de informações amorfas*: é o historiador que

> [...] "condensa" os seus materiais (isto é, inclui alguns eventos e exclui outros), "desloca" alguns fatos para a periferia ou para o plano de fundo e leva outros para mais perto do centro; codifica alguns como causas e outros como efeitos; une alguns e separa outros – a fim de "representar" a sua distorção como uma distorção plausível[59].

Por isso, as informações oriundas das fontes são moldadas pelo tropo e, consequentemente, pelas estruturas narrativa/argumentativa/ideológica usadas pelos historiadores no processo de transformação do que sobrou do passado em um discurso compreensível no presente.

O segundo pressuposto de White afirma que as disciplinas as quais não dispõem de uma linguagem técnica (como tem a matemática, a química e a física) precisam recorrer à linguagem natural – essa que usamos no dia a dia para nos comunicarmos. E que a explicação de qualquer fenômeno por meio da linguagem natural se vale de uma organização das informações dispersas em um relato compreensível à maneira de um tropo, ainda que não tenhamos consciência disso: qualquer tentativa de apreender um dado conhecimento da sociedade que não tem um léxico próprio está sujeita às *figurações trópicas* para descrever e caracterizar seu campo de observação. Funciona mais ou menos assim: quando vamos narrar em uma mesa de bar o que nos aconteceu ontem de excepcional, por exemplo, já temos em mente o que queremos que nosso ouvinte saiba do caso e como ele deve interpretá-lo. Partimos, portanto, de uma imagem ou significado prévio e vamos relembrando determinados fatos, de uma maneira específica, e esquecendo, voluntariamente ou não, outros, a fim de que, no final das contas, nosso ouvinte possa concluir "por si só" o que aconteceu e, sobretudo, o que aquilo tudo significou. Esse significado prévio a partir do qual iniciamos a narração e pretendemos que nosso ouvinte alcance no final do relato é uma imagem construída tropicamente. Ela não existe em si, embora quase sempre demos a entender que ela *reflete* a realidade. A linguagem, portanto, não é um meio que expressa o que aconteceu.

Longe disso. Para White, *a linguagem, em grande medida, é um fator em si que condiciona a própria descrição, explicação e significação das ações humanas*. É nesse sentido, e não em outro, que White pode ser considerado pós-moderno.

O último pressuposto que sustenta as ideias de White sobre o discurso historiográfico refere-se à falta de *consenso* entre os historiadores sobre o *método* apropriado na caracterização e explicação dos eventos históricos. Sem concordância entre os historiadores a respeito de quais os métodos mais apropriados para caracterizar e explicar os elementos que povoam seu campo de observação, ocorre uma série de conflitos interpretativos, acerca de dados acontecimentos históricos, impossíveis de serem resolvidos com base apenas no registro documental.

O *significado* atribuído pelo historiador a um evento histórico, portanto, não provém das fontes, de uma linguagem técnica ou de métodos convencionalmente aceitos, mas de uma construção interpretativa realizada por meio da linguagem natural (sujeita às figurações) e dos métodos (passíveis de contestação). Sendo assim, não há critérios objetivos para se definir qual significado é "mais correto" que outro. Uma mesma história do Brasil, por exemplo, pode ser narrada sob perspectivas díspares entre si, sem que haja infração factual, sobreposição ao material empírico ou incorreção metodológica. O significado de um evento histórico seria, destarte, resultado de mecanismos linguísticos, não passíveis de comprovação empírica.

***

Em síntese, a teoria de White concebe o discurso historiográfico como uma modalidade verbal em prosa cujo objetivo é transformar algo que aconteceu no passado, até então não conhecido, não familiar, em um evento compreensível no presente. Para realizar esse objetivo, o historiador organiza a estrutura de seu discurso *pré*-criticamente, ou seja, *antes* de uma averiguação das fontes – conscientemente ou não. Essa organização estabelece o tipo de relações preponderantes entre os elementos que compõem seu campo de percepção, o qual poderá ser organizado de certas maneiras, que *correspondem*, segundo White, aos quatro tropos mestres: metáfora, metonímia, sinédoque e ironia. Cada um dos tropos condiciona a organização do discurso historiográfico, indicando possíveis estratégias de composição, explicação e significação do objeto investigado.

As estratégias manifestas podem ser entendidas como desdobramentos do tropo predominante do discurso, as quais se consubstanciam na elaboração de enredo, no argumento formal e na implicação ideológica dos relatos historiográficos. Cada uma delas possibilita quatro tipos: estória romanesca, comédia, tragédia e sátira, na *elaboração de enredo* (nível estético); formismo, organicismo, mecanicismo e contextualismo, na *argumentação formal* (nível epistêmico); e anarquismo, conservantismo, radicalismo e liberalismo, na *implicação ideológica* (nível político). Além disso, as estratégias explicativas mantêm entre si dadas afinidades eletivas, sendo *propensas* a se combinarem de certas maneiras (rever Quadro 1).

Com tudo isso, Hayden White sugere que a transformação dos dados dispersos, por meio da linguagem natural, em uma narrativa historiográfica com coesão e coerência, com uma explicação e um dado significado, é, antes, uma consequência da estruturação discursiva operada pelo tropo que a organiza e condiciona as estratégias explicativas. Isso é possível porque 1) as fontes não indicam em si mesmas como o historiador deve organizá-las; 2) a historiografia não dispõe de uma linguagem técnica, sujeitando-se às figurações trópicas da linguagem natural; e 3) não há consenso sobre os métodos mais apropriados. Desta maneira, White desloca o *valor* comumente atribuído às fontes no discurso historiográfico, transferindo-o ao tropo mediante o qual a organização verbal será realizada.

A partir, portanto, de ideias e termos oriundos da teoria literária (Northrop Frye, Kenneth Burke), da sociologia do conhecimento (Karl Mannheim), da epistemologia (Stephen Pepper) e da filosofia da história (Giambattista Vico), Hayden White adotou certa concepção de linguagem para compreender a natureza cognitiva da historiografia. O nível profundo e o manifesto do discurso integram-se em um método formalista, em que se ressalta a relevância das estruturas mediante as quais o trabalho do historiador organiza seu *campo* e, sobretudo, *confere* significado ao passado.

4 Considerações finais

Permita-me algumas considerações bem particulares. A obra de Hayden White e, sobretudo, o modo como ela foi e continua a ser interpretada é uma excelente oportunidade para refletirmos sobre a maneira como os historiadores lidam com questões que suspendem o juízo a respeito da legitimidade cognitiva da história. De um extremo a outro, as estratégias argumentativas usadas – contrárias ou favoráveis às ideias de Hayden White – têm uma variedade e quantidade impressionantes, fazendo dele um dos principais nomes da história da década de 1970 aos dias atuais.

Mas mais do que isso, elas apontam para uma série de desencontros argumentativos, que dificultaram as possibilidades de entendimento. Entre as características mais comuns estão: a) certa indisposição entre os contendores para que cada um compreenda o ponto de partida e os objetivos do seu oponente; b) estratégias de defesa que caricaturam e simplificam as ideias as quais cada parte pretende rejeitar; c) uso dos mesmos termos, porém com significados distintos sem distinção dos casos; d) disputas por poder que pouco se relacionam com as ideias em si; e) argumentos que não podem ser comprovados ou refutados de modo empírico e definitivo, em qualquer um dos lados.

Por isso, é necessário termos cuidado com as avaliações que ouvimos ou lemos em congressos e textos, ainda que seu enunciador tenha uma reputação irretocável. A única forma que percebo de evitarmos a sedução das explicações fáceis e das imagens simplificadas é, depois dessa breve introdução, realizarmos a leitura da obra de White por nós mesmos. Nenhuma aula, por melhor que seja, nenhum resumo, por mais bem ajustado que tenha ficado e nenhum comentador, por mais preciso que possa parecer, nada disso substitui a leitura dos textos do autor.

Há muitos caminhos para realizarmos essa tarefa. Considerando a facilidade de acesso aos textos traduzidos, a minha sugestão é que o primeiro artigo a ser lido seja "O fardo da história", publicado em *Trópicos do discurso*. Em seguida, recomendo que o leitor esqueça temporariamente os outros textos desta coletânea e se dirija ao Prefácio e à Introdução do famoso *Meta-história*. Só depois volte à Introdução do *Trópicos do discurso* e aos demais artigos. Se considerar necessário, retorne ao *Meta-história* e conclua a leitura. Antes de ir aos textos que não foram traduzidos (*The Content of the Form*, *Figural Realism* e *The Fiction of Narrative*), aconselho a leitura de *Teoria literária e escrita da história* e *Enredo e verdade na escrita da história*.

Caso o leitor continue estimulado a aprofundar os estudos, pode se dedicar aos debates e controvérsias entre White e seus comentadores e aos estudos específicos sobre sua obra, alguns deles citados aqui. Nessa linha, aconselho que o leitor pesquise especialmente as publicações da *History and Theory* e do *Rethinking History*, periódicos disponíveis na íntegra e gratuitamente por meio do Portal de Periódicos da Capes – o primeiro atualizado e o segundo com um atraso de 18 meses[60]. E, se não for muita pretensão da minha parte tê-lo como leitor, em breve publicarei o livro intitulado *Para que serve o conhecimento histórico? A perspectiva pós-moderna de Hayden White*.

Enfim, as possibilidades de leitura são muitas, sobretudo porque sabemos que um texto remete a outro e este a outro mais e assim por diante. Nesse caso, o leitor terá de se preocupar em discernir o que será proveitoso tendo em vista seus objetivos. Independentemente, porém, do caminho que cada um percorrerá e mesmo da quantidade de textos lidos, considero fundamental que se leia a obra de White antes de emitirmos nossa perspectiva e darmos crédito a vereditos que o associam a afirmações categóricas e simplistas, afinal, ninguém se mantém como um dos principais expoentes do debate sobre o fazer historiográfico por acaso ou com argumentos facilmente refutáveis. Não há problema algum em recusarmos as ideias de White e atacá-lo sob os mais diversos ângulos; mas há em criticá-lo sem tê-lo lido. E, acredite, isso é mais comum do que pensamos. Portanto, parece-me de bom-tom evitarmos os juízos infundados e as avaliações impertinentes: o decoro acadêmico agradece.

Notas

[1] Este texto foi baseado em excertos do livro *Para que serve o conhecimento histórico? A perspectiva pós-moderna de Hayden White*, de minha autoria, em vias de publicação. Agradeço aos ensinamentos dos professores Estevão de Rezende Martins, Carlos Oiti Berbert Junior, Daniel Barbosa Andrade de Faria, às gentilezas dos colegas Arthur Alfaix Assis e Daniela Kern e, de modo especial, às perspicazes orientações da professora Tereza Cristina Kirschner, a quem, com muita gratidão, dedico este texto. Nunca é demais lembrar ao leitor que as possíveis incorreções e deficiências são todas minhas.

[2] WHITE, H. "The Conflict of Papal Leadership Ideals from Gregory VII to Sr. Bernard of Clairvaux with Special Reference to the Schism of 1130". [s.l.]: University of Michigan, 1955 [Tese de doutorado].

[3] PAUL, H. *Hayden White* – The Historical Imagination. Cambridge/Malden: Polity Press, 2011, p. 18-19.

[4] Ibid., p. 19.

[5] Ibid., p. 21 [Grifo meu].

[6] Ibid., p. 32.

[7] Cf. ibid., p. 52.

[8] WHITE, H. "The Burden of History". *Tropics of Discourse* – Essays in Cultural Criticism. Baltimore/Londres: The Johns Hopkins University Press, 1978, p. 39-63.

[9] CERTEAU, M. "A operação historiográfica". *A escrita da história*. Rio de Janeiro: Forense, 2000, p. 65.

[10] WHITE, H. *Metahistory* – The Historical Imagination in Nineteenth-Century Europe. Baltimore/Londres: Johns Hopkins University Press, 1973. Dois livros de Hayden White foram traduzidos para a língua portuguesa: *Meta-história* e *Trópicos do discurso* (*Meta-história*: a imaginação histórica do século XIX. 2. ed. São Paulo: Edusp, 1995. • *Trópicos do discurso*: ensaios sobre a crítica da cultura. 2. ed. São Paulo: Edusp, 2001). Preferi fazer as citações a partir destes, incluindo a data exata em que o respectivo texto foi originalmente publicado entre parênteses. Apenas fiz a tradução direta do original quando considerei necessária. Neste caso, segue referência bibliográfica de acordo com o texto em língua inglesa.

[11] WHITE, H. *Tropics of Discourse*. Op. cit.

[12] WHITE, H. *The Content of the Form*: Narrative Discourse and Historical Representation. Baltimore/Londres: The Johns Hopkins University Press, 1987.

[13] WHITE, H. *Figural Realism* – Studies in the Mimesis Effect. Baltimore/Londres: The Johns Hopkins University Press, 1999.

[14] WHITE, H. *The Fiction of Narrative*: essays on History, Literature, and Theory, 1957-2007. Baltimore: The Johns Hopkins University Press, 2010.

[15] ANKERSMIT, F. "Hayden White's Appeal to the Historians". *History and Theory*, vol. 37, n. 2, 1988, p. 182-193.

[16] LORENZ, C. "Can Histories Be True? – Narrativism, Positivism, and the 'Metaphorical Turn'". *History and Theory*, vol. 37, n. 3, out./1998, p. 309-329.

[17] JENKINS, K. "Beyond the Old Dychotomies: Some Reflections on Hayden White". *Teaching History*, n. 74, jan./1994, p. 10-16. • "On Hayden White". *Why History?* – Ethics and Postomodernity. Londres/Nova York: Routledge, 1999, p. 89-158. • *On "What is History"?* – From Carr and Elton to Rorty and White. Londres/Nova York: Routledge, 1995.

[18] RICOUER, P. "História/epistemologia". *A memória, a história, o esquecimento*. Campinas: Unicamp, 2007, p. 151-301.

[19] CHARTIER, R. "Quatre Questions Hayden White". *Storia della Storiografia*, vol. 24, 1993, p. 133-142. Este texto foi traduzido em língua portuguesa com outro título: "Figuras retóricas e representações históricas". In: CHARTIER, R. *À beira da falésia*: a história entre incertezas e inquietude. Porto Alegre: UFRGS, 2002, p. 101-116.

[20] LaCAPRA, D. "A Poetics of Historiography: Hayden White's Tropics of Discourse". *Rethinking Intellectual History*. Ithaca, NY: Cornell University Press, 1985, p. 72-83.

[21] MOMIGLIANO, A. "The Rhetoric of History and the History of Rhetoric: On Hayden White's Tropes". *Comparative Criticism* – A Year Book, vol. 3, 1981, p. 259-268.

[22] GINZBURG, C. *Relações de força* – História, retórica, prova. São Paulo: Cia. das Letras, 2002. • "O extermínio dos judeus e o princípio da realidade". In: MALERBA, J. *A história escrita*: teoria e história da historiografia. Contexto: São Paulo, 2006, p. 211-232.

[23] HARLAN, D. "The Return of the Moral Imagination". *The Degradation of American History*. Chicago: University of Chicago Press, 1997, p. 105-126. • "A história intelectual e o retorno da literatura". In: GIMENES, R. & RAGO, M. (orgs.). *Narrar o passado, repensar a história*. Campinas: Unicamp/Instituto de Filosofia e Ciências Humanas, 2000, p. 9-61.

[24] KRAMER, L.S. "Literatura, crítica e imaginação histórica: o desafio literário de Hayden White e Dominick LaCapra". In: HUNT, L. (org.). *A nova história cultural*. São Paulo: Martins Fontes, 1992.

[25] "Metahistory: Six Critiques". *History and Theory*, vol. 19, n. 4, 1980. • "Hayden White: Twenty-Five Years On". *History and Theory*, vol. 37, n. 2, mai./1998.

[26] Hayden White's Metahistory twenty years after. Part. I: "Interpreting tropology". *Storia della Storiografia*, n. 24, 1993. Part. II: "Metahistory and the practice of history". *Storia della Storiografia*, n. 25, 1994.

[27] Não pretendo realizar uma apresentação dos vários debates e polêmicas nos quais White se envolveu ou foi envolvido. Para uma investigação nesse sentido, indico a leitura dos textos citados nas notas anteriores e o trabalho em português de Rodrigo Oliveira, cujo foco foi realizar um resumo desses embates: MARQUEZ, R.O. *Teoria da história*: Hayden White e seus críticos. Brasília: UnB, 2008, 179 f. [Dissertação de mestrado em História].

[28] CHARTIER, R. *À beira da falésia*. Op. cit., p. 112.

[29] WHITE, H. "O texto histórico como artefato literário". *Trópicos do discurso*. Op. cit., 1974, p. 98.

[30] Ibid., p. 102.

[31] WHITE, H. "As ficções da representação factual". *Trópicos do discurso*. Op. cit., 1976, p. 138.

[32] WHITE, H. "O texto histórico como artefato literário". *Trópicos do discurso*. Op. cit., 1976, p. 108.

[33] WHITE, H. "As ficções da representação factual". In: *Trópicos do discurso*. Op. cit., 1976, p. 137.

[34] Ibid.

[35] WHITE, H. "Teoria literária e escrita da história". *Estudos Históricos*, vol. 7, n. 13, 1991 (1988), p. 7. Rio de Janeiro [Grifo meu].

[36] Cf. LIMA, L.C. "Prefácio". *História. Ficção. Literatura*. São Paulo: Cia. das Letras, 2006.

[37] WHITE, H. "O texto histórico como artefato literário". *Trópicos do discurso*. Op. cit., 1976, p. 115.

[38] Vale lembrar que o termo filosofia da história pode ser substituído por filosofia especulativa da história, simplesmente filosofia especulativa ou historicismo, na acepção que o filósofo da ciência Karl Popper atribuiu a este último termo em POPPER, K. *A miséria do historicismo*. São Paulo: Cultrix/Edusp, 1980.

[39] Cf. DRAY, W.H. *Filosofia da história*. Rio de Janeiro: Zahar, 1969.

[40] WHITE, H. "Prefácio". *Meta-história*. Op. cit., p. 14.

[41] Ibid., p. 15.

[42] WHITE, H. "Historicismo, história e a imaginação figurativa". *Trópicos do discurso*. Op. cit., 1976, p. 118.

[43] Cf. PAUL, H. *Hayden White*. Op. cit., p. 151-152 [Grifo meu].

[44] Hayden White não é categórico nem absolutamente claro quando sugere, sobretudo na *Introdução* de *Trópicos do discurso*, que as estruturas de consciência organizam os objetos históricos e formatam a representação linguística deles à maneira dos tropos. Alguns trechos dessa obra possibilitam inferir

que a organização dos elementos dispersos é, primeiramente, uma ação da consciência, que posteriormente se materializa, obviamente, no discurso. No entanto, em *Figural Realism* (WHITE, H. *Figural Realism* – Studies in the Mimesis Effect. Baltimore/Londres: The Johns Hopkins University Press, 1999) ele parece se esquivar de uma vinculação direta entre a consciência e os tropos.

[45] WHITE, H. *Meta-história*. Op. cit., p. 48.

[46] Ibid., p. 49.

[47] Ibid.

[48] Ibid.

[49] Ibid., p. 50.

[50] Ibid., p. 51.

[51] FRYE, N. *Anatomia da crítica*. São Paulo: Cultrix, 1973.

[52] WHITE, H. *Metahistory*. Op. cit., p. 11.

[53] WHITE, H. *Meta-história*. Op. cit., p. 26.

[54] PEPPER, S.C. *World Hypotheses*: prolegomena to sistematic philosophy and a complete survey of metaphysics. [s.l.]: University of California Press, 1966.

[55] WHITE, H. *Meta-história*. Op. cit., p. 36-37.

[56] MANNHEIM, K. *Ideologia e utopia*. 4. ed. Rio de Janeiro: Guanabara Koogan, 1986.

[57] Para uma compreensão mais detalhada de cada uma das estratégias explicativas, remeto o leitor à Introdução do *Meta-história* (op. cit.) e ao texto de MELLO, R.M. "Teoria do Discurso Historiográfico de Hayden White: uma introdução" (*Opsis*, vol. 8, 2009, p. 120-145).

[58] Na verdade, antes mesmo de iniciar a explicação do seu relato por meio das estratégias estética, epistêmica e política, o historiador realiza uma pré-organização dos dados do passado em crônica e em estória. A crônica refere-se à disposição dos acontecimentos em uma ordem cronológica. Mesmo neste nível há, evidentemente, uma escolha – de ordem temporal. Alguém que investiga algo ocorrido precisa torná-lo inteligível *dentro* de um certo tempo, realizando um recorte e estabelecendo o período ou o momento a ser examinado. Já a transformação de uma mera crônica em uma estória acontece, segundo White, pela caracterização de alguns eventos da crônica em função de sua disposição na narrativa. Isto é, os acontecimentos são colocados em um relato com começo, meio e fim: alguns figurarão como iniciais, outros como intermediários e outros como conclusivos. Neste nível já há uma primeira atribuição de valor entre os eventos, diferentemente do que ocorria na crônica. A tomada da Bastilha em 14 de julho de 1789, por exemplo, pode assumir posição inicial (começo de uma nova fase), intermediária (parte de um processo maior) ou final (o colapso de determinada organização social) dependendo do recorte de cada pesquisa.

[59] WHITE, H. "Historicismo, história e a imaginação figurativa". *Trópicos do discurso*. Op. cit., 1976, p. 129.

[60] Disponível em http://www.periodicos.capes.gov.br – Acesso em mar./2013.

Referências

ANKERSMIT, F. "Hayden White's Appeal to the Historians". *History and Theory*, vol. 37, n. 2, 1988, p. 182-193.

BURKE, K. *A Grammar of Motives*. Berkeley/Los Angeles/Londres: University of California Press, 1969.

CERTEAU, M. "A operação historiográfica". *A escrita da história*. Rio de Janeiro: Forense, 2000.

CHARTIER, R. "Figuras retóricas e representações históricas". *À beira da falésia*: a história entre incertezas e inquietude. Porto Alegre: UFRGS, 2002, p. 101-116.

DRAY, W.H. *Filosofia da história*. Rio de Janeiro: Zahar, 1969.

FRYE, N. *Anatomia da crítica*. São Paulo: Cultrix, 1973.

GINZBURG, C. "O extermínio dos judeus e o princípio da realidade". In: MALERBA, J. (org.). *A história escrita* – Teoria e história da historiografia. São Paulo: Contexto, 2006, p. 211-232.

_____. *Relações de força* – História, retórica, prova. São Paulo: Cia. das Letras, 2002.

HARLAN, D. "A história intelectual e o retorno da literatura". In: GIMENES, R. & RAGO, M. (orgs.). *Narrar o passado, repensar a história*. Campinas: Unicamp/Instituto de Filosofia e Ciências Humanas, 2000, p. 9-61.

_____. "The Return of the Moral Imagination". *The Degradation of American History*. Chicago: University of Chicago Press, 1997, p. 105-126.

HUGHES-WARRINGTON, M. "Hayden White". *50 grandes pensadores da história*. São Paulo: Contexto, 2002, p. 387-394.

KERN, D. "Hayden White e o pluralismo histórico". *História*, vol. 29, 2010, p. 278-288. São Paulo [Disponível em www.scielo.br].

_____. "Hayden White: algumas polêmicas". *Conferência*, 2008 [Texto apresentado em Grupo de Trabalho de Teoria da história da UFRGS e gentilmente enviado pela autora].

KOSELLECK, R. "Introduction to Hayden White's Tropics of Discourse". *The practice of conceptual History*: Timing, History, Spacing Concepts. [s.l.]: Stanford University, 2002.

KRAMER, L.S. "Literatura, crítica e imaginação histórica: o desafio literário de Hayden White e Dominick LaCapra". In: HUNT, L. (org.). *A nova história cultural*. São Paulo: Martins Fontes, 1992.

JENKINS, K. "On Hayden White". *Why History?* – Ethics and Postomodernity. Londres/Nova York: Routledge, 1999, p. 89-158.

_____. *On "What is History"?* – From Carr and Elton to Rorty and White. Londres/Nova York: Routledge, 1995.

_____. "Beyond the Old Dychotomies: Some Reflections on Hayden White". *Teaching History*, n. 74, jan./1994, p. 10-16.

LaCAPRA, D. "A Poetics of Historiography: Hayden White's Tropics of Discourse". *Rethinking Intellectual History*. Ithaca, N.Y.: Cornell University Press, 1985, p. 72-83.

LIMA, L.C. "Prefácio". *História. Ficção. Literatura*. São Paulo: Cia. das Letras, 2006, p. 15-28.

LOPES, F.H. "A história em xeque: Michel Foucault e Hayden White". In: GIMENES, R. & RAGO, M. (orgs.). *Narrar o passado, repensar a história*. Campinas: Unicamp/Instituto de Filosofia e Ciências Humanas, 2000, p. 287-308.

LORENZ, C. "Can Histories Be True? – Narrativism, Positivism, and the 'Metaphorical Turn'". *History and Theory*, vol. 37, n. 3, 1998, p. 309-329.

MANNHEIM, K. *Ideologia e utopia*. 4. ed. Rio de Janeiro: Guanabara Koogan, 1986.

MARQUEZ, R.O. *Teoria da história*: Hayden White e seus críticos. 179 f. Brasília: UnB, 2008 [Dissertação de mestrado em História].

MEDEIROS, P.A. *Pós-Modernidade e historiografia*: um estudo sobre Hayden White. Belo Horizonte: UFMG, 2006 [Dissertação de mestrado em História].

MELLO, R.M. "O que é teoria da história? – Três significados possíveis". *História & Perspectivas*, n. 46, jan.-jun./2012, p. 365-400.

_____. "Teoria do discurso historiográfico de Hayden White: uma introdução". *Opsis*, vol. 8, 2009, p. 120-145.

MOMIGLIANO, A. "The Rhetoric of History and the History of Rhetoric: On Hayden White's Tropes". *Comparative Criticism* – A Year Book, vol. 3, 1981, p. 259-268.

PAUL, H. *Hayden White* – The Historical Imagination. Cambridge/Malden: Polity Press, 2011.

PEPPER, S.C. *World Hypotheses*: prolegomena to sistematic philosophy and a complete survey of metaphysics. [s.l.]: University of California Press, 1966.

RICOUER, P. "História/epistemologia". *A memória, a história, o esquecimento*. Campinas: Unicamp, 2007, p. 151-301.

SILVA, L.S.D. "Narrativa e filosofia da história: o debate do pós-moderno II". In: MENEZES, M.A. & SERPA, E.C. (orgs.). *Escritas da história*: narrativa, arte e nação. Uberlândia: Edufu, 2007, p. 81-93.

WHITE, H. *The Fiction of Narrative*: essays on History, Literature, and Theory, 1957-2007. Baltimore: The Johns Hopkins University Press. 2010.

_____. "Enredo e verdade na escrita da história". In: MALERBA, J. (org.). *A história escrita*: teoria e história da historiografia. São Paulo: Contexto, 2006 (1992), p. 191-210.

_____. *Trópicos do discurso*: ensaios sobre a crítica da cultura. 2. ed. São Paulo: Edusp, 2001.

_____. *Figural Realism* – Studies in the Mimesis Effect. Baltimore/Londres: The Johns Hopkins University Press, 1999.

_____. *Meta-história*: a imaginação histórica do século XIX. 2. ed. São Paulo: Edusp, 1995.

_____. "Teoria literária e escrita da história". *Estudos Históricos*, vol. 7, n. 13, 1991 (1988), p. 21-48. Rio de Janeiro.

_____. *The Content of the Form*: Narrative Discourse and Historical Representation. Baltimore/Londres: The Johns Hopkins University Press, 1987.

_____. *Tropics of Discourse* – Essays in Cultural Criticism. Baltimore/Londres: The Johns Hopkins University Press, 1978.

_____. *Metahistory* – The Historical Imagination in Nineteenth-Century Europe. Baltimore/Londres: Johns Hopkins University Press, 1973.

10
Pierre Nora (1931–)

Margarida de Souza Neves*

1 Sob a cúpula da *Académie*: esboços de uma biografia

Há fotografias que têm o poder de sintetizar uma vida. É o caso da foto oficial do historiador francês Pierre Nora nos arquivos da Academia Francesa e que está reproduzida na capa deste livro[1]. Feita no dia 6 de junho de 2002, momentos antes de sua posse na Academia fundada por Richelieu, a imagem vale por uma biografia. Nela, Nora aparece revestido do fardão bordado em ouro e verde que a intelectualidade da França habituou-se a chamar de *l'habit vert*, insígnia da imortalidade ilusória conferida pela instituição àqueles que, eleitos por seus pares, assumem a missão de zelar pela língua e pelas letras francesas.

É, portanto, a fotografia de sua consagração definitiva como intelectual, ainda que o colar da Ordem das Letras e das Artes e as condecorações da *Légion d'Honneur* e da Ordem do Mérito Nacional da França que o novo acadêmico ostenta com orgulho atestem que outros momentos de glória já faziam parte de seu currículo.

Ao tomar posse da cadeira de número 27 da Academia, Pierre Nora era um historiador reconhecido como membro da terceira geração da chamada *École des Annales*, movimento de renovação da historiografia francesa que, na esteira dos trabalhos pioneiros de Lucien Febvre e Marc Bloch e de seus seguidores Ernest Labrousse, Pierre Goubert, Fernand Braudel, Pierre Chaunu, Jacques Le Goff e Georges Duby, havia influenciado fortemente o cenário dos estudos históricos contemporâneos.

Sua carreira de professor, iniciada discretamente em 1958 em um Liceu de Oran, na Argélia, teve continuidade, a partir de 1965, no *Institut d'Études Politiques* de Paris e culminou quando assumiu, em 1977, a função de Diretor de Estudos na famosa *École des Hautes Études en Sciences Sociales*, em Paris.

---

* Doutora em História pela Universidade Complutense (Madri, Espanha), professora-emérita do Departamento de História da PUC-Rio e coordenadora do Núcleo de Memória da PUC-Rio. É professora aposentada do Departamento de História da UFF.

O lugar que ocupa na constelação dos historiadores é muito singular, uma vez que, mais do que por uma obra autoral relevante[2], destaca-se por sua atividade como editor, por ter sido o organizador de obras de grande impacto entre os historiadores das mais diversas latitudes geográficas e historiográficas e, ainda, por ser um dos fundadores, em 1980, da Revista *Le Débat*, que veio a tornar-se uma plataforma de produção intelectual de historiadores e cientistas sociais e constitui-se, segundo o historiador inglês Tony Judt, na "mais importante publicação intelectual"[3] francesa.

Editor de rara capacidade para identificar autores e obras de impacto, desenvolveu um trabalho significativo, iniciado em 1964 com a criação da coleção *Archives* da Editora Julliard e coroada por muitos anos de atuação na Editora Gallimard, onde criou e dirigiu, a partir de 1966, coleções responsáveis pela publicação de obras de autores franceses fundamentais no panorama cultural das últimas décadas do século XX, de Michel de Foucault[4] a Jacques Le Goff[5]; de Emmanuel Le Roy Ladurie[6] a Jean-Pierre Vernant[7]; de Jacques Lafaye[8] a Claude Lefort[9], de Michel de Certeau[10] a François Furet[11], de Maurice Agulhon[12] a Georges Duby[13]. Essas mesmas coleções divulgaram para o público francófono autores de outras nacionalidades, como por exemplo o alemão Ernst Kantorowicz (*Les deux corps du roi*, 1989), o húngaro Karl Polanyi (*La grande transformation*, 1983) e a brasileira Maria Isaura Pereira de Queiroz (*Carnaval brésilien – Le vécu et le mythe*, 1992[14]).

Sua produção como organizador de obras coletivas consolidou-se em torno a iniciativas de fôlego. A primeira delas nasceu de uma parceria com Jacques Le Goff e resultou na publicação dos três volumes que, sob o título de *Faire de l'histoire*[15], fazia o balanço do estado da arte da historiografia francesa na década de 1970 e pautava aquilo que se convencionou chamar *Nova História*. A tradução brasileira dos três volumes[16], publicada dois anos após a primeira edição da Gallimard, atesta a influência dos historiadores franceses em nosso meio acadêmico, que procurava então acertar seu relógio pela hora de Paris.

Na apresentação do primeiro volume da trilogia de 1974, seus dois organizadores afirmam:

> O essencial, hoje, não é sonhar com o prestígio do passado ou do futuro. O que importa é saber fazer a história que é necessária agora. Ciência do domínio do passado e consciência do tempo, ela ainda deve se definir como ciência da mudança, da transformação. Por isso, essa obra quer ser algo a mais e algo diverso de um balanço, um diagnóstico da situação da história no centro do nosso presente. Ela pretende mostrar os caminhos em que se engaja e deve engajar-se o historiador vindouro. E, mais do que apontar a maneira pela qual se faz história, esse trabalho tem a ambição de dar esclarecimentos sobre a história a ser feita[17].

Dez anos mais tarde, Pierre Nora parece ter tido em mente o desafio lançado pelos três volumes que coeditou em 1974 ao tomar a iniciativa de organizar uma obra monumental que arregimentou "cerca de 130 historiadores oriundos dos mais diferentes planetas da galáxia institucional que alimenta a pesquisa histórica na França"[18], e se traduziu nos sete volumes e nas mais de 5.000 páginas que conformam a coleção *Les lieux de mémoire*[19], publicada entre 1984 e 1992.

Ao mesmo tempo em que os vários volumes dessa coleção foram lançados, Nora organizou uma terceira obra coletiva, intitulada *Essais d'ego-histoire*[20], e nela convida Maurice Agulhon, Pierre Chaunu, Georges Duby, Raoul Girardet, Jacques Le Goff, Michelle Perrot e René Rémond a um difícil exercício memorialístico, de forma a aplicar na análise de suas próprias trajetórias intelectuais o método e o rigor que utilizam para examinar outros objetos. O título provocador do livro causou impacto, ainda que alguns críticos tenham assinalado problemas. Françoise Thebaut[21] chega a afirmar que a obra padece daquilo que Pierre Bourdieu qualificou de "ilusão biográfica"[22], a tendência a atribuir retrospectivamente uma coerência não necessariamente real a uma trajetória de vida. No entanto, é a coleção *Les lieux de mémoire* que é unanimemente considerada sua obra maior.

De grande repercussão no meio intelectual francês tanto quanto no estrangeiro, essa produção coletiva, originada em seminários dirigidos por Nora na *École des Hautes Études en Sciences Sociales*, deixou sua marca na produção historiográfica contemporânea. Foi a responsável pela obtenção do *Grand Prix National de l'Histoire* em 1993, está na origem de sua nomeação em 1998 para o *Haut Comité des Célébrations Nationales*, e constituiu-se, inquestionavelmente, no fio de ouro que bordou seu fardão de acadêmico.

Na fotografia em que figura revestido do fardão, Pierre Nora parece estar satisfeito e consciente de seu reconhecimento público como um intelectual que soube fazer história como editor e, simultaneamente, como o organizador que lançou no mercado editorial internacional obras que se tornaram referências para os historiadores. Fora do foco do fotógrafo, ficaram as inevitáveis tristezas e contrariedades da vida, tais como os sobressaltos vividos durante a guerra, quando foi perseguido pela Gestapo por ser de família judia; o fato de não ter conseguido ingressar, como pretendia, na *École Normale Supérieure*; uma tese não concluída e, já como diretor das coleções da Editora Gallimard, alguns tropeços, entre eles a recusa dos originais de *Tristes trópicos*[23], de Claude Lévi-Strauss, e o desagradável episódio de 1997 em função de seu veto, ao que consta por motivos de ordem ideológica, à tradução e à publicação na *Bibliothèque des Histoires* do livro *A era dos extremos*, de Eric Hobsbawm[24].

No limiar do recinto em que seria consagrado como imortal onde o fotógrafo o flagrou, ainda sem receber a outra insígnia reservada aos acadêmicos franceses, a espada cinzelada na qual pediu que fosse gravada a estrela de Davi, mesmo que sempre tenha se declarado um judeu não praticante, Pierre Nora tem em mãos o texto que leria momentos depois, quando o rígido ritual da ocasião se desdobrou na liturgia de praxe, que supunha o seu discurso de posse e a resposta a seu pronunciamento proferida por René Rémond. Essas duas peças de oratória permitem acrescentar mais dois esboços biográficos do historiador francês àquele que pode ser inferido da fotografia oficial feita no pórtico do *Palais de l'Institut de France* minutos antes do momento solene em que, sob a cúpula projetada pelo arquiteto Louis Le Vau, tonou-se membro da *Compagnie*.

No primeiro deles, o discurso de posse que Pierre Nora traz em mãos na fotografia, além do elogio a seu predecessor na cadeira de número 27, o antigo militante da resistência, jornalista e gaullista convicto Michel Droit, não é difícil encontrar algumas sínteses autobiográficas naquilo que afirma tanto quanto no estilo de suas afirmações.

As primeiras palavras que fez ecoar no salão solene encerram uma autodefinição:

> Tomar a palavra nesse dia, nesse lugar, senhoras e senhores da Academia, é para um historiador, que é sobretudo um historiador da França e de sua memória nacional, sentir-se esmagado pelo peso das sombras daqueles que aqui o precederam, dos que me são muito próximos e familiares até os mais ilustres[25].

É, portanto, com uma dupla afirmação como historiador e com a especificação de sua dedicação ao estudo da França no entrecruzamento da memória e da história com a consolidação da nação francesa que Pierre Nora esboça a primeira e definitiva pincelada de sua autobiografia. A essa acrescentará outros traços em seu discurso de posse, ao sintetizar sua identidade intelectual como a de "um historiador da memória"[26], ao citar entre suas principais influências intelectuais seu amigo François Furet, os clássicos intérpretes da história francesa François Guizot e Alexis de Tocqueville e fazer menção ao "papel estratégico"[27] que o fundador da historiografia positivista francesa Ernest Lavisse teve em sua obra e, ainda, na discreta referência feita à História Nova francesa ao aludir à sua geração de historiadores.

A esses traços voluntariamente afirmados somam-se outros, certamente involuntários. Alguns aspectos formais do discurso lido são eloquentes, em especial a evidência de sua enorme erudição. Também transparece nele sua atração por jogos de palavras que por vezes resvalam em pura retórica vazia. Ao fazer o elogio a Michel Droit, para citar apenas um exemplo, parece não resistir à vertigem do *beau mot* quando se vê diante da tarefa nada trivial de elencar os méritos do jornalista de biografia controvertida e o declara "um personagem trágico" para, em seguida, disparar uma frase de efeito ao definir o que chama de "o mistério" da instituição à qual, a partir daquele momento, ele próprio passava a pertencer:

> [...] seu gênio para perseverar naquilo que constitui seu ser, seu duro desejo de durar, esta indefinível vocação que é sua definição, o segredo de sua grandeza e de sua nobreza que consiste em reunir todos os contrários e a misturar todos os destinos[28].

A tentação retórica lhe trará, no futuro, alguns dissabores. Em outubro de 2011 Nora publicará dois livros, *Présent, nation, mémoire*[29] e *Historien public*[30], ambos coletâneas de artigos e conferências que fez ao longo de anos. No primeiro recolhe sua produção sobre seus temas historiográficos de eleição, enquanto que no segundo reúne seus escritos militantes e seus pronunciamentos na arena pública, em particular sobre os debates a respeito das chamadas *lois mémorielles* francesas, que buscavam atribuir ao Estado a definição de um ponto de vista oficial sobre acontecimentos históricos traumáticos, tais como genocídios. Nora e outros historiadores, entre eles René Rémond, declaram-se em franca oposição a essas leis e, para combatê-las, fundaram, em 2005, a associação *Liberté pour l'histoire*, com o intuito de "fazer reconhecer a dimensão científica da pesquisa e do ensino de história e defender a liberdade de expressão dos historiadores contra as intervenções políticas e as pressões ideológicas de qualquer natureza e origem"[31].

A partir dessa plataforma, Pierre Nora passou a frequentar assiduamente as páginas da grande imprensa, bem como as emissões televisivas e radiofônicas. Numa delas, emitida por *France-Inter* no dia 12 de outubro de 2011, o historiador se deixa levar pela sedução frasista e faz uma afirmação infeliz, ao pôr em dúvida o caráter de genocídio atribuído ao massacre dos armênios pelos turcos em 1915: "[...] se alguém esmaga três moscas, também é possível falar de genocídio"[32]. Como um rastilho de pólvora, intelectuais e militantes reagem fortemente através da imprensa, das mídias sociais e das associações armênias na França[33], que o acusam de racismo e discriminação.

Em junho de 2002, no entanto, Pierre Nora estava ainda longe das polêmicas originadas por sua superexposição na mídia como figura pública. Conhecido apenas no círculo intelectual, teve, naquela ocasião, um terceiro esboço biográfico traçado pelo discurso de recepção à Academia, pronunciado por René Rémond e que viria a somar-se àquele da fotografia oficial e ao que desenha em seu próprio pronunciamento.

O longo discurso encerra o mais detalhado dos três retratos biográficos do historiador feitos nesse dia. Detalhista, Rémond refaz a trajetória da vida pessoal, familiar e profissional de Nora. Cuidadoso, elenca e tece considerações sobre toda sua produção escrita. Preocupado em fazer justiça, sublinha o papel desempenhado como editor, divulgador de autores significativos e como organizador de obras coletivas. Um pouco exagerado, talvez, qualifica àquele que recebe em nome da Academia como um "Pigmalião das ciências sociais" e como "O Diderot dessa Enciclopédia do nosso século"[34], para ele representada pelas coleções dirigidas por Nora na Gallimard, e ainda menciona um "prefácio esplendoroso"[35] escrito em 1975 para uma obra de Astolphe de Custine[36]. Generoso, destaca "o dom de inventar conceitos e de criar, para designá-los, vocábulos que são, também eles, inéditos como ego-história e lugares de memória"[37]. Piadista, lembra, para destacar sua proverbial erudição, que Nora foi apelidado pelo poeta Louis Aragon de "Senhor notas de pé de página"[38].

Para pôr em evidência os méritos de historiador daquele que apresenta à assembleia de supostos imortais que o escuta, René Rémond parece ler toda a carreira de seu biografado à luz da grande coleção *Les lieux de mémoire* que foi seu passaporte para o ingresso na Academia francesa. Nessa perspectiva, afirma que já em sua dissertação de mestrado, feita sob a direção de Lucien Tapié, Nora demonstrara "uma predisposição para os temas escolhidos fora dos caminhos sempre trilhados e uma predileção para a história das representações coletivas" e assinala sua constante busca "de uma outra percepção do passado, uma outra aproximação à história, uma outra maneira de escrevê-la" para concluir que "a História, tal como a concebe e, tal como a pratica, se interessa, sobretudo, por aquilo que eu chamaria de dados imateriais: as ideias, os sentimentos, as imagens, as representações coletivas, os fenômenos de opinião" e declara que o historiador que apresenta é "o construtor de uma obra pessoal original", "o precursor do interesse que as gerações mais jovens descobriram na história cultural", uma vez que teve a "precoce percepção [...] de que toda história postula uma interrogação crítica sobre seu objeto e sobre a maneira de apreendê-lo", o que o teria levado à prática de "um segundo patamar da história, a história da história, a historiografia que se tornava assim um complemento indispensável e uma dimensão constitutiva de seu procedimento como historiador"[39].

É provável que o então recente êxito de *Les lieux de mémoire* na comunidade internacional dos historiadores tenha informado a interpretação feita por Rémond do conjunto da obra de Pierre Nora. O certo é que, no retrato que dele traça, o novo acadêmico teria sido, desde o início de sua carreira, "o historiador de nossa memória nacional"[40] que veio a ser com a publicação de *Les lieux de mémoire*.

2 Um historiador, a memória e os lugares de memória

Teleologia ou *ilusão biográfica* à parte, o esboço traçado por René Rémond não se equivoca ao menos em um aspecto. É como historiador da memória, e mais especificamente da memória francesa, que Pierre Nora tornou-se uma referência historiográfica e sua proposta de identificação e análise de *lugares de memória* constitui-se em sua contribuição mais significativa como historiador.

Mas em que consistem, ao fim e ao cabo, os *lugares de memória* tal como definidos por Nora e tal como pautam os sete volumes da coleção por ele editada?

Ainda que o organizador da coleção não se furte ao exercício analítico e escreva, ele próprio, 6[41] dos 128 artigos que a compõem; os 3 ensaios[42] que encerram cada um dos tomos que a constituem; além do ensaio introdutório ao terceiro tomo, *Les France*[43], é no longo ensaio introdutório aos sete volumes, intitulado *Entre mémoire et histoire. La problématique des lieux*[44] que Nora explicita o conteúdo da noção de *lugares de memória*.

Trata-se de um artigo fortemente retórico e, nele, Pierre Nora cede, não poucas vezes, aos jogos de palavras rocambolescos e às frases de efeito que são uma de suas marcas autorais. Mas sem dúvida é nesse texto que podem ser encontradas as formulações que mais se aproximam a uma definição dos contornos teóricos da noção de *lugares de memória* e dos denominadores comuns que, para ele, dão coerência às análises confiadas a seus colaboradores.

Em primeiro lugar, os *lugares de memória* são, para Nora, *lugares* em um tríplice sentido: são lugares tangíveis, sejam ou não lugares físicos e dotados de materialidade, sempre apreensíveis sensorialmente, como no caso dos acordes da *Marseillaise* ou dos sabores da gastronomia francesa. Em seguida, são lugares funcionais, carregados desde sua origem ou revestidos posteriormente da função de construir a memória francesa. Finalmente são lugares simbólicos nos quais se adensam características emblemáticas da memória da França, vale dizer, de sua identidade[45].

Em segundo lugar, para seu propositor, "Os lugares de memória são, antes de mais nada, restos"[46], "lugares onde se cristaliza e se refugia a memória"[47], uma vez que a aceleração da história própria da contemporaneidade levara de roldão todos os laços identitários capazes de fazer com que a coletividade se reconheça por seu passado.

Dessa segunda característica deriva o terceiro aspecto específico dos *lugares de memória*, na verdade a enumeração daquilo que constitui, simultaneamente, sua virtude e sua limitação, já que o autor francês os define como "rituais de uma sociedade sem ritual, sacralidades passageiras em uma sociedade que dessacraliza, ilusões de eternidade"[48].

Por fim, os *lugares de memória* apresentam para Nora a particularidade de pertencerem, ao mesmo tempo, "ao domínio da memória e ao da história"[49] e realizarem assim a proeza de constituir-se na evidência empírica de que, em nosso tempo, a memória foi definitivamente "alcançada pela história"[50]. Por essa razão, seus *lugares de memória* postulam, na perspectiva do autor, "uma outra história"[51].

Esse quarto elemento definidor parece obrigá-lo a um longo procedimento metodológico que parte da premissa de uma rígida diferenciação, quase uma cisão epistemológica, entre a memória e a história. Essa dicotomia, função da definição que busca para a noção inovadora que propõe, será um dos alvos principais de seus críticos.

É necessário assinalar que Pierre Nora não está sozinho ao propor essa perspectiva dicotômica. Influenciada pelo clássico da antropologia escrito por André Leroi-Gourhan, boa parte dos historiadores franceses que se ocupam do tema da memória partem da diferenciação básica formulada em *Le geste et la parole*[52] entre a *memória verdadeira*, apanágio das sociedades sem escrita, e a *memória nas sociedades complexas*, que contam com suportes externos e, através da escrita, confinam o que deve ser lembrado nos domínios da história[53].

Nora não cita explicitamente Leroi-Gourhan, mas segue a trilha aberta por esse autor ao dedicar boa parte de seu texto introdutório a confrontar a *memória verdadeira* à *memória alcançada pela história*.

Para ele, a *memória verdadeira* é um "fenômeno sempre atual, um laço vivido no eterno presente" enquanto que a *memória alcançada pela história* é "uma representação do passado", contraste que se acentua pelo fato da primeira ser "afetiva e mágica", enquanto a segunda, por ser uma "operação laicizante, convida à análise e ao discurso crítico". Por isso "a memória instala a lembrança no solo do sagrado", enquanto "a história desaloja o sagrado, e torna tudo prosaico", uma vez que "a memória brota de um grupo que ela solda, o que equivale a dizer que existem tantas memórias quanto grupos tal como assinala Halbwachs, que ela é, por sua natureza, múltipla e multiplicável, coletiva, plural e individualizada", enquanto "a história, ao contrário, pertence a todos e a ninguém, o que lhe confere uma vocação ao universal". Um contraste a mais: "a memória se enraíza no concreto, no espaço, no gesto, na imagem e no objeto" e "a história prende-se apenas às continuidades temporais, às evoluções e às relações entre coisas". Daí uma primeira conclusão: "A memória é um absoluto" e "a história não conhece senão o relativo"[54].

A oposição entre esses dois domínios, para Tony Judt, "transmite a impressão inicial de ter forçado um contraste extremo"[55]. No entanto, essa parece ser a precondição para a construção da noção de *lugares de memória*, e fica acentuada pelos adjetivos associados pelo autor a cada uma delas. Em seu texto, a memória aparece qualificada como "espontânea, social, coletiva, [...] imediata, [...] vivencial" enquanto que a história se caracterizaria por ser "voluntária e deliberada, vivida como um dever [...], indireta, [...] arquivística"[56].

No roldão da argumentação reiterativa o leitor, caso não negue o suposto da separação estanque entre memória e história – o que evidentemente não significa cair no extremo de considerar que os domínios de Mnemosyne e os de Clio coincidem perfeitamente –, não duvidará em acompanhar o autor em sua conclusão final, que se desdobra no lugar epistemológico proposto para os *lugares de memória*.

A cisão incontornável entre a *memória verdadeira* e a *memória alcançada pela história* obedeceria ao fato da primeira ser uma "*ressurreição*", enquanto a segunda é tão somente "*representação*"[57]. Isso porque a memória é uma "prática social" e a história não passa de uma "memória prótese"[58]. Nessa perspectiva, a memória se torna "sempre suspeita para a história, cuja missão verdadeira é destruí-la e rechaçá-la", enquanto que "no coração da história trabalha um criticismo destruidor da memória espontânea"[59]. Na apoteose final do jogo de contrastes que Pierre Nora estabelece, a memória verdadeira é *templum*, domínio do que se remete ao eterno e à transcendência das sacralizações, enquanto que a história é "realia"[60], necessariamente referida ao fugaz e imanente que é próprio da vida ao rés do chão.

Admitir essa cisão, por um lado, permite incorporar o enunciado que arremata o primeiro parágrafo do texto: "fala-se tanto em memória hoje porque ela não existe mais"[61], uma vez que, para o autor, deixaram de existir as "coletividades-memória", como a dos camponeses, desaparecidas juntamente com "as sociedades-memória" que ancoravam uma experiência comum de valores compartilhados, em outros tempos assegurada pela pertença a uma mesma igreja, a um mesmo tipo de família, a uma vivência escolar unívoca ou mesmo a uma idêntica percepção do papel e do lugar do Estado. Também "as ideologias-memória" teriam desaparecido, tanto as de cariz reacionário quanto as revolucionárias[62].

Por outro lado, admiti-la permite entender como Nora situa o sucesso atual dos estudos historiográficos, posto que, para ele, a "história da história [...] introduz [...] a lâmina crítica entre a árvore da memória e a cortiça da história"[63]. Mais ainda. A separação estanque entre memória e história seria a condição necessária para a compreensão do segredo e do significado dos *lugares de memória*, pedra angular da construção da coleção organizada por Pierre Nora.

Esse segredo consiste no fato de que os *lugares de memória*, ao menos para seu propositor, se situarem no entrecruzamento entre o sagrado da memória e o profano da história, vale dizer, se mostrem capazes de imprimir um movimento dialético à estática lógica alternativa que o texto imprime à oposição entre a memória e a história.

Talvez seja esse o momento para uma observação que destaque a importância do contexto de produção da coletânea, entendendo-o não como uma moldura externa à obra, mas como um elemento que conforma a proposta e uma coordenada importante para sua compreensão.

É novamente Tony Judt quem observa que o fenômeno que Nora chama de *aceleração da história* tem, no caso da França e do que o autor inglês qualifica da "experiência única" de sua história, um matiz muito especial:

> A França não é apenas o Estado nacional mais antigo da Europa, com uma história ininterrupta de um governo central, língua e administração pública que remonta no mínimo ao século XII; ela também é, de todos os países da Europa Ocidental, o único que pouco mudou até recentemente. [...] No decorrer dos anos de 1970 e início dos de 1980, esse edifício inteiro – recordado e descrito afetuosamente com "la France profonde, la douce France, la bonne vieille France, la France éternelle" – pareceu aos franceses ter desabado sobre suas cabeças. [...] A França se modernizava, diminuía e fragmentava simultaneamente. Enquanto a França de 1956, digamos, era, em muitos aspectos importantes, fundamentalmente similar à de 1856 – até mesmo na notável continuidade dos padrões geográficos de aliança política e religiosa –, a França de 1980 pouco se assemelhava ao país de 1880[64].

Para além das circunstâncias internas da França e de sua história contemporânea, cabe apontar um dado nada desprezível. *Les lieux de mémoire* é uma obra concebida, gestada e vinda à luz quando a União Europeia se consolida e ultrapassa os limites de uma comunidade de livre-comércio para tornar-se uma realidade política supranacional. O impacto da nova *oikos europeia* que se sobrepõe aos estados nacionais preexistentes não deixou de influenciar, não apenas os historiadores franceses, ciosos do caráter nacional de sua história, mas outras iniciativas editoriais do mesmo momento. Muito diversa na escala, nos pressupostos teóricos e no escopo, a coletânea coordenada por Eric Hobsbawm e Terence Ranger que leva por título *A invenção das tradições*[65] é exemplo disso.

Um último comentário. Por seu caráter grandiloquente tanto quanto por buscar conferir à noção de *lugares de memória* um estatuto teórico possivelmente descabido, a grande introdução à coleção ofusca um mérito incontestável de Pierre Nora ao editá-la: ter proposto como nichos em que se enraíza e se expressa a memória histórica da França os conceitos de república, de nação e de pluralidade que presidem a organização dos três tomos da coleção.

É verdade que o argumento fica um tanto prejudicado pelo fato de que o terceiro tomo, *Les France*, que não constasse do projeto inicial e tenha terminado por ser o lugar de acomodação de tudo aquilo que parece não ter encontrado cabida sob as rubricas de *República* e de *Nação*, transformando-se em uma grande amostragem do tipicamente francês que abriga tanto os campanários onipresentes na geografia francesa[66] quanto a obra de Marcel Proust[67];

tanto o Museu do Deserto[68], que recorda os conflitos entre huguenotes e *camisards*, quanto os provérbios, contos e canções populares[69]; tanto a gruta de Lascaux[70] quanto a Torre Eiffel[71]. E não apenas isso, mas na França plural da coleção não têm lugar as empreitadas colonialistas que fizeram do francês uma das línguas faladas na Argélia, na Costa do Marfim, em algumas regiões que constituíram a Indochina francesa ou na Martinica e, mais ainda, não haja menção aos enclaves de imigrantes e ao multiculturalismo em território francês nos dias que correm.

Isso posto, seria de desejar que a aplicação da noção de *lugares de memória* para outros países que não a França implicasse o esforço em definir em torno a que eixos essas várias memórias se estruturam. Certamente seria uma contribuição interessante, por exemplo, a tentativa de imaginar os nichos de identidade em torno aos quais pudessem se organizar os tomos de coleções análogas no Brasil ou na Hungria, apenas para citar dois países em que os historiadores se apropriaram com entusiasmo da formulação de Pierre Nora.

Por certo, o próprio organizador da coleção, que se mostrou surpreso com o êxito de sua proposta em outros países e tenha declarado, logo após a publicação dos dois primeiros tomos, que essa nunca tinha sido sua intenção ao organizar uma coleção em torno à ideia de *lugares de memória*, que considerava operativa apenas para o caso de seu país, parece ter mudado de opinião à medida que o sucesso editorial e acadêmico da obra ultrapassou os limites da França.

O primeiro movimento nesse sentido pode ser identificado quando o terceiro tomo da coleção foi publicado. No prólogo ao primeiro volume de *Les France*, Nora declara que os *lugares de memória* são "uma nova categoria que confere inteligibilidade à história contemporânea"[72] sem esclarecer, no entanto, se a afirmação nada modesta refere-se à história contemporânea da França ou, como seria de se esperar de uma *categoria*, à história contemporânea de modo mais geral.

Em 1993, por ocasião de um simpósio sobre os *lugares de memória* organizado na Holanda por Pin den Boer e Willem Frijhoff, um novo passo na ampliação da abrangência da noção foi dado. Da publicação resultante desse simpósio consta uma intervenção do próprio Pierre Nora[73], destinada precisamente a indagar se a noção seria aplicável a outros contextos que não a França. O autor reafirma a particularidade do caso francês, com base no papel que o Estado francês e o trabalho dos historiadores de todos os tempos desempenharam na construção da memória francesa, mas admite a utilização da noção em outros contextos nacionais, pressuposta a explicitação das condições específicas que autorizem essa apropriação.

Em 1996 sua posição parece ter mudado definitivamente. No prefácio à edição norte-americana de parte da coleção, Nora admite plenamente a utilização dos lugares de memória para a análise de outros contextos: "O caso francês, particularmente adequado para o exercício aqui proposto, serve para demonstrar uma nova abordagem à história nacional que pode ser útil em outros contextos nacionais"[74].

Ainda que após certa relutância, estava dado o aval do historiador francês para que seus *lugares de memória* cruzassem fronteiras.

3 Qual o lugar historiográfico dos lugares de memória?

Os estudos sobre a memória passaram a ocupar um lugar proeminente entre os trabalhos de cientistas sociais em geral e de historiadores em particular nas últimas décadas. Márcia Mansor D'Aléssio, autora de uma das primeiras avaliações críticas da coleção de Pierre Nora no Brasil, assim avalia essa ênfase:

> [...] do senso comum às políticas públicas existe concordância sobre a necessidade de preservação do passado. Mesmo os cultores do "novo", os fiéis da religião do "moderno", os militantes da mudança permanente não ousariam pronunciar-se a favor da destruição dos traços [...] Uma necessidade identitária parece estar compondo a experiência coletiva dos homens e a identidade tem no passado o seu lugar de construção[75].

A atual "explosão" de interesse pelo passado parece ter provocado um "maremoto" da memória nos meios intelectuais, para usar duas expressões utilizadas pelo próprio Pierre Nora[76].

Na crista dessa onda percebida como gigantesca, os *lugares de memória* ganharam vida própria mundo afora. Zsolt Horvath, tradutor de Nora para o húngaro, assinala que a partir da edição de 1993 do *Grand Robert de la Langue Française* a expressão e sua origem aparecem dicionarizadas[77]. Para o bem e para o mal, sua utilização tornou-se um *tropo* historiográfico e, fiel às intenções de seu formulador ou usada de forma acomodatícia, sua utilização multiplicou-se. Por isso mesmo é necessário examinar, ainda que brevemente, a recepção da coleção organizada por Pierre Nora na qual a expressão foi forjada.

Uma unanimidade, entre seus críticos tanto quanto entre aqueles que se declaram entusiastas da proposta, é o reconhecimento do caráter monumental da iniciativa editorial. A coleção francesa impressiona não apenas por sua abrangência, mas também pelo fato de abrigar contribuições dos mais representativos intelectuais, em sua ampla maioria franceses e historiadores, que fazem da França o objeto de seus estudos.

Para os que questionam o valor heurístico da noção de *lugares de memória*, essa monumentalidade é, simultaneamente, seu trunfo e sua maior debilidade. Seu trunfo porque o caráter inovador da noção e do exercício realizado nas páginas da coleção está fora de questão mesmo para seus críticos. É também sua debilidade porque a noção é de tal forma complacente que, a rigor, tudo poderia ser um *lugar de memória*, uma vez que a afirmação de seu propositor de que a noção se aplicaria apenas às nações modernas não se sustenta a partir das definições propostas por ele mesmo. Ainda que admitido que os *lugares de memória* referem-se apenas a memórias de coletividades e não a memórias individuais, o que poderia ser discutível, nada obrigaria a sua vinculação a realidades históricas modernas e, menos ainda, a suportes de memórias nacionais.

Para Tony Judt, que reconhece na coleção "uma empreitada esplêndida"[78], "é difícil pensar em algo – qualquer lugar, nome, evento ou ideia – que não se encaixe"[79], hipoteticamente, na noção proposta por Nora. Tal como se interroga Pin den Boer, "Ao final do percurso, o leitor estrangeiro perde o fio da meada. Existiria alguma coisa que não seja um *'lieu de mémoire'*?"[80]

Curiosamente, o próprio Pierre Nora, ao criticar a incorporação da noção por ele proposta pela política oficial de patrimônio na França na época em que Jacques Lang era ministro da cultura, assinala que a apropriação feita e a maneira pela qual a noção foi utilizada para justificar tombamentos implicou uma diluição de seu sentido, que permitiu que a expressão *lugares de memória* terminasse "por servir para dizer tudo e no fundo não dizer nada"[81].

Para além da ponderação crítica sobre a abrangência praticamente ilimitada da noção e seu caráter, talvez, demasiadamente complacente, outra observação aparece com frequência nas resenhas críticas sobre a coleção de Nora, desta feita para sublinhar seu caráter inovador e lúdico.

Sem dúvida o achado que representa a formulação *lugares de memória*, assinalado por René Rémond como uma das evidências da criatividade de Nora, é um indício de sua potencialidade inovadora, corroborado pelo sucesso de sua incorporação por historiadores e cientistas sociais das mais variadas procedências. Apenas um exemplo: caso façamos uma busca temática que escolha a palavra-chave "lugares de memória" na plataforma Lattes, amplamente utilizada no Brasil[82], obteremos um resultado surpreendente: nada menos que 1.455 referências entre os trabalhos produzidos por autores com o título de doutorado. Outra coisa será verificar como, em cada um desses trabalhos, é apropriada a expressão criada por Pierre Nora.

O caráter lúdico que o trabalho com os *lugares de memória* pode implicar é assinalado tanto pelo próprio organizador da coleção quanto por alguns de seus leitores. Nora compara seus *lugares de memória* com um "gigantesco jogo de armar"[83] ao apresentar os três volumes de *Les France*. Posteriormente, na *Introdução* à tradução parcial norte-americana da coleção, sugere que o leitor pode dispor dos textos reunidos "tal como poderia agrupar as cartas em uma rodada de *poker*"[84]. E, como para sublinhar a proximidade de seu projeto intelectual a um jogo, intitula um dos artigos que escreve sobre a coleção de *A aventura de les lieux de mémoire*[85]. Entre seus comentadores, François Rousseau intitula a resenha que faz dos quatro primeiros volumes da coleção *Um Jogo da Glória da identidade francesa* e justifica a analogia ao propor três leituras possíveis para os volumes que analisa, sendo a primeira delas de ordem lúdica. Para que essa aproximação seja possível, segundo Rousso,

> será suficiente deixar-se levar por esse Jogo da Glória da identidade francesa, percurso misterioso com paradas obrigatórias, retornos ao ponto de partida, saltos vertiginosos através dos séculos. A progressão é real, mas não é circular e sim em espiral, e quer conduzir o leitor a todos os lugares onde se encarna a quinta essência da nação francesa[86].

Na face luminosa dos jogos da memória propostos, estariam, portanto, a abordagem inesperada do conjunto de textos, a possibilidade de uma leitura inovadora da história francesa e a aventura intelectual apresentada aos leitores. Em sua face mais obscura, o caráter fragmentário e "uma tentativa que não ousa dizer seu nome de escrever uma história total da França, não da nação ou da república francesa, mas do objeto 'França', em sua dimensão histórica, simbólica, fantasmagórica ou letrada, real e imaginária"[87].

Do ponto de vista da fortuna crítica da coleção, a principal ponderação crítica recai sobre o estatuto teórico atribuído à formulação *lugares de memória*.

Para alguns dos leitores, a expressão criada por Pierre Nora representa um novo momento historiográfico. François Dosse, autor de sua biografia intelectual, chega a afirmar que a historiografia francesa será marcada por um "momento Nora", como já foi marcada por um "momento Lavisse" e um "momento Michelet"[88]. E Jean-Pierre Rioux não hesitou em declarar que a historiografia, após a publicação da coleção, "entrava na era dos lugares de memória"[89]. José Guilherme Abreu, historiador português que se ocupa da análise de monumentos públicos, escreve que "a teoria dos lugares de memória [...] abre uma via a uma concepção historiográfica nova"[90].

Os *lugares de memória* estão bem longe de constituir uma *teoria*, no entanto, exageros sobre seu impacto na historiografia à parte, o estatuto teórico da expressão cunhada por Pierre Nora não pode deixar de ser examinado.

Para René Rémond, os *lugares de memória* se apresentam como "uma categoria intelectual, e, como tal, têm vocação à universalidade"[91]. No contexto da afirmação de Rémond, a *universalidade* a que tenderiam se restringiria a sua possível aplicação a contextos muito mais amplos do que a França. No entanto o atributo da universalidade associado teoricamente a uma *categoria* não se restringe a esse aspecto. Por um lado, fica difícil admitir outras categorias universalmente presentes em trabalhos históricos além da temporalidade, da espacialidade e dos atores sociais e esse, certamente, não é o caso dos *lugares de memória* de Pierre Nora. Por outro lado, essa não é de forma alguma a apropriação feita pelos colaboradores da obra nas análises feitas nos capítulos que lhes foram confiados a partir da proposta formulada pelo organizador da coleção.

Nora, bem como a maioria dos comentadores da obra por ele organizada, oscila em atribuir à expressão *lugares de memória* o estatuto de um *conceito* ou de uma *noção*, e, não poucas vezes, utilizam-se no mesmo texto dessas duas lexias para referirem-se à expressão que dá título à coleção, o que não chega a ser um problema se o escopo dos textos não for de cunho estritamente teórico.

É conveniente recordar, no entanto, que um conceito, via de regra, deve ser operativo dentro de um determinado campo teórico, ou deve permitir um exercício de identificação dos conteúdos a ele atribuídos por diferentes autores, contextos ou circunstâncias históricas de modo a permitir ancorar na história dos conceitos tal como proposta por Reinhardt

Koselleck uma abordagem, que por certo tem se mostrado profícua, para o trabalho de historiadores. Sem o compromisso do rigor teórico, uma noção se apresenta dotada de uma maior flexibilidade, e dela se espera uma função mais aproximativa que operativa.

O fato de que os autores que colaboraram com textos analíticos para a coleção se inscrevam em diferentes perspectivas teóricas, o que por certo é uma das riquezas da coleção, parece impedir que os *lugares de memória* sejam considerados um conceito na primeira acepção sugerida. E certamente nem Nora nem os que escrevem na coleção se filiam à perspectiva de Koselleck. Parece, portanto, mais procedente considerar os *lugares de memória* como uma noção, sugestiva, rica em possibilidades e inovadora como o demonstra a própria coleção e seu êxito o testemunha. Nessa condição, se apresenta como "um instrumento cognitivo"[92], tal como sugere classificá-los Zsolt Horvath, que permite desenvolver novas perspectivas de análise para os que se ocupam das complexas relações entre a memória e a história.

4 Para terminar

Uma observação e algumas precisões podem, eventualmente, ser úteis para concluir essa aproximação à coleção que justifica a inclusão de Pierre Nora no conjunto de historiadores estudados nesse volume.

A observação é que "os livros são uma delícia de ler"[93], como observa com pertinência e simplicidade Tony Judt. Não é pouco o mérito de Pierre Nora ao ter orquestrado o conjunto dos sete volumes e ao ter proposto a clave que preside à partitura segundo a qual mais de uma centena de historiadores aceitou tocar, cada um deles, é necessário lembrar, com seu próprio instrumento e segundo seu talento, como sempre ocorre em uma obra conjunta. Não basta, portanto, ler os textos introdutórios ou conclusivos de Pierre Nora para aprofundar nos significados e matizes dos lugares de memória.

As precisões seguem, em primeiro lugar, o caminho aberto por aquelas feitas por Josefina Cuesta, historiadora da Universidade de Salamanca, que assim as enumera:

> Primeira precisão: um "lieu de mémoire" não se reduz em absoluto a monumentos ou acontecimentos dignos de memória, ou a objetos puramente materiais, físicos, palpáveis, visíveis, aos que a opinião dos poderes públicos têm a tendência de reduzir sua utilização. O "lieu de mémoire" é uma noção abstrata, puramente simbólica, destinada a desentranhar a dimensão rememoradora dos objetos, que podem ser materiais, mas são sobretudo imateriais [...]. Segunda precisão: não se trata em absoluto de fazer um inventário exaustivo que não teria nenhum sentido e que estaria, por definição, destinado ao fracasso. Nem simples referência, portanto, nem alcance enciclopédico. Trata-se da exploração de um sistema simbólico e da construção de um modelo de representações. Trata-se de compreender a administração geral do passado no presente mediante a definição de seus polos de fixação mais significativos. Trata-se, portanto, insisto nisso, de uma história crítica da memória através de seus principais

pontos de cristalização ou, dito de outro modo, da construção de um modelo de relação entre a memória e a história[94].

Dito isso, resta por fim lembrar que os franceses utilizam a expressão *"bonne à penser"* para referir-se a uma ideia ou sugestão cuja apropriação pode ser útil e ajudar a pensar. Esse pode ser o caso da noção de *lugares de memória* criada por Pierre Nora, desde que se cumpram algumas condições. A primeira delas é não utilizá-la como argumento de autoridade. Não basta afirmar que algo ou alguém é um *lugar de memória*. É preciso explicitar em que sentido a apropriação é feita. Em segundo lugar, e principalmente, é imprescindível aprofundar três aspectos: trata-se de um *lugar de memória* de quem? Construído e eventualmente ressignificado por quem? E com que sentido e objetivos?

Uma coisa é certa. A noção de *lugares de memória* criada por Pierre Nora pode ser, efetivamente, uma contribuição relevante para o trabalho dos historiadores.

Notas

[1] A fotografia pode ser encontrada no site oficial da Academia Francesa. Disponível em www.academie-francaise.fr em outubro de 2012.

[2] Antes de ser eleito para a Academia em 2002, Nora havia publicado apenas dois textos autorais relativamente significativos, o livro *Les français d'Algérie* (Paris: Julliard, 1961), fruto de suas pesquisas na Argélia, e um artigo de fôlego sobre o historiador positivista francês Ernest Lavisse (1842-1922), cujo manual de história da França marcou gerações de franceses ("Ernest Lavisse: son rôle dans la formation du sentiment national". *Revue Historique*, n. 463, 1962. Paris). Mesmo depois de ser membro da Academia, suas publicações autorais estão longe de ser o forte de sua atuação intelectual, e é apenas em 2011, ano em que ele próprio tornou-se objeto de um livro sobre sua obra (DOSSE, F. *Pierre Nora – Homo Historicus*. Paris: Perrin, 2011), publicou duas coletâneas de artigos das quais é autor exclusivo.

[3] JUDT, T. "Em busca do tempo perdido – A França e seus passados". *Reflexões sobre um século esquecido:* 1901-2000. Rio de Janeiro: Objetiva, 2010, p. 244.

[4] FOUCAULT, M. *Histoire de la folie à l'âge classique*. Paris: Gallimard, 1961. • *Surveiller et punir*: naissance de la prison. Paris: Gallimard, 1975. • *Histoire de la sexualité*. 3 vols. Paris: Gallimard, 1976 a 1984. As três obras foram publicadas em português com os títulos: *História da loucura* (São Paulo: Perspectiva, 1978). • *Vigiar e punir* – Nascimento da prisão. (Petrópolis: Vozes, 2009, 36. ed.). • *História da sexualidade* (Vol. 1. São Paulo: Graal, 2010).

[5] LE GOFF, J. *Saint Louis*. Paris: Gallimard, 1997. No Brasil o livro foi publicado com o título *São Luís* (Rio de Janeiro: Record, 1999).

[6] LE-ROY LADURIE, E. *Montaillou, village occitan de 1294 à 1324*. Paris: Gallimard, 1975. No Brasil o livro foi publicado com o título *Montaillou, povoado occitânico de 1294 a 1324* (São Paulo: Companhia das Letras, 1997).

[7] VERNANT, J.-P. *L'Individu, la mort, l'amour* – Soi-même et l'autre en Grèce ancienne. Paris: Gallimard, 1989. Existe tradução espanhola (Madri: Paidós, 2001). Em português, o próprio Vernant comenta passagens da obra no livro *Entre mito e política* (São Paulo: Edusp, 2002, 2. ed.).

[8] LAFAYE, J. *Quetzacoalt et Guadalupe* – La formation de la conscience nationale au Méxique. Paris: Gallimard, 1974. Existe tradução para o inglês (Chicago: Chicago University Press, 1976) e para o espanhol (México: Fondo de Cultura Econômica, 1977).

[9] LEFORT, C. *Les formes de l'Histoire*. Paris: Gallimard, 1978. O livro foi traduzido no Brasil com o título *As formas da história* – Ensaios de antropologia política. (São Paulo: Brasiliense, 1974).

[10] CERTEAU, M. *L'écriture de l'histoire*. Paris: Gallimard, 1975. Publicado no Brasil com o título *A escrita da história* (Rio de Janeiro: Forense Universitária, 2002).

[11] FURET, F. *Penser la Révolution Française*. Paris: Gallimard, 1978. Publicado no Brasil com o título *Pensando a Revolução Francesa* (Rio de Janeiro: Paz e Terra, 1989).

[12] AGULHON, M. *Histoire vagabonde*. Paris: Gallimard, 1988. Existe tradução para o espanhol (México: Instituto Mora, 1994).

[13] DUBY, G. *Le temps des cathédrales*. Paris: Gallimard, 1976. Em Portugal o livro foi traduzido com o título *O tempo das catedrais* (Lisboa: Estampa, 1993).

[14] Publicado simultaneamente no Brasil com o título *Carnaval brasileiro* – O vivido e o mito. São Paulo: Brasiliense, 1992.

[15] LE GOFF, J. & NORA, P. (orgs.). *Faire de l'histoire*. 3 vols. Paris: Gallimard, 1974 [Vol. 1: *Nouveaux problèmes*. Vol. 2: *Nouvelles approches*. Vol. 3: *Nouveaux objects*].

[16] No Brasil os três volumes foram traduzidos com o título *História:* novos problemas, novas abordagens e novos objetos. Rio de Janeiro: Francisco Alves, 1976.

[17] LE GOFF, J. & NORA, P. "Apresentação" a "Faire de l'histoire". In: NOVAIS, F.A. & SILVA, R.F. *Nova história em perspectiva*. Vol. 1. São Paulo: Cosac Naify, 2011, p. 127.

[18] ENDERS, A. "Les 'lieux de mémoire' dez anos depois". In: *Estudos Históricos*, n. 11, 1993, p. 132-137. Rio de Janeiro: CPDOC-FGV.

[19] NORA, P. (org.). *Les lieux de mémoire*. Paris: Gallimard, 1984 a 1992 [3 tomos e 7 volumes].

[20] NORA, P. (org.). *Essais d'ego-histoire*. Paris: Gallimard, 1987. Existe tradução portuguesa com o título *Ensaios de ego-história*. Lisboa: Ed. 70, 1989.

[21] THEBAUD, F. "Entre parcours intellectuel et essai d'ego-histoire – Le poids du genre". *Genre & Histoire*, n. 4, primavera/2009 [Disponível em http://genrehistoire.revues.org/697 – Acesso em out./2012].

[22] BOURDIEU, P. "A ilusão biográfica". In: AMADO, J. & MORAES, M. (orgs.). *Usos & abusos da história oral*. Rio de Janeiro: FGV, 1996.

[23] LEVI-STRAUSS, C. *Tristes tropiques*. Paris: Plon, 1955.

[24] Apud DOSSE, F. *Pierre Nora* – Homo Historicus. Paris: Perrin, 2011.

[25] NORA, P. *Discours prononcé dans la séance publique le jeudi 6 juin 2002 au Palais de l'Institut* [Disponível em http://www.academie-francaise.fr/les-immortels/pierre-nora?fauteuil=27&election=07-06-2001 – Acesso em out./2012].

[26] Ibid.

[27] Ibid.

[28] Ibid.

[29] NORA, P. *Présent, nation, mémoire*. Paris: Gallimard, 2011.

[30] NORA, P. *Historien public*. Paris: Gallimard, 2011.

[31] Cf. http://www.lph-asso.fr/ [Acesso em out./2012].

[32] Para ouvir a entrevista integral cf. http://www.franceinter.fr/player/reecouter?play=189863 [Acesso em out./2012].

[33] Para seguir essa polêmica, cf., p. ex., *Pierre Nora et la banalisation du déni du génocide arménien* [Disponível em http://www.globalarmenianheritage-adic.fr/fr_9informationcitoyenne/em10 francophonie/academiciens/nora_pierre.htm]. • DERMIDJIAN, H. *La mouche du coche* – Lettre ouverte à Pierre Nora [Disponível em http://www.armenews.com/article.php3?id_article=73729]. • PAPAZIAN, S. Présidente du Collectif VAN (Vigilance Arménienne contre le Négationnisme) [Disponível em http://larchemag.fr/2011/11/18/184/genocide-armenien-le-derapage-de-pierre-nora-ii/]. A polêmica alcança as sisudas páginas de *Le Monde*. Cf. GERVEREAU, L. "Pourquoi cannoniser Pierre Nora?" *Le Monde*, 01/11/2011 [Disponível em http://www.lemonde.fr/idees/article/2011/11/01/pourquoi-canoniser-pierre-nora_1596553_3232.html]. • NORA, P. "Lois mémorielles: pour en finir avec ce sport législatif purement français". *Le Monde*, 28/12/2011 [Disponível em http://www.lemonde.fr/cgi-bin]. Também se fará presente nesse jornal, de finais de 2011 aos primeiros meses de 2012. Cf. CHAOUAT, B. "Les lois mémorielles: l'indignation séléctive de Pierre Nora". *Le Monde*, 30/12/2011 [Disponível em http://www.lemonde.fr/idees/article/2011/12/30/lois-memorielles-l-indignation-selective-de-pierre-nora_1624259_3232.html]. • "Le courageux historien Pierre Nora démasque les extrémistes arméniens et leurs certitudes sectaires". Blog *Arménologie* [http://armenologie.blogspot.com/2011/12/le-courageux-historien-pierre-nora.html]. Todos os sites foram acessados em out./2012.

[34] RÉMOND, R. *Réponse au discours de M. Pierre Nora* – Discours prononcé dans la séance publique le jeudi 6 juin 2002 au Palais de l'Institut [Disponível em http://www.academie-francaise.fr/les-immortels/pierre-nora?fauteuil=27&election=07-06-2001 – Acesso em out./2012].

[35] Ibid..

[36] CUSTINE, A. *Lettres de Russie* – La Russie en 1839. Paris: Gallimard, 1975 [Édition présentée et établie par Pierre Nora].

[37] REMOND, R. Op. cit.

[38] Ibid.

[39] Ibid.

[40] Ibid.

[41] São os seguintes os seis artigos analíticos de autoria do organizador da coleção: NORA, P. "Lavisse, instituteur national". *Les lieux de mémoire* – Tome 1: La République. Paris: Gallimard, 1984. • BUISSON, F. *Dictionnaire de Pédagogie*. Paris: Gallimard, 1984. • LAVISSE. *L'Histoire de la France*. Tome 2: La nation. Vol. 1. Paris: Gallimard, 1986. • *Les Mémoires d'État*. Tome 2: La nation. Vol. 2. Paris: Gallimard, 1986. • *Gaullistes et communistes*. Tome 3: Les France. Vol. 1. Paris: Gallimard, 1992. • *La génération*. Tome 3: Les France. Vol. 1. Paris: Gallimard, 1992.

[42] Os artigos que encerram cada um dos tomos da coleção são: NORA, P. "De la Republique à la Nation". *Les lieux de mémoire*. Tome 1: La République. Paris: Gallimard, 1984. • *La Nation-mémoire*. Tome 2: La Nation. Vol. 3. Paris: Gallimard, 1986. • *L'ère de la commemoration*. Paris: Gallimard.

[43] NORA, P. "Comment écrire l'histoire de France?" *Les lieux de mémoire*. Tome 3: Les France. Vol. 1. Paris: Gallimard, 1992.

[44] NORA, P. "Entre mémoire et histoire – La problématique des lieux". NORA, P. *Les lieux de mémoire*. Tome 1: La République. Paris: Gallimard, 1984. Existe tradução brasileira desse ensaio: NORA, P. "Entre memória e história – A problemática dos lugares". Revista *Projeto História*, n. 10, dez./1993, p. 7-26. São Paulo: PUC-SP [Revista do Programa de Estudos Pós-Graduados em História].

[45] Ibid., p. XXXIV. Todas as referências ao texto são extraídas e traduzidas do original em francês.

[46] Ibid., p. XXIV.

[47] Ibid., p. XVII.

[48] Ibid., p. XXIV.

[49] Ibid., p. XXXIV.

[50] Ibid., p. XXV.

[51] Ibid., p. XXXIV.

[52] LEROI-GOURHAN, A. *Le geste et la parole*. 2 vols. Paris: Albin Michel, 1964-1965. Existe tradução portuguesa da obra com o título *O gesto e a palavra*. 2 vols. Lisboa: Ed. 70, 1985.

[53] Cf., p. ex., o clássico verbete da *Enciclopédia Einaudi*: Jacques Le Goff. Memória (Lisboa: Imprensa Nacional/Casa da Moeda, vol. 1, 1984, p. 11-50).

[54] NORA, P. Op. cit., 1984, p. XIX.

[55] JUDT, T. Op. cit., p. 225.

[56] NORA, P. Op. cit., 1984, p. XXV e XXVIII.

[57] Ibid., p. XXVII.

[58] Ibid., p. XXVIII.

[59] Ibid., XIX-XX.

[60] Ibid., p. XLI.

[61] Ibid., p. XVII.

[62] Ibid., p. XVII-XVIII.

[63] Ibid., p. XX e XXI.

[64] JUDT, T. Op. cit., p. 226-228.

[65] HOBSBAWM, E. & RANGER, T. (orgs.). *A invenção das tradições*. Rio de Janeiro: Paz e Terra, 1984. A edição original inglesa, publicada pela Cambridge University Press, é de 1983. A obra coordenada por Hobsbawm e Ranger teve, tal como a de Pierre Nora, grande influência historiográfica. Cf., p. ex., VLASTOS, S. (org.). *Mirror of Modernity*: Invented Traditions of Modern Japan. Berkeley: University of California Press, 1998. • MASALHA, N. *The Bible and Zionism*: Invented Traditions, Archaeology and Post-Colonialism in Palestine-Israel. Londres/Nova York: Zed Books 2007. • SLEVERS, M. *The Highland myth as an invented tradition of the 18th and 19th century and its significance for the image of Scotland*. Munique: Grin, 2005.

[66] BOUTRY, P. "Le clocher". In: NORA. P. Op. cit. Vol. 2, 1992.

[67] COMPAGNON, A. "La recherche du temps perdu, de Marcel Proust". In: NORA. P. Op. cit. Vol. 2, 1992.

[68] JOUTARD, P. *Le Musée du Désert*. In: NORA. P. Op. cit. Vol. 1.

[69] FABVRE, D. "Proverbes, contes et chansons". In: NORA. P. Op. cit. Vol. 2.

[70] DEMOULE, J.-P. "Lascaux". In: NORA. P. Op. cit. Vol. 3.

[71] LOYRETTE, H. "La Tour Eiffel". In: NORA. P. Op. cit. Vol. 3.

[72] NORA, P. "Comment écrire l'histoire de France?" Op. cit., p. XVI.

[73] NORA, P. "La notion de lieu de mémoire est-elle exportable?" In: BOER, P.D. & FRIJHOFF, W. (orgs.). *Lieux de mémoire et identités nationales*. Amsterdam: Amsterdam University Press, 1993.

[74] NORA, P. "From *lieux de mémoire* to realms of memory – reface to the english-language edition". *Realms of memory* – Rethinking the french past. Nova York: Columbia University Press, 1996-1998. A segunda edição norte-americana, com uma seleção diferente de textos, é: NORA, P. & JORDAN, D.P. (orgs.). *Rethinking France*. Chicago: The University of Chicago Press, 2001 e 2010.

[75] D'ALESSIO, M.M. "Memória: leituras de M. Halbwachs e P. Nora". *Revista Brasileira de História*, vol. 13, n. 25/26, set./1992-ago./1993, p. 97. São Paulo: Marco Zero/Anpuh.

[76] Cf. "La ruée vers le passé". *Le Magazin Littéraire*, 1996, p. 68. Puiseaux [Hors Série]. • "The tidal wave of memory". *Project Syndicate* – A world of ideas, 21/06/2001 [Disponível em http://www.project-syndicate.org/commentary/the-tidal-wave-of-memory – Acesso em out./2012].

[77] HORVATH, Z. "On 'Lieu de mémoire', 'trauma' and their relevancies in Hungary – Memory research in *begriffsgeschichtlich* approach". *Kakanien Revisited*, set./2004, p. 1. Viena: Universität Wien [Disponível em www.kakanien.ac.at/beitr/ZKHorvath – Acesso em out./2012].

[78] JUDT, T. Op. cit., p. 229.

[79] Ibid., p. 230.

[80] BOER, P.D. "Lieux de mémoire et idéntité de l'Europe". In: BOER, P.D. & FRIJHOFF, W. (orgs.). Op. cit.

[81] Apud ENDERS, A. Op. cit., p. 133.

[82] Cf. em http://lattes.cnpq.br [Acesso em out./2012].

[83] NORA, P. "Comment écrire l'histoire de France?" In: NORA, P. (org.). Op. cit., p. XI. O autor se refere a um *"mécano géant"*.

[84] NORA, P. "From 'lieux de mémoire' to realms of memory". In: NORA, P. Op. cit., 1996, p. 5.

[85] NORA, P. "La aventura de 'les lieux de mémoire'". In: CUESTA, J. (org.). "Memória e historia". Revista *Ayer*, n. 32, 1998. Madri: Marcial Pons/Asociación de Historia Contemporánea [Número especial].

[86] ROUSSO, H. "Un jeu d'oie de l'identité française". *Revue d'Histoire*, vol. 15, n. 1, 1987, p. 151. Paris [Disponível em www.persee.fr/web/revues/home/prescript/article/xxs_0294-1759_1987_num5_1_1913_t1_0151_0000_3 – Acesso em out./2012].

[87] Ibid., p. 154.

[88] Cf. DOSSE, F. *Pierre Nora – Homo Historicus*. Paris: Perrin, 2011.

[89] RIOUX, J.-P. "Nous sommes entrés dans l'ère des lieux de mémoire..." *L'histoire*, n. 165, abr./1993, p. 84. Paris.

[90] ABREU, J.G. "Arte pública e lugares de memória". *Revista da Faculdade de Letras, Ciências e Técnicas do Patrimônio*, I Série, vol. 4, 2011, p. 218. Porto.

[91] RÉMOND, R. Op. cit.

[92] HORVATH, Z. Op. cit., p. 2-3.

[93] JUDT, T. Op. cit., p. 233.

[94] CUESTA, J. (org.). "Introdução". Revista *Ayer*, n. 32, 1998. Madri: Marcial Pons/Asociación de Historia Contemporánea [Número especial].

Referências

Obras de Pierre Nora

NORA, P. *Présent, nation, mémoire*. Paris: Gallimard, 2011. [Collection Bibliothèque des Histoires].

_____. *Historien public*. Paris: Gallimard, 2011 [Collection Blanche].

_____. *Discours prononcé dans la séance publique le jeudi 6 juin 2002 au Palais de l'Institut* [Disponível em http://www.academie-francaise.fr/les-immortels/pierre-nora?fauteuil=27& election=07-06-2001 – Acesso em out./2012].

_____. "The tidal wave of memory". *Project Syndicate* – A world of ideas, 21/06/2001 [Disponível em http://www.project-syndicate.org/commentary/the-tidal-wave-of-memory – Acesso em out./2012].

_____. "From *lieux de mémoire* to realms of memory – Preface to the english-language edition". In: NORA, P. *Realms of memory* – Rethinking the french past. Nova York: Columbia University Press, 1996.

_____. "La notion de lieu de mémoire est-elle exportable?" In: BOER, P.D. & FRIJHOFF, W. (orgs.). *Lieux de mémoire et identités nationales*. Amsterdam: Amsterdam University Press, 1993.

_____. "Between Memory and History – Les lieux de mémoire". *Representations*, n. 26, 1989.

_____. NORA, P. "Préface". In: CUSTINE, A. *Lettres de Russie* – La Russie en 1839. Paris: Gallimard, 1975.

_____. "L'événement monstre". *Communications*, n. 18, 1972. Paris.

_____. "Ernest Lavisse: son rôle dans la formation du sentiment national". *Revue Historique*, n. 463, 1962. Paris.

_____. *Les français d'Algérie*. Paris: Julliard, 1961.

NORA, P. (org.). *Essais d'ego-histoire*. Paris: Gallimard, 1986 [Bibliothèque des Histoires].

_____. *Les lieux de mémoire*. 3 tomos. Paris: Gallimard [Tomo 1: La République. 1 vol. 1984. • Tomo 2: La Nation. 3 vols. 1986. • Tomo 3: Les France. 3 vols. 1992] [Bibliothèque Illustrée des Histoires].

NORA, P. & GAUCHET, M. "De quoi l'avenir intellectuel sera-t-il fait". *Le Débat*. Paris: Gallimard, 2010.

NORA, P. & LE GOFF, J. (orgs.). *Faire de l'histoire*. 3 vols. Paris: Gallimard, 1974 [Vol. 1: Nouveaux problèmes. • Vol. 2: Nouvelles approches. Vol. 3: Nouveaux objets] [Collection Bibliothèque des Histoires].

Traduções

NORA, P. *Pierre Nora en "Les lieux de mémoire"*. Montevidéu: Trilce, 2008.

_____. "La aventura de 'Les lieux de mémoire'". In: CUESTA, J. (org.). "Memória e historia". Revista *Ayer*, n. 32, 1998. Madri: Marcial Pons/Asociación de Historia Contemporánea, 1998 [Número especial da Revista *Ayer*, n. 32].

_____. *Realms of memory* – Rethinking the French past. Nova York: Columbia University Press, 1996-1998.

_____. "Entre memória e história: a problemática dos lugares". Revista *Projeto História*, n. 10, dez./1993. São Paulo: PUC-SP.

_____. *Ensaios de ego-história*. Lisboa: Ed. 70, 1989.

NORA, P. & JORDAN, D.P. (orgs.). *Rethinking France*. Chicago: The University of Chicago Press, 2001 e 2010.

NORA, P. & LE GOFF, J. (orgs.). *História*: novos problemas. novas abordagens e novos objetos. 3 vols. Rio de Janeiro: Francisco Alves, 1976.

Sobre Pierre Nora

ABREU, J.G. "Arte pública e lugares de memória". *Revista da Faculdade de Letras, Ciências e Técnicas do Patrimônio*, I Série, vol. 4, 2011. Porto.

BOER, P.D. & FRIJHOFF, W. (orgs.). *Lieux de mémoire et identités nationales*. Amsterdam: Amsterdam University Press, 1993.

CUESTA, J. (org.). "Memória e historia". Revista *Ayer*, 32, 1998. Madri: Marcial Pons/Asociación de Historia Contemporánea [Número especial].

D'ALESSIO, M.M. "Memória: leituras de M. Halbwachs e P. Nora". *Revista Brasileira de História*, vol. 13, n. 25/26, set./1992-ago./1994. São Paulo: Marco Zero/Anpuh.

DOSSE, F. *Pierre Nora* – Homo historicus. Paris: Perrin, 2011.

ENDERS, A. "Les *Lieux de mémoire* dez anos depois". *Estudos Históricos*, n. 11, 1993. Rio de Janeiro: CPDOC/FGV.

HORVATH, Z. "On 'Lieu de mémoire', 'trauma' and their relevancies in Hungary – Memory research in *begriffsgeschichtlich* approach". In: *Kakanien Revisited*, set./2004, p. 129. Viena: Universität Wien [Disponível em www.kakanien.ac.at/beitr/ZKHorvath – Acesso em out./2012].

JUDT, T. "Em busca do tempo perdido – A França e seus passados". *Reflexões sobre um século esquecido*: 1901-2000. Rio de Janeiro: Objetiva, 2010.

RÉMOND, R. *Réponse au discours de M. Pierre Nora* – Discours prononcé dans la séance publique le jeudi 6 juin 2002 au Palais de l'Institut [Disponível em http://www.academie-francaise.fr/les-immortels/pierre-nora?fauteuil=27&election=07-06-2001 – Acesso em out./2012].

RILLA, J. "Historias em segundo grado – Pierre Nora y los lugares de memoria". In: NORA, P. *Pierre Nora en "Les lieux de mémoire"*. Montevidéu: Trilce, 2008.

RIOUX, J.-F. "Nous sommes entrés dans l'ère des lieux de mémoire..." *L'Histoire*, n. 165, abr./1993, p. 84. Paris.

ROUSSO, H. "Un jeu d'oie de l'identité française". *Revue d'Histoire*, vol. 15, n. 1, 1987. Paris [Disponível em http://www.persee.fr/web/revues/home/prescript/article/xxs_0294-1759_1987_num_15_1_1913_t1_0151_0000_3 – Acesso em out./2012].

SILVA, H.R. "Pierre Nora – Homo historicus", de François Dosse [Resenha]. *Revista Brasileira de História*, vol. 31, n. 61, 2011. São Paulo.

Thébaud, F. "Entre parcours intellectuel et essai d'ego-histoire – Le poids du genre". *Genre & Histoire*, n. 4, primavera/2009 [Disponível em http://genrehistoire.revues.org/697 – Acesso em out./2012].

11
Peter Burke (1937–)

José D'Assunção Barros*

1 O historiador e sua época

Peter Burke, historiador inglês nascido em 1937, na cidade de Stanmore, iniciou sua carreira acadêmica na Universidade de Sussex (Inglaterra). Logo se tornaria amplamente conhecido no Brasil não apenas em função da tradução de diversos de seus livros para o português, como também em virtude de sua breve estadia entre nós como professor-visitante na Universidade de São Paulo (1994-1995)[1]. Vale lembrar ainda que à sua ligação com o Brasil, reforçada pelo seu casamento com a historiadora brasileira Maria Lúcia Garcia Pallares-Burke, agrega-se também o interesse pela obra de Gilberto Freyre, da qual Peter Burke pode ser considerado um dos maiores especialistas mundiais[2]. Atualmente é professor na Universidade de Cambridge, na qual atua desde 1979 com o desenvolvimento de pesquisas e disciplinas ligadas à história da cultura – área historiográfica dentro da qual tem realizado boa parte de sua contribuição autoral, a par das igualmente significativas obras de reflexão historiográfica às quais também se dedica com afinco.

Estamos aqui diante de um historiador com privilegiada capacidade de síntese e clareza. Especializado nos estudos sobre a Europa Moderna, mas também na história contemporânea, talvez a sua maior contribuição à historiografia seja, por outro lado, a própria reflexão que tem desenvolvido sobre a historiografia e a teoria da história. Sua pequena, mas extremamente lúcida síntese sobre a *Escola dos Annales* (1990), e seus panoramas historiográficos sobre a história cultural – *O que é história cultural* e *Variedades de história cultural* –, são alguns exemplos disto que se expressa em alguns dos melhores momentos de sua produção: a capacidade de refletir sintética e criticamente sobre a própria história da historiografia, percebendo com clareza os caminhos até então percorridos e assinalando as futuras tendên-

---

* Doutor em História pela Universidade Federal Fluminense e professor-adjunto da Universidade Federal Rural do Rio de Janeiro (UFRRJ). Como autor, publicou 15 livros e uma centena de artigos em revistas especializadas.

cias. De igual maneira, as obras sobre temáticas especificamente historiográficas, de *Itália renascentista* (1972) a obras mais recentes como *A fabricação do rei* (1992) ou *A renascença europeia – centros e periferias* (1998), revelam a acurada análise de um historiador cultural que estende sobre a modernidade europeia, seu principal campo de estudos, um olhar problematizador e atento à interdisciplinaridade.

Do ponto de vista de sua inserção na sua própria época, devemos lembrar que Peter Burke vive a sua primeira infância no período da Segunda Grande Guerra, e fará seus estudos no período da reconstrução europeia, beneficiando-se de uma rigorosa e erudita educação jesuíta no St John's College, de Oxford. Nesta cidade, atinge o doutoramento, em 1962.

A partir daí, inicia-se a sua carreira acadêmica. O fato de principiar a sua trajetória acadêmica em uma universidade nova e intelectualmente efervescente – a Universidade de Sussex, na Inglaterra – trouxe uma cor especial ao acorde historiográfico de Peter Burke. Em seu livro sobre a *Escola dos Annales* (BURKE, 1990: 27), em uma pequena, mas significativa nota de pé de página, o historiador inglês menciona "a excitação intelectual e estímulo à renovação existente em tais ambientes". Se Marc Bloch e Lucien Febvre puderam se beneficiar, na França da década de 1920, do ambiente de renovação proporcionado pela Universidade de Estrasburgo, a Universidade de Sussex também respirava na Inglaterra dos anos de 1960 este clima de desejo de renovação, de curiosidade intelectual, de ousadia de questionar os parâmetros estabelecidos. Este olhar crítico voltado para uma permanente e acurada análise do seu presente historiográfico, e para a possibilidade de transformar o futuro histórico, tornou-se uma marca importante do historiador Peter Burke, que se mostraria sempre preocupado em assimilar os desenvolvimentos mais atuais que vão ocorrendo em cada campo de saber e nos meios intelectuais os mais diversos. Ao assumir o título de professor emérito de história cultural na tradicional Universidade de Cambridge, em 1979, Burke teria a oportunidade de contribuir para o seu novo meio acadêmico com este mesmo espírito de inovação e atenção às mudanças de seu próprio tempo[3].

A trajetória formativa e profissional de Peter Burke, enfim, e também os seus caminhos autorais, praticamente coincidem com o período de rápidas e significativas transformações que abarcam a segunda década do século XX e as primeiras décadas do século XXI. O historiador inglês, desta maneira, tornou-se testemunha ocular destas transformações, autoconstruindo-se e renovando-se continuamente como um historiador visceralmente ligado à sua própria época.

2 Percursos e diálogos

Neste ensaio, utilizar-nos-emos de algumas das obras de Peter Burke para a identificação das linhas mestras de sua historiografia, além de problematizar alguns aspectos de especial interesse que podem ser notados na obra deste historiador inglês, tal como a assimilação interdisciplinar de alguns conceitos e aportes teórico-metodológicos oriundos da sociologia, da ciência política e da antropologia, além do hábil uso do método comparativo como um instrumento importante de pesquisa. Enfatizaremos a importância de Peter Burke como um historiador que, nos quadros de uma nova história social que se reafirma nos anos de 1970, tenderá cada vez mais a construir a sua identidade historiográfica no âmbito de uma história cultural que se refundará nas décadas seguintes sob o signo de uma história social da cultura, ou mesmo de uma história cultural do social, tal como proporá Roger Chartier (CHARTIER, 2002: 67). Para além disto, uma ênfase especial será dada à importância de Peter Burke como historiador da historiografia e como teórico e metodólogo atento à renovação constante dos rumos da historiografia ocidental.

∗∗∗

A primeira obra significativa de Peter Burke foi publicada em 1972, abordando *O Renascimento italiano*. O impulso interdisciplinar, que a partir daí sempre acompanharia o historiador inglês, revela-se desde já nesta obra que procura oferecer uma explicação sociológica sobre o Renascimento italiano. Aqui já se expressam algumas das preocupações que acompanharão Burke no decorrer de sua produção historiográfica: em primeiro lugar, a forte preocupação de estabelecer, através da análise historiográfica, uma conexão entre sociedade e cultura; em segundo lugar, o enriquecimento conceitual trazido pelo diálogo interdisciplinar com a sociologia, com a antropologia social e outros campos de conhecimento; e, por fim, a especial preocupação com a linguagem simultaneamente como forma de estruturação de visões de mundo e como meio para o estabelecimento da sociabilidade.

Impressiona em particular, já nessa primeira obra, a extraordinária capacidade do historiador inglês para mobilizar um vasto universo de focos de pesquisa – de modo a alimentar uma hábil abordagem comparativa – a começar pela investigação em torno de 600 humanistas que se distribuíam através de uma vasta produção renascentista, entre pinturas, produções arquitetônicas, esculturas e literatura. Nesse aspecto em particular, a contribuição metodológica de Peter Burke é especialmente relevante, uma vez que ele encaminha com habilidade um método prosopográfico que se responsabilizará pela elaboração de uma biografia coletiva dos 600 humanistas escolhidos. Influências teóricas mais perceptíveis, no âmbito do diálogo interdisciplinar com a sociologia, apontam para Max Weber e Émile Durkheim.

A ultrapassagem de abordagens culturais do período renascentista que são meramente construídas em torno da análise individual dos intelectuais e artistas humanistas será, nesse ensaio, uma das principais contribuições do historiador inglês, que deste modo inscreverá as suas análises definitivamente em uma perspectiva contemporânea de história social. Empreendendo uma autêntica história social do cultural, e mobilizando uma bem-articulada abordagem comparativa, o historiador inglês ocupar-se-á não apenas de verificar quem eram aqueles humanistas renascentistas, mas também em investigar todos os detalhes de sua formação artística, assim como as relações sociais que os constrangiam, a começar pela mais óbvia para o período em questão: as relações de patronato. Examinar, nesta sociedade, como se dão as escolhas propriamente artísticas, de modo a identificar a interação entre os diversos grupos sociais e aspectos vários da arte renascentista, tais como a própria diversidade de gêneros artísticos, mostra-se aqui o signo mais visível de uma historiografia que traz para o centro da análise as relações entre sociedade e cultura, evitando aquilo que em um de seus estudos historiográficos posteriores ele chamaria de "uma história cultural desencarnada", descolada das dimensões sociais que na verdade seriam indissociáveis de qualquer produção cultural.

Mostra-se ainda uma contribuição importante de Burke a ultrapassagem das habituais análises que se centram exclusivamente na ruptura entre o moderno renascentista e o medieval. Dessa maneira, Burke irá examinar a rica tensão que se pode perceber, nas próprias obras de artistas e intelectuais renascentistas, entre os elementos que confirmam o discurso renascentista de rompimento com o medieval e de concomitante recuperação dos valores clássicos, e os elementos que permitem inscrever a produção de cada um deles também em uma continuidade que remete ao mundo medieval. Desse modo, o mundo renascentista surge como produto de dois passados em interação – a Antiguidade Clássica e a medievalidade gótica –, o que também permite problematizar o seu vínculo em relação ao futuro, isto é, a modernidade que nas análises mais habituais é por vezes apresentada como produto da própria renascença. Para além disso, a preocupação de Peter Burke com um novo modelo de história social da cultura o leva a atentar para a plena interação entre a emergência do mundo renascentista e diversos dos contextos que o tornarão possível, tais como a dimensão urbana.

Será útil ainda perceber como, nessa e em outras obras sobre o Renascimento, Peter Burke busca distanciar-se francamente daquele que consideraria – em *Variedades de história cultural* – como um modelo clássico de história cultural. Além da já mencionada crítica à "história cultural desencarnada" que aparece em tantas análises que enxergam o Renascimento a partir de obras dos gênios criadores, Burke realizará aqui, com sua própria análise do Renascimento, uma segunda crítica ao modelo clássico de história cultural: aquela que se refere ao que ele mesmo chamou, em boa parte da produção historiográfica sobre o Renascimento, de "ilusão da unidade". É com vistas a confrontar-se com as leituras historiográficas que pressupõem a ideia de que existiria uma "cultura do Renascimento" extensiva a todas as classes e ambientes sociais do início da Modernidade, quando na verdade o movimento do chamado Renascimento seria apenas relacionado a uma certa cultura de elite, que o historiador inglês decide-se a examinar a *Cultura popular na Europa moderna* (1978), título de sua terceira obra importante sobre o período moderno da história ocidental.

Antes dessa obra, porém, Peter Burke fará uma primeira incursão no século XVII, o outro século de sua eleição em seus trabalhos voltados para a história moderna. Em um ensaio publicado em 1974 com o título *Veneza e Amsterdam*, tratar-se-á de dar novo encaminhamento ao método prosopográfico que Burke já havia utilizado em sua primeira obra sobre o Renascimento. No caso, seu objetivo recairá na investigação sobre as elites dominantes destas duas cidades. Novamente aparecerá um importante diálogo com a sociologia, agora percebendo-se o diálogo com o sistema de oposições proposto por Vilfredo Pareto para a contraposição de dois tipos sociais voltados respectivamente para o impulso à mudança e para a tendência à estabilidade.

Mas será a segunda obra de Burke sobre o início da Modernidade – *Cultura popular na Europa moderna* (1978) – que demarcará um novo redirecionamento historiográfico na produção do historiador inglês, uma vez que este livro assinala o deslocamento do interesse historiográfico pelas elites para uma "história vista de baixo", o que constitui, aliás, uma tendência da historiografia inglesa deste período, bastante influenciada pelas perspectivas difundidas por Edward Thompson e que, no caso de Burke, também denuncia a forte inspiração nas obras de Robert Mandrou. Esta obra também introduzirá o historiador inglês em outro circuito de preocupações que seria bastante recorrente em obras posteriores: a discussão problematizada dos conceitos a serem trabalhados historiograficamente. A dicotomia entre "alta cultura" e "cultura popular", remetendo a um importante diálogo com os trabalhos de Mikhail Bakhtin, é aqui abordada pelo historiador inglês como algo que deve ser problematizado, assim como o próprio conceito de "povo". A partir desse estudo historiográfico específico, mas também em obras teóricas posteriores – tais como o ensaio *O que é história cultural* (2004) e o texto "Cultura erudita e cultura popular na Itália renascentista", incluído na coletânea *Variedades de história cultural* (1997) –, Burke irá lançar indagações decisivas: quem seria afinal o "povo"? O conjunto social que, como um bloco, se destaca da elite, ou a totalidade social que inclui a elite? Certos extratos sociais específicos, e não outros? O homem que se vê inserido em determinados ambientes, ou em certas situações específicas? Seria possível participar do povo em alguns momentos, e dele se destacar em outros? Circular entre níveis de cultura e sociabilização diferenciados?

A partir de uma compreensão sobre o polissemismo implícito no conceito de "povo", a tradicional dicotomia entre uma "cultura erudita" e uma "cultura popular" – tal como trabalhada anteriormente por autores diversos – deve ser ela mesma problematizada, uma vez que Peter Burke procura mostrar que naquele, como em outros períodos históricos, podem ser percebidas muitas "culturas populares ou muitas variedades de cultura popular", para além da dificuldade de se estabelecer os limites entre zonas de alta cultura e zonas de cultura popular, já que "uma cultura é um sistema de limites indistintos, de modo que [no quadro de referências dicotômicas entre cultura popular e cultura erudita] mostra-se impossível dizer onde termina uma e começa outra" (BURKE, 1989: 56).

Por fim, o historiador inglês será hábil, nessa mesma obra, em mostrar que mesmo as produções qualificadas como relacionadas à cultura popular podiam ser partilhadas por grupos sociais distintos, cada qual as decifrando a partir de seus próprios valores e assimilando-as de acordo com seus próprios parâmetros e necessidades, de modo que aqui já se toca de alguma maneira em questões que logo seriam tratadas por historiadores e antropólogos interessados na compreensão plural dos fenômenos da recepção, como o Michel de Certeau de a *Invenção do cotidiano* (1980). Eis aqui, portanto, uma abordagem da cultura que, já com Peter Burke, mostra-se dinâmica, centrada nas várias estratégias de apropriação cultural e na circulação dos atores sociais por mundos culturais diferenciados, mas de todo modo não cindidos uns em relação aos outros, de modo que a abordagem historiográfica recomendada é aquela que se dirige não para a polarização e divisão entre circuitos culturais, mas sim para as formas de interação entre as "culturas do povo" oriundas de ambientes sociais diversos e a "alta cultura" que podia ser aprendida na corte e instituições de ensino (BURKE, 1989: 17).

O interesse de Peter Burke pelo estudo do Renascimento seguirá adiante, com uma obra de 1987 intitulada *O Renascimento*. Com essa obra, Burke encerrará a sua tríade inicial de estudos renascentistas (mais tarde, em 1998, ele ainda publicará *A Europa renascentista: centros e periferias*). O diferencial desse livro de 1987 é que aqui, ao contrário de suas outras duas obras, o Renascimento será descrito essencialmente como um "movimento", e não como um período (BURKE, 2008: 95). Em função disto, abre-se a oportunidade de entendê-lo como um fenômeno circunscrito a um determinado circuito de ambientes, sábios, artistas, mecenas e faixas de público receptor, e não como um fenômeno abrangente que se possa generalizar à totalidade social. Ademais, uma leitura diacrônica mais ampla permitirá que o historiador inglês insira o Renascimento no interior de um grande processo de "ocidentalização do Ocidente" que teria ocorrido entre 1000 e 1800, e que irá dotar gradualmente os europeus relacionados às classes socialmente privilegiadas de uma cultura específica. O Renascimento, nesta perspectiva, será visto como acontecimento inserido em um processo bem mais amplo, o que permite retomar o sempre presente diálogo com o Norbert Elias de *O processo civilizador* (1939).

A obra apresenta o interesse adicional de iniciar-se através de uma oportuna discussão do Renascimento como "mito", examinando a ideia mais comum que se faz sobre a renascença europeia como produto de uma construção que tem um de seus momentos mais importantes no século XIX, particularmente com Jacob Burckhardt (1860), que redefine o Renascimento em termos da emergência do "individualismo" e da "modernidade". Desconstruindo o mito renascentista, Peter Burke irá criticar os exageros de Burckhardt e de outros autores no que se refere aos contrastes em relação à Idade Média, seja para depreciá-la ou para enaltecê-la.

No encaminhamento dessa análise, Burke chamará atenção para a medievalidade de diversos artistas e intelectuais renascentistas. Mesmo um livro como *O príncipe* de Maquiavel (1513), a obra-prima do realismo político italiano, poderá ser então examinado como acontecimento literário que se insere em uma longa série de "espelhos de príncipe" que remetem à Idade Média no que se refere à sua correspondência com um gênero tipicamente medieval voltado para a educação e esclarecimento de reis. De igual maneira, Burke irá mostrar como se aproxima das tradições medievais de comportamento e do amor cortês o livro *O cortesão*, de Baldassare Castiglione (1528) – obra à qual o historiador voltará em uma análise específica em um livro publicado em 1996 com o título *As fortunas do cortesão* (edição brasileira: 1997).

Para além da medievalidade do Renascimento do início da Idade Moderna, Burke também irá examinar um outro ponto de complexidade. Enfatizando as então recentes discussões de medievalistas, o historiador inglês também chamará atenção, nessa obra, para outros renascimentos que teriam ocorrido já na Idade Média, notadamente o "Renascimento do século XII" e o, mais discreto, "Renascimento carolíngio". Desta maneira, a retomada de valores clássicos através de um movimento literário e artístico consciente, as ênfases no humanismo, as recolocações da razão no sentido clássico, não teriam sido um acontecimento isolado que se restringiria ao Renascimento da Idade Moderna, mas sim uma recorrência na história da cultura europeia, de modo que o Renascimento europeu da Idade Moderna reinsere-se aqui em um processo mais amplo de continuidades e descontinuidades.

Por fim, valerá ressaltar ainda que na sua obra *O Renascimento*, de 1987, Peter Burke também estará apto a discutir o fenômeno da Renascença no contexto das polêmicas discussões historiográficas sobre a "crise das grandes narrativas" – e lembraremos aqui que, em 1987, já tinha se desenrolado o principal do debate sobre a Pós-modernidade que teve dois marcos importantes com o Lyotard de *A condição pós-moderna* (1979), anunciador da "morte das metanarrativas", e com a brilhante resposta de Fredric Jameson em seu livro *Pós-modernismo: a lógica cultural do capitalismo tardio* (1984). A análise de Peter Burke sobre o Renascimento, neste novo momento, pôde, portanto, se beneficiar de um novo debate, que permite compreender um aspecto a mais da construção do mito renascentista.

Gostaríamos de abordar, em seguida, uma obra que, não muito distante deste último trabalho sobre o Renascimento, abrirá novas perspectivas nas linhas de análise propostas pelo historiador inglês. O livro em questão recebeu o título de *A fabricação do rei – A construção da imagem pública de Luís XIV* (1992, edição brasileira em 1994). Entre outros aspectos, o historiador inglês dirigirá sua atenção agora para o "teatro do poder", uma questão que, pela mesma época, já começava a ser discutida por ele mesmo, no âmbito teórico, em um dos ensaios que seriam incluídos naquele mesmo ano na coletânea *O mundo como teatro – Ensaios de antropologia política* (1992)[4].

O novo recorte de pesquisa a ocupar o historiador inglês em *A fabricação do rei* será o século XVII, e a espacialidade privilegiada a França. Mas, na verdade, o que estará interessando a Peter Burke neste novo ensaio, publicado em 1992, será a monarquia absoluta, em sua tríplice dimensão social, cultural e política, e, mais especificamente, a representação iconográfica e dramatizada da realeza, assim como os discursos que se estabelecem em torno da figura do rei e os rituais que se constroem em torno do monarca de modo a se projetar como estratégias de controle sobre o mundo político, social e cultural – isto sem deixar de gerar, é preciso lembrar, também as inevitáveis resistências e imaginários reversos. Interessará ao historiador inglês, em especial, a identificação e análise daquilo que, de algum modo, pode até mesmo ser considerado um colossal sistema de propaganda – a prenunciar o "*marketing* político" que mais tarde seria tão comum no mundo contemporâneo – e também um sistema de estratégias destinadas a produzir e controlar, através da Corte, uma sofisticada rede de interdependências em torno do rei. A etiqueta, os rituais, as festas públicas, a espetacularização da vida privada do rei, a circulação de imagens reais através da arte, das efígies de moedas, da estatuária, da arquitetura, da tapeçaria... tudo se investirá de especial importância nesse complexo sistema que reaparece também em outras monarquias europeias, mas que na França do século XVII adquirirá particular significação.

O escolhido, de fato, não poderia ser outro: Luís XIV, o Rei-Sol, que a partir de 1643 governou a França por 72 anos e que produziria, com a articulação de sua longevidade à eficiente administração de sua própria imagem, um longo período de intensa eficácia no exercício do poder régio. Luís XIV, de fato, ao lado de todo um complexo sistema imaginário e político que se constrói em torno de sua figura, será ele mesmo um ator central nesta bem-elaborada trama – um ator que se obrigará a uma contínua e diária *performance* destinada a praticamente eliminar os seus espaços de real privacidade, já que o cotidiano régio e a Corte, ao lado do mundo político, estarão a partir daqui configurados em um grande teatro dirigido a uma plateia de 20 milhões de franceses, sem contar um correspondente circuito receptor externo, no âmbito das relações internacionais, que também será examinado a certa altura por Peter Burke (1994: 170).

A ampla utilização da iconografia como fonte histórica, nesta obra, e a análise imagística que acompanha toda uma concomitante abordagem de documentos escritos que vão da correspondência régia aos discursos do rei e sobre o rei, constituem a grande novidade metodológica que aqui surge na trajetória historiográfica de Peter Burke. Mais tarde, em uma obra intitulada *Testemunha ocular* (2004), Burke se dedicará a outro investimento, desta vez teórico, relacionado ao uso da imagem pela historiografia, estendendo ali seus interesses iconográficos também para a fotografia e a filmografia. De igual maneira, em *A fabricação do rei* o objeto de estudo do historiador inglês redesenha-se: não lhe estará interessando, aqui, estudar propriamente o rei, mas sim as representações que se tecem em torno do rei, a nebulosa de imagens e discursos que partem do próprio sistema monárquico, mas que também se desdobram de novas maneiras por toda a sociedade e que também são devolvidas sem excluir o negativo – uma vez que Burke também estará preocupado a examinar, em um dos capítulos da obra, a contraimagem, aquilo que denominou "o reverso da medalha" (1994: 147).

O sinal mais evidente de que aqui estamos não diante de uma história do poder régio, e muito menos da história de um rei, mas sim de uma história das representações da realeza, é o fato de que – para além do capítulo que, sob o poético título de "O pôr do Sol", irá pontuar a morte de Luís XIV e sua apropriação política – se estenderão alguns dos mais importantes capítulos do livro, estes dedicados sucessivamente ao estudo do confronto de representações, da guerra de imagens que tem também o seu reverso da medalha, da recepção da imagem do Rei-Sol, da busca de precedentes em outras monarquias, esse último capítulo mostrando particularmente a preocupação em identificar o complexo sistema imagístico e representacional que se estabelece em torno de Luís XIV não como algo isolado, mas como o exemplo mais monumental de um fenômeno que estará relacionado às monarquias do período moderno[5].

O cuidadoso trabalho desenvolvido por Burke nesta obra de maturidade dedica-se a mostrar como, ao lado da intencionalidade que corresponde aos objetivos do projeto monárquico, será também construída a muitas mãos esta sofisticada imagem de Luís XIV – simultaneamente um símbolo de Deus na Terra e enfática imagem do poder, da glória e da grandeza do poder régio. Assim, dos alfaiates que tecem sob medida a ostentatória indumentária régia, aos artistas plásticos que irão retratá-lo visualmente e aos biógrafos, poetas e historiadores que serão conclamados a descrever o monarca e suas façanhas, todos contribuirão para a construção da imagem do Rei-Sol, o que não excluirá, por outro lado, aquilo que Peter Burke denominará uma "crise de representações", já que também existiam claras "discrepâncias entre a imagem oficial do rei e a realidade cotidiana tal como percebida por seus contemporâneos, mesmo simpatizantes" (BURKE, 1994: 137). Dessa maneira, na análise de Peter Burke, o imaginário construído pelos ditames do poder régio é examinado em sua interação com o imaginário vivo e dinâmico que se gesta no próprio plano das sociabilidades, da vida cotidiana, do vivido que pode ser captado pelo historiador a partir de múltiplas fontes históricas. Este confronto da intencionalidade de um projeto régio com a espontaneidade das relações sociais, mas também com a internalização nas pessoas comuns de um certo modo de reverenciar a realeza e da assimilação interindividual de um rigoroso controle que emana do poder central remete, respectivamente, a diálogos com autores como o Marc Bloch de *Os reis taumaturgos* (1922) e o Norbert Elias de *O processo civilizador* (1939). O imaginário do poder monárquico surge, então, como um fenômeno complexo, de muitas facetas e com repercussões diversas na vida dos homens pertencentes aos diversos grupos sociais. A historiografia que o examinará em toda esta complexidade será necessariamente interdisciplinar, aberta a diálogos com a antropologia, com a sociologia, com a psicologia social.

A fabricação do rei (1992) pode ser tomada como um sinal significativo do deslocamento da produção historiográfica de Peter Burke da história social mais tradicional – nas primeiras obras sobre o Renascimento ainda uma história social da cultura no sentido mais habitual – em direção a uma história cultural propriamente dita, já sintonizada com as tendências que começam a se expressar a partir dos anos de 1980, chegando aqui a tocar em questões que já seriam consideradas por Roger Chartier como uma "história cultural do social" (2002: 61). Articula-se já às novas tendências da história cultural o empenho de Peter Burke em verificar não apenas "como" e "por que" uma determinada imagem do rei irá ser fabricada e se transformar de acordo com o contexto social e os interesses políticos, mas, também, as maneiras consoante as quais os vários públicos reagirão a esta imagem do rei (BURKE, 1994: 176). Deste modo, revela-se também aqui um dos traços que têm dimensionado a historiografia de Peter Burke como um todo: a atenção à interdisciplinaridade, no caso desta obra particularmente voltada para o atento diálogo com as ciências da comunicação. Este diálogo, e também a interdisciplinaridade com a linguística, será particularmente importante na mais recente fase da produção historiográfica de Burke, a começar em 1992 pelo ensaio *A arte da conversação*, e chegando a uma série de obras organizadas com Roy Porter, entre as quais *História social da linguagem*, *Línguas e jargões*, e *Linguagem, indivíduo e sociedade*.

A notável habilidade de Peter Burke em lidar com abordagens comparativas é outro traço que, bem presente em *A fabricação do rei*, constitui de fato um aspecto bem característico na produção historiográfica de Burke como um todo. Comparações diacrônicas, envolvendo períodos diferenciados, e sincrônicas, abarcando as releituras de um mesmo fenômeno nos diversos extratos e ambientes sociais de um mesmo período, são comuns na prática historiográfica de Peter Burke. De igual maneira, o cotejamento de fontes diversificadas, que em *A fabricação do rei* remete a modalidades iconográficas várias e também a discursos escritos, é uma constante na ação do Peter Burke historiador. No próximo item estaremos voltados para trazer à tona outro lado deste historiador inglês: o Peter Burke historiógrafo. Estaremos nos referindo aqui aos trabalhos em que Burke empreendeu grandes balanços e análises historiográficas.

3 Conceitos-chave

Uma das contribuições mais significativas de Peter Burke à literatura historiográfica tem sido a análise da própria historiografia, bem como as discussões sobre teoria e metodologia da história. Será oportuna, neste momento, a análise deste segundo grande ramo da produção historiográfica de Peter Burke, talvez aquele que o tornou mais conhecido, com vistas à identificação dos conceitos-chave que permitem balizar a sua identidade historiográfica. O primeiro destes conceitos-chave, certamente, é o de interdisciplinaridade.

Como se disse no início deste texto, a interdisciplinaridade cedo constituiu um de seus principais interesses teóricos, o que poderemos verificar com um curso que Peter Burke havia ministrado ainda no início dos anos de 1960, na Universidade de Sussex, e que se converteria no ensaio *Sociologia e história*, publicado em 1980. A obra seria revista e ampliada 11 anos mais tarde, com o novo título de *History and Social Theory* (1991). Aqui se trata de estabelecer conexões possíveis entre a sociologia e a história, um dos diálogos interdisciplinares dos quais Peter Burke mostra-se mais entusiasta, além da interação com a antropologia. A discussão de aportes teóricos e metodológicos mostra-se particularmente profícua, e o ponto alto da obra é a discussão pormenorizada sobre as possibilidades de usos historiográficos de conceitos vários que também fazem parte do universo teórico da sociologia e da ciência política, sendo que na versão revista de 1991 o quadro conceitual foi também ampliado de modo a abarcar também a geografia, a antropologia e a psicologia social. "Poder", "função", "centro e periferia", "comunicação e recepção", veremos aqui estes e inúmeras outras noções que na verdade já faziam parte do sistema conceitual empregado por Peter Burke nas obras atrás discutidas, mas que nesse trabalho ele generosamente discute sob a forma de um conjunto de reflexões teóricas certamente voltado para os vários níveis de formação historiográfica. Esta preocupação didática de Peter Burke aparecerá, com bastante eficácia, em alguns de seus textos de discussão historiográfica.

***

Já mencionamos a presença, na produção bibliográfica de Peter Burke, de obras mais panorâmicas, destinadas a mapear a historiografia, particularmente aquelas que se voltaram para a história cultural. O conceito-chave de "cultura", ao lado do já discutido conceito de "interdisciplinaridade", afirma-se aqui como uma segunda nota de intensa repercussão no acorde historiográfico de Peter Burke. A cultura foi, de fato, uma de suas principais dimensões de interesse; a história cultural tornou-se a sua principal modalidade historiográfica de investimento como pesquisador.

O que é a história cultural (2004) e *Variedades de história cultural* (1997) – a segunda destas obras reunindo ensaios historiográficos diversos – constituem marcos no mapeamento historiográfico desta modalidade que adquire especial expressão a partir dos anos de 1980. Da mesma forma, encontraremos em outras coletâneas teórico-historiográficas de Peter Burke, entre as quais *O mundo como teatro* (1992), ensaios de igual valor no que se refere aos mapeamentos historiográficos, bem como outros de grande importância pelo caráter propositivo de novos caminhos historiográficos, tal como o seu "História social dos sonhos" – um antigo artigo que havia sido publicado na *Revista dos Annales* – ou ainda "A história como memória social", este último discutindo "as diferentes atitudes em relação ao passado que podem ser encontradas nas diversas culturas", o que introduz Peter Burke em um campo de discussões que já havia sido percorrido por Koselleck em seu famoso livro *Futuro passado* (1979)[6].

O papel de Peter Burke como organizador de coletâneas de textos importantes para o mapeamento e discussão historiográficos também é extremamente relevante, sendo o exemplo mais eloquente a coletânea por ele organizada sob o título *A escrita da história – Novas perspectivas* (1991). Nessa obra – que permite situar a "historiografia" como um terceiro conceito-chave importante para a compreensão da produção burkiana – podemos destacar o próprio ensaio autoral de Peter Burke sobre "A história dos acontecimentos e o renascimento da narrativa". Este pequeno estudo revela-nos um historiador profundamente interessado na renovação dos modos de escrever a história, nas novas possibilidades de tratamento da temporalidade pela historiografia, nos novos modos narrativos que incluam uma necessária polifonia de vozes que seja capaz de trazer uma maior representatividade social para uma historiografia que ainda não conseguiu se libertar – porque sempre presa ao uso do ponto de vista narrativo unificado – da contaminação de um ponto de vista de cima, que se faz passar por imparcial através do narrador ausente ou que se oculta na terceira pessoa do singular. A revolução historiográfica também deve passar, postulará Burke, por uma maior audácia na renovação nos modos de escritura da história propriamente ditos.

Entre as obras de análise historiográfica talvez não exista uma obra de Peter Burke com maior sucesso do que seu ensaio *A Escola dos Annales – A Revolução Francesa da historiografia* (1991). Burke pretenderá, nessa obra, historiar o célebre movimento dos *Annales*, desde a instalação de uma nova e combativa historiografia por Marc Bloch e Lucien Febvre nas primeiras décadas do século XX, quando começa a ser enfaticamente questionada uma "história historizante" que era bem representada pela antiga Escola Metódica Francesa, até as últimas gerações de historiadores franceses que se colocam como herdeiros dos *Annales*, e que em 1989, às vésperas da elaboração do ensaio de Burke, anunciavam novos encaminhamentos para a *Nouvelle histoire* a partir de dois editoriais para a *Revista dos Annales*, publicação que sempre trouxe o elemento de identidade para o grupo. A leitura desenvolvida por Peter Burke a respeito da renovação historiográfica encaminhada pelos *Annales* é também atravessada pelo já mencionado conceito-chave de interdisciplinaridade.

A posição de Burke com relação ao movimento dos *Annales*, por ele reconhecido como uma "Escola" a partir do título da obra, aponta na direção contrária do célebre ensaio que François Dosse havia publicado três anos antes com o impactante título de *A história em migalhas* (1987). Dosse pretendeu mostrar que existiria uma clara ruptura entre o tipo de historiografia praticada pelos historiadores franceses da geração da *Nouvelle histoire* posterior a 1969, que passa a controlar a *Revista dos Annales* em substituição ao domínio que até então fora exercido por Fernand Braudel, e as duas gerações precedentes de historiadores, considerando a fase de instalação do movimento com Bloch e Febvre e a fase de amplo domínio institucional dos *Annales*, que se consolidará sob a liderança de Fernand Braudel. Ao projeto dos *Annales* que atingirá com Braudel a máxima expressão através da perspectiva de uma história total poderia ser contraposta a historiografia fragmentada da *Nouvelle histoire* a partir de 1969, constituindo aquilo que Dosse chamaria de "história em migalhas".

Ao contrário de François Dosse, a perspectiva de Peter Burke sobre o movimento dos *Annales* aponta para uma unidade do movimento, o que inclui aquele a que ele chamou de "terceira geração dos *Annales*". Não haveria uma ruptura, e sim uma transformação na continuidade, e o grande elemento de continuidade indicado por Peter Burke em sua análise seria precisamente a interdisciplinaridade. Aqui encontraremos a chave para a simpatia que Peter Burke expressa em relação ao movimento dos historiadores franceses. Ele mesmo, em sua produção histórica e historiográfica, sempre fora um grande entusiasta da interdisciplinaridade, de modo que irá se encontrar bastante à vontade para relatar a história dos *Annales* a partir de uma fluente narrativa na qual, de alguma maneira, o grande personagem é o diálogo interdisciplinar, envolvendo a História em uma rica interação com a Geografia, a Sociologia, a Antropologia, a Economia, a Psicologia Social, a Linguística e outras modalidades de conhecimento que teriam permitido a renovação da historiografia no decorrer do século XX. O pequeno ensaio tornou-se uma das obras de maior sucesso de Peter Burke, constituindo-se referência fundamental para a introdução ao estudo deste movimento.

4 Considerações finais

A avaliação em perspectiva sobre a obra de Peter Burke – uma vasta obra que ainda está em curso e promete novos e importantes trabalhos – permite situar a questão interdisciplinar como um aspecto central de seu trabalho. Se tivéssemos de pontuar apenas um único conceito-chave para a compreensão simultânea da trajetória e da produção bibliográfica de Peter Burke, a noção de interdisciplinaridade certamente surgiria como a escolha mais adequada para traduzir em uma só palavra esta obra ao mesmo tempo vasta e diversificada. É por exemplo a interdisciplinaridade que estará por trás de *A arte da conversação* (1993), obra na qual o historiador inglês busca estabelecer diálogos e liames entre os historiadores e os diversos cientistas humanos e sociais, entre os quais os antropólogos, linguistas, psicólogos, geógrafos, e especialistas em comunicações.

Para trazer um delineamento final a esta análise, podemos identificar na produção de Peter Burke três grandes fases interdisciplinares. Em que pese a importância que em suas reflexões historiográficas sempre tiveram todos os tipos de diálogos com as ciências sociais e humanas, podemos encontrar no período que se inicia com os anos de 1960 uma atenção sistemática aos diálogos da história com a sociologia. A partir do final dos anos de 1970, é perceptível uma especial preocupação do historiador inglês em trabalhar os diversos diálogos possíveis com a antropologia. Por fim, os anos recentes têm levado Peter Burke a atentar mais enfaticamente para o diálogo com as ciências da comunicação e com a linguística.

Um claro indício desta nova orientação de interesses de Peter Burke é o livro *História social da mídia* (2004) em parceria com Asa Briggs. Desenvolve-se ali uma meticulosa análise historiográfica e interdisciplinar em torno dos diversos meios de comunicação, na qual se recupera de maneira problematizada e em relação com os diferentes contextos sociais e políticos a fascinante história das diferentes mídias e dos novos problemas e potencialidades que as novas linguagens por elas trazidas – da retórica à escrita virtual e ao ciberespaço – têm sucessivamente oferecido à civilização ocidental, contribuindo para a sua própria transformação, em um arco histórico que vai da invenção da imprensa à internet. Os três primeiros capítulos correspondem mais especificamente à contribuição de Peter Burke, que aborda a história das comunicações e das novas linguagens na Europa do início da era moderna, por ocasião da difusão generalizada da imprensa, até a Revolução Industrial.

São também indícios da nova fase de interesses interdisciplinares e temáticos de Peter Burke as coletâneas que organiza em parceria com Roy Porter, e que começam a aparecer a partir de meados dos anos de 1990, entre os quais a coletânea *História social da linguagem* (1997). Em particular, destacar-se-ão aqui os diálogos com a sociolinguística e com a etnografia da comunicação, para mencionar uma avaliação do próprio Peter Burke sobre este novo momento de sua produção historiográfica. Extremamente significativa, porque retomando o liame entre história social e história cultural através da temática da linguagem, é a coletânea *Línguas e jargões*, que busca examinar nos seus diversos contextos sociais os dialetos e jargões criados e difundidos por diversos grupos sociais e profissionais, entre os quais os médicos, advogados e professores, mas também as sociedades secretas como a dos maçons, bem como grupos sociais marginalizados, tais como os dos ciganos e dos mendigos.

Por fim, o diálogo com as ciências da comunicação está igualmente presente na atenção encaminhada por Peter Burke aos novos modos de comunicação nesta era digital, concretizada pelo desfecho do segundo volume de *História social do conhecimento* (2012), agora dedicado a compreender a longa transição dos modelos enciclopédicos do período iluminista para os formatos digitais que têm na Wikipedia um dos seus desenvolvimentos mais notáveis.

A produção historiográfica de Peter Burke, longe de estar finalizada, segue adiante, adentrando a segunda década do novo milênio como uma relevante contribuição, percebendo-se em seu autor não apenas a invejável clareza de exposição e a capacidade de lidar com amplos e diversificados interesses, como também, sobretudo, um esforço de inovação trazido por cada nova obra, signo de uma historiografia em permanente mutação.

Notas

[1] Os contatos de Burke com os meios editoriais e acadêmicos brasileiros favorecem a difusão de seus livros entre nós. Particularmente nas últimas décadas, as obras de Burke publicadas em inglês são logo traduzidas para o português, com intervalo no máximo de um ano ou dois, o que tem permitido que o público acadêmico brasileiro tenha acesso a uma produção constantemente atualizada de Peter Burke.

[2] Resultado direto deste interesse foi a obra *Repensando os trópicos – Um retrato intelectual de Gilberto Freyre* (2009), escrito em parceria com Maria Lúcia Pallares-Burke.

[3] Exemplo particularmente significativo desta sintonia de Peter Burke com as transformações de sua própria época foi a elaboração, 12 anos depois, de um segundo volume da *História social do conhecimento*, agora examinando um longo período que se inicia com a Europa dos enciclopedistas iluministas e culmina com a era da internet, do acesso instantâneo às informações, e da produção autoral coletiva trazida pela Wikipedia (BURKE, 2012).

[4] *O mundo como teatro* reúne ensaios de períodos diversificados na produção de Peter Burke. Como curiosidade, está presente nesta coletânea um texto que corresponde ao primeiro trabalho de pesquisa histórica realizado por Peter Burke em Oxford, sob a orientação de Trevor-Roper, e que recebeu o título de "Da popularidade dos historiadores antigos (1450-1700)", o que já revela sintomaticamente o interesse de Peter Burke pela história da historiografia e pela reflexão sobre seus desenvolvimentos teórico-metodológicos.

⁵ Um autor que se dedicou ao estudo da imagística régia, dos rituais públicos e do teatro do poder nas Monarquias do final da Idade Média e do início do período moderno foi José Manuel Nieto Soria. Ali, veremos que as monarquias ibéricas certamente precedem as dos demais países europeus na montagem de um cuidadoso sistema de representações e de dramatizações régias. Cf. SORIA, 1993 e 2003.

⁶ Quanto à "História social dos sonhos", o artigo também será particularmente rico em diálogos interdisciplinares com a psicologia, a sociologia e a antropologia, discutindo a hipótese de que indivíduos de diferentes culturas e épocas desenvolvem diferentes maneiras de sonhar e tendem a produzir diferentes temáticas oníricas, relacionadas aos seus próprios contextos.

Referências

Obras de Peter Burke citadas neste ensaio

BURKE, P. *Uma história social do conhecimento:* da Enciclopédia à Wikipedia. Vol. II. Rio de Janeiro: Zahar, 2012.

_____. *O Renascimento*. Lisboa: Texto e Grafia, 2008, 126 p. [original: 1987].

_____. *Montaigne*. São Paulo: Loyola, 2006, 116 p.

_____. *O que é história cultural?* Rio de Janeiro: Zahar, 2005, 192 p. [original: 2004].

_____. *Testemunha ocular* – História e imagem. Bauru: Edusc, 2004.

_____. *Uma história social do conhecimento*: de Gutenberg a Diderot. Vol. I. Rio de Janeiro: Zahar, 2003 [original: 2000].

_____. "Cultura erudita e cultura popular na Itália renascentista". In: BURKE, P. *Variedades da história cultural*. Rio de Janeiro: Civilização Brasileira, 2000, p. 177-193 [original: 1997].

_____. "Unidade e variedade na história cultural" (1997). *Variedades da história cultural*. Rio de Janeiro: Civilização Brasileira, 2000, p. 233-267.

_____. *O Renascimento italiano* – Cultura e sociedade na Itália. São Paulo: Nova Alexandria, 1999, 344 p. [original: 1972].

_____. *The European Renaissance*: Centres and Peripheries. Oxford: Blackwell, 1998, 284 p.

_____. *As fortunas do cortesão*. São Paulo: Unesp, 1997. 232 p. [original: 1996].

_____. *A arte da conversação*. São Paulo: Edusp, 1995, 219 p. [original: 1993].

_____. *A fabricação do rei* – A construção da imagem pública de Luís XIV. Rio de Janeiro: Zahar, 1994, 254 p. [original: 1992].

_____. "A história dos acontecimentos e o renascimento da narrativa". In: BURKE, P. (org.). *A escrita da história*: novas perspectivas. São Paulo: Unesp, 1992, p. 327-348 [original: 1991].

_____. *História e teoria social*. São Paulo: Unesp, 1992, 275 p. [original: 1991].

_____. *O mundo como teatro – Estudos de antropologia histórica*. São Paulo: Difel, 1992, 251 p. [original: 1992].

_____. *Veneza e Amsterdã*: um estudo das elites do século XVII. São Paulo: Brasiliense, 1991, 192 p. [original: 1974].

_____. *A Escola dos* Annales – A Revolução Francesa da historiografia. São Paulo: Unesp, 1990, 156 p. [original: 1990].

_____. *Cultura popular na Idade Moderna*. São Paulo: Companhia das Letras, 1989, 385 p. [original: 1978].

BURKE, P. (org.). *A escrita da história*: novas perspectivas. São Paulo: Unesp, 1992, 354 p. [original: 1991].

BURKE, P. & BRIGGS, A. *Uma história social da mídia:* de Gutenberg à internet. Rio de Janeiro: Zahar, 2004, 377 p. [original: 2002].

BURKE, P. & PALLARES-BURKE, M.L.G. *Repensando os trópicos* – Um retrato intelectual de Gilberto Freyre. São Paulo: Unesp, 2009. 378 p.

BURKE, P. & PORTER, R. (orgs.). *História social da linguagem*. São Paulo: Unesp, 1997, 266 p.

_____. *Línguas e jargões*. São Paulo: Unesp, 1997, 284 p.

Obras citadas de outros autores

BLOCH, M. *Os reis taumaturgos* – O caráter sobrenatural do poder régio: França e Inglaterra. São Paulo: Companhia das Letras, 1993, 440 p. [original: 1924].

BURCKHARDT, J. *Civilization of the Renaissance in Italy*. Londres: Harmondsworth, 1990, 389 p. [original: 1860].

CASTIGLIONE, B. *Il Libro del cortegiano*. Turim: Utet, 1964, 642 p. [original: 1528].

CERTEAU, M. *L'invention du quotidien*. Paris: Union Générales d'Editions, 1980, 352p.

CHARTIER, R. "O mundo como representação". *À beira da falésia*: a história entre incertezas e inquietudes. Porto Alegre: UFRGS, 2002, p. 61-78.

DOSSE, F. *A história em migalhas:* dos *Annales* à Nova História. São Paulo: Ensaio, 1992, 394 p. [original: 1987].

ELIAS, N. *O processo civilizador*. Rio de Janeiro: Zahar, 1990, 308 p. [original: 1939].

JAMESON, F. *Pós-modernismo*: a lógica cultural do capitalismo tardio. São Paulo: Ática, 2006, p. 27-79 [original: 1984].

KOSELLECK, R. *Futuro passado:* contribuição à semântica dos tempos históricos. Rio de Janeiro: PUC-Rio/Contraponto, 2006, 368 p. [original: 1979].

LYOTARD, J.-F. *A condição pós-moderna*. Rio de Janeiro: José Olímpio, 1998, 132 p. [original: 1979].

MAQUIAVEL, N. *O príncipe*. São Paulo: DPL, 2008, 256 p. [original: 1513].

SORIA, J.M.N. "Las monarquías castellana y portuguesa a fines del Medievo: algunas perspectivas para una historia comparativa". *História:* questões & debates, 37 (1): 2003, p. 11-36.

_____. *Ceremonias de la realeza* – Propaganda e legitimación en la Castilla Trastámara. Madri: Nerea, 1993. 290 p.

12
Carlo Ginzburg (1939–)

*Beatriz Vieira**

1 O historiador e sua época

Conta-se que um homem e seu filho estavam em um jardim observando um gato que tentava subir em uma árvore. O pai pediu à criança que descrevesse o que viam por sucessivas vezes, pois não estava satisfeito com as respostas, até que o menino, cansado, perguntou o que faltava. O pai então respondeu: "como?" Não eram os Ginzburg, mas poderia ter sido, tal a preocupação de Carlo Ginzburg em distinguir perguntas legítimas, respostas plausíveis e possibilidades válidas, além de seus extremosos cuidados com os muitos modos como se emaranham os caminhos da vida humana, do tempo histórico, dos relatos e do conhecimento. "A vida é feita de muitas conexões, mas a pergunta é: 'quais conexões'?", diz ele[1]. E suas respostas contêm sempre grande dose de originalidade em meio ao diálogo intenso com as questões teóricas, metodológicas e políticas que compõem os debates intelectuais de sua época: enfrentar os problemas, dissecá-los a fundo e "buscar alhures" são noções que se encontram reiteradamente em seu trabalho.

Como toda historiografia, a deste autor envolve um misto de relações conscientes e inconscientes e ele demonstra sabê-lo bem com a própria experiência geracional e pessoal, que no seu caso foi deveras marcante. Nascido em Turim, na Itália, em 1939, Carlo Nello Ginzburg é originário de uma família judia, intelectualizada e politizada. Seu pai, Leone Ginzburg, migrou ainda criança de Odessa, na Ucrânia, para a Itália. Naturalizou-se italiano na juventude e, cioso de sua dupla identidade, traduziu para o italiano *Taras Bulba* de Gogol e *Ana Karenina*, de Tolstoi, e foi professor de literatura russa na Universidade de Turim até 1932, quando se demitiu por repudiar o voto de fidelidade exigido pelo governo fascista. Abandonando a carreira acadêmica, dedicou-se às atividades de luta

---

* Doutora em História Social pela Universidade Federal Fluminense. Atualmente é professora da Universidade do Estado do Rio de Janeiro (Uerj) e tradutora.

contra o fascismo, pelas quais foi preso em 1934. Anistiado após dois anos, vinculou-se a Giulio Einaudi e Cesare Pavese, entre outros, na fundação da Editora Einaudi. Quando a Itália entrou na Segunda Guerra, em 1940, e já casado com Natália Levi, também proveniente de uma família judia e socialista, foi submetido ao *confino*, exílio no interior do país a que eram submetidos os dissidentes do regime na aldeia de Pizzoli, na região dos Abruzzi. Neste lugarejo Carlo Ginzburg e seus dois irmãos passaram a primeira infância, ouvindo de sua babá as histórias do folclore italiano, de bruxas e camponeses, e de sua mãe os contos de fadas e fábulas de todo o mundo. Em 1943, com o colapso do regime e a queda de Mussolini, a família foi para Roma, onde Leone retomou sua atuação política. Mas na cidade ocupada pelos alemães veio a ser novamente preso, reconhecido e enviado para o setor nazista do presídio de Regina Coeli, onde foi morto no início de 1944. Seu filho Carlo tinha cinco anos e ficou durante algum tempo escondido em Florença pelos parentes ligados à avó materna, de ascendência católica e sobrenome Tanzi.

A família mudou-se então para Roma e voltou a Turim, onde Natália Ginzburg trabalhou para a Editora Einaudi, traduziu Marcel Proust e Gustave Flaubert, entre outras obras literárias, e, após a publicação de seu primeiro romance em 1942 sob pseudônimo (era filha de um reconhecido professor de histologia da Universidade de Turim e durante o período fascista seus três irmãos também foram presos), tornou-se ela mesma uma renomada romancista, que veio a ser traduzida em vários países. Casou-se com Gabriele Baldini, professor de literatura inglesa na Universidade de Roma, em 1950. Integrou o Partido Comunista Italiano logo após a guerra, do qual depois se desligou, e elegeu-se deputada para o Parlamento por duas vezes nos anos de 1980 por sua inserção na esquerda independente. Embora não se interessasse pelo mundo acadêmico, Natália pertenceu a um grupo intelectual de grande expressão na literatura e na crítica italiana, do qual participavam Cesare Pavese, Ítalo Calvino, Elio Vittorini, Giulio Einaudi e Eugenio Montale. O qualificado e efervescente círculo político e intelectual que os Ginzburg frequentavam exerceu influência relevante sobre o historiador, com destaque para Calvino e Pavese, frequentemente nomeados por ele. E quando indagado sobre seus leitores virtuais ou interlocutores imaginários no ato da escrita, Ginzburg não deixa de sublinhar o lugar significativo e "à parte" ocupado pela presença invisível e fortemente sentida do pai, e a figura central de sua mãe, seja para sua formação geral e intelectual, seja pela leitura e comentário de seus textos: "sinto que me dirijo a ela quando escrevo para um maior público, não profissional"[2], não obstante ressalte que a relação parental pode gerar tanto reafirmação quanto rejeição, desdobrando-se em diferentes caminhos.

Evidentemente, as marcas de todo esse percurso familiar, vicissitudes, viagens, pessoas, perdas, debates políticos, contos fabulosos, objetos de arte, traduções, ideias em prosa e poesia estão presentes na formação e na memória deste autor, que por muito tempo desejou ser romancista e pintor. Avaliando, porém, que não transformaria em arte sua paixão pela ficção e pela imagem de modo satisfatório, recanalizou seu gosto estético, aptidão para a escrita e energias para a área das humanidades, de tal modo que a literatura e a pintura ocupam até hoje lugar fundamental em seu trabalho de historiador. A aproximação com a história se deu gradualmente, pode-se dizer que por intermédio da memória paterna, como amigos da família com quem dialogava ou um livro de Benedetto Croce dedicado a seu pai e que não lhe agradou. Decidindo-se a prestar concurso para a Scuola Normale Superiore de Pisa, Ginzburg estudou Eric Auerbach, Leo Spitzer e Gianfranco Contini, que o introduziram na seara da crítica filológica, baseada na "leitura vagarosa", detalhada e atenta de aspectos culturais e literários, em busca de uma compreensão possível da relação entre arte/literatura e realidade. Já na universidade, onde ingressou em 1957, os encontros com o Professor Delio Cantimori, com o livro de Federico Chabod, sobre as primeiras reações à Reforma Protestante em Milão no século XVI, e com *Os reis taumaturgos* de Marc Bloch, através do medievalista Arsenio Frugoni, foram decisivos para que o jovem dividido entre literatura, história da arte e filosofia optasse pela história em geral. Cantimori fora um fascista que se tornara comunista, tradutor de Marx e autor de *Heréticos italianos do século XVI*, cujo curso de leitura problematizadora e vagarosíssima sobre J. Burkhardt muito impressionara o estudante. Retrospectivamente, este observa que o atraiu o que havia de "muito complexo, de não familiar e dolorosamente distante" de si em Cantimori, que foi o historiador vivo com quem mais aprendeu, justamente pela diferença e pela distância[3]. Por sua vez Frugoni, que orientaria a tese de aperfeiçoamento de Ginzburg, foi autor de *Arnaldo da Brescia nas fontes do século XII*, no qual criticava o método filológico crociano e as formas narrativas da historiografia tradicional, ao apresentar os diferentes retratos de um herege e dos movimentos religiosos medievais que emergiam das diferentes fontes, desde ângulos distintos. Os problemas da distância cognitiva, do método combinatório ou comparativo e do perspectivismo deixaram para sempre seu selo na obra de Ginzburg.

O mesmo se pode dizer de leituras interdisciplinares que a partir de então se lhe tornaram formadoras, ao lado de Marc Bloch e Eric Auerbach, como Antonio Gramsci, Sigmund Freud, Claude Lévi-Strauss, Roman Jakobson e Mikhail Bakhtin, Theodor Adorno e Walter Benjamin, os grandes romancistas dos séculos XIX e XX, de diversas nacionalidades, aos quais mais tarde viria se juntar o historiador Arnaldo Momigliano, entre uma lista infinda de autores e obras das principais tendências intelectuais do século XX com quem Ginzburg dialogaria e/ou polemizaria.

Uma vez formado em 1961, passou a lecionar História Moderna na Universidade de Roma e, em 1970, na Universidade de Bolonha. Seus primeiros trabalhos publicados datam da década de 1960, versando sobre cultura camponesa, religiosidade popular e feitiçaria, por um lado, e história da arte, por outro. Com efeito, ele frequentou naqueles revoltosos anos o Warburg Institute de Londres, centro de estudos da tradição cultural clássica que conheceu através de Cantimori e onde realizou pesquisas sobre as fontes visuais e sua contribuição para o conhecimento histórico. Este duplo programa de estudos desenvolveu-se pelos 20 anos seguintes, acompanhados ambos de detalhadas discussões metodológicas e teóricas, em diálogo atualizado com os grandes debates ético-políticos e historiográficos do período, como se vê na espécie de trilogia composta pelos livros *Os andarilhos do bem* (1966), *O queijo e os vermes* (1976) e *História noturna* (1989); em *Indagações sobre Piero* (1981); e em numerosos ensaios posteriormente reunidos no compêndio *Mitos, emblemas e sinais* (1986).

Os acontecimentos das décadas de 1960 e 1970 encontraram Ginzburg imerso em velhos arquivos, absorto na pesquisa de processos inquisitoriais, ou na fabulosa biblioteca londrina do Instituto Warburg. O modo como esses tempos o afetaram distingue-se do modo como foi afetado pela situação pré e pós Segunda Guerra, pelos impactos do fascismo, do nazismo, da própria guerra e das lutas de resistência sobre sua história familiar, e pela formação de intelectual de esquerda no contexto de reconstrução da Itália, de constituição da socialdemocracia europeia e de instauração da Guerra Fria.

A maneira como ele reage à sua própria experiência histórica em seus diferentes momentos mostra-se característica: distinguindo perguntas e respostas (trata-se de um dos seus raciocínios fundamentais, no qual sempre insiste), isto é, buscando perguntas legítimas a serem feitas ao passado e ao presente e recusando respostas óbvias ou padronizadas, por qualquer corrente de pensamento que seja, o que se desdobra numa verdadeira lapidação de ideias, autores, obras, e pode resultar em um mosaico precioso de novas perguntas, quiçá sem resposta. Isto resulta, talvez, de um afastamento em relação à atmosfera de certo sufocamento que, segundo ele próprio identifica, o fascismo havia impresso na geração anterior da intelectualidade italiana, salvo aqueles que por dissidência política viajaram ou exilaram-se, como nos casos de Momigliano, Venturi ou mesmo Cantimori, ou no caso excepcional de Gramsci que manteve no cárcere sua liberdade de pensamento[4].

Em outras palavras, Ginzburg não se coloca como mero espectador da história que vive, nem tampouco como historiador engajado, mas em diálogo com estes, por sua postura política de esquerda, eleitor do PCI e admirador da atuação política do pai, que toma como exemplo sem se tornar ele próprio um militante. Assim, não há notícias de que tenha sido visto nas ruas durante as greves, passeatas e movimentações estudantis de 1968, e ainda menos nas reuniões clandestinas das Brigadas Vermelhas ao longo dos anos de 1970, por exemplo. Sua opção é pela posição de "advogado do diabo", por considerar "as virtudes e potencialidades intelectuais de olhar as coisas a distância, como um estranho"[5], cujos riscos podem ser devidamente contornados.

Mas é patente sua sensibilidade para com indivíduos e grupos sociais silenciados por motivos políticos ou pela voragem do tempo, e para com as experiências humanas dolorosas, especialmente de perseguições religiosas e ideológicas, que se desdobram em seu trabalho sobre religiosidades e culturas periféricas ou reprimidas, os movimentos ou comportamentos considerados heréticos (anabatismo, nicodemismo), a feitiçaria e o xamanismo e, mais recentemente, sobre as tensas relações entre o judaísmo e o cristianismo[6]. Assim, apesar da peculiaridade de suas escolhas documentais e temáticas e de seu relativo isolamento acadêmico, em uma época em que se estudavam prioritariamente os movimentos operários e as manifestações de massa, ou as oscilações demográficas baseadas em séries documentais quantificáveis, e apenas se iniciavam os trabalhos sobre as minorias dominadas que marcariam posteriormente a "nova esquerda" política e a nova história cultural, Ginzburg mantinha-se afinado com as principais perspectivas da história social do período, cujas preocupações, bastante referenciadas em Gramsci e/ou Bakhtin, que foi traduzido naqueles anos, voltavam-se para os temas da cultura popular e da experiência das classes e grupos sociais subalternos e iletrados, camponeses, artesãos, classes operárias em formação que compõem vastas parcelas do passado.

O sucesso obtido pelo livro *O queijo e os vermes* e pelo ensaio "Sinais: raízes de um paradigma iniciático" (1978), traduzidos em diversos países, colocou-o perante a inesperada situação de ter que lidar com a fama e a imprevisibilidade da recepção das obras historiográficas: dos inúmeros convites para falar em toda parte, à camiseta ou ao centro para idosos em homenagem ao moleiro Menocchio, ou ainda uma banda de *rock* intitulada *Benandanti eletronics* (Andarilhos do bem eletrônicos). A seu ver, a tradutibilidade do seu segundo livro, recomendado inclusive por Fernand Braudel, deve-se ao fato de ser menos inovador, logo, de estar mais adequado à percepção de um público mais amplo do que *Os andarilhos do bem*, cuja recepção fora mais modesta apesar de uma resenha de Eric Hobsbawm. Deve-se igualmente ao tipo da história que faz, a qual, assim como Natalie Zemon Davis ou Robert Darnton, não se inscreve no marco de referência nacional que por muito tempo foi delimitador da historiografia. Tratava-se também de dinâmicas incontroláveis de apropriação do conhecimento, intensificados pela exposição midiática em crescimento exponencial naquela época e pela possibilidade de ganhos mercantis por parte dos leitores, o que não deixa de ter conexões com a crise econômica que se instalava em meados dos anos de 1970 e que geraria a reestruturação produtiva do capitalismo e das políticas econômicas de bem-estar social nas décadas seguintes, configurando o processo que ficaria conhecido como globalização. Ginzburg, apreciador dos estudos cuidadosos e do controle sobre a escrita dos seus textos, parece haver respondido de duas maneiras: por um lado, satisfeito por ser traduzido e com boa-vontade para a recepção imprevisível da história; por outro, recolhendo-se para evitar tornar-se um disperso "tudólogo" e poder dedicar-se concentradamente à pesquisa detalhada, ao ensino e à escrita, o que veio a resultar nas suas publicações da década de 1980, em particular o grande desafio que significou *História noturna*. Para isso, era fundamental não se deixar engolir pelo "fluxo de comunicação", recusar as expectativas, alheias e próprias, e manter a perplexidade necessária para olhar os objetos de estudo com olhos descondicionados[7].

Neste meio tempo, havia iniciado suas atividades nos Estados Unidos, integrando-se em 1973 ao Davis Center for Historical Studies de Princeton, dirigido por Lawrence Stone, onde se abria um programa de pesquisa sobre religiões populares. Dos anos de 1970 a meados de 2000, Ginzburg foi professor-visitante por diversas vezes nas universidades de Princeton, Yale, Harvard, Columbia/Nova York, bem como no Getty Center, na École Pratique des Hautes Études de Paris e em Berlim. Na Universidade da Califórnia/Los Angeles (Ucla), ocupou a cadeira de Renascimento Italiano no Departamento de História entre 1988 e 2006. Nessa data, retornou à Universidade de Pisa, onde ministra a disciplina de História Cultural Europeia.

Ao longo desses anos, dividindo-se entre a Europa e a América incluindo diversas vindas ao Brasil pôde superar o antiamericanismo que havia sido comum em seu meio social e geracional, bem como exercitar o olhar de estranhamento relativamente a culturas diferentes no tempo e no espaço, o que é facilitado pela velocidade de informação e transporte num mundo computadorizado e globalizado, ao mesmo tempo em que dificultado pelo predomínio do "pensamento único" e pela falta de perspectivas alternativas após a derrocada do socialismo real, tendo como marco a queda do Muro de Berlim em 1989. Tudo isso propiciou ao historiador fazer muitas, muitas perguntas para desviar-se dos clichês e estereótipos que tanto repudia, seja sobre política, arte/literatura, religião, filosofia ou história, resultando em novos ensaios e livros. A propósito desta sua postura, envolveu-se nas polêmicas acerca do "pós-modernismo", sobretudo com Hayden White e Ankersmith, uma vez que tendeu a ser recebido nos Estados Unidos como historiador pós-moderno e se pôs a explicar as diferenças entre seu modo de pesquisar e narrar história, no qual se cruzam literatura e realidade, e o relativismo ou ceticismo epistemológico que se tornou voga nos meios acadêmicos e artísticos desde os anos de 1980 e que combate veementemente.

Destaca-se, outrossim, no período sua participação ativa, mas infrutífera, no caso de Adriano Sofri, preso em 1988 e condenado por um crime que não teria cometido. Por amizade, diz ele, e não por envolvimento político, malgrado sua simpatia para com o movimento autônomo *Lotta continua* nos anos de 1960, Ginzburg trabalhou sobre o processo judicial e baseou sua argumentação na questão da prova e do testemunho, que diz respeito tanto ao historiador quanto ao juiz, apontando a injustiça cometida na interpretação dos autos. Disso resultou o livro *Il guidice e lo storico: considerazioni in margine al Processo Sofri* (2006), não traduzido no Brasil[8]. Contudo, em 1998 teve a grata surpresa de conhecer uma face diversa da recepção de sua atividade: ao ser convidado para a comemoração em Roma da abertura dos arquivos da Inquisição pelo Vaticano, soube que uma carta que enviara em torno de 1979 ao então Cardeal Ratzinger (depois Papa Bento XVI) – dizendo-se um historiador judeu e ateu e que a Igreja deveria demonstrar não temer os julgamentos da história –, contribuíra para estimular o processo de abertura dos arquivos.

O reconhecimento de seu trabalho também se explicitou na tradução de suas obras para mais de 10 línguas, além dos prêmios recebidos: *Aby Warburg* (1992), *Lyssenko* (1993), *Premio Letterario Viareggio-Rèpaci* (1998); *Antonio Feltrinelli* (2005), *Balzan* (2010).

Carlo Ginzburg tem assim atravessado seu tempo histórico e assim tem sido por ele atravessado. Cônscio disso, não abre mão da ideia de contexto como instrumento explicativo da história e da vida, embora recuse o presentismo condensado na conhecida formulação crociana, de que "toda história é história do tempo presente". Em busca de conhecer o passado enquanto tal, por mais limitada que seja esta possibilidade, sai à procura de seus rastros e aceita os desafios e problemas colocados pelas principais correntes intelectuais da segunda metade do século XX e início do século XXI: a historiografia social, da cultura e da arte, a história da historiografia e da filosofia, o marxismo, a psicanálise, a Escola dos *Annales* e a Escola de Frankfurt, o estruturalismo e o pós-estruturalismo... com os quais não cessa de dialogar.

2 Percursos e diálogos

O entusiasmo de Carlo Ginzburg com o aprendizado que abriga a "vantagem relativa da ignorância" e do erro, porque "o problema não está em saber, e sim em aprender", compele-o para o que lhe é novo e desconhecido, como ocorreu nas escolhas da história, dos professores diretivos, da temática das heresias renascentistas e da perspectiva warburgiana para os estudos de arte. Tornou-o também poroso, e a metáfora é sua, a ideias de diverso teor, com as quais foi compondo seu universo cognitivo de forma multidisciplinar: com Marc Bloch, particularmente *Os reis taumaturgos* e *O ofício do historiador*, percebeu a possibilidade de uma história ao mesmo tempo econômica, política e cultural, de longa duração, e a noção de uma historiografia problematizadora: "Mais interessante [que rótulos ou escolas] é a discussão de problemas e dificuldades específicas que decorrem de abordagens específicas". De Marx derivou a compreensão de que a tessitura social é feita de conflitos entre grupos, e de Gramsci, a relação das classes subalternas com a dimensão nacional-popular da cultura, calcada num tipo de conhecimento que se alicerça na experiência mais cotidiana, além das reflexões sobre os efeitos do fascismo. Com os casos analisados na *Psicopatologia da vida cotidiana*, entre outros trabalhos de Freud, compreendeu os processos inconscientes que fazem parte dos comportamentos, crenças e palavras dos indivíduos, e, sobretudo, a importância de enfrentar as verdades, ainda que dolorosas, e a tensão entre razão e desrazão, isto é, a possibilidade de "desvendar a racionalidade do irracional"[9].

O sempre retomado estudo de *Mímesis: o realismo na literatura ocidental*, de Eric Auerbach, junto a outros filólogos e críticos da cultura, permitiu-lhe aprofundar-se nos problemas da representação literária, da complexa relação entre obra de arte e realidade histórica, que não se reduz a um espelhamento. Para isso, decerto contribuíram as leituras dos chamados formalistas russos, que teorizaram sobre as articulações internas que estruturam a linguagem falada, escrita e artística, buscando os meios de composição que alicerçam a obra de arte, ou o que há de especificamente literário na literatura (de onde os conceitos de "literariedade", "procedimento" e "estranhamento"), como se vê em Roman Jakobson, que renovou estudos de linguística, fonologia e semiótica; e em Vladimir Propp que se tornou heuristicamente tão fecundo ao estudar simultaneamente a morfologia e as raízes históricas dos contos de fadas e demais contos tradicionais. Não pertencentes propriamente ao movimento do formalismo russo (vigente entre 1915-1930), mas a ele ligados, tem-se Mikhail Bakhtin e seus trabalhos sobre a cultura popular no Renascimento a partir de Rabelais (no qual desenvolveu as concepções de carnavalização, polifonia, dialogismo que embasam a compreensão da circularidade entre cultura popular e erudita), sobre a obra de Dostoievski e sobre a relação entre marxismo e linguagem; bem como se tem Tzvetan Todorov e seus estudos sobre as relações entre formalismo e estruturalismo, sobre as estruturas narrativas, ou seja, a relação entre modelos gerais de composição textual e os textos particulares, e sobre os embates entre identidade e alteridade.

As questões levantadas pelos formalistas aproximavam-se das discussões de Lévi-Strauss (o encontro entre este e Jakobson nos Estados Unidos foi fundamental para a consolidação do estruturalismo), sobretudo em *Antropologia estrutural*, cujo conceito de "estrutura" para compreender os elementos fundantes e constitutivos das formas sociais em geral, como o mito, os tabus e as relações de parentesco, e a decorrente polêmica com a história que se tornava "etnocêntrica" ao projetar sua noção de tempo histórico sobre todas as demais sociedades, deixando de observar que há sociedades tão completamente regidas pela tradição que a repetição de costumes e crenças sobrepuja as mudanças e, por conseguinte, elide a concepção de história, seriam sempre instigante e cuidadosamente debatidos por Ginzburg.

A dívida que ele revela para com a *Minima moralia* de Adorno, lido, juntamente com Auerbach e Freud, entre os 18 e os 20 anos, explica-se não apenas pelas críticas ao nazismo, ao papel coercitivo dos meios de comunicação de massa e ao racismo, mas também em virtude das densas reflexões aforismáticas acerca das difíceis condições de (de)formação da subjetividade, da eticidade e do pensamento filosófico no mundo contemporâneo. Leitores de Marx, Hegel, Freud, em debate com Max Weber, Lukács, *et tanti altri*, os frankfurtianos apresentavam desconfiança crítica no que se refere à Modernidade e propiciavam um vasto horizonte de possibilidades interpretativas dos fenômenos sociais e culturais, ao lado de visões *sui generis* sobre a história e o historicismo, como nas "Teses sobre a história" de Benjamin, do qual Ginzburg absorveu a concepção, reafirmada em sua prática de pesquisa, reflexão e escrita, de que é preciso escovar a história "a contrapelo" e lê-la de revés, uma vez que "nada do que aconteceu deve ser perdido para a história", mas somente "à humanidade redimida o passado pertence inteiramente".

Por sua vez, a tentativa de acertar contas com a tradição warburgiana de estudos de arte ensejou Ginzburg a refletir não apenas sobre o uso de imagens como testemunhos figurados ou fontes históricas, mas também sobre as questões formais para além do contexto em que as imagens surgiram. As leituras de Aby Warburg e dos historiadores da arte ligados à sua biblioteca permitiam discutir os problemas da representação do mundo sensível e da ambiguidade dos documentos figurados, desdobrando-se na compatibilidade entre o que há de especificamente estético na obra de arte e o que há de histórico, para se superar a oposição, que lhe parece absurda e prejudicial, entre a abordagem sócio-histórica da arte e a abordagem formal ou estilística do especialista. A discussão de Ginzburg prenunciou o que veio a ser um afluxo em direção aos trabalhos de Warburg, inicialmente na Itália e depois na Alemanha, Inglaterra e Estados Unidos, no contexto em que se realizavam reflexões autocríticas da Modernidade após a Segunda Guerra Mundial e se recolocava, portanto, o debate sobre o humanismo e as retomadas da tradição clássica[10].

Neste sentido também se tornavam significativos os trabalhos de estudiosos do humanismo renascentista, como Eugenio Garin e Arnaldo Momigliano, entre muitos outros. Momigliano, profundo conhecedor do antiquariato e do que hoje chamamos de história da historiografia, efetuara um exame de longo fôlego da construção de tradições historiográficas desde a Antiguidade Clássica até a contemporaneidade, palmilhando seus debates temáticos, metodológicos e teóricos, em que se incluíam numerosos autores e todo tipo de dúvida e proposta epistemológica no campo da história. Ademais, por sua forma de pensar cosmopolita, característica de um historiador exilado, tornou-se uma interlocução importante para Ginzburg, apesar do encontro tardio, em especial no que concerne às implicações ético-políticas e cognitivas do relativismo e do ceticismo epistemológico contemporâneo, cujas questões basilares remontam de longa data.

Com tal conjunto de referências, as relações de Ginzburg com seu contexto intelectual são marcados por grande peculiaridade, de modo que não se pode dizer que ele pertença a alguma "escola" específica, ao mesmo tempo em que compartilha ideias e problemas, mantém interlocução e debates polêmicos com os principais autores e tendências historiográficas de sua época, ou de outras épocas, mas que digam respeito ao assunto de que está tratando[11]. Em linhas gerais, e como recurso arbitrário de ordenamento didático, e não hierárquico nem exaustivo, pode-se dividir seus diálogos em quatro grandes âmbitos, expostos a seguir.

2.1 Religiosidade e cultura popular

Entre os anos de 1950 e 1970, quando predominou na historiografia europeia continental ao menos nos meios frequentados por Ginzburg o assim chamado modelo estrutural-funcionalista da Escola dos *Annales* em sua "segunda geração", focalizando as séries documentais e os estudos demográficos e quantitativos, ou o modelo marxista que enfocava os movimentos operários e as formulações teóricas econômicas, o jovem historiador italiano se sentiu bastante isolado. Havia encontrado na aldeia de Udine, no Friuli (nordeste da Itália), um arquivo inexplorado de processos inquisitoriais que lhe veio a ser franqueado pela Cúria Arquiepiscopal local e resultou em seu primeiro livro, *Os andarilhos do bem: feitiçaria e cultos agrários nos séculos XVI e XVII* (1966). *I benandanti*, como se autodeclaravam os camponeses acusados de feitiçaria, acreditavam defender as colheitas de trigo e uva combatendo as bruxas e feiticeiros com ramos de erva-doce, nas noites de solstício. Delírio ou sonho, a Igreja friulana conviveu entre 1580 e 1650 com a descoberta dessas crenças populares, que revelavam resquícios de cultos de fertilidade de uma cultura oral pagã disseminada entre camponeses pobres e iletrados, e que não deixaram qualquer outro registro na história a não ser os processos da Inquisição.

O modo de Ginzburg interpretá-los tornou-se o gesto inaugural de sua leitura das religiosidades populares renascentistas: centrou-se nas ideias dos acusados, e não dos inquisidores, operando assim um deslocamento nos estudos tradicionais sobre heresia; observou nas entrelinhas os recursos violentos, discursivos ou físicos, com os quais os acusadores induziam as respostas dos acusados, gerando desvios nas confissões e defasagens de entendimento que permitiam desvelar, por um lado, a experiência ou a mentalidade camponesa e a desagregação de sua cultura sob a Contrarreforma, e, por outro, a maneira como os inquisidores projetavam seus próprios esquemas mentais sobre o sabá, baseados em tratados eruditos de demonologia, e que os camponeses acabavam por assimilar. No prefácio, como em todas as suas obras, efetuava considerações metodológicas e teóricas relativas aos problemas encontrados no trabalho, discutindo com especialistas sobre feitiçaria, folclore e história das religiões, e considerava por fim que a novidade de seu trabalho não era propriamente o tema, nem o enfoque nas mentalidades coletivas, mas no fato de que como até então não havia estudos de qualquer espécie sobre os *benandanti*, pela primeira vez eles encontravam voz e história. No entanto, o livro trazia sim uma novidade temática, metodológica e interpretativa que custou certo tempo para ser reconhecida[12].

Ao contrário, seu segundo livro, *O queijo e os vermes: o cotidiano e as ideias de um moleiro perseguido pela Inquisição* (1976), obteve sucesso rápido e amplo, como já mencionado. Sua estrutura era semelhante, no que diz respeito ao tratamento das fontes inquisitoriais, que consistiam em dois processos e alguns poucos documentos sobre o moleiro friulano Domenico Scandella, vulgo Menocchio, condenado à fogueira pelo Santo Ofício por suas críticas públicas aos padres e sua original explicação cosmogônica da origem do universo a partir de um queijo podre, cujos vermes originavam anjos e homens. As perguntas dos inquisidores que tentaram em vão enquadrar o camponês mal-alfabetizado, que lia textos profanos misturados aos religiosos, no luteranismo, anabatismo ou catarismo, despertaram em Ginzburg a incômoda percepção das similaridades existentes entre os métodos investigativos dos inquisidores e dos historiadores[13]. Mas, para entender a origem de tais ideias inusitadas, ele deslocou a pergunta do conteúdo para o modo de leitura de Menocchio e derivou daí suas hipóteses: a) o moleiro superpunha inconscientemente, sobre os textos cultos impressos que lia, elementos da experiência comum e da cultura dos camponeses, misturando tradições antiquíssimas com motivos elaboradas por grupos heréticos de formação humanista; b) isso foi possível graças à Reforma Protestante, que abriu espaço para a expressão de opiniões discordantes da Igreja Católica, mesmo entre os pobres, e graças à imprensa, cuja difusão forneceu a Menocchio palavras para dar forma à sua visão de mundo, que de outro modo ficaria obscura; c) tratava-se de uma situação que negava tanto as teses da pureza e ingenuidade da cultura camponesa, como defendia G. Bollème, quanto da passividade popular cuja cultura é apenas receptora, como deixa entrever R. Mandrou;

o que se via, entretanto, podia ser explicado com os conceitos bakhtinianos de polifonia e dialogismo: várias vozes em diálogo e confronto num determinado (con)texto, de modo que se configura um movimento de circularidade de elementos da cultura popular e da cultura erudita, que deste modo se influenciam reciprocamente.

No "Prefácio à edição italiana", Ginzburg fundamentava suas hipóteses e discutia suas lacunas, como é de seu hábito, mobilizando diversos autores: partindo do problema da escassez de testemunhos históricos sobre o comportamento das classes subalternas do passado, recorria a Gramsci para entender os desníveis culturais existentes numa mesma sociedade (substituindo a noção de folclore pela de cultura referente às "camadas inferiores") e colocar a questão da subordinação ou não das classes subalternas em relação às dominantes. A reposta conduz a duas discussões historiográficas, respectivamente de cunho ideológico, apontando a persistência de uma concepção aristocrática de cultura, que vê o popular como uma espécie de deformação do erudito, e de cunho metodológico, concernente à necessária existência de mediações na relação do historiador com o passado e dos filtros embutidos nas fontes escritas relativas a culturas orais. Neste ponto, escolhia Bakhtin para problematizar as visões de Bollème e Mandrou, como também recorria aos trabalhos de Le Roy Ladurie, Natalie Z. Davis e Edward P. Thompson, sobre o carnaval e os *charivari* populares, para afirmar que o fato de as fontes não serem de todo objetivas não significa que sejam inutilizáveis para a produção de conhecimento. Os fragmentos que nos chegam de um passado quase perdido demandam que se respeite o "resíduo de indecifrabilidade" que há neles, mas isso não significa ceder à atitude fácil de relegá-las à incompreensão ou ao puro exotismo. As fontes podem fornecer indicações e acesso ao passado, dependendo do bom-senso no modo de lê-las, mesmo quando se trata de casos-limite ou fontes anômalas, isto é, fora de uma série documental quantificável, porque podem ser vistas como representativas de uma circunscrição mais ampla, seja por similaridade, analogia ou negação. Isto remete também à relevância histórica de estudar as ideias e crenças de um único indivíduo. Discordando de François Furet, para quem as classes populares só poderiam ser conhecidas historicamente sob o signo "do número e do anonimato" mediante estudos quantitativos das sociedades do passado como fazem a sociologia e a demografia, o historiador italiano argumentava que assim elas deixariam de ser ignoradas, mas continuariam silenciadas, e que

> [...] se a documentação nos oferece a oportunidade de reconstruir não só as massas indistintas como também personalidades individuais, seria absurdo descartar estas últimas. Não é um objetivo de pouca importância estender às classes mais baixas o conceito histórico de "indivíduo". É claro que existe o risco de cair no anedotário, na famigerada *histoire evenementièlle* (que não só e nem necessariamente é história política). Contudo, trata-se de um risco evitável. Alguns estudos biográficos mostraram que um indivíduo medíocre – destituído de interesse por si mesmo e justamente por isso representativo – pode ser pesquisado como se fosse um microcosmo de um estrato social inteiro num período histórico[14].

A singularidade é limitada pela classe e pela cultura do tempo ao qual o indivíduo pertence, como um "horizonte de possibilidades latentes" e uma "jaula flexível" dentro da qual se exerce a liberdade individual: além de um diálogo com o estruturalismo (e mesmo com Lukács e a noção de "consciência possível" em um determinado momento histórico), encontra-se aqui uma crítica à história das ideias, em geral muito afeita à visão das elites, bem como à categoria de "mentalidade coletiva" proposta pela Escola dos *Annales*, por subestimar o componente racional da visão de mundo dos indivíduos e, sobretudo, pela conotação interclassista da história das mentalidades, correndo o risco de extrapolações indevidas – não obstante o trabalho de Lucien Febvre sobre Rabelais ser exemplar no que tange aos múltiplos fios que unem um indivíduo a um ambiente e uma sociedade historicamente determinada, apesar de seus limites. A despeito de também ser insatisfatória, vale ressaltar, a expressão "cultura popular" se mostrava melhor que uma análise que eliminasse o corte de classe e possibilitava a construção do conceito de circularidade cultural, no âmbito de uma história qualitativa.

Tantas discussões talvez não fossem necessárias se o tema se justificasse por si mesmo, como acontece com os grandes eventos ou as histórias nacionais, mas não era, e normalmente não é o caso dos trabalhos de Ginzburg, cujas escolhas temáticas e documentais exigem justificação, tanto no campo profissional quanto para um público mais amplo, a quem ele pretende também atingir[15]. Assim, no relativo isolamento ao qual voltou após o sucesso deste livro, já comentado, dedicou-se ao estudo que considera seu maior desafio e que se desdobrava dos trabalhos anteriores: o problema do mito do sabá, cuja longevidade parecia se perder no tempo e cujos indícios se encontravam na vasta área de toda a Eurásia. Em *História noturna: uma decifração do sabá* (1989), uma primeira parte realizava uma interpretação propriamente histórica do mito, com base num conjunto denso de fontes que abrangiam uma vasta temporalidade e espacialidade, procurando compreender como se constituiu a ideia de uma sociedade de feiticeiras hostis ao restante da sociedade e como isso foi transformado no sabá demoníaco segundo o esquema da Contrarreforma. Para tal, reconstruiu historicamente a noção de complô que também se associava ao evento do terrorismo vivido pela sociedade italiana nos anos de 1970 e levantou perguntas sobre a origem do próprio mito do sabá, que mobiliza em numerosos grupos sociais as imagens de reuniões de feiticeiras, voos noturnos, metamorfoses animalescas, para além dos estereótipos inquisitoriais. As repostas apontavam para a conjunção das obsessões religiosas com crenças camponesas, como uma reinvenção moderna de um núcleo de crenças mais antigo. A permanência e a extensão de tais temas recorrentes desafiavam a explicação histórica e apontavam para a existência de um estrato profundo de crenças, imagens e ritos que envolvia os *benandanti*, os xamãs dos Urais e as bruxas de toda parte, ou seja, a existência de um núcleo narrativo inalterado apesar das inúmeras variações introduzidas ao longo do tempo pelas mais diferentes sociedades, de caçadores, pastores, agricultores etc. Esse estrato podia ser entendido como um núcleo folclórico e estudado com os recursos da morfologia, conforme se vê na segunda parte do livro, em que os fenômenos míticos relativos ao sabá, dispersos por todo o continente eurásico, são articulados do ponto de vista formal-estrutural, dialogando com autores como Propp ou Lévi-Strauss, sem obedecer a qualquer ordem cronológica, geográfica ou histórica.

Na última parte do livro, Ginzburg buscou compor a concepção histórica e a morfológica, pois não era possível explicar tal amplitude da manifestação mítica somente pela difusão ou contatos culturais ao longo da história, conforme Lévi-Strauss já havia observado para outros mitos. Ainda que o antropólogo seja o principal interlocutor de *História noturna*[16], o historiador não cede inteiramente à substituição da historicidade, cuja insuficiência naquele caso admite, pelo conceito de estrutura, cuja importância reconhece e utiliza para compreender como um "traço distintivo da espécie humana" a participação na esfera do visível e do invisível, no mundo dos vivos e dos mortos, que constitui a matriz de todos os contos em última instância. Buscando combinar as duas abordagens, a histórica e a estrutural-antropológica, Ginzburg realizou seu trabalho mais ousado e, para muitos, controverso.

A temática do mito se desdobra, por sua vez, em artigos que dialogam com os mais diversos estudiosos do assunto, sejam mitólogos propriamente ditos, sejam antropólogos, filósofos, historiadores e mesmo Freud e Jung, uma vez que uma de suas preocupações centrais é discutir o que há na narração mítica de racional e de inconsciente, que estruturas profundas e que sentidos sociopolíticos mobiliza em diferentes momentos históricos. Assim, em "Mitologia germânica e nazismo: sobre um velho livro de Georges Dumézil", em *Mitos, emblemas e sinais*, o autor preocupa-se que os estudos míticos em longa duração estejam prioritariamente nas mãos de conservadores e explora, como sugere o título, a obra em que Dumézil considera que os mitos germânicos sofreram um processo de militarização e por este motivo foram repopularizados e mesmo "remiticizados" no século XIX, o que veio a justificar comportamentos individuais e coletivos com características de sacralidade, como se via entre os chefes militares e a juventude nazista inspirados nos invencíveis guerreiros vikings, antes mesmo da propaganda oficial. A despeito da qualidade da obra, que havia merecido atenção de Marc Bloch, a postura de Dumézil mostrava-se ambígua em relação ao nazismo como também ocorreria nos trabalhos sobre o poder, o sagrado e os mitos desenvolvidos no Collège de Sociologie de Paris, sobretudo por Bataille e Caillois, e cujos críticos foram voz vencida ou vítimas da ocupação nazista – e Ginzburg, almejando compreender, como eixo condutor das reflexões, em que medida se processa a uma continuidade entre a mitologia indo-europeia e as realidades políticas, sociais e institucionais do Terceiro Reich, desfia um conjunto de autores e leituras antecedentes que permite recompor uma cadeia de ideias e sentidos, a qual aponta para as deformações nacionalistas e racistas recorrentes nas pesquisas alemãs dos anos de 1930, de modo que a ideologia se emaranha à produção de conhecimento. Colocava-se em aberto para os estudiosos do mito o complicado problema de distinguir, mesmo nos resultados científicos discutíveis, aquilo que tem alguma ou nenhuma relevância, e como separar dados documentais de sua interpretação ideológica mediante uma crítica interna consistente.

De outro prisma, o estudo do mito se pontua por seu caráter narrativo e a questão do verdadeiro e do falso. No bojo das discussões iniciadas nos anos de 1980 sobre a noção grega de mito e sua existência ou não, envolvendo autores como Nagy, Detiènne e Vernant, a retomada da condenação platônica do mito interessa a Ginzburg para rediscutir os lugares do fictício e do real, a poesia e os relatos verídicos, os transcursos de uns a outros e o problema do uso político do mito.

Dos filósofos antigos a Marx e Nietzsche, passando por autores medievais, renascentistas, libertinos, iluministas, modernos comunistas e anarquistas, o ensaio "Mito: distância e mentira", em *Olhos de madeira* (1998), revolve formas de pensar a relação entre liberdade de consciência e ordem social, e o subsequente papel contenedor das religiões até a Reforma Protestante e a Revolução Industrial, desde quando se tornam necessários novos mitos para a contenção sociopolítica. Tanto no mundo capitalista quanto no socialista, a guerra, a publicidade, a indústria cultural e a transformação da política em espetáculo cumprem a função de produzir mais mitos, cujo núcleo, se tomado isoladamente, não é verdadeiro nem falso, apenas um conto que já foi contado.

2.2 História da arte

Antes de *História noturna*, porém, Ginzburg publicou o livro sobre o pintor Piero della Francesca, intitulado *Indagações sobre Piero* (1981), e artigos de temática artística como "De A. Warburg a E.H. Gombrich: notas sobre um problema de método" (1966), "Ticiano, Ovídio e os códigos de figuração erótica no século XVI" (1978) e mesmo "Sinais: raízes de um paradigma indiciário" (1979), reunidos em *Mitos, emblemas e sinais: morfologia e história* (1986), até "Além do exotismo: Picasso e Warburg", no livro *Relações de força* (2000) – resultantes de seus anos de labor e convívio com a tradição multifacetada de historiadores da arte vinculados à linhagem warburgiana e cujas questões epistemológicas, metodológicas e mesmo temáticas estariam de algum modo presentes em todas as suas obras, anteriores e posteriores.

No artigo seminal "De A. Warburg a E.H. Gombrich: notas sobre um problema de método", Ginzburg considerava que as obras de Warburg, Saxl, E. Wind, e particularmente de Panofsky e Gombrich apresentavam ricas possibilidades ao lado de impasses a serem explorados para se desenvolver criteriosamente a complexa discussão exigida pela relação entre arte visual e história.

Os riscos colocados, desde a definição do que é uma fonte figurativa, por comparação com outras fontes documentais, até a leitura dos documentos visuais ou "testemunhos figurados", residem em paralelismos mecânicos com a realidade ou argumentos tautológicos, ou seja, na interpretação da obra como testemunho involuntário de mentalidades coletivas ou estados de espírito individuais sem as devidas mediações[17]. O legado warburgiano permitiria coordenar os métodos iconográfico (exame da forma em si) e estilístico (inclui dados culturais mais amplos), mas permaneciam em aberto as questões sobre a natureza, características e limites da própria disciplina História da Arte, quais sejam, as possibilidades do uso de documentos visuais pelo historiador; as inter-relações entre os fenômenos artísticos e extra-artísticos; o significado da forma/estilo e a cientificidade de sua análise. Atentos ao problema crucial dos nexos entre arte e sociedade, e, por conseguinte, da passagem da história da arte para a história em geral, os trabalhos de Ginzburg devotam-se àqueles três problemas, investigando simultaneamente os intercursos entre cultura popular e erudita, as injunções do comissionamento, do mercado e da recepção da arte, as reelaborações da tradição clássica, entre outros aspectos derivados mais ou menos diretamente das pesquisas desenvolvidas pela tradição warburgiana[18].

No ensaio "História da arte italiana" (1979), escrito junto com o historiador Enrico Castelnuovo e publicado no livro *Micro-história e outros ensaios* (1991), os problemas teóricos e metodológicos eram tratados sob o signo dos paradigmas e dos conflitos, isto é, em vez de uma tradição de empréstimos e transformações compondo uma sucessão harmoniosa de estilos, como em Gombrich, a história da arte era vista como uma sucessão de paradigmas, uma vez que conflitos temáticos, formais e sociais surgem dentro de um mesmo paradigma artístico, rompendo-o e produzindo outro, no qual vem a predominar outro tipo de dominação simbólica. As relações de atrito entre centro geopolítico e periferia, interna e externamente à Itália, mostravam que a história dos estilos artísticos se processa dentro de um quadro histórico-geográfico e político, em que se conjugam fatores de inovação e atraso, velocidades e tensões de ordem econômica, religiosa, política e formal. Investigar os nexos conflituosos entre arte e sociedade demanda um olhar dialético que leve em conta as contradições das dinâmicas existentes entre artistas, obras e clientela. Esta é a base metodológica das interpretações de obras-primas do pintor florentino Piero della Francesca (1415-1492), como o *Batismo de Cristo*, a *Flagelação* e o *Ciclo de Arezzo*, que deram origem ao livro *Indagações sobre Piero* (1981) e sua edição revista e ampliada, *Investigando Piero* (2001)[19], nos quais Ginzburg entrecruza dados biográficos, estilísticos, iconográficos e sociais, para rever a datação das obras e compreendê-las em seu contexto renascentista, especificamente o Concílio de Florença em 1439 e a polêmica acerca da Concórdia entre a Igreja do Ocidente e a Igreja Ortodoxa bizantina, em cuja reconciliação os círculos humanistas estavam interessados, sobretudo diante da ameaça turca. Datar uma obra é fundamental para inscrevê-la como fonte histórica para avaliar seu lugar na trajetória do artista, para entender sua relação com a tradição (anterior e posterior) e com as circunstâncias e a escassez de fontes sobre Piero, um dos pintores capitais do Renascimento italiano, dificulta este exercício, que fora realizado pelo renomado especialista Roberto Longhi, a quem Ginzburg remete e contrapõe.

Em um campo repleto de dúvidas e disputas, ele trabalha tanto em uma vertente erudita, cara à tradição dos antiquários e warburgianos, descobrindo e cotejando novos documentos e comparando minuciosamente os elementos formais, arquitetônicos ou fisionômicos, quanto em uma vertente dialógica com os críticos e historiadores da arte, ousando novas e sofisticadas interpretações. Sua proposta de mudar a datação, de ver as obras de Piero como encomenda de humanistas nelas retratados, de ler a obra de arte também como documento de história política e religiosa, além de documento iconográfico e estilístico, suscitou intensa polêmica e levou-o a retificar alguns dados, embora mantenha seu programa interpretativo. Este consiste no mergulho nos detalhes para realizar a decifração dos símbolos, dos traços e da feitura das obras de modo a estabelecer, por um lado, conexões morfológicas como faz Longhi que exigem, entretanto, controle e problematização; e, por outro lado, estabelecer as correlações temporais e contextuais que historicizam a criação, a recepção e o próprio juízo estético.

De maneira geral, essa composição de morfologia controlada e história, ambas problematizadas, norteia os trabalhos de Ginzburg sobre arte, crescentemente minuciosos e requintados, como se vê nos ensaios mais recentes, como "Representação: a palavra, a ideia, a coisa", "Ecce: sobre as raízes culturais da imagem de culto cristã" e "Ídolos e imagens: um trecho de Orígenes e sua sorte", em *Olhos de madeira*. Sendo este uma proposta de refletir sobre a distância, o historiador recua no tempo e imerge em outras culturas para analisar, por exemplo, a origem da palavra e da figura "representação", que surge como objeto de culto mortuário na Antiguidade, é associado aos reis medievais e adquire sentido político e estético na Modernidade; ou ainda como se construiu a figura de Jesus nos evangelhos a partir de citações do Antigo Testamento, de modo que o "eis" ostentativo (Eis o homem, eis o cordeiro de Deus etc.) deriva da necessidade de apresentar e ver que justifica as representações pictóricas de imagens religiosas constitutivas da tradição católica, em contraposição à sua proibição originária. A sorte das imagens resulta ainda, no livro *O fio e os rastros* (2006), mais voltado à contemporaneidade, em uma reflexão baseada em Krakauer sobre o cinema, a relação entre os grandes e os pequenos planos, a desnaturalização da imagem, a constatação da realidade como descontínua e heterogênea e a subsequente reestruturação do olhar e da própria historiografia para lidarem com o mundo atual.

2.3 Micro-história?

Pode-se julgar oblíqua a inserção de Ginzburg na assim chamada micro-história, dada a sua aversão a rótulos e a heterogeneidade do movimento, formado por um conjunto desigual de trabalhos históricos e discussões teórico-metodológicas, cujo ponto comum reside na percepção de que a redução do recorte do objeto e da escala de análise pode ser frutífera para investigar problemas historiográficos bem mais amplos. De modo geral, essa corrente historiográfica não foi bem compreendida, misturada com a história do cotidiano, com a história das mentalidades e com a história cultural estrito senso, por suas temáticas ligadas à vida diária de comunidades específicas, às situações-limite ou às biografias de personagens marginais e anônimos, e seus procedimentos de reconstituição de microcontextos mediante um trabalho rigoroso com as fontes. Iniciado na Itália em meados dos anos de 1970 sem a vinculação de Ginzburg, o debate sobre a micro-história obteve vasta repercussão e encontrou nesse autor uma inserção crítica, a partir da recepção de *O queijo e os vermes* como um livro de tal teor, ainda que ele possa ilustrar o inverso.

Observa-se essa inserção crítica em três pontos básicos: a participação editorial de Ginzburg, seja na organização da revista *Quaderni Storici* no final dos anos de 1970, onde o debate obteve bastante espaço, seja na direção da coleção *Microstorie* da Editora Einaudi, junto com Giovanni Levi, entre 1981 e 1993; a participação direta na discussão de ideias, escrevendo artigos sobre o assunto com as devidas problematizações teóricas e manifestando seu posicionamento; a própria atividade ou os exercícios de análise micro-histórica em suas obras[20].

Costuma-se considerar matricial no pensamento de Ginzburg sobre a micro-história o ensaio "Sinais: raízes de um paradigma indiciário", em que é destacado o valor epistemológico do "detalhe revelador", visto que as pequenas coisas, as singularidades e mesmo as discrepâncias e anomalias podem ter força heurística e cognitiva, como pistas detetivescas ou sintomas médicos, conforme se verá adiante. Mas na visão do próprio Ginzburg, tal ensaio consistia numa organização retrospectiva e autoelucidativa de seu método de trabalho, e não numa explanação sobre micro-história. Esta principia a aparecer no artigo "O nome e o como" (1979), escrito conjuntamente com Carlo Poni e publicado no livro *Micro-história e outros ensaios*, que comparava a história que se fazia na Itália e na França naqueles anos de predomínio da Escola dos *Annales*: o menor escopo da historiografia italiana permitia falar em uma história "menor" relativamente às grandes séries documentais ou à longa duração francesa, mas não se tratava de um manifesto ou fundação de uma escola historiográfica.

Uma vez propalados os debates, Ginzburg os incorpora em seus textos e conferências, e posteriormente efetua um balanço num texto cujo título já indica seu teor dardejante: "Micro-história: duas ou três coisas que sei a respeito", publicado na revista *Quaderni Storici* em 1994 e depois em *O fio e os rastros*. Após pesquisar a origem do termo em vertentes distintas, assinala a mudança no clima intelectual nos anos de 1970 e 1980 posto o fim do longo período de desenvolvimento econômico iniciado no pós-guerra, derivando na proliferação de concepções desconfiadas quanto ao progresso e aos ideais de modernidade iluministas e situa a micro-história como uma das respostas da historiografia. Em diferentes vertentes e autores, de Furet e Vovelle aos "pós-modernos" White ou Ankersmit, o novo contexto havia gerado perguntas e mesmo diagnósticos semelhantes, mas as respostas eram distintas: combatendo o relativismo e recusando o lugar-comum difuso que identifica tacitamente a narração do romance naturalista do século XIX com toda narração histórica, os "micro-historiadores" italianos reconhecem o caráter narrativo e construtivo da escrita da história, mas recusam sua identificação com a ficção por conta disso.

Trata-se, antes, de enfrentar a memória, como sugeriram um dia Renato Serra ou Calvino, assumindo que a relação com o passado é precária, mas possível. Nesta aposta cognoscitiva da micro-história deve ser buscada sua especificidade: uma "aguda consciência de que todas as fases que marcam a pesquisa são *construídas*, e não *dadas*", e que todavia "essa acentuação no momento construtivo inerente à pesquisa se unia a uma rejeição explícita das implicações céticas (pós-modernas, se quiserem) tão largamente presentes na historiografia europeia e americana nos anos de 1980 e do início dos de 1990". O denominador comum programático dos mais diferentes trabalhos da micro-história é "a insistência no contexto, ou seja, exatamente o contrário da contemplação isolada do fragmento". As escolhas dos objetos por comparação, analogia ou anomalia resulta em incontáveis estratégias historiográficas, mas a relação entre a dimensão microscópica e a dimensão contextual mais ampla é o princípio organizador de todas as narrações dessa linha: "não se podem transferir automaticamente para um âmbito macroscópico os resultados obtidos num âmbito microscópico (e vice-versa). Essa heterogeneidade, de que apenas começamos a perceber as implicações, constitui, ao mesmo tempo, a maior dificuldade e a maior riqueza potencial da micro-história"[21].

Isso é testado novamente no artigo "Latitudes, escravos e a Bíblia: um experimento em micro-história" (2007)[22], em que é estudado o projeto colonizador e os reveses de um comerciante suíço entre os séculos XVII e XVIII, cujo espírito empreendedor baseava-se em uma leitura muito própria da Bíblia, particularmente do Êxodo, como justificativa da conquista europeia do mundo, incluindo a escravidão e o uso da força. Orientado pela pergunta acerca da possível relevância teórica de um caso individual, desde que bem-explorado, o raciocínio ginzburgiano dialoga com a relação da ética protestante e o "espírito" do capitalismo, de Max Weber, e com o processo de acumulação primitiva de capital, segundo Karl Marx, pois o caso em questão impele à reconsideração, de um ângulo inesperado, dos pontos fortes e fracos "dos dois maiores pensadores sociais do nosso tempo". Como conclusão, Ginzburg reafirma que sua aproximação da micro-história é devedora de eruditos como Auerbach, "que desenvolveram interpretações de artefatos literários e pictóricos baseados em pistas que outros consideraram insignificantes". Neste sentido, sua versão da micro-história contrasta com a visão de microanálise de Jacques Revel, focada na relação crítica com as ciências sociais e seus métodos, mas é descartada qualquer oposição ou hierarquia, porque ambas as versões miram os mesmos objetivos teóricos, não cabendo dizer que a micro-história restrinja-se a resgatar do esquecimento vidas marginais e derrotadas, desqualificando-a teoricamente. Ao invés, aprende-se do autor de *Mímesis*, como de Virgínia Wolf e Marcel Proust, que o mergulho nas profundezas de uma individualidade permite penetrar nos grandes fenômenos da sociedade e do pensamento: "que através de um acontecimento acidental, uma vida qualquer, um trecho tomado ao acaso, se possa chegar a uma compreensão mais profunda do todo"[23].

2.4 Problematização da narrativa, perspectiva e verdade x ceticismo epistemológico

Como se vê no item anterior, as discussões sobre a micro-história comportam já o diálogo com os problemas da narratividade da história, da referência da linguagem ao mundo real, do relativismo nas comparações entre tempos e culturas, do ceticismo quanto a possibilidades de conhecer o passado, problemas estes que desde fins do decênio de 1980 configuram os pontos centrais da teoria da história ou pensamento historiográfico contemporâneo. No seio dessas discussões, os defensores do relativismo e do ceticismo vieram a ser alcunhados de "pós-modernos" por analogia aos embates que se travavam no campo das artes, da filosofia e dos estudos culturais a partir da assim chamada "virada linguística" ocorrida nos anos de 1950 e 1960, mas cuja repercussão se fez sentir mais fortemente em meados da década de 1970, na Europa e nos Estados Unidos, e mais tarde no Brasil.

O diálogo de Ginzburg com essas questões estabeleceu-se desde o início de sua obra. No prefácio de *O queijo e os vermes*, constatava que a incerteza metodológica derivada da "exasperada consciência da violência que pode estar oculta por trás da mais normal e, à primeira vista, inocente operação cognitiva", unida ao medo ao positivismo ingênuo, havia gerado nos meios intelectuais europeus um certo neopirronismo ou mesmo niilismo cognitivo. Em outros termos, travava um debate com o pensamento de Michel Foucault e sua radicalização por Jacques Derrida que afirmava a impossibilidade de se conhecer a loucura ou os excluídos numa linguagem historicamente participante da razão ocidental, que no fim das contas acabavam por fechar qualquer via para a interpretação do "outro", correndo o risco de um irracionalismo estetizante ou do "êxtase do estranhamento absoluto" que torna o discurso dos indivíduos e grupos "diferentes" irredutível à análise e à compreensão[24].

Reconhecendo a legitimidade das perguntas colocadas pelos pensadores estruturalistas e pós-estruturalistas, mas divergindo de suas respostas, importa lembrar que ele insiste nessa distinção entre perguntas legítimas e respostas, Ginzburg enfrenta aplicadamente tudo o que envolve o método de pesquisa e a construção do conhecimento histórico, a tal ponto que a discussão desses problemas alicerça toda sua obra. O livro *Olhos de madeira*, conforme indica o subtítulo, é dedicado a refletir, de nove prismas distintos, acerca da possibilidade de se efetuar um conhecimento consistente *através* da distância temporal, espacial ou cultural. No ensaio "Distância e perspectiva: duas metáforas" são analisados três modelos cognitivos diferentes que, combinados em doses variadas, compõem as principais formas historiográficas atuais. Partindo da consideração de que a crítica ao ceticismo não pode ser simplista e que a perspectiva é uma metáfora cognitiva poderosa, recua aos primórdios da historiografia para analisar a argumentação que liga verdade e perspectiva, e, examinando tanto a história quanto o componente metafórico, propõe que a noção de perspectiva remonta à mudança que o cristianismo imprimiu na relação com o passado judaico, tendo Santo Agostinho (século V) como o principal formulador de um modelo teológico-retórico de história em que a intervenção ou adaptação divina conduz a verdade (o judaísmo) a uma verdade superior (o cristianismo). No Renascimento, o distanciamento analítico de um Leonardo da Vinci, somado à consciência trágico-pragmática de um Maquiavel (século XVI), possibilitam a formação de uma visão de história e modelo cognitivo secular, fundado no conflito. Já em Leibniz (século XVII), a noção monista da coexistência harmoniosa de uma infinita multiplicidade de substâncias, reunidas numa unidade última e fundamental, permite construir um modelo cognitivo baseado na pluralidade de pontos de vista. Assim, em um processo de longa duração, formaram-se três tradições e modelos cognitivos diferentes, respectivamente sob o signo da adaptação, do conflito e da multiplicidade, cujas marcas se veem nas concepções de história de Hegel, Marx e Nietzsche, de modo que se pode dizer que "o núcleo do paradigma historiográfico corrente é uma versão secularizada do modelo da adaptação, combinado com doses variadas de conflito e multiplicidade. Metáforas como perspectiva, ponto de vista e assim por diante, exprimem vivamente essa atitude relativa ao passado"[25].

A convivência e o choque de culturas, intensificado no mundo moderno e contemporâneo, põe em xeque o etnocentrismo e permite a composição de muitas perspectivas num mesmo quadro, como é típico em Picasso, ou que um mesmo acontecimento seja narrado validamente de distintas maneiras, inclusive literariamente. Isso não significa, porém, que os costumes e valores de uma cultura diferente da nossa devam ser aceitos incondicionalmente "sempre e de qualquer maneira", diz ele, ou que a história possa ser reduzida à sua dimensão narrativa e retórica. Alguns decênios de circulação de teses céticas haviam generalizado de forma mais ou menos explícita, mais branda ou mais feroz, os pressupostos de que cabe à historiografia unicamente convencer, assim como à retórica, pois sua finalidade é a eficácia, não a verdade; de que os textos historiográficos e os textos ficcionais são autorreferenciais, tendo em vista que estão articulados internamente por uma dimensão retórica; de que uma obra historiográfica constrói um modelo textual autônomo à maneira de um romance, sem nenhuma relação demonstrável com a realidade extratextual à qual se refere, isto é, sem vínculo com evidências ou provas. Tudo indica que tal situação, acrescida da experiência dolorosa do caso Sofri, levou Ginzburg a mais uma obra combativa, na qual investiga raízes do ceticismo epistemológico no campo historiográfico e sua refutação. O livro *Relações de força* (2000) propõe transferir para o âmago da pesquisa histórica as tensões entre narração e documentação e diminuir a grande distância vigente atualmente entre a reflexão filosófico-metodológica e a prática historiográfica, ou seja, objetiva demonstrar que a prova foi tida no passado como parte integrante da retórica, como se pode inferir de uma leitura cuidadosa de Aristóteles, e que essa evidência, malgrado esquecida, "implica uma concepção do modo de proceder dos historiadores, inclusive os contemporâneos, muito mais realista e complexa do que a que está hoje em voga"[26].

A retomada sofística realizada por Nietzsche revalidando os discursos gregos antigos em que o uso da força e as injunções do poder eram defendidos como lei natural; considerando a origem metafórica de todo conceito e o conhecimento humano como uma pretensão ilusória; bem como buscando na retórica um instrumento para refletir "sobre a verdade e a mentira em sentido extramoral" – se fazia sentido na luta para remover os tenazes preconceitos etnocêntricos de sua época, teve desdobramentos que, somados à tradição da filosofia idealista da linguagem, permitiram ao desconstrucionismo de autores como Paul De Man, Roland Barthes, Jacques Derrida etc., postular uma versão antirreferencial da retórica, ou seja, uma autonomia do significante (forma) em relação ao mundo a que se refere (conteúdo). Há nisso um alívio subjetivo do excessivo peso da história, como queria Nietzsche, mas também uma fuga a um passado sentido como doloroso, o que abriga um tanto de autoindulgência e denuncia certa irresponsabilidade contida nessa "retórica da inocência". De fato, diferentemente do que faz Conrad em *O coração das trevas*, no qual *apesar e mediante* a multiplicidade dos pontos de vista narrativos se transmite um juízo cognitivo e moral sobre o caso narrado, condensado na exclamação final que qualifica o colonialismo como "horror!", o modelo relativista não contribui para compreender o processo histórico em curso, em que se intrincam homogeneidade e diversidade cultural, subordinação e resistência em escala global. Além disso, se o valor do saber e da história reside na eficácia, justificar-se-ia que as armas de fogo cantem vitória e que a civilização dos conquistadores se reivindique superior, o que consiste numa simplificação grosseira. Assim, os limites do relativismo, e sua tácita aceitação da interpretação não referencial da retórica, revelam-se simultaneamente cognitivos, políticos e éticos. Ao fundamentar sua argumentação crítica, o historiador italiano sustenta que o conteúdo dos textos está ao mesmo tempo *dentro e fora* deles: "é preciso descobri-lo e fazê-lo falar". Para isso, examina a relação intrínseca entre história, retórica e prova desde os textos mais antigos, como a *Retórica* de Aristóteles, da qual partiu Nietzsche, ou a demonstração da falsidade do documento da doação de Constantino efetuada por Lorenzo Valla (XV), com o qual principia o método crítico moderno, até a análise das *Demoiselles d'Avignon* de Picasso, onde se vê que os instrumentos de compreensão de culturas diferentes são, outrossim, instrumentos de dominá-las, passando pelo problema da tortura que ensina haver um âmbito de verdade provável que não coincide com a verdade sapiencial pregada pelo algoz, nem com a verdade geométrica demonstrável. O nexo entre poder e conhecimento popularizado por Foucault e Nietzsche, que remonta aos sofistas gregos, pode conduzir, entretanto, a conclusões distintas, nas quais as forças desejantes (ou vontade de poder) não excluem o princípio de realidade:

> [...] ao avaliar as provas, os historiadores deveriam recordar que todo ponto de vista sobre a realidade, além de ser intrinsecamente seletivo e parcial, depende das relações de força que condicionam, por meio da possibilidade de acesso à documentação, a imagem total que uma sociedade deixa de si. É preciso aprender a ler os testemunhos às avessas, contra as intenções de quem os produziu. Só dessa maneira será possível levar em conta tanto as relações de força quanto aquilo que é irredutível a elas[27].

Um outro passo neste debate consiste em desfazer a identificação estabelecida entre narrativa histórica e narrativa ficcional, que, ao negar a possibilidade da prova, nega igualmente a possibilidade da verdade histórica. Não se trata de eliminar uma correspondência entre ficção e história; ao contrário, Ginzburg exalta desde sempre o potencial cognitivo da literatura, inclusive para a produção de conhecimento histórico, tanto no que concerne ao conteúdo semântico das obras quanto às formas literárias ou procedimentos estruturantes dos textos, como os tropos metafóricos, metonímicos, antitéticos, comparativos, ou as vozes narrativas singulares ou plurais, ou a organização dos discursos de modo direto ou indireto, ou ainda os brancos ou silêncios entremeados às palavras... Seus estudos sobre Flaubert, Proust, Stendhal, trazem aos historiadores um leque de possibilidades e desafios, como, por exemplo, desvelar uma derrota política ou o desencanto com a Modernidade nas entranhas de um discurso indireto livre. Em *Nenhuma ilha é uma ilha: quatro visões da literatura inglesa* (2000), analisando a forma ensaística a partir de Adorno, descobre muitas vezes por acaso ou intuição, mais do que por intenção expressa o peculiar regime de trocas literárias entre as ilhas britânicas e os demais países europeus, seja na influência do pensamento de Luciano de Samósata na obra *Utopia*, do teólogo e humanista Thomas Morus, seja na presença de Montaigne na polêmica sobre a dignidade da rima elisabetana, ou nos liames sutis entre o pensamento do pároco Laurence Sterne, autor de *Tristram Shandy*, e as digressões ateias de Pierre Bayle, e, por fim, na inspiração que o etnólogo anglo-polonês Bronislaw Malinowski encontrou nos contos do escocês Robert Louis Stevenson para escrever *Os argonautas do Pacífico Ocidental*.

No entanto, nada disso permite eliminar as distinções entre ficção e realidade, pois a diferenciação entre ambas é exatamente o que as constitui enquanto tal, *sine qua* se cai numa aporia epistemológica. A este ponto de indistinção haviam chegado os trabalhos de Hayden White, quando demonstrou a identidade dos recursos estilísticos e retórico-narrativos da historiografia do século XIX com a narrativa literária, bem como os trabalhos de F. Ankersmith sobre a "historiografia pós-moderna" informada pela crise da razão e subsequente descrença na verdade e até na realidade mesma. A resposta ginzburgiana reside em desnaturalizar e problematizar, ou seja, admitir *enquanto problema* e discutir o acesso à verdade, a narratividade da história e a validade de múltiplas perspectivas, sem, contudo, abrir mão da existência do real e da verdade possível, ainda que lacunar, segundo as provas permitidas pelos documentos. São recusados os expedientes historiográficos que, conforme acusara H. White, escondem seu caráter construtivo que vão para além dos recursos narrativos e retóricos, envolvendo também as escolhas temáticas e documentais, as interpretações teóricas e todas as demais fases da pesquisa, como bem sabem os historiadores, e são mantidas as lacunas da documentação na historiografia, isto é, incorpora-se a busca da verdade como parte da exposição, deixando-a incompleta, sem homogeneizar sua superfície, assim como o narrador do romance do século XX incorpora incertezas, pois não é onisciente como o narrador oitocentista. Em outras palavras, demonstra-se, no próprio corpo da narrativa, os limites do trabalho em andamento e suas implicações para a produção de conhecimento válido[28].

O fio e os rastros é uma coletânea de ensaios voltados eminentemente a essas discussões, em geral recuando no tempo para mostrá-las em outros contextos, como o debate dos eruditos libertinos parisienses sobre ficção e história no século XVII, que remetiam por sua vez aos debates antigos sobre o neopirronismo entre Sexto-Empírico e os gramáticos alexandrinos, culminando no problema da exegese bíblica e a fé religiosa, da crítica interna que constitui conhecimento desde dentro do erro dos documentos, e a diferença entre a fé poética e a "fé histórica", que se refere "a um passado invisível, graças a uma série de oportunas operações, sinais traçados no papel ou no pergaminho", de modo que a partir dos fragmentos erodidos pelo tempo, do erro, da imperfeição e da ficção, se pode construir a verdade, "a história verdadeira a partir da falsa"[29].

As questões éticas implicadas nisso são retomadas em "*unus testis*, o extermínio dos judeus e o princípio de realidade", em que se mostra a filiação do pensamento de White a Croce e, indiretamente, a Gentile e suas formulações teórico-políticas de respaldo ao fascismo italiano. Diferentemente da leitura gramsciana de Gentile, White reitera o subjetivismo que, na virada dos anos de 1960 e de 1970, tinha sabor de esquerda radical ao sobrepor o desejo à realidade e ao atacar simultaneamente as ortodoxias liberais e marxistas. Entretanto, quando White debate com Vidal-Naquet sobre a interpretação histórica do Holocausto, identifica verdade com eficácia e propõe que ceticismo e relativismo proporcionem as bases epistemológicas e morais da tolerância, o que é insustentável tanto do prisma histórico (a tolerância foi teorizada por pensadores com fortes convicções intelectuais e morais) quanto do lógico (o ceticismo absoluto entra em contradição consigo mesmo, salvo se remeter a um princípio regulador externo, como a tolerância; ademais, se as divergências cognitivas e éticas não estão ligadas em última instância à verdade, nada há a tolerar)[30]. A relação entre documento, sofrimento e realidade, presente na memória e nas destruições da memória ao longo da história, exige um tratamento crescentemente mais complexo. É o que se vê no artigo "No rastro de Israel Bertuccio", que dialoga com as críticas de Hobsbawm à micro-história ao mostrar seus pontos de concordância e de divergência, ao mesmo tempo em que, a partir do nome de Israel e suas diferentes grafias, discute sua presença em obras de Stendhal, Delavigne e Byron, e descobre sua possível existência histórica como participante de uma conjura na Veneza ducal (século XIV), condenado e enforcado "com uma mordaça na boca", de cuja voz então só conhecemos esses parcos rastros, e através desse fio quase perdido em um novelo de transcrições e remodelações literárias. Assim, as formas artísticas e ficcionais oferecem aos historiadores uma "áspera verdade", a ser tomada como um desafio[31]: que algumas verdades históricas que podem ser almejadas sem incorrer em historicismo apenas se deixam desvelar mediante procedimentos formais, os quais o historiador precisa conhecer e dominar por meio de diálogos interdisciplinares.

3 Conceito-chave

A intensa atenção de Ginzburg à experiência humana imersa na história poderia induzir-nos a afirmar que a experiência histórica seria seu principal conceito. No entanto, além de não haver um consenso a respeito do sentido do termo "experiência" e sua relação com a história[32], as preocupações desse autor voltam-se menos para sua conceitualização do que para os problemas de acessá-la no passado e compreendê-la através dos resquícios e imagens refratadas que lega ao presente. Deste modo, percebe-se que seu ponto fulcral reside mais propriamente na metodologia, no *modo como* se pode pesquisar e construir conhecimento histórico sobre experiências passadas, sobretudo aquelas submersas nos silêncios do tempo e das relações de poder. Com efeito, diz ele, "apesar de tudo o que escrevo parecer muito disperso, diria que há no fundo uma continuidade. Ao lado de meu interesse por temas específicos e variados se criou para sempre um amplo interesse metodológico [...] que subjaz, meio obsessivamente, a tudo o que escrevo"[33].

Não havendo tal coisa como um método pronto para compreender a experiência da vida humana, Ginzburg dedica-se a fazê-lo e discuti-lo a cada passo, até reunir no ensaio "Sinais: raízes de um paradigma indiciário" um conjunto considerável de reflexões e procedimentos que serviam também a uma autoanálise do seu fazer historiográfico, como já mencionado. O ensaio discute longamente o surgimento, ao longo do século XIX, de um paradigma epistemológico paralelo e diferente do paradigma galileico-matemático que constrói modelos de conhecimento alicerçados na observação de amplas dimensões e cálculos quantitativos. Este se tornara padrão dominante do saber científico desde o Renascimento, imprimindo nas ciências naturais uma tendência antiantropocêntrica em razão da primazia das abstrações matemáticas sobre a dimensão sensível dos odores, cores, sons[34]. Teria ocorrido, assim, um "rasgo no saber" que só se alargaria com o tempo, pois os traços sensíveis presentes na experiência singular vinculavam-se a formas de conhecimento individuais e irredutivelmente qualitativas, que tendem a escapar ao conhecimento científico rigoroso:

> [...] eram mais ricas do que qualquer codificação escrita; não eram aprendidas nos livros mas a viva voz, pelos gestos, pelos olhares; fundavam-se sobre sutilezas certamente não formalizáveis, frequentemente nem sequer traduzíveis em nível verbal; constituíam o patrimônio, em parte unitário, em parte diversificado, de homens e mulheres pertencentes a todas as classes sociais. Um sutil parentesco as unia: todas nasciam da experiência, da concretude da experiência. Nessa concretude estava a força desse tipo de saber, e o seu limite – a incapacidade de servir-se do poderoso e terrível instrumento da abstração[35].

Desde o século XVIII, porém, essas formas qualitativas de conhecimento adquiriram um novo estatuto, uma vez que a burguesia apropriou-se e codificou grande parte do saber dos camponeses e artesãos, organizando uma coletânea sistemática desses "pequenos discernimentos", especialmente por meio do romance que lhe forneceria um meio substitutivo, e uma espécie de rito de iniciação, de acesso à experiência em geral. Isto alimentou, ao longo dos oitocentos, novas formulações de antigas formas de saber, compondo um novo modelo epistemológico de cunho mais concreto-descritivo do que abstrato-matemático. Trata-se de um modelo baseado na observação de sintomas, pistas e indícios, conforme se podia ver na crítica de arte proposta por Morelli, comparando os desenhos de unhas e orelhas, por exemplo, para averiguar a autenticidade de uma obra artística; nos romances policiais, de que é exemplar a série sobre Sherlock Holmes, de Conan Doyle, dialogando com a prática detetivesca atenta a pistas quase imperceptíveis e correlações sutis; na semiologia médica e psicanalítica, que busca compreender dinâmicas patológicas invisíveis a partir de pequenos sintomas, tendo Freud como expoente. Possuidor de antecedentes antigos como o faro dos caçadores pré-históricos ou as observações astrológicas dos sábios babilônicos, este modelo cognitivo que se funda na conjectura e na leitura de sinais, correlacionando-os entre si e com aspectos mais amplos, adequa-se melhor à compreensão da experiência humana em suas dimensões sensíveis, rotineiras, anônimas e qualitativas. Tal paradigma epistemológico alternativo, que pode ser chamado de indiciário, permitiu novos desenvolvimentos para as ciências humanas que, por lidarem com causas não reproduzíveis, só podem inferi-las a partir dos efeitos, como é o caso da psicanálise, da arqueologia, da paleontologia e da história, entre outras.

Mas esse modo de conhecer serve nos tempos modernos também a funções de controle político estatal, como se vê nos recenseamentos carcerários, ou da população em geral, com base nas medições fisiognomônicas e no arquivo das impressões digitais, ou ainda na numeração dos endereços ou documentos de identidade civil. Por isso, o resgate do valor da experiência e de formas de conhecimento que lhe sejam pertinentes possui um forte conteúdo político: por consistir "num instrumento para dissolver as névoas da ideologia que, cada vez mais, obscurecem uma estrutura social como a do capitalismo maduro" e por mostrar "a existência de uma profunda conexão que explica os fenômenos superficiais". A relevância desse resgate, seja no campo epistemológico ou pragmático, "é reforçada no próprio momento em que se afirma que um conhecimento direto de tal conexão não é possível. Se a realidade é opaca, existem zonas privilegiadas 'sinais, indícios' que permitem decifrá-la"[36].

O *paradigma indiciário*, que se pode estimar como o centro da preocupação conceitual-metodológica de Ginzburg, aplica-se tanto a leituras morfológicas de obras e acontecimentos quanto a leituras históricas, ou melhor, aplica-se ao cruzamento de ambas tido como método necessário para superar impasses cognitivos e historiográficos: o olhar do historiador identifica os "detalhes reveladores" e busca suas conexões mais amplas sempre na dupla dimensão da forma inerente ao objeto estudado e da sua temporalidade, de modo que sua produção de conhecimento histórico é marcada pela interseção dos pares ou composição de sincronia e diacronia, estrutura e historicidade, morfologia e tempo histórico.

É também notável na metodologia de trabalho ginzburguiana a recusa da facilidade e da obviedade e o enfrentamento de questões difíceis ou dolorosas, quer no levantamento de fontes e temas, quer na busca de respostas. Deriva disso uma atenção especial à construção do conhecimento e do texto que se traduz em três grandes conjuntos de abordagens conceituais-metodológicas que igualmente caracterizam a obra deste autor: a) a *circularidade cultural* entre manifestações populares e eruditas, já mencionada; b) o cuidado com as possibilidades e limites da *representação*, estudada tanto na sua dimensão de *mímesis* quanto na dimensão da retórica e da iconografia. Tal preocupação, que resulta em numerosas reflexões e debates sobre o teor narrativo da história, estende-se ao texto por ele mesmo escrito, no qual se observa não só ou exatamente uma narrativa historiográfica, mas uma mescla de narração, descrição, análise, apresentação de problemas e indagações – ou, se preferirmos, uma mescla peculiar de história-narrativa e história-problema –, na forma de uma composição que mostra suas próprias entranhas, à maneira de um texto brechtiano, em analogia às artes dramáticas, ou de um texto proustiano, no campo das artes romanescas que o inspiram mais diretamente; c) a busca de desvelar e compreender *modelos cognitivos* subjacentes aos personagens, obras artísticas e teorias estudadas, com tônica nas noções de que a *prova*, fundamentada nas evidências fornecidas pelas fontes históricas, permite reconhecer a importância da *perspectiva* dependente do ângulo de visão, interesse e das ferramentas disponíveis ao produtor de conhecimento, sem que este resvale, todavia, para o relativismo, mas tampouco para a repetição de lugares-comuns e concepções viciadas sobre o mundo, de onde o valor de se resgatar a categoria de *estranhamento*[37] como um antídoto contra o risco de se banalizar a realidade, em prol de se desautomatizar o olhar, ressensibilizar o espírito e esmerilhar os modos possíveis de conhecer a vida humana em sua imprevisibilidade e seus múltiplos tempos.

Foi com este olhar estranhado e as referências oferecidas pelo paradigma indiciário que Ginzburg observou, conforme tem mostrado em sucessivos ensaios, o quanto os diferentes modelos cognitivos surgidos no seio da historiografia ocidental trazem consigo um selo comum e muito antigo, qual seja, a reprodução em geral inconsciente da relação que o cristianismo estabeleceu com o judaísmo, constituindo uma verdade e uma tradição a partir simultaneamente da retomada e negação da tradição anterior da qual se nutre. Assim como se considera que o Novo Testamento incorporava e superava o Antigo, nosso modo de conhecimento do passado é profundamente orientado pela lógica que gerou a atitude de superioridade cristã em relação aos judeus, lógica esta que marcou a concepção de história mesma, no sentido de que, por definição, história significa que alguma coisa foi um dia verdadeira em seu contexto, mas que essa verdade foi ultrapassada e precisa ser atualizada, e por isso demanda uma narrativa que dê conta de uma nova verdade, tida como mais profícua. Neste sentido, o papel da história é pôr a verdade em sintonia com o tempo, de onde a relevância conferida às concepções de anacronia, superação, progresso, renovação e, paradoxalmente, os pré-conceitos e preconceitos que marcam a fundação de novas tradições comportamentais e cognitivas. Em trabalhos como "Distância e perspectiva" e "Um lapso do Papa Wojtila", no livro *Olhos de madeira*, essas ideias encontram-se desenvolvidas e fundamentadas, apontando aos historiadores e leitores como um todo que a relação entre cristianismo e judaísmo é ainda um grande desafio, o qual mobiliza dimensões epistemológicas e éticas, conscientes e inconscientes, e demanda renovada atenção.

4 Considerações finais

A recepção de Carlo Ginzburg no Brasil na segunda metade dos anos de 1980 permitiu à historiografia brasileira entrar em contato com a riqueza da historiografia italiana e renovar-se, uma vez que a descoberta de autores como Federico Chabod, Delio Cantimori, Eugenio Garin, Franco Venturi, Giovanni Levi, Adriano Prosperi, entre outros, abria possibilidades de uma reflexão histórica instigante e uma pauta de pesquisa variada, descortinando caminhos diferentes daqueles trilhados pela escola francesa, tradicionalmente influente no país, e pelos estudos anglo-saxônicos, de impacto mais recente, porém significativo[38]. Chegando junto com os ventos redemocratizantes, a obra de Ginzburg provocou ao mesmo tempo surpresa e entusiasmo, dentro e fora dos meios acadêmicos, pois seu apreço pelas fontes históricas e seu diálogo vivaz com os documentos demonstrava que, no alto das estantes empoeiradas, podiam residir seres tão complexos e interessantes quanto aqueles de carne e osso encontráveis nas esquinas, e que o passado humano pode ser cognoscível e oferecer ao presente uma percepção mais rica e profunda de si – desde que, no duplo movimento de aproximação e afastamento que os historiadores travam com o passado, seja mantida sua diferença e, por conseguinte, a capacidade da história de gerar espanto e reflexão.

Em suma, como ele mesmo sublinha, sua obra surtiu efeitos imprevistos também no Brasil, propiciando que se substituísse a frieza do trabalho arquivístico e historiográfico por uma espécie de envolvimento amoroso e criativo com as artes do tempo e seus personagens. Contudo, isso não significa que sua visão pessoal seja expressamente otimista no que concerne à história e ao mundo contemporâneo. Antes, ao ser indagado sobre o tom mais pessimista de seus últimos trabalhos, responde não se tratar de uma intenção explícita, mas simplesmente do fato de haver tido mais oportunidades de falar do presente, que considera sombrio diante das potências destrutivas da atualidade. E reitera o *motto* de Romain Rolland divulgado por Gramsci sobre o pessimismo da inteligência como condição para o otimismo da vontade, isto é, condição para a possibilidade de modificar a realidade[39].

Os novos tempos, assim como os passados, apresentam-se na forma de problema e desafio, não apenas para os especialistas, mas para os cidadãos em toda parte. Seja do prisma cognitivo, seja do político, é preciso rever crenças, modelos, trajetórias, conceitos, verdades e mentiras cujos efeitos ideológicos e éticos podem vir a ser nefastos. Aos domínios da história, Ginzburg lega uma bela gama de possibilidades e lembra que "os historiadores (e, de outra maneira, também os poetas) têm como ofício alguma coisa que é parte da vida de todos: destrinchar o entrelaçamento de verdadeiro, falso e fictício que é a trama do nosso estar no mundo"[40].

Notas

[1] Em entrevista a Pallares-Burke (2000: 269-306, citação: 277). Obs.: as datas dos livros de Ginzburg que se encontram entre parênteses ao longo deste texto referem-se à sua primeira edição, em geral italiana. Para as datas das edições brasileiras, cf. Referências. Registro aqui meu agradecimento, pelo interesse e debates que contribuíram para a realização deste trabalho, aos alunos do curso de graduação em História da Uerj que formam Grupo de Atividades Ítaca: Vinicius de Castro Lima Vieira, Fernanda Miranda de Carvalho, Alex Jorge Carneiro de Oliveira, Bruno Misceno Araújo da Fonseca, Renan Siqueira Moraes e, especialmente, Mariana Albuquerque Gomes.

[2] Ibid., p. 278. Informações sobre os Ginzburg encontram-se também nos trabalhos de Henrique Espada Lima, especialmente o texto sobre o historiador contido no livro de LOPES & MUNHOZ (2010: 13-29), em que Lima remete a TRANFAGLIA, N. (org.). *L'itinerario di Leone Ginzburg*. Turim: Bollati Boringhieri, 1996.

[3] Entrevista a Pallares-Burke (Op. cit.: 276). Ginzburg relata que, na mesma época, conheceu Franco Venturi – amigo de seu pai que lhe encomendou seu primeiro trabalho pago, a tradução de *Caractères originaux de l'histoire rurale française*, de Bloch, para a Editora Einaudi – e ele se viu novamente ante a difícil escolha entre trabalhar com Venturi, simultaneamente antifascista e anticomunista, especialista no século XVIII e no Iluminismo, ou Cantimori, especialista nos heréticos do Renascimento: "Ao não escolher Venturi estava, inconscientemente, reagindo contra uma fidelidade estreita ao antifascismo, ao que era, em suma, o âmago de minha formação. Com Cantimori (e com as reflexões de Gramsci sobre a vitória do fascismo) aprendi que as coisas não são tão simples como parecem" (loc. cit.) A frase denota, além de uma reflexão sobre suas escolhas formativas, uma autoanálise de teor psicanalítico que é muito comum em Ginzburg. Ele menciona que a expressão "leitura vagarosa", frisada para apontar mais um aspecto relevante de sua formação e modo de estudo, deriva de Nietzsche: "A filologia é a arte da leitura vagarosa" (p. 275).

[4] "O fascismo representou um período de fechamento intelectual que marcou toda uma geração, e acredito que isso pode ser comprovado pelas exceções. Percebe-se algo de abafado, sufocado. Houve historiadores mais ou menos bons, mas sempre com essa marca" (Entrevista a *Estudos Históricos*, 1990: 254-263, citação: 263).

[5] Cf. Entrevista a Pallares-Burke (Op. cit.: 293).

[6] Entre seus livros menos conhecidos ou não republicados encontram-se *I constituti di don Pietro Manelfi: biblioteca del Corpus Reformatorum Italicorum* (Firenze/Chicago: G.C. Sansoni/The Newburry Library, 1970), sobre luteranismo e anabatismo no século XVI italiano. *Il nicodemismo: simulazione e dissimulazione religiosa nell'Europa del'500* (Turim: Einaudi, 1970), sobre o Movimento Nicodemita Italiano. *Giochi di pazienza – Un seminario sul "Beneficio di Cristo"* (Turim: Einaudi, 1975 – em colaboração com Adriano Prosperi), sobre tratados religiosos do século XVI. Informações sobre esses livros na entrevista a Pallares-Burke (ibid.: 290-291) e em Espada Lima (2010: p. 17).

[7] Para sua reflexão sobre os riscos do excesso de comunicação, que não se trata de não gostar do sucesso e de ser traduzido, ao contrário, cf. a entrevista a Pallares-Burke (Op. cit.: 278-280, 299-300). Sobre a tradutibilidade e a escrita fora dos marcos da história nacional, cf. Revista *Estudos Históricos* (Op. cit.: 261-262).

[8] Mas há um artigo dele derivado: "Controlando a evidência: o juiz e o historiador" (In: NOVAIS & SILVA, 2011: 342-358).

[9] Cf. as expressões do autor citadas neste parágrafo na entrevista a Pallares-Burke (Op. cit.: 283, 287, 295 e 301).

[10] Cf. PITTA, F. "Limites, impasses e passagens: a história da arte em Carlo Ginzburg" (2007: 131).

[11] A relação simultaneamente de inserção e originalidade de Ginzburg em relação à sua geração, mantendo elementos distintivos e influências comuns aos historiadores formados nos anos de 1960, é observada por Espada Lima (2010). Cabe sublinhar sua ojeriza a rótulos e *slogans* de qualquer tipo, o que se estende também à epigonia.

[12] Cf. Ibid., p. 16.

[13] Isto derivou no artigo "O inquisidor como antropólogo", publicado em *Micro-história e outros ensaios* e em *O fio e os rastros*.

[14] GINZBURG, C. "Prefácio à edição italiana". *O queijo e os vermes* (1987: 26-27). Detenho-me um pouco mais neste prefácio porque ele contém argumentos nucleares do autor, que os desenvolve de diversos modos ao longo de sua obra, embora não se trate de um resumo de todas as ideias nem todos os autores tratados.

[15] Cf. entrevista na Revista *Estudos Históricos* (Op. cit.: 260-261).

[16] Para uma leitura crítica dessa interlocução e a compreensão deste livro como um jogo de composições e decomposições, cf. Raminelli (1992/1993: 81-96). Para o desafio e a controvérsia cf., p. ex., as entrevistas de Ginzburg e Lima (Op. cit.: 19-20).

[17] Panofsky, em um estudo que se tornou clássico, havia apontado que a descoberta da perspectiva na arte renascentista correlacionava-se ao conceito moderno de história, que põe o tempo passado em perspectiva em relação ao presente, e sugerira que a interpretação das imagens se desse em três camadas entrelaçadas (o sentido fenomênico ou pré-iconográfico, o sentido iconográfico propriamente dito, e o sentido iconológico, compreendido como uma atitude de fundo inconsciente, cultural-histórico, colocada na criação das obras artísticas), porém deixara imprecisões no que tange ao modo de efetivar essa tripla interpretação. Buscando retomá-la e superá-la, Gombrich recusava a representação pictórica como cópia do mundo, uma vez que a linguagem articula o mundo, além de nomeá-lo, e que o artista possui esquemas prévios, como os meios à sua disposição e as posturas mentais, que se superpõem à criação. Deste modo, a arte mostraria a construção de um modelo de relação com o mundo, que se pode traduzir na noção de estilo, mas não seria um documento direto de experiência, dependendo também da função que a arte em geral preenche numa dada sociedade e das pré-concepções existentes relativamente ao artístico. Todavia, mantinham-se irresolvidas perguntas fundamentais acerca desses esquemas prefiguradores, da mudança de estilos, da relação recíproca entre os fenômenos artísticos e os vários aspectos da realidade histórica, políticos, religiosos, sociais etc.

[18] O percurso geral de Ginzburg no campo da história da arte foi tratado por Fernanda Pitta no artigo supracitado (2007), que norteia em linhas gerais esta explanação. Para a relação de Ginzburg com os três problemas centrais da história da arte e a subsequente discussão de método, cf. p. 130ss. A partir de Rodrigo Naves, a autora chama de "o problema das passagens" o problema das determinações dos nexos entre arte e sociedade intensamente discutidos por Ginzburg com outros termos.

[19] Este segundo título segue a edição italiana de 2001, que além do prefácio de 1981 traz um novo prefácio de 1994, quatro apêndices e um caderno central com ilustrações. Sobre o livro cf. tb. o texto de Laura de Mello e Souza ("O rigor de uma investigação apaixonada"), publicado como artigo exclusivo no sítio eletrônico da editora CosacNaify e no caderno Ilustríssima do jornal *Folha de S. Paulo*, em 30/11/2010.

[20] Para a relação de Ginzburg e a micro-história, cf. os trabalhos de Levi, Vainfás e de Espada Lima, para quem "o debate sobre a micro-história – que teve em Ginzburg um protagonista fundamental – foi ampliado e tornado mais complexo por suas próprias reflexões a este respeito. Não se pode, entretanto, tomar o trabalho de Ginzburg como um exemplo acabado de uma micro-história que é antes, na verdade, uma experiência coletiva em torno das possibilidades cognitivas de uma drástica redução da escala de observação na análise histórica" (LIMA, 2010: 24). Para este autor, *Indagações sobre Piero* é, porém, um exemplar "experimento de investigação micro-histórica", tendo sido o primeiro dos 23 livros publicados pela coleção da Einaudi (LIMA, 2010: 23).

[21] As citações pertencem ao mencionado ensaio (*O fio e os rastros*, 2007: 275-277). Ginzburg chama a atenção também para a "função decisiva do 'olhar micrológico'" no encerramento de *Dialética negativa*, que seria outra presença adorniana em sua obra. Cf. nota 62 desse mesmo ensaio na p. 422.

[22] Cf. a tradução brasileira na revista *ArtCultura* (2007). Citações deste parágrafo na p. 97.

[23] "A áspera verdade – um desafio de Stendhal aos historiadores". *O fio e os rastros* (2007: 173).

[24] Cf. "Prefácio à edição italiana". *O queijo e os vermes* (1987: 22-23). Nessa ocasião, Ginzburg achava já estarem implícitos na *História da loucura* de Foucault os elementos que o levariam a escrever *As palavras e as coisas* e *A arqueologia do saber*, e que essa trajetória foi acelerada pelas objeções niilistas lançadas por Derrida contra *História da loucura*: "O que interessa sobretudo a Foucault são os gestos e os critérios da exclusão; os excluídos, um pouco menos. O ponto em que se apoia a pesquisa de Foucault – disse Derrida em poucas palavras – não existe, não pode existir. A essas alturas, o ambicioso projeto foucaultiano e uma 'arqueologia do silêncio' transformou-se em silêncio puro e simples" (op. cit.). Ainda que Ginzburg tenha considerado posteriormente que esse prefácio era um tanto agressivo, o cerne de suas concepções teóricas e decorrentes críticas se manteve.

[25] In: *Olhos de madeira* (2001: 196). Sua influência duradoura se vê nas formas como surgem na filosofia da história de Hegel, que "combinou o modelo conflituoso de Maquiavel com uma versão secularizada do modelo de Agostinho, baseado na adaptação. A reelaboração do modelo conflituoso na obra deste grande admirador de Maquiavel que foi Karl Marx é igualmente evidente. E não será necessário recordar a função decisiva do perspectivismo na batalha de Nietzsche contra a objetividade positivista". Quanto à reelaboração ou destino dos três modelos, o autor diz: "O modelo baseado na adaptação é atacado por fundamentalistas de todo tipo; aquele que se baseia no conflito foi repelido com desdém, como uma velharia, por todos os que falam ou falavam de 'fim da história'. O modelo fundamentado na multiplicidade, porém, sempre esteve mais na moda, mesmo se inserido numa visão cética, consoante a qual cada grupo social, com base no gênero, na proveniência étnica, na religião, e assim por diante, adere a uma série de valores de que, em última análise, é prisioneiro. Se essa tensão for mantida em aberto, a noção de perspectiva deixará de constituir um obstáculo entre cientistas e cientistas sociais, para se tornar, em vez disso, um lugar de encontro, uma praça onde se pode conversar, discutir, dissentir" (Ibid.: 194-195, 197-198, respectivamente).

[26] In: *Relações de força* (2002: 13). Nesta Introdução, talvez mais que de hábito, Ginzburg desenvolve os argumentos centrais do debate.

[27] Ibid., p. 43.

[28] "Os afrescos historiográficos que procuram comunicar ao leitor, com expedientes muitas vezes medíocres, a ilusão de uma realidade extinta, removem tacitamente esse limite constitutivo do ofício do historiador. A micro-história escolhe o caminho oposto: aceita o limite explorando as suas implicações gnosiológicas e transformando-as num elemento narrativo" ("Micro-história: duas ou três coisas que sei a respeito". Op. cit.: 271). No texto "Enredo e verdade na escrita da história", publicado no Brasil em Malerba (2006: 191-211), Hayden White ameniza sua posição cética após as críticas sofridas e conclui pela necessária mudança na historiografia, conforme as mudanças narrativas do século XX apresentadas por Auerbach, o que já constituía um dos fatores centrais do projeto ginzburguiano desde o início.

[29] "Paris, 1647: um diálogo sobre ficção e história". *O fio e os rastros* (2007: 93).

[30] Cf. *O fio e os rastros* (2007: 225-227). E sobre as esquerdas dos anos de 60/70: "Numa situação em que desejo era uma palavra considerada de esquerda, realidade (nela incluída a insistência sobre os 'fatos reais') tinha um ar decididamente de direita. Essa perspectiva simplista, para não dizer suicida, parece hoje amplamente superada, no sentido de que as atitudes que implicam uma fuga substancial da realidade não são mais privilégio exclusivo de exíguas frações de esquerda. Deveria levar isso tudo em conta qualquer tentativa de explicar o fascínio, verdadeiramente singular, que hoje envolve, inclusive fora dos ambientes acadêmicos, as ideologias céticas" (p. 223). Refiz ligeiramente a tradução para melhor compreensão da última frase.

[31] Cf. "A áspera verdade – Um desafio de Stendhal aos historiadores". *O fio e os rastros* (p. 170-188), no qual Ginzburg discute o discurso direto livre como "um procedimento que aparece vedado aos historiadores, porque, por definição, não deixa rastros documentários. Estamos numa zona situada aquém (ou além) do conhecimento histórico e inacessível a ele. Mas os procedimentos narrativos são como campos magnéticos: provocam indagações e atraem documentos potenciais" (p. 188).

[32] A tentativa de conceitualização da experiência histórica realizada por Reinhart Koselleck, em livro de mesmo título e na obra *Futuro passado*, tem obtido crescente adesão entre os historiadores, bem como a ideia de E.P. Thompson sobre a formação da classe trabalhadora a partir de sua experiência

comum, mas o trabalho de Martin Jay sobre diversas concepções de "experiência" ao longo da história ocidental nos mostra que seu conceito é instável e, sobretudo, que também possui historicidade, sofrendo variações temporais-culturais. Cf. MARTIN, J. *Songs of experience*: modern American and European variations on a universal theme. Berkeley/Los Angeles/Londres: University of California Press, 2005.

[33] Entrevista a Pallares-Burke (Op. cit.: 284).

[34] A tradicional concepção de verdade, associada à autenticidade de uma experiência inimitável, e contrariamente, de falsidade atribuída à imitação/repetição – clara nas artes plásticas que valorizam o original em detrimento da cópia – foi invertida na modernidade: com a possibilidade de reprodução técnica, inicialmente com a imprensa, o caráter irrepetível das experiências sensíveis, bem como a singularidade irreprodutível das escritas individuais, foram postos sob suspeita como fonte de conhecimento em prol daquilo que é reproduzido e disseminado socialmente, e, portanto, mais passível de mensuração e de significância social pela quantificação.

[35] In: *Mitos, emblemas, sinais* (1989: 167).

[36] Ibid., p. 177.

[37] Cf. o ensaio que abre *Olhos de madeira*: "Estranhamento: pré-história de um procedimento literário", em que a trajetória do termo consagrado pelo formalismo russo é estudada em autores tão distintos quanto Tolstoi, Brecht, Marco Aurélio, o frade franciscano António Guevara, Montaigne, Voltaire e Proust, entre outros. "A vida urbana moderna é acompanhada de uma intensificação desmedida da nossa vida sensorial, fenômeno que está no centro dos experimentos das vanguardas literárias e figurativas do Novecentos. Mas tal fenômeno também esconde, como foi ressaltado com frequência, um empobrecimento qualitativo da nossa experiência. Esse processo de automatização, denunciado por Chklovski, constitui o contexto histórico da sua definição aparentemente atemporal da arte como estranhamento. Poucos anos antes, numa perspectiva semelhante, embora independente, Proust havia sugerido que os novos experimentos artísticos tinham a tarefa de contestar as fórmulas pré-constituídas de representação" (2001: 38).

[38] Cf. MELLO E SOUZA, L. Op. cit. Agradeço à historiadora gaúcha Maria da Gloria Kopp seu depoimento entusiasmado sobre a recepção brasileira de Ginzburg no período da redemocratização.

[39] Entrevista a Pallares-Burke (Op. cit.: 305).

[40] "Introdução". *O fio e os rastros* (p. 14).

Referências

Obras do autor publicadas no Brasil

GINZBURG, C. *Investigando Piero*. São Paulo: Cosac Naify, 2010 [Trad. de Denise Bottmann].

_____. *O fio e os rastros*: verdadeiro, falso, fictício. São Paulo: Cia. das Letras, 2007 [Trad. de Rosa Freire d'Aguiar e Eduardo Brandão].

_____. *Nenhuma ilha é uma ilha* – Quatro visões da literatura inglesa. São Paulo: Cia. das Letras, 2004 [Trad. de Samuel Titan Jr.].

_____. *Relações de força*: história, retórica, prova. São Paulo: Cia. das Letras, 2002 [Trad. de Jônatas Batista Neto].

_____. *Olhos de madeira* – Nove reflexões sobre a distância. São Paulo: Cia. das Letras, 2001 [Trad. de Eduardo Brandão].

_____. *História noturna*: decifrando o sabá. São Paulo: Cia. das Letras, 1991 [Trad. de Nilson Moulin].

_____. *Micro-história e outros ensaios*. Rio de Janeiro/Lisboa: Bertrand/Difel, 1991 [Trad. de António Narino].

_____. *Mitos, emblemas e sinais*: morfologia e história. São Paulo: Cia. das Letras, 1989 [Trad. de Federico Carotti].

_____. *Indagações sobre Piero*. Rio de Janeiro: Paz e Terra, 1989 [Trad. de Luiz Carlos Cappellano].

_____. *Os andarilhos do bem* – Feitiçaria e cultos agrários nos séculos XVI e XVII. São Paulo: Cia. das Letras, 1988 [Trad. de Jônatas Batista Neto].

_____. *O queijo e os vermes* – O cotidiano e as ideias de um moleiro perseguido pela Inquisição. São Paulo: Cia. das Letras, 1987 [Trad. de Betânia Amoroso].

Artigos e conferência

GINZBURG, C. "Controlando a evidência: o juiz e o historiador". In: NOVAIS, F. & SILVA, R.F. *Nova história em perspectiva*. Vol. 1. São Paulo: Cosac Naify, 2011, p. 342-358.

_____. "História na era Google – Conferência no evento *Fronteiras do Pensamento*". Porto Alegre, 29/11/2010 [Disponível em http://www.youtube.com].

_____. "Memória e globalização". Revista *Esboços*, vol. 16, n. 21, 2009, p. 9-21. Florianópolis: UFSC.

_____. "Prefácio". In: LONGHI, R. *Piero della Francesca*. São Paulo: Cosac Naify, 2007.

_____. "Latitudes, escravos e a Bíblia: um experimento em micro-história". *ArtCultura* [Minidossiê: Carlo Ginzburg], vol. 9, n. 15, jul.-dez./2007, p. 85-98. Uberlândia [Trad. de Henrique Espada Lima].

_____. "O extermínio dos judeus e o princípio da realidade". In: MALERBA, J. (org.). *A história escrita* – Teoria e história da historiografia. São Paulo: Contexto, 2006, p. 211-232.

_____. "Conversar com Orion". *Esboços*, vol. 12, n. 14, 2005, p. 163-170. Florianópolis: UFSC.

Entrevistas selecionadas

GINZBURG, C. *Episteme*, vol. 12, n. 25, jan.-jun./2007, p. 9-15. Porto Alegre [Entrevista a Luis Carlos Bombassaro].

_____. *Estudos Históricos*, vol. 3, n. 6, 1990, p. 254-263. Rio de Janeiro [Entrevista a Angela de Castro Gomes e Lucia Lippi Oliveira].

PALLARES-BURKE, M.L. *As muitas faces da história* – Nove entrevistas. São Paulo: Unesp, 2000, p. 269-306.

Obras selecionadas sobre o autor em português

ANDERSON, P. "Investigação noturna: Carlo Ginzburg". *Zona de compromisso*. São Paulo: Edunesp, 1996, p. 67-98 [Trad. de Raul Fiker].

COELHO, C.M. *Carlo Ginzburg*: história e indiciarismo. Vitória: Ufes/Núcleo de Estudos Indiciários/Departamento de Ciências Sociais/Centro de Ciências Humanas, 2006 [Mimeo.].

LEVI, G. "Sobre a micro-história". In: BURKE, P. (org.). *A escrita da história*: novas perspectivas. São Paulo: Unesp, 1992, p. 133-161.

LIMA, H.E. "Carlo Ginzburg". In: LOPES, M.A. & MUNHOZ, S. (orgs.). *Historiadores de nosso tempo*. São Paulo: Alameda, 2010, p. 13-29.

_____. "Narrar, pensar o detalhe – Notas à margem de um projeto de Carlo Ginzburg". *ArtCultura* [Minidossiê: Carlo Ginzburg], vol. 9, n. 15, jul.-dez./2007, p. 99-112. Uberlândia.

_____. *A micro-história italiana*: escalas, indícios e singularidades. Rio de Janeiro: Civilização Brasileira, 2006.

PITTA, F. "Limites, impasses e passagens – A história da arte em Carlo Ginzburg". *ArtCultura* [Minidossiê: Carlo Ginzburg], vol. 9, n. 15, jul.-dez./2007, p. 127-144. Uberlândia.

RAMINELLI, R. "Compor e decompor – Ensaio sobre a história em Ginzburg". *Revista Brasileira de História: memória, história e historiografia*, vol. 13, n. 25-26, set./1992-ago./1993, p. 81-96. São Paulo: Anpuh/Marco Zero.

SOUZA, L.M. *O rigor de uma investigação apaixonada* [Seção de artigo exclusivo no sítio eletrônico da editora Cosac Naify – Disponível em www.cosacnaify.com.br].

VAINFAS, R. *Os protagonistas anônimos da história*: micro-história. Rio de Janeiro: Campus, 2002.

13
Robert Darnton (1939–)

*Leonardo Affonso de Miranda Pereira**

1 Apresentação

Ao longo da década de 1960, o universo das culturas iletradas se impôs mais uma vez aos historiadores. Fosse a partir do legado dos pensadores ligados aos *Annales*, que haviam se afastado de uma história constituída somente a partir dos eventos políticos e dos grandes acontecimentos, ou da tentativa de afastamento das ortodoxias definidas por um marxismo de cunho mecanicista, a busca por sujeitos anônimos da história transformou-se em programa compartilhado por pesquisadores de diferentes países e tendências. O resultado foi a publicação, naqueles anos, de estudos marcantes de jovens historiadores que, de modo deliberado, tomavam costumes, crenças e tradições de homens iletrados, antes vistos como objetos dos estudos folclóricos, como base de sua compreensão da história[1]. Ainda que esses autores apresentassem concepções muito diversas a respeito da relação entre cultura e história social, a convergência de suas preocupações evidenciava uma clara tentativa de fuga dos grandes paradigmas explicativos que, naquele momento, colocavam em xeque a agência dos sujeitos históricos, e afastavam a história da particularidade e peculiaridade de processos sociais específicos forjados na indeterminação. Foi em meio a este movimento que Robert Darnton, um jovem pretendente a historiador, iniciou sua produção.

Darnton é, sem dúvida, um dos mais destacados historiadores americanos da atualidade. Trata-se, porém, de um autor cuja identidade acadêmica está longe de se determinar em termos nacionais. Nascido nos Estados Unidos em 1939 graduou-se como historiador em 1960 pela Universidade de Harvard. Por ter sido contemplado com a prestigiada Rhodes Scholarship, foi de lá para a Universidade de Oxford, onde terminou seu doutorado quatro anos depois, amadurecendo seus dotes de historiador no contato com o que ele

---

* Doutor em História pela Universidade Estadual de Campinas e Professor do Departamento de História da Pontifícia Universidade Católica do Rio de Janeiro.

mesmo definia como o "empirismo britânico"[2]. Apesar disso, seus interesses de pesquisa o levaram a um universo que o remete a outro campo de nacionalidade: decidido a pesquisar os antecedentes da Revolução Francesa, Darnton iniciou sua trajetória estudando o Iluminismo francês, em suas várias vertentes e dimensões – travando com isso contato intenso e decisivo com a produção historiográfica francesa. A partir desta variedade de influências, que o colocavam em contato com os debates intelectuais dos Estados Unidos, da Inglaterra e da França, afirmou sua identidade de historiador, constantemente reelaborada nas décadas seguintes a partir de novos diálogos e trocas intelectuais.

Marcada por renovações metodológicas frequentes, a obra de Darnton é caracterizada por uma constante: a tentativa de entender, "como as ideias causam a revolução", como expressou em uma de suas obras. Avesso a análises que, a partir de uma leitura reducionista das proposições marxistas, interpretavam a Revolução Francesa como uma decorrência direta do avanço das forças produtivas[3], não se satisfez tampouco com leituras que essencializavam o mundo das ideias, abrindo mão de compreender o modo pelo qual elas efetivamente se relacionavam com a vida social. A tentativa de entender o modo pelo qual tal relação se dá efetivamente se tornou, por isso, um desafio permanente em sua obra. Cabe, desse modo, tentar acompanhar o movimento da produção do autor, de forma a percebermos as maneiras diversas pelas quais ele tratou ao longo dos anos de enfrentá-lo.

2 Percursos

2.1 *Das mentalidades à história social das ideias*

Como uma primeira tentativa de entender a relação entre as ideias e a Revolução, Darnton publicou, em 1968, o livro *Mesmerism and the End of the Enlightenment in France* (traduzido no Brasil apenas 20 anos depois, sob o título *O lado oculto da revolução: Mesmer e o final do Iluminismo na França*[4]). Tratava-se de um fruto da tese de doutorado que apresentara em Oxford em 1964 sobre as tendências da propaganda radical às vésperas da Revolução Francesa[5]. Era como um desdobramento deste trabalho que, nesse primeiro livro, Darnton desenvolveu uma análise a respeito de uma vertente específica dessa propaganda radical: aquela influenciada pelo mesmerismo – teoria criada no século XVII por Franz Mesmer que tratava da existência de um "fluido ultrafino que penetrava e cercava todos os corpos"[6], o qual serviria no período como uma explicação séria sobre a natureza e suas forças invisíveis (como aquelas que governam a sociedade e a política).

Através da análise do mesmerismo ele pretendia "examinar as mentalidades dos franceses cultos às vésperas da Revolução, ver o mundo como eles o viam, antes que a Revolução o tirasse de foco"[7]. Verdadeiro anúncio de suas intenções, estas palavras nos ajudam a entender a forma pela qual tentava, então, dar conta de seu problema. Embora já buscasse uma compreensão sobre a relação das ideias com a vida social, que o levava a tentar entender as visões de mundo de seus sujeitos, o faz ali através da adoção do conceito de "mentalidades", tal qual definido pelos historiadores dos *Annales*. Desse modo, Darnton mostrava ver no estudo das mentalidades uma forma privilegiada de compreensão do modo pelo qual os homens e mulheres do tempo viveram as mudanças que levariam à Revolução.

O sentido de tal opção ficava claro na própria análise proposta pelo autor, em especial no seu primeiro capítulo. Ao tentar discutir o "universo mental do século XVIII", chamava a atenção para a necessidade de atentar para os ensinamentos de autores como Lucien Febvre, em especial no que diz respeito à necessária alteridade em relação às formas de pensar do passado[8]. Ao tomar como objeto privilegiado um corpo de crenças até então pouco valorizado pelos estudiosos, Darnton argumenta ser ele um fator fundamental da vida culta do período: "Por extravagante que pareça hoje em dia, o mesmerismo não justifica a negligência dos historiadores, pois correspondeu perfeitamente aos interesses dos franceses cultos na década de 1780", explica[9]. Longe de poder ser caracterizado como uma simples fé exótica, o mesmerismo constituía uma forma de ver o mundo que "correspondia tão bem às atitudes dos franceses cultos que provavelmente despertou mais interesse do que qualquer outro tema ou moda do decênio"[10]. A atenção em relação às mudanças das "mentalidades" ao longo do tempo aparece, assim, como base de uma reflexão que apontava para o caráter instituinte assumido então por uma corrente de pensamento que pode parecer simplesmente exótica aos olhos da posteridade, mas que estaria na base do radicalismo pré-revolucionário na França do século XVIII.

Ao adotar o conceito de "mentalidades", Darnton trata, porém, de adaptá-lo aos objetivos de sua própria análise. Diferenciando-se da perspectiva mais conceitual que enxergava na produção recente dos historiadores ligados aos *Annales*, valorizava a pesquisa empírica como forma de definir seus sujeitos[11]. Afastava-se por isso do sentido totalizante assumido pelo conceito de "mentalidade" na obra de autores como Febvre[12], definindo para seus sujeitos um recorte mais preciso: o universo dos "franceses cultos às vésperas da Revolução"[13]. Mesmo dentro deste universo mental, no entanto, enxerga a possibilidade de formas variadas de relação com o ideário do tempo – como mostra no segundo capítulo ao tratar das polêmicas entre médicos e adeptos do mesmerismo: por mais que compartilhassem desse universo "culto" do período, eles disputavam seu sentido, dando forma a modos diferenciados de lidar com as crenças do tempo. Longe de ver na mentalidade um substrato comum capaz de homogeneizar as leituras do tempo, a incorpora assim como um pano de fundo, uma forma de pensar que não deixa de dar espaço à agência dos indivíduos e grupos sociais diversos – que partem dessa mentalidade compartilhada para analisar seu mundo, mas não se encontram presos a ela.

Diferenciando-se da análise marxista clássica, para a qual o processo revolucionário teria se desencadeado em 1789 como fruto direto da crise econômica atravessada pelo Reino da França, o autor faz do estudo das mentalidades dos franceses cultos um meio de alargar a compreensão do sentido da transformação social em meio ao processo revolucionário, tratando não apenas de fatores políticos ou econômicos, mas também de culturas e saberes próprios aos sujeitos deste processo[14]. Ao se voltar para as mentalidades dos homens e mulheres daquele tempo, Darnton dá forma assim a uma "teoria mesmérica da Revolução"[15], que mostra como foi no campo das crenças e visões de mundo que ela ganhou forma.

Ainda que tentasse minimizar anos depois sua relação com os *Annales*, valorizando sua formação empírica, o próprio historiador reconhecia que este livro de estreia anunciava um caminho que poderia tê-lo levado a se tornar um adepto da "história das mentalidades"[16]. Isso não aconteceu, em grande parte, devido à descoberta do que ele mesmo definiria como "um sonho de historiador"[17]: o "arquivo incrivelmente rico e jamais antes lido"[18] da *Société Typographique de Neuchâtel*, a mais importante editora suíça do século XVIII, que abastecia o mercado ilegal de livros na França pré-revolucionária. Embora tenha localizado este arquivo ainda no fim da pesquisa que resultou em seu primeiro livro, foi só depois dele que Darnton pôde explorar toda sua riqueza – expressa em correspondências com leitores, escritores, distribuidores e comerciantes, assim como em listagens de publicações e de circulação. A partir de tais documentos, dos quais Darnton tirou assunto para todos os seus livros posteriores, o historiador pôde entender em detalhes os complexos meandros do mercado livreiro do período, constituído por uma multiplicidade de sujeitos que se abrigavam sob aquilo que ele antes definira como a "mentalidade dos franceses cultos" do período – como escritores, editores, leitores e outros interessados no comércio ilegal de livros.

Ao permitir-lhe compreender tanto as singularidades das visões de mundo desses sujeitos quanto as tensas relações que eles estabeleciam entre si, tais documentos geraram uma reviravolta em suas análises que teve, como resultado, o livro *O Iluminismo como negócio: história da publicação da Enciclopédia* (1775-1800)[19]. Originalmente publicado em 1979, ele se propunha a entender os processos e redes sociais que ajudavam a explicar "de que modo grandes movimentos intelectuais como o Iluminismo disseminaram-se socialmente"[20]. Para isso, acompanha os mecanismos de impressão e distribuição clandestina da *Enciclopédia*, atentando para o papel desempenhado por esses diferentes sujeitos na sua divulgação.

Paralelamente, no entanto, Darnton vinha publicando, desde 1968, artigos nos quais analisava, a partir da mesma documentação, as lógicas e identidades específicas que singularizavam cada um desses grupos que se relacionavam ao mercado livreiro da França do século XVIII. Nesses artigos, afastavam-se da suposta homogeneidade letrada que aparecia em seu trabalho anterior para tratar de grupos específicos, analisados a partir dos processos sociais nos quais forjavam suas identidades. Literatos, livreiros, tipógrafos, leitores e editores passavam assim a ser pensados a partir dos elementos que os singularizavam, expressos na rica documentação da tipografia.

É como uma reunião de tais estudos que ele publicou, em 1982, o livro *The Literay Underground of the Old Regime* – traduzido no Brasil cinco anos depois como *Boemia literária e revolução: o submundo das letras no antigo regime*. Deixada de lado a pretensão à totalidade, Darnton se propunha a reunir ali "fragmentos de um mundo que se desintegrou ainda no século XVIII", que seria aquele "que vivia da produção e difusão da literatura ilegal na França pré-revolucionária". O livro tenta, desta forma, penetrar no submundo literário do Antigo Regime – não através de um vasto painel, que desse a ele o aspecto de um mundo coeso e articulado, mas através de "um conjunto de esboços": "O esboço, em ciência histórica, permite transfixar os homens no momento da ação, iluminar os assuntos sob uma luz insólita, focalizar complexidades por ângulos diferentes"[21]. Seus capítulos tratam por isso de temas variados, que apontam para diferentes aspectos deste submundo das letras a partir de fontes diversas – como diários, correspondências e obras do período. O historiador evidencia assim que mesmo entre os escritores iluministas de uma mesma geração havia uma "ruptura" que separava os grandes filósofos dos subliteratos, escritores que não tinham tanto reconhecimento público e que não desfrutavam também das benesses do Estado, compondo aquilo que ele define como um "proletariado literário"[22]. Ao invés da busca de elementos comuns aos escritores de uma época, são assim as diferenças entre eles que interessavam então o autor.

Sem negar a força revolucionária das ideias iluministas, Darnton se propõe assim a "questionar a visão pretensiosa, sumamente metafísica, da vida intelectual do século XVIII" resultante das interpretações habitualmente feitas sobre ela. Pretendia, com isso promover "um alargamento da história intelectual" tal como era feita nos Estados Unidos, na defesa de uma espécie de "história social das ideias" como um gênero que poderia contribuir para uma nova avaliação do Iluminismo. Afirmando a necessidade de saber mais "sobre o mundo por trás dos livros"[23], ele passava a tentar entender como alguém se tornava um escritor, como operavam os editores e livreiros, o significado e o alcance da literatura. Ao mesmo tempo em que tornava mais clara a divergência que estabelecera desde seu primeiro trabalho com visões mais filosóficas do Iluminismo e de sua relação com a Revolução, tal procedimento apontava para um caminho analítico que apenas se iniciava: o do investimento nas formas pelas quais diferentes sujeitos viam seu mundo.

2.2 Da interpretação das culturas às redes de comunicação

O resultado da tensão entre as crenças teóricas da reflexão de Darnton e suas importantes descobertas empíricas nos arquivos se expressaria novamente, de maneira ainda mais intensa, na produção posterior do autor. Por mais que em *Boemia literária e revolução* tivesse abandonado a perspectiva totalizante em relação ao mundo letrado, termos como a "mentalidade dos subliteratos" continuavam a aparecer em sua análise[24] – sugerindo a crença em um substrato comum que servia de base às identidades de cada um dos grupos que analisava. Essa era, porém, uma perspectiva da qual havia começado a se afastar, a partir de meados da década de 1970, por conta de um acaso marcante na trajetória de Darnton: o contato estreito que passou a travar, na Universidade de Princeton, com o antropólogo Clifford Geertz, representante maior da corrente interpretativa da antropologia.

Como explica o próprio Darnton, sua aproximação com Geertz, com o qual convivia na universidade desde o início da década de 1970, havia se intensificado a partir de 1976 em função de um curso que passaram a ministrar juntos. Darnton explica que o curso, que ele oferecia sozinho havia alguns anos, era inicialmente apenas "uma introdução à história das mentalidades". Foi sob a influência de Geertz que ele mudou seu perfil, transformando-se em um seminário sobre história e antropologia[25].

Foi a partir deste curso que, segundo o próprio autor, ele iniciou sua "verdadeira educação em antropologia"[26], cujos reflexos se expressariam de forma contundente na produção posterior de Darnton. Ao fim de oito anos de experiência conjunta, ele publicava nos Estados Unidos aquela que se tornaria sua obra mais conhecida: *O grande massacre de gatos e outros episódios da história cultural francesa*[27]. Com objetos e problemas ligados à sua produção anterior, as grandes novidades do livro eram sua forma e abordagem. Em ensaios independentes, ele tratava do modo específico pelo qual diferentes grupos da França no século XVIII lidavam com sua própria realidade. Burgueses, camponeses, filósofos ou trabalhadores são assim analisados a partir da perspectiva singular por meio da qual viam e interpretavam o mundo.

Não se tratava de opção casual. Ainda que afirmasse na apresentação do livro que ele se inseria no terreno da "história das mentalidades", tratava de explicar que a via então como sinônimo de "história cultural", uma perspectiva analítica "que trata nossa própria civilização da mesma maneira como os antropólogos estudam as culturas exóticas"[28]. Mesmo mantendo-se fiel aos objetos e problemas já analisados nos livros anteriores, ele apresentava assim uma nova forma de encarar suas fontes, marcada pela perspectiva interpretativa da antropologia de Geertz. Como explicaria Darnton alguns anos depois, "o contato entre a história e a antropologia foi benéfico para ambas, na medida em que oferecem vias complementares de atingir o mesmo objetivo: a interpretação das culturas"[29]. Ao ver similaridades entre "o tipo de antropologia que Cliff desenvolveu juntamente com Victor Turner, Mary Douglas, Marshall Sahlins e outros" e "o tipo de história cultural escrita por Burckhardt, Huizinga e Febvre"[30], Darnton passa assim a tentar aproximar os dois campos, dando forma àquilo que ele mesmo definia como uma "história cultural" (que seria, para ele, uma "história de tendência etnográfica)[31].

A simples afirmação desta aproximação com a antropologia não basta, no entanto, para definir a novidade da abordagem que propunha – constituindo uma espécie de senso comum entre historiadores da cultura, todos unânimes em afirmar as vantagens de diálogo com a disciplina vizinha[32]. Para Darnton, entretanto, não era qualquer antropologia que ajudaria os historiadores a resolverem seus problemas. Diferenciando de outros historiadores que buscaram na disciplina vizinha o apoio das perspectivas funcionalistas ou estruturalistas, voltou-se para a vertente simbólica da antropologia americana, em especial daquela definida em 1973 por Geertz no livro *A interpretação das culturas*[33].

Reunindo uma série de artigos escritos ao longo dos anos anteriores relacionados com o conceito de cultura, ao qual se juntava um novo "artigo-manifesto" no qual o autor condensava suas ideias[34], o livro tentava explicar e demonstrar o que Geertz entendia pelo termo. Afastando-se do estruturalismo e do funcionalismo, ele trazia para a antropologia uma reflexão inspirada em grande medida pela semiótica e pela hermenêutica, que tratava de associar à tradição da antropologia culturalista americana capitaneada por Franz Boas. Como resultado, adota um conceito de cultura que é "essencialmente semiótico", ligado às "teias de significado" tecidas pelos homens através das quais eles veem e interpretam o mundo. Para Geertz a cultura é definida assim como "um padrão de significados transmitidos historicamente"[35], e não como alguma espécie de corpo que pode ser apreendido e descrito pelo antropólogo. "A cultura não é um poder, algo ao qual podem ser atribuídos casualmente os acontecimentos sociais, os comportamentos, as instituições e os processos", explica o antropólogo. "Ela é um contexto, algo dentro do qual eles podem ser descritos de forma inteligível – isto é, descritos com densidade"[36].

Neste sentido, a antropologia, ao estudar a cultura, não poderia portar-se como "uma ciência experimental em busca de leis, mas como uma ciência interpretativa, à procura do significado"[37]. Segundo Geertz, a tarefa de interpretar culturas "é como tentar ler (no sentido de "construir uma leitura de") um manuscrito estranho [...]"[38], sendo a tarefa do pesquisador a de construir uma interpretação sobre esta leitura de um texto escrito em uma língua que, a princípio, ele desconhece. Não por acaso, é justamente esta noção de leitura que perpassa os capítulos do livro *O grande massacre de gatos*. Como afirma o próprio Darnton em sua apresentação, "a noção de leitura está em todos os capítulos, porque se pode ler um ritual ou uma cidade, da mesma maneira como se pode ler um conto popular ou um texto filosófico [...]". Os objetos e problemas variavam de um capítulo a outro, mas em todos "a leitura é feita em busca do significado – o significado inscrito pelos contemporâneos no que quer que sobreviva de sua visão de mundo"[39].

Fiel a tal proposta, o livro de Darnton pretende assim analisar, em perspectiva antropológica, "as maneiras de pensar na França do século XVIII". Em suas palavras, ele tenta "mostrar não apenas o que as pessoas pensavam, mas como pensavam – como interpretavam o mundo, conferiam-lhe significado e lhe infundiam emoção"[40]. Se tal tarefa pode parecer difícil ao historiador, que lida com informantes que já não podem explicitar e explicar seus pontos de vista, ele afirma que "a vegetação rasteira da mente pode ser tão impenetrável no campo quanto na biblioteca"[41] – evidenciando com isso a proximidade da perspectiva interpretativa que deveria unir os analistas dos dois campos. Darnton trata assim os muitos franceses do século XVIII como seus "outros", alertando o leitor contra a "falsa impressão de familiaridade com o passado" que pode impedir-nos de compreender a diferença que nos separa dos homens e mulheres do passado[42].

Esta diferença é buscada, no livro, através da análise de elementos corriqueiros da experiência de cada um desses grupos na França do século XVIII. Uma piada, um conto popular, uma carta inusitada, transformam-se em sua análise em enigmas através dos quais o historiador tem a chance de compreender um "sistema de significados estranho". Ao ver a cultura como uma espécie de "linguagem compartilhada", passa a ver como tarefa do historiador a busca de uma compreensão sobre tal linguagem, a partir da qual se estrutura toda "expressão individual"[43]. Deste modo, as fontes com as quais ele trabalha – contos, arquivos de tipografias clandestinas, arquivos de polícia – são "documentos que não se pode considerar típicos do pensamento do século XVIII, mas que fornecem maneiras de penetrar nele", pois ganham forma a partir de uma "linguagem" compartilhada compreensível pelos membros do grupo. "Se a cultura é idiomática, ela é resgatável"[44], afirma Darnton. Abdicando da "pretensão à totalidade"[45], como deixava claro já na apresentação do livro, abria mão assim da tentativa de recompor de forma coesa e articulada um universo mental perdido.

Esta definição de cultura o leva a abandonar a rígida separação entre "cultura de elite e cultura popular", ainda que nem por isso deixe de ver os conflitos de classe se exprimindo culturalmente. É o que mostra o caso da matança de gatos que dá título ao livro, analisado no mais conhecido capítulo do livro. No relato memorialístico de um trabalhador gráfico que trabalhara em algumas tipografias francesas do século XVIII, encontra a descrição detalhada de um evento aparentemente desimportante e estranho: um massacre de gatos promovido por tipógrafos de uma dessas oficinas. Distanciando-se do esquematismo do marxismo economicista de autores como Albert Soboul, que costumava ver nesta era artesanal um "período idílico" anterior ao efetivo embate social, vê no episódio a expressão das diferenças e tensões que já marcavam a relação entre patrões e tipógrafos.

Para entender tais tensões, Darnton mergulha no universo simbólico próprio dos trabalhadores, a partir do qual sua sangrenta brincadeira fazia sentido. Se não podiam afrontar diretamente seus patrões, aos quais se ligavam pelos laços de subordinação artesanais, eles ritualizavam sua revolta a partir de sua própria cultura, que serve de base para que ironizem e ataquem os valores do dono da gráfica. Longe de representar uma violência sem sentido, o assassinato do gato pertencente à mulher do patrão expressaria assim uma disputa simbólica mais ampla, a partir da qual os trabalhadores evidenciavam a situação de carência à qual estavam submetidos. Recorrendo à cultura carnavalesca compartilhada pelos trabalhadores franceses do período, Darnton consegue mostrar que eles estavam julgando não os gatos, mas os próprios patrões – usando para isso "um símbolo para deixarem transparecer o que queriam dizer, sem serem suficientemente explícitos para justificarem a retaliação". Ainda que de forma indireta, atacavam assim a ordem social vigente de maneira eficaz, pois "o simbolismo disfarçava o insulto suficientemente para não sofrerem consequências"[46].

Note-se que, sem se esgotar no universo dos próprios trabalhadores, tal procedimento aponta para uma marcante dinâmica de comunicação e compartilhamento entre os diferentes sujeitos sociais, que estavam longe de estar isolados uns dos outros. Como mostra Darnton, "a piada funcionou muito bem porque os operários jogaram, muito habilmente, com um repertório de cerimônias e símbolos", tendo conseguido dar a elas sentido por saberem que "os gatos ocupavam um lugar privilegiado no estilo de vida do burguês"[47]. Foi assim por conhecer os valores e simbolismos dos patrões, que liam à sua maneira, que os tipógrafos envolvidos no episódio conseguiram dar forma à afronta.

O autor indica, com isso, que está longe de tratar de universos culturais isolados. É a partir da interseção e embate entre as diferentes perspectivas de interpretação do mundo social que dá forma às suas histórias, nas quais "as correntes culturais se mesclaram, movimentando-se para o alto e também para baixo, passando através de veículos e grupos de ligação diferentes"[48]. Não por acaso, o mesmo tipo de procedimento que marca sua análise do caso protagonizado pelos tipógrafos se repete, com sujeitos e fontes variadas, nos outros capítulos que compõem o livro. O burguês de Montpellier que faz um relato sobre sua cidade, o policial que classificava e catalogava o mundo das letras no Antigo Regime ou os filósofos que tentavam dar forma à àrvore do conhecimento são tratados com o mesmo tipo de abordagem através da qual Darnton tenta, no capítulo inicial, compreender o modo pelo qual os camponeses franceses tentavam entender seu mundo através de histórias e contos contados de pai para filho. Estudados em conjunto, estes muitos sujeitos são constituídos em sua análise a partir do compartilhamento das redes simbólicas específicas: "o que tinham em comum, que experiência partilhavam"[49].

Ao definir o livro, em sua conclusão, como uma "excursão experimental através da cultura do século XVIII", Darnton explicita os diálogos que explicam a novidade de sua proposta. Por um lado, ela se ligava ao distanciamento estabelecido com a "história das mentalidades", tal qual desenvolvida então por herdeiros dos *Annales* como Pierre Chaunou. Questionando a tendência a "medir comportamentos através da contagem" que marcaria então a historiografia francesa, ele procura apontar para a importância de se atentar para o "elemento simbólico no intercurso social". Ao mesmo tempo, no entanto, afastava-se também da perspectiva aberta por historiadores que, ao tentar interpretar "os sistemas culturais", acabam por ver nele uma simples consequência "das ordens sociais". Era, para ele, o caso de Keith Thomas, autor do livro *A religião e o declínio da magia*, de 1971, que, a seu ver, "parecia sugerir que as condições sociais determinam as crenças populares"[50]. É assim como uma alternativa às trilhas abertas por duas vertentes distintas de análise histórica da cultura que tenta construir sua perspectiva analítica, na qual os símbolos compartilhados por diferentes grupos e sua interpretação passam a ser vistos como meios de expressão privilegiados das disputas sociais.

3 Desafios e caminhos

Como seria de se esperar, dada a novidade da reflexão proposta por Darnton, *O grande massacre de gatos* alcançou grande repercussão, dando origem a várias críticas e polêmicas.

De modo geral, tais críticas se voltavam para a dificuldade de se pensar nas dinâmicas e complexidades próprias ao processo histórico a partir do conceito de cultura que Darnton emprestava de Clifford Geertz, controverso mesmo no campo da antropologia. Aos olhos de muitos desses críticos, a tentativa de utilização de procedimentos e métodos da antropologia interpretativa para pensar os objetos e questões próprias da história geraria incongruências e problemas que se apressaram em explorar.

A primeira dessas críticas partiu de um historiador com o qual Darnton compartilhava o interesse pelo universo dos livros e da leitura na França do século XVIII: o francês Roger Chartier. Poucos meses após o lançamento do livro, Chartier refutava a crítica de Darnton à produção recente dos herdeiros dos *Annales* e ao conceito de "mentalidades". Questionando a suposição da existência de uma identidade francesa, de fato presente no artigo de Darnton sobre os camponeses, passa a vê-la como fruto dos limites do procedimento adotado por ele para interpretar os símbolos e seus significados[51].

Esses limites se ligam, a seu ver, ao próprio cerne do procedimento metodológico defendido por Darnton. Para Chartier, seria um equívoco tomar toda a vida social como sendo constituída de símbolos que teriam alguma significação em si, pois estes símbolos só ganhariam sentido no modo pelo qual se expressavam nos testemunhos que deles lançavam mão. Para dar apoio a tal posição, cita um dicionário de época, através do qual tenta mostrar que, para os contemporâneos, o símbolo seria um "signo que implica uma relação de representação". O resultado é que, da perspectiva de Chartier, as formas simbólicas não constituiriam o "idioma" geral que Darnton vê nelas, pois poucos seriam os sujeitos conscientes de seu sentido.

Mais importante que os símbolos seria, para Chartier, a textualidade específica dos testemunhos trabalhados pelo historiador, como aquele do massacre de gatos – pois seria a partir da lógica interna do texto que se articularia nele uma lógica simbólica particular, própria ao relato. Nesse sentido, as referências presentes no testemunho no qual o Darnton baseia sua análise sobre o massacre de gatos permitiriam apenas que ele compreendesse a lógica e forma assumida pelo discurso de seu autor, não a experiência compartilhada por um universo amplo de trabalhadores do período. Em tal perspectiva, caberia ao historiador somente entender o sentido semântico das intenções e estratégias do autor do relato.

A réplica de Darnton foi publicada em um artigo chamado "História e antropologia", reproduzido em 1990 no livro *O beijo de Lamourette*. Nele, o autor afirma que "os dicionários de época podem ter utilidade para rastrear os sentidos atribuídos às palavras pela elite letrada", mas com certeza não servem como um "informante nativo" sobre a concepção do simbolismo entre os trabalhadores analfabetos"[52]. Ao conceito de simbolismo formulado por Chartier, continua preferindo aquele formulado pelos antropólogos, que "acham que os símbolos transmitem múltiplos sentidos, e que o sentido é interpretado de diferentes maneiras por diferentes pessoas"[53]. Conclui assim que "os historiadores da cultura talvez tenham a ganhar se deixarem de lado a ideia do simbolismo como leão=valor, e pensarem nos símbolos como polissêmicos, fluidos e complexos"[54].

Tal diferença de perspectiva se expressa no modo pelo qual Darnton se propõe a ler suas fontes. Ainda que reconheça que o relato de Contat, o tipógrafo que narra o massacre, não pode ser lido como "uma janela que ofereceria uma visão sem distorções de sua experiência"[55], nem por isto vê nele um testemunho sem valor para o historiador: "Não podemos ignorar os fatos nem nos poupar ao trabalho de desenterrá-los, só porque ouvimos falar que tudo é discurso", afirmava em outro de seus artigos[56]. A possibilidade desta recuperação baseia-se, para ele, na certeza de que "os sentidos são compartilhados socialmente. Desse modo, podemos ler um texto como o de Contat não para descobrir todos os quens, ques, ondes e quandos de um acontecimento, mas para ver o que o acontecimento significou para as pessoas que dele participaram"[57]. Para Darnton isto se faz não se detendo somente sobre a textualidade do relato, como propõe Chartier, mas "indo e vindo entre a narrativa e a documentação em torno", procedimento que ajudaria a captar "a dimensão social do sentido"[58].

Se esta réplica tentava explicar o modo pelo qual Darnton lidara no livro, a partir da influência de Geertz, com a questão da dinâmica da comunicação cultural, outros críticos se encarregariam de mostrar os "perigos" de tal opção. Em artigo publicado naquele mesmo ano, Giovanni Levi, historiador ligado à *microstoria*, atacava outro problema que enxergava nesta concepção de cultura: seu caráter estático[59]. Levi começa o artigo afirmando que "o livro de Robert Darnton é importante não tanto por seus resultados – que me parecem discutíveis – quanto pela filosofia que o inspira de modo mais ou menos consciente". Foca por isso sua atenção em seu esforço de transferência para a história do método analítico desenvolvido por Geertz, no qual ele enxerga um problema de origem amplificado na apropriação dele feita por Darnton: "a rigidez dos contextos de referência". De seu ponto de vista, o princípio de "leitura" das culturas proposto em tal análise acarretaria a necessidade de estabelecimento de um referente fixo, a partir do qual se buscam os sentidos de cada testemunho ou ato. É o caso do artigo sobre o massacre de gatos – no qual "as relações entre mestres e trabalhadores, o simbolismo do gato, a visão de mundo do povo e da burguesia estão dados, contexto imóvel que não é modificado". Desse modo, nota que "contexto e relevância são assumidos *a priori* nos capítulos desse livro", cuja proposta seria ainda incapaz de lidar com a dinâmica dos movimentos e processos sociais próprios da história.

Darnton não chega a oferecer uma réplica direta a tal crítica. Ainda assim, parece ter tentado em sua obra posterior oferecer uma resposta ao tipo de problema nela exposto. Em alguns dos artigos que compuseram em 1990 a coletânea *O beijo de Lamourette*[60], voltava sua atenção para uma questão ausente de suas análises anteriores: a comunicação cultural e seus mecanismos. Ao refletir sobre o modo pelo qual os símbolos circulam socialmente, apontava para uma perspectiva capaz de romper com o caráter estático atribuído pelos críticos às análises que compunham *O grande massacre de gatos*. Desenvolvida nos anos seguintes, tal reflexão resultou, em 1995, na publicação do livro *Os best-sellers proibidos da França pré-revolucionária*[61].

Publicado mais de dez anos após a crítica de Giovanni Levi, o livro retomava de forma clara os problemas e temas que desde o início haviam marcado sua produção. Já nas primeiras linhas do livro, Darnton define seu problema: entender em que medida a publicação de livros proibidos que atingiam a reputação do rei pode ter influído na formação do clima de oposição à monarquia que resultou na Revolução Francesa. Era assim ainda para o mundo dos livros da França do século XVIII que voltava sua atenção, na tentativa de compreender de forma socialmente mais ampla a relação entre as ideias iluministas e o movimento revolucionário. O fazia, porém, em nova perspectiva: se antes havia se limitado a entender como os diversos grupos viam e interpretavam seu mundo, passava então a tentar explicar como se davam as relações, as trocas e as intercessões entre as visões de mundo desses diferentes sujeitos. Para isso, volta-se de maneira mais clara para uma dimensão do processo de circulação de livros negligenciada em suas análises anteriores: a questão da leitura, fundamental para a compreensão dos mecanismos de funcionamento da comunicação cultural. Mantido o interesse pela subliteratura e pelos livros clandestinos, adentrava assim a esfera da recepção, para tentar entender a dinâmica das trocas culturais que podem ter transformado esse tipo de publicação em um meio de alimentar movimentos sediciosos.

Para desenvolver tal proposta, toma como objeto privilegiado não mais os grupos sociais que constroem sentido para o seu mundo a partir de redes simbólicas compartilhadas, mas os produtos que viabilizavam a comunicação entre eles: livros e panfletos, em grande parte proibidos, que desfrutaram de grande popularidade na França do período. Engloba neste universo livros mais comumente definidos como filosóficos, panfletos escandalosos sobre figuras da corte e livros abertamente pornográficos, todos vistos como meios de afronta à ordem do Antigo Regime. É investigando estes livros e seu mercado, pensados como "parte de um sistema cultural geral", que se propõe a adentrar o "campo mais vasto de história das comunicações"[62].

Darnton passa assim a ver estes canais de comunicação como uma via privilegiada para compreensão das ideias e visões do mundo daquele tempo – pois seria justamente através deles que se efetivaria uma dinâmica de trocas e compartilhamentos capaz de transfromar estas ideias e visões de mundo, rompendo com seu caráter estático. Por este motivo, sua análise se volta para a reflexão a respeito da "opinião pública" e de seu processo de formação, que liga aos "meios de comunicação". Embora a utilização de tal termo possa parecer anacrônica para uma análise que se volta para a França do século XVIII, ele mostra que, se não tinha jornais, rádios ou televisão, a sociedade do antigo regime contava com mecanismos próprios de difusão de ideias. Dentre tais mecanismos, destacam-se os meios escritos, como a literatura (proibida ou não); os meios orais, que se espalhavam em mexericos, fofocas, cantos, dizeres e piadas; e os meios visuais, como cartazes e desenhos. Capazes de "articular e conduzir essa força misteriosa chamada opinião pública"[63], tais formas de disseminação de notícias, ideias e fofocas comporia um amplo e articulado mecanismo de circulação de ideias e símbolos, o que tornava a sociedade parisiense do Antigo Regime muito mais dinâmica do que estamos acostumados a pensar. Ainda que se tratasse de uma sociedade em grande parte iletrada, Darnton mostra assim como os ideais revolucionários ligados ao pensamento iluminista tinham caminhos próprios de proliferação. Entender tais caminhos e sua lógica é, assim, o que tenta fazer no livro, de modo a entender como os livros podem ou não ter influenciado a opinião pública da França pré-revolucionária.

Note-se que, em tal análise, o autor trata esta opinião pública como algo dinâmico, formado em contínuo processo de transformação. Por ser ainda tributário do conceito geertziano de cultura, não a concebe como um corpo total e homogêneo, evitando cair na armadilha de vê-la como a expressão de uma posição unificada e articulada. Formada pelo diálogo entre grupos e sujeitos diversos, mesmo daqueles distantes das belas letras, esta opinião pública está na análise de Darnton distante de qualquer homogeneidade, aparecendo antes como um campo coletivo de discussão e reflexão que gera o compartilhamento de alguns símbolos. Sua análise indica assim como o compartilhamento das obras que analisa gerava a disseminação de símbolos capazes de dar forma a uma espécie de vocabulário da sedição, cujos rastros Darnton tenta perseguir.

Ao adotar tal procedimento, Darnton consegue responder, de maneira mais direta do que em trabalhos anteriores, à grande questão sobre a qual se estrutura boa parte de sua obra: a da relação entre as ideias iluministas, disseminadas nesses livros e panfletos, e a revolução. Ao participar do processo de conformação desta opinião pública, tais publicações proibidas teriam ajudado a formar uma rede simbólica comum a partir da qual os homens e mulheres do tempo teriam conferido sentido aos acontecimentos na França pré-revolucionária. Por mais que não produzissem uma discussão direta sobre os temas políticos, tais publicações formavam seu campo de apreensão, corroendo aos poucos a legitimidade do regime. Perdida a guerra simbólica, pouco restava a sustentar o regime monárquico na França.

Ao deixar de buscar somente as visões de mundo próprias a alguns grupos, em perspectiva cujo sentido estático foi apontado por críticos como Levi, Darnton passava assim a investir na tentativa de compreensão das redes e processos de comunicação nas quais se envolviam estes diferentes grupos. Em dois livros publicados em 2010, tratou por isso de aprofundar tal perspectiva, investindo sobre os resultados desta dinâmica de comunicação por vias diversas. Em *O diabo na água ou a arte da calúnia e da difamação de Luís XIV a Napoleão*[64], se volta para o mundo da produção e consumo dos libelos, publicações clandestinas que traziam diferentes tipos de afronta à ordem monárquica, de modo a entender como as transformações de sua forma se ligavam às mudanças sociais que esses próprios escritos ajudavam a fomentar. Já em *Poetry and the Police: Communication Networks in Eighteenth-Century Paris*[65], parte da investigação policial realizada sobre a autoria de seis versos caluniosos, para entender a importância dos circuitos de troca simbólica na França pré-revolucionária. De um modo ou de outro, era assim a dinâmica dos processos sociais analisados, mediada mais pelo compartilhamento de símbolos do que pela determinação de traços culturais específicos a determinados sujeitos.

A partir de um mesmo problema, perseguido de forma permanente ao longo de toda a sua carreira – a tentativa de entender a relação entre o Iluminismo e a Revolução – Robert Darnton constituiu assim uma obra marcada pela constante inovação. Se de início se juntou a outros autores de sua geração na tentativa de buscar no campo da cultura uma forma alternativa de compreensão dos embates sociais, alargou tal conceito de modo a torná-lo cada vez mais fluido. Como resultado, acabou por dar forma a uma análise que, por mais que ainda seja pautada pela tentativa de compreensão das dinâmicas culturais, abre mão de qualquer intuito de atribuir sentidos fechados aos costumes e visões de mundo compartilhados pelos diversos grupos. Cabe assim esperar pelos próximos capítulos desta história, de modo a ver como o desenvolvimento deste percurso pelo universo da cultura poderá levá-lo a buscar novas formas de responder a velhas questões.

Notas

[1] É o caso, em especial, de THOMPSON, E.P. *A formação da classe operária inglesa*. Rio de Janeiro: Paz e Terra, 1987 (1963). • GINZBURG, C. *Andarilhos do bem* – Feitiçarias e cultos agrários nos séculos XVI e XVII. São Paulo: Cia. das Letras, 1988 (1966).

[2] DARNTON, R., apud PALLMARES-BURKE, M.L. *As muitas faces da história*. São Paulo: Unesp, 2000, p. 247.

[3] Cf. SOBOUL, A. *A Revolução Francesa*. Rio de Janeiro: Difel, 2007 (1962).

[4] DARNTON, R. *O lado oculto da revolução*: Mesmer e o final do Iluminismo na França. São Paulo: Cia. das Letras, 1988 (1968).

[5] Cf. Ibid., p. 162.

[6] Ibid., p. 8-9.

[7] Ibid., p. 9.

[8] Ibid., p. 46.

[9] Ibid., p. 18.

[10] Ibid., p. 43-44.

[11] Cf. a entrevista dada anos depois a Maria Lucia Pallmares-Burke. Op. cit., p. 247-248.

[12] FEBVRE, L. *O problema da incredulidade no século XVI* – A religião de Rabelais. São Paulo: Cia. das Letras, 2009 (1942).

[13] DARNTON, R. *O lado oculto da revolução*. Op. cit., p. 9.

[14] Ibid., p. 82.

[15] Ibid., p. 93.

[16] Cf. PALLMARES-BURKE, M.L. Op. cit., p. 245.

[17] DARNTON, R. *Boemia literária e revolução* – O submundo das letras no Antigo Regime. São Paulo: Cia. das Letras, 1987 (1982), p. 8.

[18] PALLMARES-BURKE, M.L. Op. cit., p. 245.

[19] DARNTON, R. *O Iluminismo como negócio* – História da publicação da Enciclopédia (1775-1800). São Paulo: Cia. das Letras, 1996 (1979). As análises desenvolvidas no livro estavam já anunciadas anos antes no artigo "In Search of the Enlightenment: Recent Attempts to Create a Social History of Ideas". *The Journal of Modern History*, vol. 43, n. 1, mar./1971.

[20] Ibid., p. 13.

[21] Ibid., p. 8-9.

[22] Ibid., p. 26.

[23] Ibid., p. 11.

[24] A expressão aparece, entre outras, na p. 39 do referido livro.

[25] Cf. DARNTON, R. *O grande massacre de gatos e outros episódios da história cultural francesa*. Rio de Janeiro: Graal, 1986 (1984), p. XI. • CARVALHO, J.M. "Entrevista com Robert Darnton". *Topoi*, set./2002, p. 389.

[26] "Entrevista com Robert Darnton". *Estudos Históricos*, vol. 2, n. 4, 1989, p. 236.

[27] Ibid.

[28] Ibid., p. XIII.

[29] DARNTON, R. *O beijo de Lamourette*. São Paulo: Cia. das Letras, 1990 (1989), p. 195.

[30] CARVALHO, J.M. "Entrevista com Robert Darnton". *Topoi*, set./2002, p. 389.

[31] DARNTON, R. *O grande massacre de gatos e outros episódios da história cultural francesa*. Op. cit., p. XIII.

[32] A banalização da afirmação desta relação entre história e antropologia foi ironizada posteriormente pelo próprio Darnton, em um artigo no qual dá conselhos sobre estratégias de publicação para escritores iniciantes: "História: diga que é antropologia/Antropologia: diga que é história" (DARNTON, R. *O beijo de Lamourette*. Op. cit., p. 100).

[33] GEERTZ, C. *A interpretação das culturas*. Rio de Janeiro: Zahar, 1978 (1973).

[34] Trata-se do primeiro dos capítulos do livro *Uma descrição densa – Por uma teoria interpretativa da cultura*, p. 13-41.

[35] GEERTZ, C. *A interpretação das culturas*. Op. cit., p. 103.

[36] Ibid., p. 24.

[37] Ibid., p. 15.

[38] Ibid., p. 20.

[39] Ibid., p. XVI.

[40] DARNTON, R. *O grande massacre de gatos*. Op. cit., p. XIII.

[41] Ibid., p. XIV.

[42] Ibid.

[43] Ibid., p. XVII.

[44] Ibid., p. 333.

[45] Ibid., p. XVI.

[46] Ibid., p. 130-132.

[47] Ibid., p. 134-135.

[48] Ibid., p. 91.

[49] Ibid., p. 39.

[50] Ibid., p. 331.

[51] CHARTIER, R. "Text, Symbols and Frenchness". *The Journal of Modern History*, vol. 57, n. 4, dez./1985.

[52] DARNTON, R. "História e antropologia". *O beijo de Lamourette*. Op. cit., p. 285.

[53] Ibid., p. 285.

[54] Ibid., p. 287.

[55] Ibid., p. 295.

[56] DARNTON, R. "Televisão: uma carta aberta a um produtor de TV". *O beijo de Lamourette*. Op. cit., p. 69.

[57] DARNTON, R. "História e antropologia". Op. cit, p. 295.

[58] Ibid., p. 295.

[59] LEVI, G. "Os perigos do geertzismo". *História Social*, n. 6, 1999 (1985).

[60] DARNTON, R. *The Kiss of Lamourette*: Reflections in Cultural History. Nova York: Norton, 1990 [Traduzido no mesmo ano em português como *O beijo de Lamourette*: mídia, cultura e revolução. São Paulo: Cia. das Letras, 1990].

[61] DARNTON, R. *Os* best-sellers *proibidos da França pré-revolucionária*. São Paulo: Cia. das Letras, 1998 (1995). Antes deste, Darnton publicou ainda o livro *Berlin Journal, 1989-1990* (Nova York: Norton, 1991) – um relato de sua experiência em Berlim durante o processo de derrubada do Muro de Berlim e de reunificação da Alemanha.

[62] Ibid., p. 13-14.

[63] Ibid., p. 255.

[64] DARNTON, R. *O diabo na água-benta ou a arte da calúnia e da difamação de Luís XIV a Napoleão*. São Paulo: Cia. das Letras, 2012 (2009).

[65] DARNTON, R. *Poetry and the Police*: Communication Networks in Eighteenth-Century Paris. Cambridge, MA: Belknap Press, 2010.

Referências

CARVALHO, J.M. "Entrevista com Robert Darnton". *Topoi*, set./2002.

CHARTIER, R. "Text, Symbols and Frenchness". *The Journal of Modern History*, vol. 57, n. 4, dez./1985.

DARNTON, R. *O diabo na água-benta ou a arte da calúnia e da difamação de Luís XIV a Napoleão*. São Paulo: Cia. das Letras, 2012 (2009).

_____. *Poetry and the Police*: Communication Networks in Eighteenth-Century Paris. Cambridge, MA: Belknap Press, 2010.

_____. *Os* best-sellers *proibidos da França pré-revolucionária*. São Paulo: Cia. das Letras, 1998 (1995).

_____. *O Iluminismo como negócio* – história da publicação da Enciclopédia (1775-1800). São Paulo: Cia. das Letras, 1996 (1979).

_____. *Berlin Journal, 1989-1990*. Nova York: Norton, 1991.

_____. *O beijo de Lamourette*. São Paulo: Cia. das Letras, 1990 (1989).

_____. *O lado oculto da revolução*: Mesmer e o final do Iluminismo na França. São Paulo: Cia. das Letras, 1988 [1968].

_____. *Boemia literária e revolução* – O submundo das letras no Antigo Regime. São Paulo: Cia. das Letras, 1987 (1982).

_____. *O grande massacre de gatos e outros episódios da história cultural francesa*. Rio de Janeiro: Graal, 1986 (1984).

_____. "In Search of the Enlightenment: Recent Attempts to Create a Social History of Ideas". *The Journal of Modern History*, vol. 43, n. 1, mar./1971.

FEBVRE, L. *O problema da incredulidade no século XVI* – A religião de Rabelais. São Paulo: Cia. das Letras, 2009 (1942).

GEERTZ, C. *A interpretação das culturas*. Rio de Janeiro: Zahar, 1978 (1973).

GINZBURG, C. *Andarilhos do bem* – Feitiçarias e cultos agrários nos séculos XVI e XVII. São Paulo: Cia. das Letras, 1988 (1966).

LEVI, G. Os perigos do geertzismo. *História Social*, n. 6, 1999 (1985).

PALLMARES-BURKE, M.L. *As muitas faces da história*. São Paulo: Unesp, 2000.

SOBOUL, A. *A Revolução Francesa*. Rio de Janeiro: Difel, 2007 (1962).

THOMPSON, E.P. *A formação da classe operária inglesa*. Rio de Janeiro: Paz e Terra, 1987 (1963).

14
Roger Chartier (1945–)

*Giselle Martins Venancio**

1 O historiador e seu tempo

Há alguns anos, numa entrevista para a Revista *Genèses*[1], ao ser questionado por Gérard Noiriel a respeito da evolução de suas pesquisas sobre a história do livro, Roger Chartier respondeu afirmando uma das distinções que caracterizariam sua produção intelectual ao longo dos anos, sua crença na ideia de que as modalidades do agir e do pensar devem ser remetidas para condições de possibilidade associadas a laços de interdependência que regulam as relações entre os indivíduos[2].

Desde seus primeiros escritos, ainda em Lyon, cidade onde nasceu em 1945[3], até a sua posse na Cátedra *Écrit et cultures dans l'Europe moderne*, do College de France, em 11 de outubro de 2007, momento em que sua trajetória atinge, provavelmente, seu ápice, das obras de Roger Chartier transborda a noção de que os modos de pensar de um sujeito só são compreensíveis e abordáveis se em relação a outros que o precederam e lhe são contemporâneos. Em resposta a Noiriel, Chartier argumenta a favor de sua dívida com seus mestres e interlocutores, de sua experiência intelectual compartilhada e renovada, e afirma:

> Eu não gosto de historiadores que afirmam posições historiográficas sucessivas e contraditórias umas em relação às outras com o mesmo grau de certeza e o mesmo grau de intolerância contra aqueles que não fazem o que eles estão fazendo[4].

Pelas frestas das interpretações anteriormente estabelecidas, pela transgressão do pensado e pela transposição, muitas vezes ousada, dos limites do pensável, é que Roger Chartier considera que se instaura uma formulação nova que se estabelece como um deslocamento,

---

* Doutora em História Social pela Universidade Federal do Rio de Janeiro, pós-doutora pela Universidade Federal de Minas Gerais e professora-adjunta do Departamento de História e do Programa de Pós-graduação em História da Universidade Federal Fluminense.

como possibilidade de inflexão originalmente marcada pela tradição das reflexões que lhe precede[5]. E, assim, reflete sobre o seu fazer historiográfico, afirmando: "Hoje, com a passagem do tempo, ao invés de descrever esta evolução em termos de ruptura, eu a analisaria como deslocamento que buscou integrar o que poderia ser considerado muito pertinente nas abordagens precedentes"[6].

Esta crença faz com que Chartier inicie sua trajetória no Collège de France, também lembrando seus interlocutores privilegiados. Ao se referir ao fato de que "pela primeira vez na história do Collège de France, uma cátedra era destinada ao estudo das práticas de escrita no longo período de uma modernidade que provavelmente se desfaz diante de nossos olhos"[7], Chartier lembra que seu curso "não teria sido possível sem os trabalhos de todos aqueles que transformaram profundamente as disciplinas que lhes formaram a base: a história do livro, a história dos textos, a história da cultura escrita"[8]. E segue nomeando Henri-Jean Martin e Don McKenzie, como dois, entre tantos, que deveriam ser "escutados com os olhos"[9], e aos quais somaria ainda Armando Petrucci. A partir daí, projeta sua ação de ensino e pesquisa na instituição, e afirma que, seguindo os passos destes autores, procuraria compreender o lugar que "ocupou a escrita na produção dos saberes, na troca das emoções e dos sentimentos, nas relações que os homens estabeleceram uns com os outros, consigo mesmos e com o sagrado"[10].

Estas frases, certamente registros que evidenciam uma generosidade intelectual quase desconcertante, denunciam igualmente seu fazer historiográfico. Para Chartier, compreender os modos de classificação, divisão e delimitação por meio dos quais cada agente social organiza e categoriza a apreensão do mundo deve ser tarefa primeira dos historiadores. Ele considera, fundamentalmente, que a afirmação das ações conscientes dos sujeitos históricos e as inventividades singulares estão, contínua e necessariamente, associadas às condições de possibilidade estabelecidas por suas redes de interdependência e pela historicidade de suas práticas.

Seus livros combinam, então, estas duas noções – interdependência dos sujeitos e historicidade das práticas –, numa proposta historiográfica cujo projeto é evidenciar "a tensão entre as capacidades inventivas dos indivíduos ou das comunidades e os constrangimentos, as normas, as convenções que limitam – mais ou menos fortemente, dependendo de sua posição nas relações de dominação – o que lhes é possível pensar, enunciar e fazer"[11] em cada configuração histórica determinada.

Tendo como fontes de inspiração trabalhos como os de Norbert Elias e Pierre Bourdieu, dois outros de seus interlocutores privilegiados, Roger Chartier alia, em seus estudos, processos de compreensão das modalidades de incorporação dos constrangimentos sociais pelos indivíduos e análise dos mecanismos relativamente autônomos da ação destes mesmos indivíduos em seus espaços sociais[12]. Procedimento que, na seleção empírica realizada por Chartier, centrou-se, prioritariamente, nas práticas letradas.

Suas obras articulam, portanto, inserção na tradição intelectual que é a de sua formação, rigor na análise empírica, e uma maneira própria e pessoal de investigação, que institui, de forma radicalmente inovadora, problemáticas originais, demonstrando possibilidades diversas de compreensão dos objetos em análise.

Seu trabalho, sem dúvida, contribui em inúmeros aspectos da produção histórica, dos quais, é possível destacar, três eixos fundamentais: o primeiro refere-se ao questionamento das condições de produção do fazer historiográfico, a uma avaliação crítica da herança dos *Annales* e à definição de uma história sociocultural ou de uma história cultural do social; o segundo diz respeito à discussão do par analítico erudito/popular tão amplamente utilizado de forma dicotômica nas abordagens culturais e à proposta de uma interpretação que dinamiza esta concepção e que se preocupa fundamentalmente em compreender os usos e práticas como "resultado, sempre instável, sempre conflituoso, das relações instauradas entre as percepções opostas do mundo social"[13]; e, por último, a análise das práticas letradas, pois, em sua concepção historiográfica, as formas de classificação do mundo realizadas por indivíduos e grupos, e que se dão a ler por meio de palavras manuscritas ou impressas, evidenciam as formas primeiras e mais fundamentais dos conflitos sociais[14].

2 Diálogos – Uma investigação empírica que se reverte em teoria

Os primeiros livros publicados por Roger Chartier foram *Leitura e leitores na França do Antigo Regime*, em 1987[15], e *A história cultural, entre práticas e representações*[16], em 1988[17]. Estes livros, segundo Chartier, traçavam um balanço provisório de um conjunto de pesquisas já realizadas que tratavam, basicamente, da construção de um novo objeto: a história da produção, das circulações e, particularmente, das recepções dos textos impressos na primeira modernidade, entre os séculos XV e XVIII[18]. Representavam também uma reflexão teórica que promovia um questionamento em relação à tradição histórica de sua formação, isto é, a "uma história cultural, social e estatística inscrita no paradigma então dominante da história das mentalidades"[19]. Os textos traduziam, em uma nova escrita historiográfica, problemáticas originais que haviam surgido a partir de suas reflexões empíricas, em diálogo, e, por vezes, em conflito com a tradição dos *Annales*.

Na tradição dos *Annales*, a chamada história das mentalidades[20] – primeiramente uma especificidade francesa[21] – havia se tornado possível com a articulação de seus objetos às categorias em uso na história econômica e social que se praticava. A definição da história das mentalidades, estabelecida por aqueles que a ela se dedicavam, considerava que esta se limitava ao cotidiano e ao automático no pensamento dos indivíduos, isto é, aquilo que "escapava aos sujeitos individuais porque revelador do conteúdo impessoal de seu pensamento"[22]. Dessa forma, o estudo das mentalidades se beneficiava das categorias quantitativas em uso, naquele momento, na história econômica e demográfica associadas a um questionário mais amplo que se abria para investigar práticas diversas, como cerimônias, rituais sociais, desde o nascimento até à morte[23]. Ao realizar essas investigações, os historiadores insistiam no protagonismo dos elementos inconscientes e na redução da importância das ideias racionais e conscientemente enunciadas. Pressupunha-se também a partilha das mesmas categorias e representações por todos os meios sociais, desprezando-se, assim, em grande medida as singularidades. Como a história das mentalidades tinha "por objeto o coletivo, o automático e o repetitivo" ela poderia e deveria se "fazer contável", daí a possibilidade de se adotar as práticas metodológicas já estabelecidas e consagradas pela história econômico-social.

No entanto, essa história acabou por gerar, na produção historiográfica francesa, uma série de críticas e uma sensação de ausência dos atores sociais. Em livro organizado por Bernard Lepetit[24], e publicado em 1995, questionavam-se as certezas de uma história quantitativa que tinha sido a grande protagonista do fazer historiográfico em anos anteriores e alertava-se que a história da disciplina, desde 1945, poderia ser lida "a partir do critério da ausência de atores", constatando que a abordagem objetiva, estrutural e quantitativa teria levado a um esquecimento dos agentes.

Assim, neste processo de reavaliação crítica da tradição dos *Annales*, que se estabeleceu em fins dos anos de 1980 e início dos anos de 1990, Roger Chartier se inseriu de forma destacada. Afirmando-se insatisfeito com a história que se fazia na França naquele momento[25] e instigado pelo editorial *Histoire et Science Sociales: un tournant critique?*[26], publicado na Revista dos *Annales*, em 1988 – que sugeria que os historiadores viviam "tempos de incertezas" e uma "crise epistemológica" –, Chartier respondeu ao questionamento sobre qual deveria ser a história a ser escrita elaborando um texto intitulado *O mundo como representação*[27].

Inserido, portanto, na tradição dos *Annales* e sem negá-la, Chartier foi um dos historiadores que atendeu ao desafio lançado pela revista. Nesta resposta, a um só tempo, questionava os procedimentos clássicos da história social – que visavam identificar as determinações desconhecidas que comandavam os pensamentos e as condutas –, e afirmava a dimensão deliberada da ação dos sujeitos históricos, tão amplamente rejeitada nos paradigmas anteriores. Por outro lado, opunha-se a um retorno absoluto dos atores sociais, então em voga na França principalmente em torno das comemorações do Bicentenário da Revolução Francesa que havia colocado em pauta um "retorno exclusivista das explicações políticas, de uma filosofia política do sujeito como fonte livre da oferta de ideias, independentemente de quaisquer limites de recepção cultural e social"[28].

Destacava ainda, naquele momento, que os historiadores, além de sensíveis às abordagens antropológicas e sociológicas – que havia resultado em "deslocamentos fundamentais: das estruturas para as redes, dos sistemas de posições para as situações vividas, das normas coletivas para as estratégias singulares"[29] – tomavam também consciência de que seus discursos eram, necessariamente, construídos a partir de fórmulas discursivas comuns a quaisquer outras formas narrativas. Sugeria, assim, que era fundamental que os historiadores se questionassem sobre as "especificidades da narrativa histórica em relação a todas as outras"[30].

Colocando-se na contramão das interpretações que identificavam as "linguagens como um sistema fechado de signos cujas relações produzem por si só significação"[31], e reafirmando o pertencimento da história às ciências sociais, Chartier elabora sua proposta sugerindo que cabia aos historiadores

> [...] reconhecer que as realidades passadas só são acessíveis (maciçamente) através dos textos que pretendiam organizá-las, submetê-las ou representá-las nem por isso significa postular a identidade entre duas lógicas: de um lado, a lógica letrada, logocêntrica e hermenêutica que governa a produção dos discursos; de outro, a lógica prática que regula as condutas e as ações. Toda história deve levar em conta a irredutibilidade da experiência ao discurso, prevenindo-se contra o emprego descontrolado da categoria "texto", com muita frequência indevidamente aplicada a práticas (ordinárias ou ritualizadas) cujas táticas e procedimentos não são em nada semelhantes às estratégias discursivas[32].

Na opinião de Roger Chartier era fundamental, portanto, manter a distinção entre textos e práticas sociais, ao mesmo tempo em que se deveria perceber que "a construção dos interesses pelos discursos é, ela própria, socialmente determinada" e também conformada "pelos recursos desiguais (de linguagem, conceituais, materiais etc.) de que dispõem os que as produzem"[33]. Para enfrentar, então, este desafio Chartier propõe a noção de *representação* como a mais apta a articular as divisões objetivas do mundo social com as estruturas de percepção, de classificação e de julgamento dos indivíduos ou dos grupos. *Representação* seria, assim, definida em sua dupla acepção, isto é,

> [...] uma que pensa a construção das identidades sociais como resultado sempre de uma relação de força entre as representações impostas por aqueles que têm o poder de classificar e nomear e a definição, submetida e resistente que cada comunidade produz de si mesma; a outra que considera o recorte objetivado como a tradução do crédito concedido à representação que cada grupo faz de si mesmo, portanto à sua capacidade de fazer com que se reconheça sua existência a partir de uma exibição de unidade[34].

Roger Chartier sugere, desse modo, uma proposta historiográfica cujo projeto seria "reconhecer a maneira como os atores sociais investiam de sentido suas práticas e seus discursos"[35], buscando evidenciar "como, em contextos diversos e mediantes práticas diferentes [...], estabelece-se o paradoxal entrecruzamento de restrições transgredidas e de liberdades restringidas"[36]. Em síntese, propunha que se pensassem os sujeitos num limite tenso entre os constrangimentos e a liberdade.

Num texto anterior, escrito no início dos anos de 1980, intitulado *Por uma sociologia histórica das práticas culturais*[37], Chartier já definia o que se pode considerar, em linhas gerais, um programa de renovação dos métodos e estudos históricos que ficaria conhecido como história cultural. O objetivo fundamental da proposta elaborada por ele neste texto era a constituição de uma história que superasse a divisão entre estruturas e sujeitos, na medida em que o que ele concebia como história cultural tinha como objetivo "identificar o modo como em diferentes lugares e momentos uma determinada realidade social é construída, pensada e dada a ler"[38]. Em outras palavras, se o papel do historiador era investigar uma realidade que não poderia ser acessada senão pela mediação das representações construídas sobre o real, a primeira ação investigativa deveria ser a compreensão dos modos de classificação, divisão e delimitação por meio dos quais cada agente social organiza e categoriza a apreensão do mundo, considerando-se que as percepções do social não são discursos neutros, mas, ao contrário, espaços de *lutas de representação*. Segundo Chartier, as lutas de representação têm importância equivalente às lutas econômicas, pois elas permitem compreender "os mecanismos pelos quais um grupo impõe, ou tenta impor, a sua concepção do mundo social, os valores que são seus, e o seu domínio"[39].

Dessa maneira, segundo ele, pode-se pensar justamente em

> [...] uma história cultural do social que tome por objeto a compreensão das formas e dos motivos – ou, por outras palavras, das representações do mundo social – que, à revelia dos atores sociais, traduzem as suas posições e interesses objetivamente confrontados e que, paralelamente, descrevem a sociedade tal como pensam que ela é ou como gostariam que fosse. A partir desta proposição, três conceitos se tornam fundamentais: *representação, prática e apropriação*[40].

Define-se, assim, uma questão fundamental que estaria constantemente presente em sua obra: "a compreensão possível das práticas, quaisquer que elas [fossem] a partir dos textos que as revelam e as traem"[41].

3 Conceitos e práticas – Textos, apropriações e um postulado "revogado em dúvida"

Além da discussão da tradição dos *Annales*, nestes seus primeiros textos e livros, Roger Chartier dedicou-se também a investigar os diferentes gêneros de impressos que eram destinados aos diversos leitores e, entre eles, aos mais humildes. Ao acompanhar a história dos textos que em determinado momento entravam no repertório das publicações propostas aos compradores populares, o autor sugeriu a discussão de várias proposições que eram, até aquele momento, consideradas certezas incontornáveis.

No Preâmbulo do livro *Leitura e leitores na França do Antigo Regime*, Roger Chartier precisa seus objetivos de pesquisa e se coloca na contramão daqueles autores que identificavam a cultura popular com um "conjunto de textos – presentes nos livros baratos, vendidos por ambulantes e conhecidos pelo nome genérico de 'Biblioteca Azul' – e num conjunto de crenças e gestos considerados como próprio de uma religião popular"[42]. Segundo ele, era exatamente este postulado, de oposição rigidamente estabelecida, entre uma cultura erudita, de um lado, e uma cultura popular, de outro, que era necessário ser questionado. Ele identifica, neste livro, diversos exemplos de "usos "populares" de objetos, de ideias, de códigos não considerados como tais"[43] e vários usos de uma "cultura coletiva das quais as elites só se separam lentamente"[44]. Por esse motivo, Chartier analisa textos – como as preparações para a morte ou os livros de civilidade – com o objetivo de propor a substituição da caracterização "global, unitária, das formas culturais por uma apreensão mais complexa que tenta, para cada uma delas, descobrir o cruzamento e tensões que a constituem"[45].

Esta análise – oposta à ideia facilmente aceita de que era possível localizar a cultura popular num repertório específico de textos ou de práticas – promoveu uma profunda reavaliação da categoria cultura popular[46]. Ao propor que fossem analisados os usos, as apropriações comuns, porém distintas, dos mesmos objetos, dos mesmos textos, das mesmas normas, por grupos sociais diferentes, Roger Chartier subverteu os modos de interpretar a cultura popular e estabeleceu uma estratégia inédita de compreendê-la.

Como consequência, a principal questão que passou a informar a reflexão foi a possibilidade de se investigar quais eram os usos sociais das práticas culturais – da ciência, da arte, da literatura, entre outras. Para desenvolver tal análise propôs-se então a investigar, com Michel de Certeau, a alteridade cultural não nos objetos, mas nas práticas, nas suas apropriações, ação que levou a um duplo deslocamento das análises.

Em primeiro lugar, como já foi demonstrado, ao questionamento do par analítico erudito/popular, tão amplamente aceito e naturalizado. E ainda ao desvio do olhar da produção dos objetos culturais para o consumo desses mesmos objetos, com o objetivo precípuo de reconhecer a necessária historicidade das práticas. Chartier alerta que

> [...] restituir essa historicidade exige que o "consumo" cultural ou intelectual seja ele mesmo tomado como uma produção, que certamente não fabrica nenhum objeto, mas constitui representações que nunca são idênticas àquelas que o produtor, o autor ou o artista investiram em suas obras. [...] Anular o recorte entre produzir e consumir é, primeiramente, afirmar que a obra só adquire sentido através das estratégias de interpretação que constroem suas significações[47].

Michel de Certeau, em debate com Michel Foucault, havia proposto alternativas para a implacabilidade do poder, ao buscar identificar os artifícios que o homem comum utiliza diante dos mecanismos que tentam domesticá-los, opondo-se aos dispositivos, graças aos quais os poderes produzem controle e coerção e fabricam autoridade e conformidade. O deslocamento sugerido por Certeau na *Invenção do cotidiano*[48], ao pensar como os homens utilizam táticas – que jogando com as regras, que normalmente os disciplinam, anulam ou minimizam seus efeitos –, e estratégias – ações calculadas das relações de força que postulam um lugar suscetível de ser circunscrito como algo próprio e com uma exterioridade de alvos[49] –, afasta o foco exclusivo do conteúdo dos objetos culturais para as práticas de apropriação[50].

Além de apropriar-se das reflexões derivadas do debate entre Michel de Certeau e Foucault, Chartier inspira-se nas análises propostas por Pierre Bourdieu. De Bourdieu, toma, particularmente, a categoria de campo que, numa breve definição, pode ser compreendida como

> [...] um lugar em que há uma lei fundamental, várias regras, mas nenhum nomóteta [aquele que fixa a lei], nenhuma instância e nenhuma federação para enunciar as regras. [...] há regularidades imanentes, sanções, censuras, repressões e recompensas [...][51].

Do ponto de vista de Chartier, entre outras apropriações da noção de campo, está a possibilidade de utilizá-la para questionar uma noção de leitor (ou consumidor) atemporal e a-histórico. Segundo ele,

> [...] toda abordagem plenamente histórica de textos literários supõe que se rompa com a universalização de uma modalidade especial de leitura e, inversamente, que se identifique as competências, os códigos e as convenções próprias a cada comunidade de interpretação[52].

Cada grupo e cada indivíduo, porque pertencentes a comunidades interpretativas, têm formas de apropriação dos conteúdos, de leitura, de classificação do mundo e de constituição de identidades próprias. Chartier busca, assim, investigar os processos formais, por intermédio dos quais são historicamente construídos sentidos e produzidas significações. Daí a proposição do conceito fundamental de *representação*.

Ao tomar, portanto, em diálogo estas obras que frequentemente são lidas em oposição termo a termo – Foucault e Bourdieu como aqueles que destacam um mundo social e um poder implacáveis; em contraposição a Certeau, que centra sua reflexão na inventividade dos indivíduos –, revela-se a lucidez do olhar atento de Roger Chartier que evidencia, exatamente, o fato de que, lidas em conjunto, essas obras apontam para uma rica possibilidade de trabalhar o mundo social. Segundo a leitura de Chartier, Certeau demonstra que a liberdade, a inventividade e a possibilidade criativa situam-se, necessariamente, no interior das regras ou códigos sociais, e Bourdieu destaca, a partir dos conceitos de senso prático e estratégia, que as condutas e os comportamentos individuais não são, jamais, redutíveis às determinações sociais[53].

Ao pensar o consumo cultural criativo – e a leitura como sua metáfora –, Chartier elabora uma proposta original que desvia o olhar dos dispositivos de poder dos produtores dos objetos culturais para as práticas dos usuários, propondo que as apropriações devam ser pensadas como um objeto de análise que resulta de uma negociação entre produtores e consumidores[54]. Em oposição às interpretações que sugerem a leitura – ou o consumo cultural – como passiva, Chartier propõe que se observem as liberdades dos leitores e, em lugar de se atentar apenas para as dependências e os processos de alienação, que se verifiquem os procedimentos de invenção e consciência[55]. As múltiplas representações e apropriações possíveis são, exatamente, o que forma o objeto central de sua análise.

Esta construção historiográfica deve ser entendida, portanto, como o estudo dos processos através dos quais os significados são construídos[56]. Daí o reconhecimento das práticas de apropriação cultural como processos fundamentais de investigação das lutas de representação, organizadas e organizadoras das hierarquias e divisões sociais. Assim, usos e apropriações são compreendidos como práticas sociais, o que demanda a investigação de suas condições de produção.

4 Práticas letradas: objeto privilegiado de pesquisa

As reflexões teóricas e metodológicas desenvolvidas por Roger Chartier foram elaboradas, simultaneamente, à sua inserção em diversos projetos editoriais. Entre eles, uma importante coleção dirigida por Henri-Jean Martin: os quatro tomos da *Histoire de l'edition française*, lançados entre 1982 e 1986. Nesta obra coletiva, cujo centro eram as sucessivas figuras de editor, tinha-se como objetivo "associar pela primeira vez a história econômica da produção manuscrita e impressa, a descrição social do pequeno mundo do livro (impressores, livreiros, encadernadores, operários), o estudo dos objetos e dos textos oriundos das oficinas e as interrogações, novas então, sobre os leitores e suas estratégias de leitura"[57].

Sua atuação na organização da *Histoire de l'edition française* concorreu para a consolidação de mais uma contribuição importante da obra de Roger Chartier: a ideia de que não mais se dissociasse a materialidade dos textos e a textualidade dos objetos escritos. Ideia já antes formulada no livro *Práticas de leitura*[58], a observação da materialidade dos escritos, como proposta por Mackenzie[59], alterou as análises até então desenvolvidas sobre os objetos textuais. Ao destacar os livros como peças de cuja elaboração participam não apenas seus autores, mas também tipógrafos, impressores, toda a gente do livro que elabora com seu trabalho intenções de interpretações, Chartier destaca que um texto não existe isolado da materialidade que o suporta, e alerta:

> Deve-se lembrar que não há texto fora do suporte que o dá a ler (ou a ouvir), e sublinhar o fato de que não existe a compreensão de um texto, qualquer que ele seja, que não dependa das formas através das quais ele atinge o seu leitor. Daí a distinção necessária entre dois conjuntos de dispositivos: os que destacam estratégias textuais e intenções do autor, e os que resultam de decisões de editores ou de limitações impostas por oficinas impressoras[60].

Em diversos textos, particularmente num livro dedicado à memória de Don Mackenzie – *Do palco à página: publicar teatro e ler romances na época moderna, séculos XVI a XVIII* –, Roger Chartier busca demonstrar como o "estudo morfológico dos suportes do escrito permite a compreensão das categorias intelectuais e estéticas que regem a composição, a publicação e os usos dos textos transmitidos por eles"[61]. Em síntese, Chartier preocupa-se com os modos pelos quais as formas físicas dos textos afetam o processo de construção de seu sentido para os leitores[62].

Também em páginas dedicadas à obra de Miguel de Cervantes, Chartier analisa o comportamento de D. Quixote numa oficina de impressão com o objetivo de perceber os modos através dos quais "o trabalho executado dentro de uma tipografia [...] é uma condição para dar realidade às ilusões da narrativa"[63]. Citando textualmente Cervantes, ele demonstra como D. Quixote "vio tirar en una parte, corregir em otra, componer en esta, enmendar en aquela", e afirma: "Os verbos espanhóis usados por Cervantes designam as diferentes operações feitas por diversos operários: 'tirar' para o impressor, 'corregir' para os revisores de provas, 'componer' e 'enmendar' para os tipógrafos"[64].

Para Chartier, assim como para Cervantes no capítulo citado, a fabricação de um texto ou de um livro pressupõe a ação de diferentes operações humanas que executando técnicas distintas cumprem diferentes etapas de fabricação de um livro. Esta simples observação realizada por Chartier altera, de forma importante, os processos de análise de textos, pois demonstra que "entre o gênio do autor e a aptidão do leitor [...] uma multiplicidade de operações define o processo de publicação como um processo colaborativo, no qual a materialidade do texto e a textualidade do objeto não podem ser separadas"[65].

Esta multiplicidade de ações e agentes envolvidos no processo de fabricação de um objeto impresso introduz a ideia de *instabilidade dos textos*, o que remete objetivamente para a necessária análise de suas diferentes e históricas versões[66]. Esta interpretação, que destaca a materialidade dos textos e a historicidade de cada uma de suas "encarnações", coloca Chartier em clara oposição àquelas análises que atribuem todo o valor do texto ao autor, ou àquele que o enuncia. Do seu ponto de vista, o "conceito de um ideal texto 'original', visto como uma abstrata entidade linguística presente atrás das diferentes instâncias de trabalho, é considerado uma completa ilusão"[67].

Ilusão se pensada em relação aos textos literários, ilusão se referida aos textos históricos. A ideia de um texto que se remete exclusivamente à genialidade de seu autor e que se limita aos aspectos intrínsecos de sua escrita não faz parte do horizonte explicativo elaborado por Roger Chartier[68]. Colocando-se na contramão das interpretações elaboradas pelo *new criticism*, ele se preocupa em identificar a *força criativa que molda as obras*[69] [literárias ou não] para além dos limites referidos à autoria e entrevendo as complexas inter-relações sociais e históricas que as produzem e as fazem circular.

5 Considerações finais

Este breve texto evidencia um panorama bastante incompleto da trajetória científica e intelectual de Roger Chartier. Pretendeu-se apenas compartilhar algumas ideias e reflexões e sublinhar parte das contribuições de seus textos para a produção historiográfica em geral e, particularmente, para uma dada abordagem da história sociocultural.

Para torná-lo um pouco mais próximo da riqueza da produção intelectual de Roger Chartier seria necessário evocar ainda outros escritos e recuperar propostas e questões diversas que eles sugerem: como a relação entre textos e processos revolucionários, como em

Origens culturais da Revolução Francesa[70]; ou os regimes distintos de produção e circulação de textos – entre um caráter público e um bem de mercado – como em *Cardênio entre Cervantes e Shakespeare: história de uma peça perdida*[71]; ou ainda a escrita no espaço digital, em *Os desafios da escrita*[72] e *A aventura do livro: do leitor ao navegador*[73], entre outros temas.

Seria preciso também identificar os vários empregos e apropriações de sua obra ao longo do tempo e em espaços geográficos distintos.

Tarefas, sem dúvida, muito difíceis de executar, pois os textos de Roger Chartier, plenos de novas ideias e transgressores frequentes do pensável, vêm inspirando, nas últimas décadas, toda uma geração de pesquisadores nas mais diversas partes do mundo.

Notas

[1] NOIRIEL, G. "L'histoire culturelle aujoud'hui – Entretien avec Roger Chartier". *Genèses*, 15, mar./1994, p. 115-129.

[2] Nesse sentido Roger Chartier coloca-se na contramão de uma produção que considera a ideia de uma relação consciente, transparente e relacionada apenas à inventividade individual, estabelecendo um protagonismo absoluto dos indivíduos. Cf. CHARTIER, R. "História intelectual e história das mentalidades". *À beira da falésia*: A história entre certezas e inquietude. Porto Alegre: UFGRS, 2002, p. 23-60. • LEITE LOPES, J.S. "Algo sobre a trajetória da prática do autor científico Roger Chartier". CHARTIER, R.; FAULHABER, P. & LEITE LOPES, J.S. (orgs.). *Autoria e história cultural da ciência*. Vol. 1. Rio de Janeiro: Beco do Azougue, 2012, p. 17-24.

[3] Roger Chartier nasceu em Lyon no dia 9 de dezembro de 1945. Formou-se na Escola Normal Superior de Saint Cloud. Atualmente é professor no Collège de France, *directeur d'études* na École des Hautes Études en Sciences Sociales (Paris) e *Annenberg Professor* of History na University of Pennsylvania. Recebeu o Annual Award of the American Printing History Association (1990) e o Prix Gobert (1992).

[4] "Je n'aime pas beaucoup les historiens qui affirment des positions historiographiques successives et contradictoires les unes avec les autres avec le même degré de certitude et le même degré d'intolerance par rapport à ceux que ne font pas ce qu'ils sont en train de faire" (CHARTIER, R., apud NOIRIEL, G. "L'histoire culturelle aujoud'hui – Entretien avec Roger Chartier". *Genèses*, 15, mar./1994, p. 115).

[5] Em outras conversas estabelecidas com Carlos Aguirre Anaya, Jesús Anaya Rosique, Daniel Gondin e Antonio Saborit e publicadas, no Brasil, sob o título de *Cultura escrita, literatura e história*, Roger Chartier destaca este aspecto da interlocução como um fator essencial para a compreensão de suas proposições a respeito da história. Diz ele: "Por isso, comentei autores que me parecem importantes para transformar a visão da história. Em nossas conversas, mencionou-se a obra de Michel de Certeau em sua dupla dimensão: tanto como uma reflexão sobre as práticas do presente, a invenção do cotidiano, assim como a história das práticas místicas dos séculos XVI e XVII. Esta é uma referência importante porque tanto no cotidiano contemporâneo como no meio místico antigo há algo em comum: a apropriação do imposto, seja a cultura do *mass mídia* ou a ortodoxia católica, e que é transformado em algo novo. Os místicos, como nossos contemporâneos, fazem algo novo com o que lhes é imposto. As diversas dimensões da obra de Michel Foucault também estão presentes nessas discussões, ao mesmo tempo por sua historicização dos conceitos mais imediatos, vinculados, para nós, à cultura do escrito como autor, comentário, obra, e por suas reflexões sobre as diversas formas de poder, o que ele chamou de 'microfísica do poder'. Mas há outros autores que acompanharam esta trajetória de investigação, como Norbert Elias, introduzido na França pela primeira vez nos anos de 1970 e uma segunda vez, com novas traduções para o francês, em fins da década de 1980, e cujos conceitos de processo e configuração permitem pensar, de uma ou de outra maneira, a descontinuidade e a diferença de todas as

formas, sejam estas políticas, sociais ou psicológicas. Também a obra um pouco menos conhecida fora da França, de Louis Marin, semiólogo e historiador da literatura, fez uma reflexão muito aguda sobre o conceito de representação do poder monárquico por meio de seus signos e símbolos, destacando a tensão, a dialética entre as formas que devem fazer acreditar no poder absoluto e as formas de crenças, que recebem, aceitam ou rejeitam esta máquina de produção de uma crença. Temos também sua reflexão sobre as duas dimensões da representação: a que representa algo e o que se dá representado por algo. Poderia acrescentar aqui a obra de Pierre Bourdieu. E, embora seu ponto de vista seja tão diferente, a perspectiva de Paul Ricoeur, baseada na hermenêutica e na fenomenologia, propõe, como nós, a questão fundamental do encontro entre leitores e textos [...]" (CHARTIER, R. *Cultura escrita, literatura e história*. Porto Alegre: Artmed, 2001, p. 162-163).

[6] "Aujourd'hui, avec le recul du temps, plutôt que de décrire cette évolution en terme de rupture, j'analyserais comme um déplacement qui a essayé d'intégrer ce qu'il pouvait y avoir três pertinent dans les approches precedentes" (CHARTIER, R., apud NOIRIEL, G. "L'histoire culturelle aujourd'hui – Entretien avec Roger Chartier". *Genèses*, 15, mar./1994, p. 115).

[7] CHARTIER, R. "Apêndice – Aula inaugural do Collège de France". In: ROCHA, J.C.C. (org.). *A força das representações*: história e ficção. Chapecó: Argos/Unochapecó, 2011, p. 249.

[8] Ibid.

[9] Verso de Quevedo utilizado por Roger Chartier como título de sua aula inaugural no Collège de France em 11 de outubro de 2007. CHARTIER, R. *Écouter les morts avec les yeux*. Paris: Collège de France/Fayard, 2008.

[10] CHARTIER, R. "Apêndice – Aula inaugural do Collège de France". In: ROCHA, J.C.C. (org.). *A força das representações*: história e ficção. Chapecó: Argos/Unochapecó, 2011, p. 252.

[11] CHARTIER, R., apud NOIRIEL, G. "L'histoire culturelle aujourd'hui" – Entretien avec Roger Chartier". *Genèses* 15, mar./1994, p. 102.

[12] CHARTIER, R. "Pour une usage libre et respectueux de Norbert Elias". *Vingtième Siècle* – Revue d'Histoire, n. 106, abr.-jun./2010, p. 40.

[13] CHARTIER, R. "Preâmbulo". *Leitura e leitores na França do Antigo Regime*. São Paulo: Unesp, 2004, p. 18.

[14] CHARTIER, R. "Pour une usage libre et respectueux de Norbert Elias". Op. cit., p. 43.

[15] Livro traduzido no Brasil apenas em 2004 pela Unesp: CHARTIER, R. *Leitura e leitores na França do Antigo Regime*. São Paulo: Unesp, 2004.

[16] CHARTIER, R. *A história cultural entre práticas e representações*. Lisboa/Rio de Janeiro: Bertrand Brasil, 1990.

[17] Num exercício autobiobibliográfico, recentemente publicado no Brasil, Chartier enumera os textos que publicou, inserindo-os em sua trajetória intelectual. O roteiro sugerido pelo próprio autor é, parcialmente, seguido neste texto. CHARTIER, R. "Uma trajetória intelectual: livros, leituras e literaturas". In: ROCHA, J.C.C. (org.). *A força das representações*: história e ficção. Chapecó: Argos/Unochapecó, 2011, p. 21-55.

[18] CHARTIER, R. "Uma trajetória intelectual: livros, leituras e literaturas". Op. cit., p. 22-24.

[19] Ibid., p. 23.

[20] Há uma extensa bibliografia sobre história das mentalidades. Uma possível indicação de leitura – por sua qualidade na organização do debate sobre o tema, de forma eficiente e sintética, e pela sugestão de uma bibliografia precisa – é REVEL, J. "Mentalidades". In: BURGUIÈRE, A. *Dicionário das Ciências Históricas*. Rio de Janeiro: Imago, 1993, p. 528-536.

[21] Apesar do destaque dado à especificidade da produção francesa, Jacques Revel considera que "o êxito da noção de mentalidade, no qual alguns veem cruelmente a ilustração de um certo provincianismo cultural francês, não poderia, em todo caso, fazer esquecer que no mesmo momento, segundo

modalidades muito diversas e inscritas em outros contextos culturais, foram elaboradas respostas" para um questionamento comum: "Como conjugar o individual e o coletivo na história cultural?" Cf. REVEL, J. "Mentalidades". In: BURGUIÈRE, A. *Dicionário das Ciências Históricas*. Rio de Janeiro: Imago, 1993, p. 532.

[22] LE GOFF, J., apud CHARTIER, R. "História intelectual e história das mentalidades". *À beira da falésia*: a história entre certezas e inquietude. Porto Alegre: UFGRS, 2002, p. 35.

[23] Jacques Revel destaca ainda a possibilidade, segundo ele, sugerida por Roger Chartier de que se pudesse ler o "florescimento da história das mentalidades nos anos de 1960 [na França] como uma resposta estratégica destinada a conter as ambições das outras ciências sociais no interior de uma nebulosa historiadora em expansão" (REVEL, J. "Mentalidades". Op. cit., p. 534). Cf. tb. CHARTIER, R. "História intelectual e história das mentalidades". Op. cit. • CHARTIER, R. "A história hoje: dúvidas, desafios e propostas". *Estudos Históricos*, vol. 7, n. 13, 1994, p. 100-113.

[24] LEPETIT, B. *Les formes de l'experience*: une autre histoire sociale. Paris: Albin Michel, 1995.

[25] CHARTIER, R. "A história hoje: dúvidas, desafios e propostas". Op. cit., p. 100-113.

[26] "Histoire et Sciences Sociales – Un tournant critique?" *Annales ESC.*, 1988, p. 291-293.

[27] "Le monde comme réprésentation". *Annales ESC*. Este texto possui duas versões no Brasil: "O mundo como representação". *Estudos Avançados*, vol. 5, n. 11, jan.-abr./1991, p. 173-191. São Paulo: Universidade de São Paulo/Instituto de Estudos Avançados. • "O mundo como representação". In: CHARTIER, R. *À beira da falésia*: a história entre certezas e inquietudes. Porto Alegre: UFRGS, 2002, p. 61-80.

[28] LOPES, J.S.L. "Apresentação". *Estudos Históricos*, vol. 7, n. 13, 1994, p. 98. Rio de Janeiro.

[29] CHARTIER, R. "A história hoje: dúvidas, desafios e propostas". *Estudos Históricos*, vol. 7, n. 13, 1994, p. 102. Rio de Janeiro.

[30] Ibid., p. 104.

[31] Ibid.

[32] Ibid., p. 105.

[33] Ibid.

[34] CHARTIER, R. "O mundo como representação". Op. cit., p. 73.

[35] CHARTIER, R. "A história hoje: dúvidas, desafios e propostas". Op. cit., p. 102.

[36] CHARTIER, R. "Prólogo". *Cultura escrita, literatura e história*. Porto Alegre: Artmed, 2001, p. XIII.

[37] CHARTIER, R. "Por uma sociologia histórica das práticas culturais". *A história cultural entre práticas e representações*. Lisboa/Rio de Janeiro: Difel/Bertrand do Brasil, 1990, p. 13-28.

[38] Ibid., p. 16-17.

[39] CHARTIER, R. *A história cultural entre práticas e representações*. Op. cit., p. 17.

[40] CHARTIER, R. "Por uma sociologia histórica das práticas culturais". Op. cit., p. 19.

[41] CHARTIER, R. "Uma trajetória intelectual: livros, leituras e literaturas". In: ROCHA, J.C.C. (org.). *A força das representações*: história e ficção. Chapecó: Argos/Unochapecó, 2011, p. 28.

[42] CHARTIER, R. "Preâmbulo". *Leitura e leitores na França do Antigo Regime*. São Paulo: Unesp, 2004, p. 8.

[43] Ibid.

[44] Ibid.

[45] Ibid., p. 10.

[46] Roger Chartier aborda esta temática em vários outros textos. Entre aqueles publicados no Brasil, podemos citar: "'Cultura popular': revisitando um conceito historiográfico". *Estudos Históricos*, vol. 8, n. 16, 1995, p. 179-192. Rio de Janeiro: Fundação Getúlio Vargas. • "Leituras, leitores e 'literaturas populares' na Europa do Renascimento". *Mana*: estudos de Antropologia Social, vol. 1, n. 1, 1995, p. 49-68. Rio de Janeiro: Programa de Pós-graduação em Antropologia Social da UFRJ. • CHARTIER, R. "Discursos eruditos e práticas populares". *A história ou a leitura do tempo*. Belo Horizonte: Autêntica, 2009, p. 45-52. • CHARTIER, R. "Leituras 'populares'". *Formas e sentido* – Cultura escrita: entre distinção e apropriação. Campinas: ALB/Mercado de Letras, 2003, p. 141-167.

[47] CHARTIER, R. "História intelectual e história das mentalidades". *À beira da falésia*: a história entre certezas e inquietude. Porto Alegre: UFGRS, 2002, p. 52.

[48] DE CERTEAU, M. *A invenção do cotidiano*. Petrópolis: Vozes, 1998.

[49] Ibid., p. 99.

[50] Segundo Chartier, Michel de Certeau dedicou sua obra a realizar uma análise "precisa, atenta, das práticas através das quais os homens e as mulheres de uma época apropriam-se, à sua maneira, dos códigos e dos lugares que lhes são impostos, ou então subvertem as regras aceitas para compor formas inéditas". CHARTIER, R. "Estratégias e táticas: De Certeau e as 'artes de fazer'. *À beira da falésia*: a história entre certezas e inquietude. Op. cit., p. 160.

[51] CHARTIER, R. & BOURDIEU, P. *O historiador e o sociólogo*. Belo Horizonte: Autêntica, 2011, p. 73-74.

[52] CHARTIER, R. *Do palco à página* – Publicar teatro e ler romances na época moderna: séculos XVI/XVIII. Rio de Janeiro: Casa da Palavra, 2002, p. 109.

[53] CHARTIER, R., apud NOIRIEL, G. "L'histoire culturelle aujourd'hui – Entretien avec Roger Chartier". *Genèses*, 15, mar./1994, p. 120.

[54] Chartier toma de Michel de Certeau a ideia da leitura como metáfora do consumo cultural e a proposição de que "ler é peregrinar por um sistema imposto", Chartier considera que a capacidade criativa do leitor inventa nos textos outra coisa que não era a "intenção" dos produtores e que, portanto, a leitura consiste num jogo de combinações: a que organiza o espaço legível e a que estrutura os procedimentos para a efetuação da obra.

[55] CHARTIER, R. "História intelectual e história das mentalidades". *À beira da falésia*: a história entre certezas e inquietude. Op. cit., p. 51.

[56] LEVI, G. *Possiamo fare a meno della verità?* [mimeo.]

[57] CHARTIER, R. "Uma trajetória intelectual: livros, leituras e literaturas". In: ROCHA, J.C.C. (org.). *A força das representações*: história e ficção. Op. cit., p. 24.

[58] CHARTIER, R. *Práticas de leitura*. São Paulo: Estação Liberdade, 1996.

[59] MCKENZIE, D.F. *La bibliographie et la sociologie des textes*. Paris: Du Cercle de la Librairie, 1991.

[60] CHARTIER, R. *A ordem dos livros*: leitores, autores e bibliotecas na Europa entre os séculos XIV e XVIII. Brasília: UnB, 1994, p. 16.

[61] CHARTIER, R. *Do palco à página* – Publicar teatro e ler romances na época moderna: séculos XVI/XVIII. Op. cit., p. 12.

[62] CHARTIER, R. *A ordem dos livros*: leitores, autores e bibliotecas na Europa entre os séculos XIV e XVIII. Op. cit., p. 35.

[63] CHARTIER, R. "Dom Quixote na tipografia". *Os desafios da escrita*. São Paulo: Unesp, 2002, p. 34.

[64] Ibid., p. 35.

[65] MASTEN, apud CHARTIER, R. "Dom Quixote na tipografia". Op. cit., p. 37.

[66] DE GRAZIA & STALLYBRASS, apud CHARTIER, R. "Dom Quixote na tipografia". Op. cit., p. 41.

[67] CHARTIER, R. "Dom Quixote na tipografia". Op. cit., p. 41.

[68] Interessante observar que, no que se refere aos escritos históricos, esta postura adotada por Chartier o coloca em oposição àqueles que defendem uma indistinção entre a escrita literária e a historiográfica, pois ambas remetidas exclusivamente à trama narrativa. Em entrevista a Isabel Lustosa, Chartier buscou esclarecer este aspecto ao afirmar: "Não posso aceitar a ideia que está identificada com o pós-modernismo de que todos os discursos são possíveis porque remetem sempre à posição de quem o enuncia e nunca ao objeto. De acordo com essa visão, o discurso é sempre autoproduzido: não diz nada sobre o objeto e diz tudo sobre quem o escreveu. [...] Razão pela qual estou completamente em desacordo com essa postura pós-moderna, essa ideia de que não há nenhuma possibilidade de conhecimento" (Roger Chartier em entrevista a Isabel Lustosa. *Trópico* [disponível em http://p.php.uol.com.br/tropico/html/print/2479.htm]).

[69] GALLAGHER, C. & GREENBLATT, S. *A prática do novo historicismo*. Bauru: Edusc, 2003, p. 23.

[70] CHARTIER, R. *Origens culturais da Revolução Francesa*. São Paulo: Unesp, 2009.

[71] CHARTIER, R. *Cardenio entre Cervantes e Shakespeare* – História de uma peça perdida. Rio de Janeiro: Civilização Brasileira, 2012.

[72] CHARTIER, R. *Os desafios da escrita*. São Paulo: Unesp, 2002.

[73] CHARTIER, R. *A aventura do livro:* do leitor ao navegador, conversações com Jean Lebrun. São Paulo: Unesp, 1998.

Referências

Textos de autoria de Roger Chartier publicados no Brasil (por data de publicação*

1 Livros

CHARTIER, R. *O que é um autor?* – Revisão de uma genealogia. São Paulo: Edufscar, 2012.

_____. *Cardenio entre Cervantes e Shakespeare* – História de uma peça perdida. Rio de Janeiro: Civilização Brasileira, 2012.

_____. *Autoria e história cultural da ciência*. Rio de Janeiro: Beco do Azougue, 2012 [Com Priscila Faulhaber e José Sergio Leite Lopes].

_____. *O sociólogo e o historiador*. Belo Horizonte: Autêntica, 2011 [Com Pierre Bourdieu].

_____. *A história ou a leitura do tempo*. Belo Horizonte: Autêntica, 2009.

_____. *Origens culturais da Revolução Francesa*. São Paulo: Unesp, 2009.

_____. *Inscrever e apagar*: cultura escrita e literatura, séculos XI-XVIII. São Paulo: Unesp, 2007.

---

* Agradeço a Roger Chartier o envio de informações para a elaboração destas referências. Ao enviá-las, Roger Chartier agradecia também a Richard Romancini, que elaborou uma primeira versão das referências brasileiras de seus textos.

_____. *A nova História*. São Paulo: Martins Fontes, 2005 [Com Jacques Le Goff e Jacques Revel (orgs.)].

_____. *Leituras e leitores na França do Antigo Regime*. São Paulo: Unesp, 2004.

_____. *Formas e sentido* – Cultura escrita: entre distinção e apropriação. Campinas: Mercado de Letras/Associação de Leitura do Brasil (ALB), 2003.

_____. *Do palco à página* – Publicar teatro e ler romances na época moderna: séculos XVI-XVIII. Rio de Janeiro: Casa da Palavra, 2002.

_____. *À beira da falésia:* a História entre certezas e inquietude. Porto Alegre: UFRGS, 2002.

_____. *Os desafios da escrita*. São Paulo: Unesp, 2002.

_____. *Cultura escrita, literatura e história* – Conversas de Roger Chartier com Carlos Aguirre Anaya, Jesús Anaya Rosique, Daniel Goldin e Antonio Saborit. Porto Alegre: Artmed, 2001.

_____. *História da leitura no Mundo Ocidental, 2*. São Paulo: Ática, 1999 [Org. com Guglielmo Cavallo].

_____. *História da leitura no Mundo Ocidental, 1*. São Paulo: Ática, 1998 [Org. com Guglielmo Cavallo].

_____. *A aventura do livro*: do leitor ao navegador, conversações com Jean Lebrun. São Paulo: Unesp, 1998.

_____. *Práticas da leitura*. São Paulo: Estação Liberdade, 1996.

_____. *A ordem dos livros* – Leitores, autores e bibliotecas na Europa entre os séculos XIV e XVIII. Brasília: EdUnB, 1994.

_____. *História da vida privada* – 3: Da Renascença ao Século das Luzes. São Paulo: Companhia das Letras, 1991 [Col. dir. por Phillippe Ariès e Georges Duby].

_____. *A história cultural entre práticas e representações*. Lisboa/Rio de Janeiro: Bertrand Brasil, 1990.

2 Prefácios, verbetes e artigos em livros

CHARTIER, R. "Editar Shakespeare". In: PARANHOS, K. (org.). *História, teatro e política*. São Paulo: Boitempo, 2012.

_____. "Uma trajetória intelectual: livros, leituras, literaturas"; "O passado no presente: ficção, história e memória"; "Materialidade e mobilidade dos textos"; Dom Quixote entre livros, festas e cenários"; "Aula inaugural do Collège de France". In: ROCHA, J.C. (org.). *Roger Chartier* – A força das representações: história e ficção. Chapecó: Argos, 2011.

_____. "Os capuchinhos no Maranhão". In: DAHER, A. *O Brasil francês* – Singularidades da França Equinocial, 1612-1615. Rio de Janeiro: Civilização Brasileira, 2007.

_____. "Prefácio – Mulheres de papel". In: LACERDA, L. *Álbum de leitura*: memórias de vida, histórias de leitores. São Paulo: Unesp, 2003.

_____. "Prefácio". In: DIDEROT, D. *Carta sobre o comércio do livro*. Rio de Janeiro: Casa da Palavra, 2002.

_____. "Prefácio". In: ELIAS, N. *A sociedade de corte*. Rio de Janeiro: Zahar, 2001.

_____. "Uma crise da história? – A história entre narração e acontecimento". In: PESAVENTO, S.J. (org.). *Fronteiras do milênio*. Porto Alegre: UFRGS, 2001.

_____. "O príncipe, a biblioteca e a dedicatória". In: BARATIN, M. & JACOB, C. (orgs.). *O poder das bibliotecas* – A memória dos livros no Ocidente. Rio de Janeiro: EdUFRJ, 2000.

_____. "As revoluções da leitura no Ocidente". In: ABREU, M. (org.). *Leitura, história e história da leitura*. Campinas/São Paulo: Mercado de Letras/Associação de Leitura do Brasil/Fapesp, 2000.

_____. "Introdução: o livro dos livros". In: PARK, M.B. *Histórias e leituras de almanaques no Brasil*. Campinas/São Paulo: Mercado de Letras/Associação de Leitura do Brasil/Fapesp, 1999.

_____. "A visão do historiador modernista". In: FERREIRA, M.M. & AMADO, J. (orgs.). *Usos e abusos da história oral*. 4. ed. Rio de Janeiro: FGV, 2001 (1996).

_____. "Textos, impressão, leituras". In: HUNT, L. (org.). *A nova história cultural*. São Paulo: Martins Fontes, 1995.

_____. "Cahiers de doleance, Comércio ambulante, Cultura popular, Imagens, Intelectual, Livro, Perfeita (história)". In: BURGUIÈRE, A. (org.). *Dicionário das Ciências Históricas*. Rio de Janeiro: Imago, 1993.

_____. "O livro: uma mudança de perspectiva" [Com Daniel Roche]. In: LE GOFF, J. & NORA, P. *Título*. Rio de Janeiro: Francisco Alves, 1976.

3 Artigos e entrevistas publicados em revistas brasileiras

CHARTIER, R. "Entrevista a Robert Darnton". *Matrizes*, ano 5, n. 2, jan.-jun./2012, p. 159-177. São Paulo.

_____. "El pasado en el presente: literatura, memoria y historia". *ArtCultura*, vol. 8, n. 13, jul.-dez./2006.

_____. "Pierre Bourdieu e a história – Debate com José Sérgio Leite Lopes". *Topoi* – Revista de História, 04/03/2002, p. 139-182. Rio de Janeiro: Programa de Pós-graduação em História Social da UFRJ.

_____. "A leitura na idade do numérico". *Veredas*, ano 6, n. 65, mai./2001, p. 26-31. Rio de Janeiro: Centro Cultural do Banco do Brasil.

_____. "Literatura e história". *Topoi* – Revista de História, 1, 2000, p. 197-207. Rio de Janeiro: Programa de Pós-graduação em História Social da UFRJ.

_____. "Crítica textual e história cultural – O texto e a voz, séculos XVI-XVII". *Leitura: teoria e prática*, 30/12/1997, p. 67-75. Campinas/Porto Alegre: ALB/Mercado Aberto.

_____. "Leituras, leitores e 'literaturas populares' na Europa do Renascimento". *Mana* – Estudos de Antropologia Social, vol. 1, n. 1, 1995, p. 49-68. Rio de Janeiro: Programa de Pós-graduação em Antropologia Social da UFRJ.

_____. "'Cultura popular': revisitando um conceito historiográfico". *Estudos Históricos*, vol. 8, n. 16, 1995, p. 179-192. Rio de Janeiro: Fundação Getúlio Vargas.

_____. "Entrevista com Roger Chartier". *Acervo* – Revista do Arquivo Nacional, vol. 8, n. 1/2, "Leituras e leitores", 1995, p. 3-11. Rio de Janeiro: Arquivo Nacional.

_____. "Diferença entre os sexos e dominação simbólica (nota crítica)". *Cadernos Pagu*, vol. 4, 1995. Campinas.

_____. "Do códice ao monitor: a trajetória do escrito". *Estudos Avançados*, vol. 8, n. 21, mai.-ago./1994, p. 185-199. São Paulo: Universidade de São Paulo/Instituto de Estudos Avançados.

_____. "A história hoje: dúvidas, desafios, propostas". *Estudos Históricos*, 13, "CPDOC 20 anos", jan.-jun./1994, p. 97-113. Rio de Janeiro: Fundação Getúlio Vargas.

_____. "O mundo como representação". *Estudos Avançados*, vol. 5, n. 11, jan.-abr./1991, p. 173-191. São Paulo: Universidade de São Paulo/Instituto de Estudos Avançados.

Leia Também

BRASIL, CIDADES
Alternativas para a crise urbana
Ermínia Maricato

É possível comprometer a gestão urbana com a prioridade aos territorialmente excluídos? Como implementar a participação social no planejamento da cidade? Este livro lança luzes sobres estas e outras questões, relacionando o pensamento crítico a novas práticas urbanísticas circunscritas na esfera do planejamento, gestão e controle urbanístico.

A CIDADE DO PENSAMENTO ÚNICO
Desmanchando consensos
Otília Arantes, Carlos Vainer, Ermínia Maricato

Com o título, os autores sugerem que o regime da economia real e simbólica da cidade é parte constitutiva deste novo senso comum, ao qual certamente não se pode chamar pensamento, e já não é mais ideologia, na acepção clássica do termo, que remonta à Era Liberal-Burguesa do velho capitalismo.

O CAMPO DA HISTÓRIA
Especialidades e abordagens
José D'Assunção Barros

Traz um panorama dos campos historiográficos em que se organiza a História hoje, esclarece em linguagem objetiva modalidades como Micro-História, História Cultural, História Política, História Econômica, História Demográfica, História das Mentalidades, História Quantitativa e outras.

O PROJETO DE PESQUISA EM HISTÓRIA
Da escolha do tema ao quadro teórico
José D'Assunção Barros

Instrumento essencial para que o historiador tenha em sua mente os caminhos que serão percorridos. Orienta não só na elaboração de um projeto de pesquisa, mas também o desenvolvimento da pesquisa em História. Assim, se pode compreender como se faz História hoje, através de um raciocínio lógico pautado em diversos documentos.

CULTURAL
Administração
Antropologia
Biografias
Comunicação
Dinâmicas e Jogos
Ecologia e Meio Ambiente
Educação e Pedagogia
Filosofia
História
Letras e Literatura
Obras de referência
Política
Psicologia
Saúde e Nutrição
Serviço Social e Trabalho
Sociologia

CATEQUÉTICO PASTORAL
Catequese
Geral
Crisma
Primeira Eucaristia

Pastoral
Geral
Sacramental
Familiar
Social
Ensino Religioso Escolar

TEOLÓGICO ESPIRITUAL
Biografias
Devocionários
Espiritualidade e Mística
Espiritualidade Mariana
Franciscanismo
Autoconhecimento
Liturgia
Obras de referência
Sagrada Escritura e Livros Apócrifos

Teologia
Bíblica
Histórica
Prática
Sistemática

REVISTAS
Concilium
Estudos Bíblicos
Grande Sinal
REB (Revista Eclesiástica Brasileira)
SEDOC (Serviço de Documentação)

VOZES NOBILIS
Uma linha editorial especial, com importantes autores, alto valor agregado e qualidade superior.

VOZES DE BOLSO
Obras clássicas de Ciências Humanas em formato de bolso.

PRODUTOS SAZONAIS
Folhinha do Sagrado Coração de Jesus
Calendário de Mesa do Sagrado Coração de Jesus
Agenda do Sagrado Coração de Jesus
Almanaque Santo Antônio
Agendinha
Diário Vozes
Meditações para o dia a dia
Guia Litúrgico

CADASTRE-SE
www.vozes.com.br

EDITORA VOZES LTDA.
Rua Frei Luís, 100 – Centro – Cep 25689-900 – Petrópolis, RJ
Tel.: (24) 2233-9000 – Fax: (24) 2231-4676 – E-mail: vendas@vozes.com.br

UNIDADES NO BRASIL: Belo Horizonte, MG – Brasília, DF – Campinas, SP – Cuiabá, MT
Curitiba, PR – Florianópolis, SC – Fortaleza, CE – Goiânia, GO – Juiz de Fora, MG
Manaus, AM – Petrópolis, RJ – Porto Alegre, RS – Recife, PE – Rio de Janeiro, RJ
Salvador, BA – São Paulo, SP